21世纪普通高等院校系列教材

会计学

▶ 周轶英◎主 编

西南财经大学出版社

中国·成都

图书在版编目(CIP)数据

会计学/周轶英主编.—成都:西南财经大学出版社,2023.2
ISBN 978-7-5504-5677-8

Ⅰ.①会… Ⅱ.①周… Ⅲ.①会计学—教材 Ⅳ.①F230

中国国家版本馆 CIP 数据核字(2023)第 026897 号

会计学

KUAIJI XUE

周轶英 主编

策划编辑:李邓超

责任编辑:金欣蕾

责任校对:王青杰

封面设计:墨创文化 张姗姗

责任印制:朱曼丽

出版发行	西南财经大学出版社(四川省成都市光华村街 55 号)
网　　址	http://cbs.swufe.edu.cn
电子邮件	bookcj@swufe.edu.cn
邮政编码	610074
电　　话	028-87353785
照　　排	四川胜翔数码印务设计有限公司
印　　刷	郫县犀浦印刷厂
成品尺寸	185mm×260mm
印　　张	21.75
字　　数	516 千字
版　　次	2023 年 2 月第 1 版
印　　次	2023 年 2 月第 1 次印刷
印　　数	1— 2000 册
书　　号	ISBN 978-7-5504-5677-8
定　　价	49.80 元

▶▶ 总序

21世纪普通高等院校系列规划教材自2008年首次策划和出版以来，通过西南地区普通高等院校经济管理学院院长联席会议多轮次研讨，按照"分类指导、突出特色、重在改革"的原则，以教育教学改革和优质资源共享为手段，以提高人才培养质量为目标，先后编写和出版了九个系列百余本经济管理类本科教材，对推动普通高等院校经济管理类本科教材建设和课堂教学质量提升取得了良好的效果。

党的十九大以来，中国高等教育进入了新的发展阶段。以习近平同志为核心的党中央高度重视高等教育，对高等教育工作做出了一系列重大决策部署，要求高校落实立德树人的根本任务，坚持"以本为本"、推进"四个回归"，建设一流本科教育。《教育部关于加快建设高水平本科教育全面提高人才培养能力的意见》（又称"新时代高教40条"）对新时代高等教育的指导思想、总体目标和主要任务进行了全面和系统的规定。2018年，教育部启动"六卓越一拔尖"计划2.0，提出了建设新工科、新医科、新农科、新文科，其中新文科建设成为人文社科类一流本科专业建设的目标和方向。

近20年来，无论是财经院校或综合性高等院校，还是地方院校或专业性高等院校，经济管理类专业招生规模增长迅速，经济管理类专业建设是新文科建设的重要内容。在新文科建设背景下，近年来，有专家、学者根据经济管理类专业的教育教学规律和特征，提出了新财经和新商科教育的理念。新文科就是用符合世界高等教育发展规律和中国特色社会主义建设要求的新理念、新模式、新理论和新方法，改造传统的人文社科专业，以实现人文社科专业的新交叉、新功能、新范式与新路径。它是一个覆盖哲、史、经、管、文、教、法七个人文社科学科门类的广义概念。新文科建设主要包含学科专业交叉、人才培养和教育教学改革三个方面。新财经是新文科的一个分支，是经济学与管理学门类学科专业的新文科建设。概括而言，就是根据教育发展规律，立足中国基本经济制度和经济社会发展的阶段性特征，用新理论、新思想、新技术和新方法改造传统的经济管理学科教育教学，达成经济管理学科教育教学的新体系、新模式、新路径和新质量。新商科是新文科的建设思路在管理学科专业特别是工商管理和部分应用性经济学科专业的应用，目的是培养既掌握商科知识，又具有现代技术特别是信息技术运用能力的应用型和管理型人才。

教育部建设一流本科教育的主要抓手是一流专业、一流课程的两个"双万计划"，并对一流课程建设提出了体现高阶性、创新性和挑战度的"两性一度"要求，而一流课程必须有一流的教材支撑。"新时代高教 40 条"对一流教材也提出了明确要求，即必须创新教材呈现方式和话语体系，实现理论体系向教材体系转化、教材体系向教学体系转化、教学体系向学生知识体系和价值体系转化（三个"转化"），体现教材的科学性、前沿性，增强教材的针对性、实效性，让教材成为教书和育人相统一的载体。这意味着在新文科建设背景下，新财经教材既要服务于一流课程建设，提高"两性一度"，又要服务于中国特色的哲学社会科学理论体系、学术体系和话语体系，更要服务于本科教育教学的知识传授、价值塑造和能力培养三大基本功能的发挥。党的二十大报告指出"加强教材建设和管理"。因此，编委会决定按照新文科建设的新要求，以新财经教材为目标，引导和指导各相关教师对已有课程教材进行大幅度的修订或重编，并根据本科专业建设和发展的需要，组织编写新课程教材。总体而言，我们将对新财经教材进行三项改革，并力图体现三个特征：

第一，改革教材的理论知识体系，吸收最新学科专业成果，体现出新财经教材的科学性和挑战度。其一，教材必须要吸收最新学科理论成果。进入新世纪以来，随着科技革命的不断深入，经济不断全球化和信息化，以科技为先导、以经济为中心的综合国力竞争不断加剧，再加上气候变化、新冠疫情（新型冠状病毒感染）、贸易保护主义抬头、逆全球化和全球不断加剧的滞涨，传统的经济管理理论受到巨大挑战，新的经济理论和管理理论成果不断出现，这需要我们把这些理论新成果添加进教材，升级理论框架。其二，教材必须要吸收专业交叉的知识。科技创新有原始创新、集成创新和引进消化再创新三种方式，其中集成创新就是多个学科专业、多种技术手段的集成和交叉融合创新，是创新的主要方式。专业交叉也非常有必要，当前主要是现代信息技术与经济管理专业知识的交叉和融合，因此要更新知识体系，体现出学科知识的科学性和交叉融合性。其三，教材必须要增"负"和提高挑战度。较长时间以来，大学本科的"水"课多和"严进宽出"一直为社会所诟病，同时产业升级、经济发展对学生的知识水平和综合实践能力的要求也不断提高，为了支撑一流课程建设，必须为教材增"负"和提高挑战度。

第二，改革教材的价值体系，服务中国经济科学和经济建设，体现新财经教材的价值引领和目标导向。其一，教材建设必须要体现中国特色哲学社会科学的建设成果。习近平总书记指出，要从我国改革发展实践中提出新观点、构建新理论，努力构建具有中国特色、中国风格、中国气派的学科体系、学术体系、话语体系；《中共中央关于加快构建中国特色哲学社会科学的意见》要求加快构建中国特色哲学社会科学。较长时期以来，西方经济学理论和方法在我国经济学科建设中占据了重要地位。新财经教材必须在理论体系和教学内容上做出重大转变，以习近平新时代中国特色社会主义思想为指导，综合运用马克思主义政治经济学理论和借鉴吸收西方主流经济理论，建构中国经济学科的理论框架，解决"道"的问题；总结提炼中国经济改革开放实践经验和参考借鉴西方资本主义经济方法、机制等设计中国经济运行的模式、机制和路径，解决"术"的问题，做到以道驭术、以术行道。其二，教材必须致力于培养中国特色社会主义经济建设者和接班人。不同于西方的资本主义经济制度，党的十九届四中全会指出，中国社会主义基本经济制度有三项：公有制为主体、多种所有制经济共同发展，按劳分配为主体、多种分配方式并存，以及社会主义市场经济体制。新财经教材必须立足于既能巩固和发展中国的基本经济制度，又能借鉴西方经济学的理论和方法，推动人类命运共同体建设。总之，新财经教材要有利于学生实现三个维度的教育教学目标：掌握基本知识、基本理论和基本方法的知识目标，提高学生思想政治素质和经世济民情怀的素养目标，增强学生运用现代科技手段进行经济分析和经营管理的能力目标。

第三，改革教材呈现方式，兼顾教育教学的需求，体现教材的现代性和应用性。其一，教材要便于以学生为中心的自主学习。要运用新一代信息技术，采用互联网、二维码、微视频等现代信息技术手段呈现教材内容、教学资源，加快数字化教材建设，同时服务于MOOC、SPOC和微课等新型课程形式，加快教材与课程一体化建设，方便学生自主学习。其二，教材要便于教师组织系统性教学。围绕当前的一流课程建设，教材的结构要兼顾理论教学与实验教学、第一课堂与第二课堂相融合、线下与线上教学的需要，教材的呈现形式需要更加多样化。其三，教材要服务于普通本科的应用性教学。普通高校以培养应用型人才为主，教材必须做到产教融合，即把握产业发展趋势，反映行业的新知识、新技术和新进展，关注新行业、新业态和新产品，体现教材的针对性和实效性。

为了编好本系列教材，西南财经大学出版社采取了与之前不同的模式，根据教材性质和特点有针对性地邀请有相同任课经历的资深教授担任匿名评审专家，从而对教材进行审计并提出评阅意见，供教材编委会参考。在出版社的组织和协调下，该系列教材由各院校具有丰富教学经验的高级职称教师担任主编，由主编拟订教材编写大纲，经教材编委会审核后再修订或编写。同时，每一种教材均由多所院校的一线教师合作，取长补短、共同提升。截至 2021 年年底，该系列教材中已有 10 多种成为省部级一流课程或课程思政示范课教材。

我们希望，在新文科建设背景下，在新财经和新商科教育目标下，通过主编、编写人员及使用教材的师生的共同努力，让此系列教材成为支持新时代普通本科院校一流专业和一流课程建设的一流教材。最后，我们对各经济学院、管理学院和商学院院长的大力支持、各位编者的认真编写以及西南财经大学出版社编辑的辛勤劳动表示衷心的感谢！

编委会

2022 年 12 月

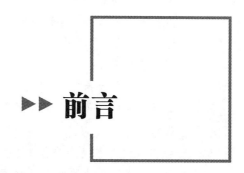

▶▶ 前言

会计是经济管理的基础，也是现代治理体系和治理能力的基础。具备现代会计知识对个人的知识扩展、行为理性、价值增值和职业提升有着重要影响。会计学是研究会计信息的收集、记录、报告、解释和验证，并有效地管理经济的一门管理科学。会计学课程是高等院校经济类、管理类学生的专业基础课。会计学课程旨在让学生理解和掌握会计学的基本理论和基本核算方法，具备完成会计工作的基本技能，并能树立正确的人生观、道德观以及职业价值观。

为了完成上述课程教学目标，本教材的编写团队积极汲取当代会计理论研究、会计实务中的最新研究成果和实践经验，在传承传统教材的精华内容的基础上，编写了本教材。本教材立足于会计的信息管理和经济管理职能，按照会计确认、计量、记录和报告的逻辑顺序组织章节内容，以阐释财务报告的数据来源和形成过程，旨在让财务报告阅读者更好地理解财务信息的经济内涵，以利于相关决策的做出。本教材主要分为"会计总论""会计核算方法及应用"和"会计工作组织管理"三个部分。其中，"会计总论"部分主要对会计概念框架进行了界定，是进一步学习和领会会计基本方法的前提，这部分的编写力求深入浅出、通俗易懂；"会计核算方法及应用"部分则侧重于介绍会计核算的具体方法，结合会计具体工作程序将各种应掌握的方法融入其中进行具体介绍；"会计工作组织管理"部分则是对会计工作中应了解和掌握的基本知识和具体规定做了较为全面具体的介绍，旨在让学生步入工作岗位后能够更快更好地适应会计工作，成为一名合格的会计人。

为了让学生在有限的学习时间内尽快理解和掌握相关的会计理论、会计实务操作技能以及会计组织管理知识，本教材除了在各章设置"学习目标""导入案例""随堂演练""思政课堂"等内容外，还在部分章节内容中加入了"知识链接""学习指导""名人名言"和"拓展阅读"等内容。其中，"学习目标"能够让学生对本章的学习内容有一个总体把握，有利于明确学习重点，进而合理安排学习时间；"导入案例"将本章所涉及的会计基本概念、基本理论或基本方法融入日常生活或工作中，不仅便于学生更好地理解本章的重要知识点，而且能够培养学生正确运用所学会计知识解决实际问题的能力；在每节的知识点介绍完后的"随堂演练"，有利于学生巩固和检验学习效果，及时反馈学习中的问题；各章后面的"思政课堂"，精心提炼各章思政要点，从价值塑造、知识传授和能力培养三个方面着手，将立德树人切切实实落实到教材的具体内容中。在各重要知识点介绍过程中融入的"知识链接"部分将更多知识点清晰展现，它与章节后面的"拓展阅读"一样，不仅有利于学生进一步拓展视野，还能帮助学生更好地理解所学知识；而"名人名言"部分则有利于学生在专业知识学习中培养正确的人生观、价值观和世界观；"学习指导"部分主要针对不易理解、容易混淆的知识点进行专门解释，旨在用通俗易懂的语言阐释复杂的专业内容，有利于学生更好地理解和掌握专业知识。

21世纪以来，世界经济发展日益呈现出市场化、知识化、信息化和全球化的趋势，会计环境的变化要求会计学科不断改革与完善。本教材编写团队在编写过程中不仅遵循价值塑造、知识传授和能力培养三个方面的基本要求，而且力求与实践密切结合，具体体现在五个方面：一是将党的二十大报告精神融入会计学课程教学中，让学生充分了解中国过去五年的工作和新时代十年的伟大变革，进而更加坚定中国特色社会主义道路自信、理论自信、制度自信和文化自信；二是将习近平总书记在全国高校思政工作会议、全国教育大会和学校思想政治理论课教师座谈会上的重要讲话精神融入会计学专业知识中，在专业知识学习中培养学生正确的人生观、价值观、世界观；三是将我国财政部会计准则委员会发布的会计准则的最新规定融入会计确认和计量内容；四是根据国家税务总局发布的最新税收政策设计业务核算题，力求与实务信息保持一致；五是根据当前会计领域新的理论和实务研究成果介绍会计信息化发展的新趋势、新内容，如会计智能化等。

本教材强调专业与思政、理论与实务以及国内外研究成果的融合。本教材不仅可以作为高等院校经济类、管理类学生的会计入门教材，适合"会计学""会计学原理""基础会计"以及"初级会计学"课程的学习，也可以作为初级会计师考试参考教材，还可以作为从事会计、审计、财务管理、企业管理、金融投资等实际工作的从业者自学会计学知识的参考资料。

本教材由周轶英负责全书总纂、修改和定稿。全书分工如下：周轶英执笔第一章、第二章、第三章、第四章，牛菊芳执笔第五章，刘秀兰执笔第六章，刘浩执笔第七章，袁蕴执笔第八章，胡文君执笔第九章，赵正强执笔第十章。本教材的编写还得到了西南民族大学商学院各位领导和老师的大力支持以及西南财经大学出版社的大力帮助，在此一并致谢！

本教材在编写过程中参考了国内外有关专家编著的会计学教材和专著，在此表示衷心的感谢。鉴于编者学识有限而会计领域的发展日新月异，如有不当之处，敬请各位读者批评指正。

编者

2022年9月

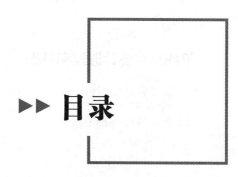

▶▶ 目录

上篇　会计总论

中篇　会计核算方法及应用

下篇　会计工作组织管理

上篇
会计总论

　　会计学，是所有经济管理类专业学生必须掌握的一门应用型学科。对于初学者而言，其首先要明确的是，会计（职业）到底是干什么的？会计有什么作用？然后再进一步了解会计这门学科的主要内容是什么？怎样才能更好地学好它？等等。总而言之，"会计总论"主要是为学生建立一个"会计概念框架"，它主要由会计概述、会计要素和会计等式，以及会计程序和会计方法三章构成。通过对本篇的学习，学生能更好地理解会计的本质和特点，为以后会计方法的掌握奠定基础。

第一章

会计概述

■导入案例

小王作为某大学会计专业的新生，带着对大学生活的美好憧憬兴致勃勃地来到了学校。在和同学聊天时，大家谈起了自己选择会计专业的原因。小王说，每个单位都需要会计，毕业好找工作。但会计具体是做什么的？为什么每个单位都需要会计？小王却解释不清了。另一个同学小李说，据他了解，会计是记账的，每个单位所发生的事情都要会计进行记录。但具体怎么记账，他也不清楚。小张同学在一旁笑着说，如果大家都知道会计是做什么的以及如何完成工作，那我们大学四年还学什么呢？大家听完这句话，也都纷纷附和。

会计到底是做什么的？它在每个单位中的作用何在？它又是通过什么方式发挥其作用的？希望大家通过对本章的学习，能够得到一个明确的答案。

第一节 会计的发展历程

一、会计的产生

会计的产生根源于人类的生产行为。物质资料的生产是人类生存和发展的基础。人类在生产过程中,一方面会创造物质财富,取得一定的劳动成果;另一方面又要投入和消耗一定的人力、物力和财力。在任何社会形态下,人们总是力求以最少的劳动耗费取得最大的劳动成果。要了解具体的劳动所得和劳动所耗,人们有必要对生产经营活动进行观察,运用数量单位对这些所得和所耗进行记录、计算和分析,以不断提高生产技术水平和经营管理水平。

据考古发现,人类最早的原始计量和记录行为可以追溯到旧石器时代中晚期。随着当时劳动工具的改进、社会生产力的提升,剩余产品开始出现。由于原始社会的财产公有性,为了便于劳动产品的分配、交换,人们就借助文字和数字将这些剩余产品记录在各种载体上,如"刻木记事""结绳记事"等,由此产生了会计的萌芽。可以说,剩余产品的出现决定了会计产生的可能性,而分配、交换等问题决定了会计产生的必要性,两者的有机结合决定了会计产生的必然性。这一阶段的会计只是生产职能的附带部分,并非一项独立的工作。

二、会计的发展

会计从产生发展至今,经历了漫长的历史过程,大致可以归结为三个阶段:古代会计、近代会计和现代会计。

(一)古代会计阶段

从整个世界范围来看,古代会计阶段大约是从奴隶社会的繁荣时期到 15 世纪末。从我国历史发展时间上讲,从旧石器时代的中晚期至封建社会末期的这段漫长的时期都属于古代会计阶段。在会计产生之初,其主要职能是进行简单的记录和计算。"会计"一词的出现是在我国西周时期,清代学者焦循在其《孟子正义》一书中对其做出了如是解释:"零星算之为计,总和算之为会。"西周时期,国家和皇室的宫廷经济是当时规模最大的经济体,会计的主要任务是保护官府的财产,使得官厅会计比民间会计发达得多。当时设有专门核算官方财赋收支的官职——司会对财物收支进行"月计岁会"。《周礼·天官》篇中指出"会计,以参互考日成,以月要考月成,以岁会考岁成"。"参互、月要、岁会"相当于现代会计的旬报、月报和年报。从春秋战国到秦代,出现了"簿书""计簿"等记账工具,用"入、出"记录各种经济收付事项,创立了用于登记会计事项的账簿雏形。西汉时采用的"上计簿"可视为"会计报告"的滥觞。

唐宋时期是我国封建社会的鼎盛时期,农业、手工业和商业(包括对外贸易)都空前繁荣,反映到会计的方法和技术上,突出的成就就是"四柱清册法"的广泛运用,通过"旧管(期初结存)+新收(本期收入)-开除(本期支出)=实在(期末结存）"的平衡公式进行结账，结算本期财产物资增减变化及其结果，为我国现代收付记账法奠定了理论基础，把单式记账法推到了一个较为科学的高度。这是我国会计学科发展过程中的一个重大成就。明末清初，随着手工业和商业日益繁荣，商品货币经济进一步发展，资本主义经济关系逐渐萌芽，出现了把全部账目划分为"进"（各项收入）、"缴"（各项支出）、"存"（各项资产）、"该"（各项负债）四大类的"龙门账"，运用"进-缴=存-该"的平衡公式进行核算，并编制"进缴表"（利润表）和"存该表"（资产负债表），实行双轨计算盈亏，在两表上计算得出的盈亏数应当相等，称为"合龙门"，以此核对全部账目的正误。在此之后，又产生了"四脚账"（也称"天地合账"），要求对每一笔账项在账簿上记录两笔，既登记"来账"，又登记"去账"，以反映同一账项的来龙去脉；账簿采用垂直书写，直行分上下两格，上格记收，称为天，下格记付，称为地，上下两格所记数额必须相符，即所谓"天地合"。"龙门账"和"四脚账"是我国传统的复式记账法。"四柱清册""龙门账"和"四脚账"显示了我国不同历史时期核算收支方式的发展，体现了传统严谨的中式特色。

会计在国外发展的历史也较为悠久。在原始的印度公社时期，专职的记账员就已经出现，负责登记农业账目。在西方奴隶社会和封建社会，也采用单式簿记记账。只是由于当时西方的生产技术远落后于东方，所以西方的单式簿记在技术上远未达到我国水平。

（二）近代会计阶段

一般认为，从 15 世纪末西方复式记账法的广泛传播到 20 世纪 30 年代会计学的创立都属于近代会计阶段。在当时世界经济、国际贸易较为发达的地中海沿岸意大利等地，商业和金融业特别繁荣，孕育并推动了记账方法的革命。1494 年，意大利数学家卢卡·帕乔利（Luca Pacioli，1445—1517 年）在认真研究威尼斯簿记的基础上，发表了《算术、几何和比例概要》（*Summade Arithmetica Geometria*，*Proportioniet Proportionalita*，亦译作《数学大全》）一书，在书中第一部分第九篇第十一论"计算与记录要论"中，对威尼斯簿记做了完善的说明。该书被公认为世界上第一部系统阐述复式簿记原理与方法的经典著作，为复式记账在全世界的广泛传播以及以复式簿记为支柱的现代会计奠定了基础。著名的德国诗人歌德曾赞美它是"人类智慧的绝妙创造，以至于每一个精明的商人都必须在自己的经营事业中利用它"。该书的出版标志着近代会计的开始，卢卡·帕乔利也被称为近代会计之父。

16 世纪至 17 世纪，荷兰、德国、法国、英国等先后引进并进一步发展了意大利的复式簿记理论与实务，在欧洲形成了"帕乔利时代"。从 17 世纪开始的产业革命推动了英国会计的发展。由于生产力的发展引起了生产组织和经营形式的重大变革，股份有限公司这种新的经济组织形式应运而生。公司所有权和经营权的分离产生了审查经营管理人员的必要，于是以查账为职业的特许或注册会计师出现了。1854 年，英国苏格兰成立了第一个特许会计师协会"爱丁堡会计师协会"。会计的职能从记录、算账、报账进一步发展到查账，其社会作用进一步发挥。同时，为了适应资本主义市场经济发展的需要，成本会计在企业经营管理中的重要性越来越强，在这方面的理论和实务研究都取得了较大的发展。上述种种使英国在复式簿记、审计以及成本会计方面领先于世界其他国家,从而成为世界会计发展中心,此地位一直保持到 19 世纪。20 世纪初,随着资本主义市场经济发展中心的转移,世界会计发展中心也从英国转移到了美国。

(三) 现代会计阶段

从 20 世纪初会计学创立开始,大约经历了 30 年的时间实现了从簿记向会计的转变。1916 年,亨利·法约尔出版了名著《工业管理与一般管理》,书中明确指出了财务与会计在公司经营管理工作中的重要地位,据此确立了会计的管理职能。与此同时,以泰勒为代表的工程师与会计师的密切结合,把会计的发展引向强化公司内部控制的管理会计方面,并初步形成了财务会计与管理会计并立的局面。其中,财务会计主要为企业外部利益相关者提供信息,而管理会计则主要服务于企业内部管理层的经营决策。

从 20 世纪 30 年代开始,在总结资本主义世界第一次经济危机经验教训的过程中,为了规范会计工作,提高会计信息的真实可比性,西方各国先后研究和制定了会计原则(或会计准则),进一步推动了会计理论和方法的发展。1939 年,第一份代表美国"公认会计原则"(GAAP)的《会计研究公报》(ARB)的出现,标志着现代会计理论的形成,也标志着会计的发展进入成熟时期。

20 世纪 50 年代以后,信息论、控制论、系统论、现代数学、行为科学等现代管理方法逐渐融入会计学科,丰富了会计学科的内容,也促进了现代会计思想体系和理论体系的发展。随着"国民经济核算体系""社会责任会计""国际会计"等的先后建立、发展和逐步完善,现代会计开始从微观经济渗透到宏观经济领域。另外,电子计算技术进入会计领域,使原来的"手写簿记系统"被"电子数据处理"替代,会计信息的提供更加准确、及时,会计信息化时代就此来临。

会计信息化的初级阶段是业务级电算化会计。20 世纪 50—60 年代,计算机引入会计领域,会计人员依据取得的记录经济活动的相关单据、证明,按照手工会计的思路将其录入电算化会计系统中,由计算机完成原来由人工完成的会计信息的记录、计算、整理和报告等程序化工作,将会计人员从繁重、简单、程序化的数据处理中解放出来。

会计信息化的第二个阶段是部门级电算化会计。20 世纪 80—90 年代,计算机在会计工作中的应用进一步拓展到更多工作环节,建立了比较完整的会计信息系统。该信息系统在简单的会计信息记录、计算、整理和报告工作的基础上,加入经济业务控制、经济业务成本与绩效分析评价、企业预算、财产管理等内容,实现了经济活动信息在财务工作部门的系统处理。但此阶段的会计信息只能在会计部门内部流动,与其他管理机构之间的信息流动还需转换成纸质文件。

会计信息化的第三阶段是企业级会计信息化。进入 21 世纪以后,随着互联网的普及以及企业资源计划(enterprise resource planning,ERP)为代表的企业信息系统的逐渐完善,形成了信息化条件下的企业整体系统管理与决策平台,促使财务软件逐渐向 ERP 等高度集成化的软件发展。此时的会计信息化系统站在企业角度进行设计,集企业的物流、价值流和信息流于一体,完全实现了管理会计与财务会计的一体化以及财务业务的一体化。同时,网络财务报告得到推广应用,价值链会计、事项会计与信息技术的结合研究以及信息系统控制与审计研究等更是将会计信息系统置于企业整体信息化系统中，与业务系统紧密结合，在业务发生时实时全面采集业务活动的信息，完成对业务活动的全面动态反映和管控。

会计信息化的第四阶段是"互联网+会计"。近年来，大数据、云计算、移动互联网、智能化等技术的发展，特别是区块链、电子发票、电子货币结算等新技术的应用，为建立融合企业内部会计信息系统和社会整体会计信息系统的国家统一会计信息平台提供了可能，从而将会计信息化推进到"互联网+会计"的新时期。

三、新中国会计的发展

尽管我国会计产生和发展的历史源远流长，也曾出现过"四柱清册法""龙门账"等较为科学的会计方法，甚至形成了复式簿记的雏形，但在19世纪中叶前始终没有完备的复式簿记。19世纪中后期，产生于欧洲的借贷记账法经由日本传入我国，并于1897年在中国通商银行首次采用。1905年，蔡锡勇出版的《连环账谱》首先介绍了借贷记账法。1925年3月，我国历史上第一家会计师公会——上海会计师公会成立。经过20世纪30年代的会计改良与改革，我国无论是政府会计还是公司会计都取得了一定的发展。但总体来讲，新中国成立前，经济、管理、文化、科技等方面的落后，极大地阻碍了我国会计的发展。

新中国成立以后，经过20世纪五六十年代的经济恢复与初步发展，新中国的会计事业逐步建立和发展起来。1985年，我国颁布了《中华人民共和国会计法》，标志着我国会计工作从此进入法制时代。随后，为了规范会计行为以及解决我国会计与国际会计的协调、接轨问题，我国于1992年11月30日颁布了《企业会计准则》，此后又伴随经济发展的需要陆续发布了一系列具体准则。1997年5月28日我国颁布的《事业单位会计准则》，使我国会计进入一个新的发展时期。

2000年6月21日，国务院颁发了《企业财务会计报告条例》；2000年12月29日，财政部发布了《企业会计制度》；2004年4月27日，财政部发布了《小企业会计制度》；2004年8月18日，财政部发布了《民间非营利组织会计制度》；2006年2月15日，财政部发布了由1项基本会计准则和38项具体会计准则组成的一套与国际财务会计报告（IFRS）趋同的企业会计准则体系以及48项注册会计师审计准则，标志着我国与国际趋同的企业会计准则体系和注册会计师审计准则体系的正式建立；2009年9月2日，财政部印发了《中国企业会计准则与国际财务报告准则持续全面趋同路线图（征求意见稿）》，提出了中国企业会计准则与国际财务报告准则持续全面趋同的背景、主要内容和时间安排。

2014年，财政部相继对《企业会计准则——基本准则》《企业会计准则第2号——长期股权投资》《企业会计准则第9号——职工薪酬》《企业会计准则第30号——财务报表列报》《企业会计准则第33号——合并财务报表》和《企业会计准则第37号——金融工具列报》进行了修订，并发布了《企业会计准则第39号——公允价值计量》《企业会计准则第40号——合营安排》和《企业会计准则第41号——在其他主体中权益的披露》三项具体准则。2017年，财政部又先后对《企业会计准则第14号——收入》《企业会计准则第16号——政府补助》《企业会计准则第22号——金融工具确认和计量》《企业会计准则第 23 号——金融资产转移》《企业会计准则第 24 号——套期会计》和《企业会计准则第 37 号——金融工具列报》进行了修订，并在 2018 年 6 月根据修订后的具体准则发布了《关于修订印发 2018 年度一般企业财务报表格式的通知》（财会〔2018〕15 号），对企业财务报表的格式也做了相应的修订和完善，进一步加强了会计的信息系统职能。财政部在 2019 年修订了《企业会计准则第 7 号——非货币性资产交换》和《企业会计准则第 12 号——债务重组》，在 2020 年修订了《企业会计准则第 25 号——保险合同》。

除了企业会计准则在不断修订和完善，政府会计改革也在不断推进，对各级政府以及行政事业单位的会计核算产生了重大的影响。财政部于 2015 年发布了《政府会计准则——基本准则》，于 2016 年连续发布了《政府会计准则第 1 号——存货》《政府会计准则第 2 号——投资》《政府会计准则第 3 号——固定资产》《政府会计准则第 4 号——无形资产》，于 2017 年发布了《〈政府会计准则第 3 号——固定资产〉应用指南》《政府会计准则第 5 号——公共基础设施》《政府会计准则第 6 号——政府储备物资》以及《政府会计制度——行政事业单位会计科目和会计报表》，于 2018 年发布了《政府会计准则第 9 号——财务报表编制和列报》，于 2019 年发布了《政府会计准则第 10 号——政府和社会资本合作项目合同》，于 2021 年发布了《政府会计准则制度解释第 4 号》。

我国会计信息化始于 20 世纪 70 年代后期。1979 年，财政部下拨专款用于长春第一汽车制造厂的计算机辅助会计核算试点工作，这是我国会计信息化的开端。20 世纪八九十年代，由于计算机硬件与软件技术的不断提升以及局域网的推出，会计信息化从单项会计电子数据处理（EDP）开始向部门级会计信息系统发展。20 世纪 90 年代中后期，互联网的发展为企业整体信息化提供了必要的互联网技术（IT）环境。21 世纪以来，随着移动通信、物联网、智慧地球、云计算、大数据、区块链以及人工智能技术的应用，会计信息系统得到了进一步的发展。2008 年 11 月 12 日，财政部联合工业和信息化部、中国人民银行、国家税务总局、国资委、审计署等成立了全国会计信息化委员会暨可扩展商业报告语言（XBRL）中国地区组织，并陆续发布了一系列信息化的指导意见、发展纲要、系列标准及其实施通知等，为我国会计信息化进入规范化、标准化、知识化、智能化、互联化、云化、社会化以及产业化的发展阶段起到了良好的推动作用。目前，XBRL 信息报告已经成为上市公司必须提供的报告形式之一，业财一体化、财务共享中心、大数据会计、云会计以及财务机器人等会计信息化成果也在不断出现。

以史为鉴，可以知兴替。通过前文介绍的会计的发展历程可知，每一种会计制度、每一种会计方法的产生都有其深刻的社会背景，受到政治、经济和技术的影响。会计伴随社会生产的发展和经济管理的需要而产生和不断发展完善，至今已成为一种重要的经济管理活动。现代信息技术使得会计信息系统与整个企业管理信息系统、会计业务与企业其他生产经营和管理业务有机融为一体，有利于提升企业管理效率，实现企业价值最大化目标。

随堂演练

（一）单选题

1. 我国在（　　）时期就有了专门管理王朝财赋的官员"大宰"和掌握王朝记政的官员"司会"。

    A. 战国　　　　　　B. 西周　　　　　　C. 唐朝　　　　　　D. 宋朝

2. 明朝初期，会计学上出现的用于平账和编制会计报表的方法叫作（　　）。

    A. 借贷复式记账法　　　　　　　　B. 收付记账法

    C. 四柱清册法　　　　　　　　　　D. 龙门账法

3.《算术、几何和比例概要》一书的问世，标志着（　　）。

    A. 古代会计的开始　　　　　　　　B. 近代会计的开始

    C. 现代会计的开始　　　　　　　　D. 单式记账法的问世

4. 借贷复式记账法是在（　　）产生的。

    A. 美国　　　　　B. 英国　　　　　C. 意大利　　　　　D. 西班牙

（二）多选题

一般认为，会计发展经历的三个主要时期为（　　）。

    A. 萌芽时期　　B. 古代会计　　C. 史前会计　　D. 近代会计

    E. 现代会计

（三）判断题

1. 近代会计的主要特征是专职会计人员的出现。　　　　　　　　　　（　　）

2. 现代会计理论形成的标志是 1939 年美国"公认会计原则"（GAAP）的颁布。

                                           （　　）

第二节　会计的基本概念

概念是反映对象的本质属性的思维形式，是人类在认识过程中，从感性认识上升到理性认识，把所感知的事物的共同本质特点抽象出来，加以概括而成的。它随着客观事物的发展而发展变化，在一定阶段呈现相对稳定性。

对于会计的概念或定义，当今会计学界尚无一个完全公认的统一的理论概括。原因之一是不同的人在认知同一事物时具有差异性，原因之二则在于影响会计的社会政治、经济、科技、教育、文化等环境的不断变化。技术和方法不断改进、职能及作用日渐重要，提升了人们认识会计内涵和外延的难度。因此，要全面完整地把握会计的概念，首先应充分认识会计的职能和特点，从而进一步掌握会计的本质。

一、会计的职能

职能是客观事物内在的固有功能。会计职能是会计在经济管理中所具有的功能，即会计具备的客观能力。马克思认为会计是"对过程的控制和对观念的总结"，理论界公认的会计的基本职能包括进行会计核算和实施会计监督两个方面。会计的核算职能就是为经济管理收集、处理、存储和输送各种会计信息。会计监督是指通过调节、指导、控制等方式，对客观经济活动的合理、合法、有效性进行考核与评价，并采取措施产生一定的影响，以实现预期的目标。

会计职能是一个发展变化的概念。随着经济的发展，会计越来越重要，会计职能也相应扩展。传统的会计核算与监督主要是事后的核算与监督。随着管理要求的提高，会计的核算与监督职能已经拓展到事中与事前领域。会计监督与会计核算是紧密联系的，对经济活动进行会计核算的过程，同时也是实行会计监督的过程。

（一）会计核算职能

会计核算职能又称会计反映职能，是指主要运用货币计量形式，通过确认、计量、记录和报告，从数量上连续、系统和完整地反映各个单位的经济活动情况，为加强经济管理和提高经济效益提供会计信息（见图1-1）。

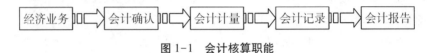

图1-1 会计核算职能

1. 会计核算职能的特点

会计核算具有全面性、连续性、系统性和综合性。

（1）全面性，又称完整性，是指对会计主体发生的一切经济业务都要进行记录，予以反映。它既要求会计反映的会计事项不能遗漏，也要求经纪业务引起的资金运动的来龙去脉都能反映出来。

（2）连续性是指对每一项经济业务的反映都应按其发生的时间顺序自始至终不间断地进行反映。

（3）系统性是指对各项经济业务反映时应采取一套专门的方法，进行互相联系的记录和科学正确的分类，以提供系统化的数据资料，便于信息使用者有效利用。

（4）综合性是指必须运用统一的货币计量单位对经济活动进行数量反映，以得出总括的价值指标。

知识链接

经济业务（transaction）又称会计事项，是指经济活动中使会计要素发生增减变动的交易或事项，可分为对外经济业务和内部经济业务。

对外经济业务是指企业与其他企业或单位发生交易行为而产生的经济事项，如向投资者筹措资金、向供货方购货、向银行借款、向购货方销货等。

内部经济业务是指企业内部成本、费用的耗用以及因各会计要素之间的调整而产生的经济事项，如生产经营中耗用的原材料、机器设备的折旧、工资的分配以及收入费用的结转等。

---

2. 会计核算的构成环节

会计核算由确认、计量、记录和报告四个环节构成。

（1）确认是指通过一定的标准或方法来确定所发生的经济活动是否应该或能够进行会计处理。

（2）计量是指以货币为计量单位对已确定可以进行会计处理的经济活动确定其应记录的金额。

（3）记录是指通过一定的会计专门方法按照上述确定的金额将发生的经济活动在会计特有的载体上进行登记的工作。

（4）报告是指通过编制财务报告的形式向有关方面和人员提供会计信息。

3. 会计核算的内容

会计核算的内容包括会计主体生产经营过程中的各种经济业务，具体表现为以下七项：

（1）款项和有价证券的收付。款项是作为支付手段的货币资金，主要包括库存现金、银行存款、其他视同库存现金和银行存款使用的货币资金。有价证券是表示一定财产拥有权或支配权的证券，主要包括交易性金融资产、可供出售金融资产等。这两种资产流动性最强。

（2）财物的收发、增减和使用。财物是单位财产物资的简称，是反映一个单位进行和维持经营管理活动的具有实物形态的经济资源。各单位必须加强对单位财物收发、增减和使用环节的管理，严格按照国家会计制度的规定进行核算，维护单位正常的生产经营秩序和会计核算程序。

（3）债权债务的发生和结算。债权是指企业收取款项的权利。这些款项一般包括各种应收和预付的款项等。债务是指由于过去的交易、事项形成的，企业需要以资产或劳务偿付的形式承担的现时业务，即负债。债权债务一般包括各项借款、应付和预收款项以及应交款项等。

（4）资本、基金的增减。资本是指投资者为开展生产经营活动而投入的本钱，会计上的资本专指所有者权益中的投入资本。基金是指各单位按照法律、法规的规定而设置或筹集的具有某些特定用途的专项资金，如政府基金、社会保险基金、教育基金等。

（5）收入、支出、费用、成本的计算。收入是指各单位在经济活动中所取得的经济资源的流入，企业必须如实进行反映。支出、费用、成本是指各单位为取得收入所发生的各项消耗和代价。只有正确计算各项收入、支出、费用和成本，才能按照配比原则，准确计算出各单位最终的经营成果。

（6）财务成果的计算和处理。财务成果的计算和处理，包括利润的计算、所得税的计算以及利润的分配（或亏损的弥补）等。这部分工作将影响投资者和国家的利益。

（7）其他需要办理会计手续、进行会计核算的事项。

4. 会计核算反映的内容

会计核算主要反映的是已经发生和完成的经济业务。会计核算对于已经发生和完成的经济业务进行反映，一方面有利于了解和考核经济活动的过程和结果，另一方面则有利于为正确地预测未来提供可靠依据。只有全面、正确地了解历史情况，才能正确地分析和预测未来。

（二）会计监督职能

会计监督职能也称会计控制职能，是指以一定的标准和要求，利用会计所提供的信息对特定主体经济活动和相关会计核算的合法性、合理性以及有效性进行审查，进而进行有效的指导、控制和调节，以达到预期的目的（见图1-2）。会计监督是现代会计部门适应市场竞争环境变化，强化企业内部管理，增强企业竞争能力，以及参与企业经营决策的首要职能。会计监督的内容既包括监督经济业务的真实性，又包括监督财务收支的合法性，还包括监督公共财产的完整性。

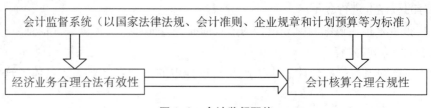

图1-2　会计监督职能

会计监督职能具有以下特点：

（1）会计监督是对经济活动的全过程进行监督。会计监督贯穿于会计工作的全过程，包括事前监督、事中监督和事后监督。事前监督是指参与企业计划或预算的制订，针对存在的问题提出合理化建议，以最大化地提高企业的经济效益和社会效益；事中监督则是指对正在发生的经济业务进行分析检查，及时发现问题，提出改进建议，控制经济活动按预先制订的计划或预算进行，以保证预期目标的实现；事后监督是指对已经完成的经济活动进行考核评价，总结经验教训，进行奖优罚劣，以指导和调整未来的经济活动。

（2）会计监督是对经济活动进行的全面监督。会计监督是对经济活动全过程的合法性、合理性以及有效性进行的全面监督。会计既要审查各项经济活动是否符合国家的法律法规、规章制度，又要审核和检查这些活动是否应该发生，是否符合经济管理的原理和原则。除此以外，会计监督还要检查和评价各项经济活动是否能够提高经济效益，有无损失和浪费。

（三）会计核算职能与会计监督职能的关系

1. 会计核算职能与会计监督职能的对象相同

会计核算和监督的对象都是社会再生产过程中主要以货币形式表现的经济活动，即资金的运动过程。在会计实务中，一般将经济主体日常活动或非日常活动中发生的、引起会计要素变化的经济活动的具体内容称为经济业务，也称会计事项。经济业务包括交易和事项两类。交易是指经济主体与其他主体之间发生的经济往来，如购进材料、销售商品、借入资金、对外投资等；事项是指经济主体内部发生的经济活动，如发放工资、计提折旧、车间领用材料、产品完工入库等。凡不引起会计要素发生变化的活动都不能称为会计上的经济业务，如签订一份合同，虽然会影响企业未来的经济活动，但由于合同在履行之前尚未引起会计要素数量上的变动，因此从会计角度不能将其作为经济业务加以记录。

2. 会计核算职能与会计监督职能的侧重点不同

会计核算职能侧重于对会计对象的核算，即对会计对象进行确认、计量、记录和报告；会计监督职能侧重于对会计对象的管理，即对会计对象进行预测、决策、规划、控制、分析、考评和监督。

3. 会计核算职能与会计监督职能是相辅相成、辩证统一的关系

会计核算和监督两项基本职能是相辅相成的（见图1-3）。核算是监督的基础，核算

为监督提供基本信息资料；监督是核算的继续和发展，是会计核算的质量保证，只有核算没有监督，就难以保证核算所提供信息的真实性、可靠性。因此，只有二者有机结合起来，才能正确、及时、完整地反映经济活动，有效地控制经济过程，提高经济效益。

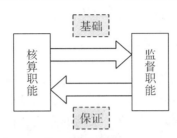

图 1-3　会计基本职能关系

二、会计的特点

会计的特点是会计在对特定组织经济活动进行反映和监督过程中表现出来的与其他经济管理活动不同的特性，主要表现在以下几个方面：

（一）会计以货币作为主要计量单位

计量单位也叫计量尺度，是计算和衡量事物数量多少所采用的标准。当前经济生活中主要采用的计量单位包括实物量度、劳务量度和货币量度三种。在经济活动过程中的各种物化劳动和活劳动耗费以及取得的劳动成果均应采用一定的量度单位进行准确计量。但由于不同质的财产物资适用于不同的实物量度，而同一实物量度有时又适用于不同质的财产物资，因此难以采用一种统一的实物量度对经济活动的各种不同的数量方面进行综合计量。劳动量度也存在同样的局限性。而货币作为固定地充当一般等价物的特殊商品，具有价值尺度的职能，可以用于衡量凝结在商品中的无差别劳动。因此，以货币量度作为主要计量单位，辅之以实物量度和劳务量度，才能对经济活动进行综合反映和监督。

（二）会计要运用一套专门的方法

会计在对特定组织的经济活动进行反映和监督时，采用了一套专门的方法，有别于统计以及其他业务工作。其中最基本的方法包括设置会计科目和账户、复式记账、填制凭证、登记账簿、成本计算、财产清查和编制财务报告等。这些方法之间相互联系、密切结合，构成一个完整的方法体系。

（三）会计要以真实、合法的会计凭证为依据

要证明所发生经济业务的真实、合法性以及数据的准确性，不仅要取得相应的证明资料——会计凭证，而且还要对会计凭证的真实、合法性进行审核。只有审核无误的会计凭证才能作为登记账簿的依据。即使是实行了会计电算化的组织，也必须以合法凭证作为账务处理的依据。

（四）会计工作具有连续性、系统性、完整性和综合性

所谓连续性，是指会计对特定组织经济活动的反映是按照时间发生的先后顺序，自始至终不间断地进行；所谓系统性，是指会计对特定组织经济活动进行反映时，是科学分类并相互联系的；所谓完整性，又称全面性，是指会计对特定组织所发生的一

切经济活动都应无一遗漏地反映；所谓综合性，是指会计对特定组织经济活动的反映应运用货币作为统一的计量标准进行数量反映，以得出各种总括的价值指标。会计通过连续、系统、完整、综合地反映特定组织的经济活动，以得出连续、系统、完整、综合的会计信息，从而满足各方信息用户对不同会计信息的需要。

三、会计的概念

清代学者焦循在《孟子正义》一书中，对会计的解释为"零星算为之计，总和算为之会"，这反映了当时人们对会计的认识。会计经历漫长的历史进程发展至今，其内容越来越完善，功能和作用越来越强大，采用的方法和技术也越来越先进。对于会计的概念，国内外研究者从不同角度有不同的理解。总体而言，大概有以下两种观点：

（一）信息系统论

从会计为有关方面提供决策有用信息的角度而言，会计是一个信息系统。企业的信息用户既包括企业外部的投资者、债权人以及政府管理部门等，也包括企业内部管理层、职工等。企业投资者把钱投入企业、债权人把钱借给企业，但他们自身并不参与企业的经营管理，为了保护自身权益就必须通过会计提供的信息了解企业，以做出正确的投资决策和信贷决策；同样，政府相关管理部门，如工商、财税机关等，也只能通过企业会计提供的财务报告了解企业行为是否违规违法；企业内部管理层也只能通过会计提供的信息来了解企业经营管理活动所存在的问题从而做出正确的管理决策。总而言之，会计这门"商业语言"就是通过特定的方法，将零散的经济业务资料进行加工以向相关信息用户提供所需信息。这一信息加工过程就是一个信息系统。财务会计信息处理过程如图 1-4 所示。

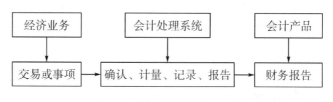

图 1-4　财务会计信息处理过程

> **知识链接**
>
> 会计信息系统说首先由美国会计学家 A. C. 利特尔顿提出，他在 1953 年出版《会计理论结构》一书，提出了"会计是一种特殊门类的信息服务"，它"对一个企业的经济活动提供某种有意义信息"的观点。随着信息论、系统论和控制论的发展，美国会计学界开始倾向于将会计定义为会计信息系统。

（二）管理活动论

从会计对经济组织的经济活动进行反映和监督而言，会计是一种管理活动，它贯穿在企业整个管理过程中。在企业计划阶段，会计人员通过提供的会计信息参与企业预算、计划的制订过程中；在企业组织和实施阶段，会计人员将各项计划和预算细化为各类定额、指标以指导和控制各职能部门和相关人员按预算和计划完成相应的工作；在企业检查阶段，会计人员通过汇总编制的财务报告及其具体的分析报告，发现企业经营中存在的问题并明确责任，以便有针对性地提出解决措施，保证企业经营目标的实现。正如杨纪琬、阎达五教授指出的："会计这一社会现象属于管理范畴，是人的一种管理活动。会计的功能总是通过会计工作者从事的多种形式的管理活动实现的。"可以说，会计是企业经营管理不可缺少的构成部分。管理会计信息处理过程如图1-5所示。

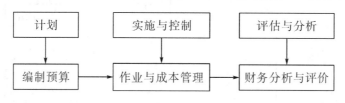

图1-5　管理会计信息处理过程

　　需要注意的是，会计信息系统论和会计管理活动论这两种观点并没有实质上的冲突和矛盾，而是从不同角度出发来审视会计的本质。会计信息系统把会计视为一种方法，而管理活动论则把会计视为一种工作。

　　综合上述两种观点，我们倾向于对当前会计的概念做如下表述：会计是以货币为主要计量单位，以会计凭证为主要依据，运用专门的方法，对特定组织的经济活动进行连续、系统、全面、综合的核算和监督，为有关各方提供有用会计信息，旨在提高经济效益的一种经济管理活动。

四、会计学科体系

　　会计学是人们对会计工作规律认识的知识体系，是完整、准确地解决如何认识会计工作和如何做好会计工作等问题的科学。它是由相互联系的许多学科组成的有机整体。会计学科体系如图1-6所示。

　　按会计服务主体的经营性质的不同，会计可分为营利组织会计（企业会计）和非营利组织会计（行政、事业单位会计）。

　　按会计报告对象的不同，会计可分为财务会计和管理会计。其中，财务会计又称为对外报告会计，主要侧重于对特定组织过去已经发生和完成事项的反映，并向组织外部信息用户提供有关组织财务状况、经营成果和现金流量等方面的信息；管理会计又称对内报告会计，主要向特定组织内部经营管理层提供有利于组织进行规划、管理、决策等所需的相关信息，侧重于未来数据。

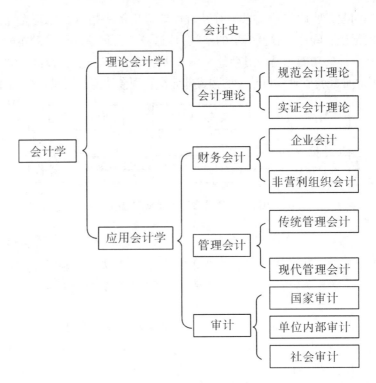

图 1-6　会计学科体系

在我国高等院校会计专业所设置的课程中，通常按研究内容结合研究层次，将会计学专业的主干课程分为会计学原理（基础会计学或初级会计学）、中级财务会计、高级财务会计、成本会计、管理会计、会计信息系统、财务管理、统计学、审计学等。其中，会计学原理是学习其他课程的基础，它主要介绍会计学的基本理论、基本方法、基本技能以及会计工作组织和法规制度等。除此之外，经济学、管理学、法学等相关课程也是会计专业学生必须学习的课程。

随堂演练

（一）单选题

1. 会计是以（　　）为主要计量单位，反映和监督一个单位经济活动的一种经济管理工作。

　　A. 实物　　　　　　B. 货币　　　　　　C. 商品　　　　　　D. 劳动

2. 下列各项中，属于会计基本职能的是（　　）。

　　A. 进行会计核算和实施会计监督　　　B. 预测经济前景

　　C. 编制会计报表　　　　　　　　　　D. 参与经济决策

（二）多选题

1. 目前，在我国，关于会计定义的代表性观点有（　　）。

　　A. 管理技术论　　　　　　　　　　B. 管理活动论

　　C. 管理艺术论　　　　　　　　　　D. 信息系统论

　　E. 管理工具论

2. 会计的基本职能是 (　　　)。

　　A. 反映　　　　　　B. 核算　　　　　　C. 监督　　　　　　D. 控制

　　E. 决策

3. 会计核算的内容包括 (　　　)。

　　A. 资本、基金的增减　　　　　　B. 收入、支出、费用、成本的计算

　　C. 财物的收发、增减和使用　　　　D. 债权债务的发生和结算

4. 会计监督的内容包括 (　　　)。

　　A. 审核和检查各项经济活动是否符合国家的法律法规、规章制度

　　B. 审核和检查经济活动是否应该发生

　　C. 审核和检查经济活动是否符合经济管理的原理和原则

　　D. 检查和评价经济活动是否能够提高经济效益

（三）判断题

1. 会计与会计学是两个性质相同的概念。　　　　　　　　　　　　(　　　)

2. 对会计的定义，信息系统论和管理活动论并无本质上的区别。　　(　　　)

第三节　会计目标

一、会计目标的概念和特点

（一）会计目标的概念

会计目标亦称会计目的，是指在一定的客观经济环境条件下，会计活动应达到的目的和标准。会计是一种主观的、有目的的经济管理活动，会计目标指引着会计活动的基本方向。会计目标属于财务会计概念中的最高层次，是会计理论框架的起点。

（二）会计目标的特点

1. 稳定性

虽然会计是随着生产、管理的发展而不断发展的，会计的目标会随着会计所处的社会政治、法律、经济、科技等环境因素的改变而发生变化，但在一定时期内，会计目标是相对稳定的。因为只有相对稳定的会计目标才能具体指明会计活动的方向；如果目标不明确，变化无常，会计活动就会发生混乱。

2. 多样性

会计的产出物是会计信息，而会计信息的使用者是多方面的，他们对会计信息的需求也是多样性的。这就决定了会计目标的多样性特点。

3. 多层次性

为了满足会计信息使用者不同的信息需求，会计目标不仅是多样的，而且还是多层次的，在满足会计信息使用者具体目标的基础上，还要满足企业的最终目标。因此，会计目标是一个多样的、多层次的有机整体。

二、会计目标的构成

会计目标可以分为基本目标和具体目标。

（一）基本目标

会计作为企业管理活动的重要组成部分，其基本目标（最终目标）也将服务于企业经营管理的目标，即不断提高企业经济效益和社会效益。而要达到这一基本目标，则需要会计人员在日常工作中准确、及时地记录和计量各种劳动成果和劳动耗费，然后通过分析比较，提出合理配置资源、提高经济效益的方法和措施。

（二）具体目标

会计具体目标即会计的近期目标，它贯穿于会计日常工作过程中，就是生成和提供会计信息以便于企业信息用户做出正确决策。

至于会计应当提供什么会计信息？企业会计信息的用户有哪些？这些用户又需要哪些会计信息？这都是会计目标理论研究中应解决的具体问题。在 20 世纪七八十年代，西方会计界对会计目标形成了两大学派，即"受托责任说"和"决策有用说"。前者认为会计目标是向资源提供者报告资源受托管理情况，以提供客观信息为主，强调会计信息的可靠性；后者则认为会计目标是向会计信息使用者提供决策有用信息，强调会计信息的相关性。

我国现行会计目标也体现了上述两种学说的基本思想。2006 年 2 月 15 日颁布的《企业会计准则——基本准则》第四条指出："企业应当编制财务会计报告。财务会计报告的目标是向财务会计报告使用者提供与企业财务状况、经营成果和现金流量等有关的会计信息，反映企业管理层受托责任履行情况，有助于财务会计报告使用者做出经济决策。"

三、会计目标中的核心内容

（一）会计信息的使用者

企业会计信息的用户包括企业外部会计信息使用者和企业内部会计信息使用者。其中，企业外部会计信息使用者主要有企业投资人和潜在投资人、债权人、证券经纪人、政府相关部门以及社会公众等。企业投资人和潜在投资人具体包括国家、其他法人、社会个人以及外国投资者。企业的债权人包括向企业发放贷款的银行和其他金融机构、向企业供货的往来单位、企业债权的购买者等。企业内部会计信息使用者主要是指企业内部各级管理人员，包括企业负责人、各职能部门负责人、企业职工以及工会组织。

（二）会计信息的内容

会计提供的信息既要有利于投资者、债权人、管理层做出正确的投资决策、信贷决策、管理决策，也要有利于政府有关部门进行宏观经济调控和管理以及社会公众了解企业。因此，会计提供的信息应当是能够客观、完整、及时反映企业一定日期财务状况、一定时期经营成果和一定时期现金流量等情况的具体资料。

（三）会计信息的形式

会计信息的提供方式主要通过财务报告形式，包括表式报告文件（会计报表）以及文字式报告（报表附注及财务情况说明书），提供不同信息用户所需的决策有用信息。其具体内容在本书第八章做详细介绍。

（一）单选题

1. 最关心企业的偿债能力和支付利息能力的会计报表使用者是（　　）。

　　A. 政府机构　　　　B. 债权人　　　　C. 投资者　　　　D. 企业职工

2. 会计目标不应包括的内容有（　　）。

　　A. 向财务会计报告使用者提供与企业财务状况、经营成果和现金流量等有关的会计信息

　　B. 反映企业管理层对受托责任的履行情况

　　C. 有助于财务会计报告使用者做出经济决策

　　D. 满足各方面的信息需要

（二）多选题

1. 会计报表的使用者一般包括（　　）。

　　A. 企业管理人员　　B. 政府有关部门　　C. 银行　　　　　　D. 供货商

2. 会计目标的特点包括（　　）。

　　A. 稳定性　　　　　B. 全面性　　　　　C. 多样性　　　　　D. 多层次性

（三）判断题

1. 我国现行会计目标体现了"受托责任说"和"决策有用说"两种观点。（　　）

2. 会计信息的提供方式通过会计报表进行。　　　　　　　　　　（　　）

第四节　会计信息质量特征

　　会计的目标是向财务会计报告使用者提供与企业财务状况、经营成果和现金流量等有关的会计信息，有助于财务会计报告使用者做出经济决策。要达到这一目标，必然要求会计信息具备一定的质量特征。

　　会计信息质量要求是对企业财务报告中所提供会计信息质量的基本要求，即会计应该提供什么样的会计信息。根据现行《企业会计准则——基本准则》规定，会计信息应满足以下八个质量特征，具体包括可靠性、相关性、可理解性、可比性、实质重于形式、重要性、谨慎性和及时性。其中，可靠性、相关性、可理解性和可比性是会计信息的首要质量要求，是企业财务报告中所提供会计信息应具备的基本质量特征；实质重于形式、重要性、谨慎性和及时性是会计信息的次级质量要求，是对首要质量要求的补充和完善。

一、可靠性

　　可靠性又称为真实性或客观性，它要求企业应当以实际发生的交易或者事项为依据进行确认、计量和报告，如实反映符合确认和计量要求的各项会计要素及其他相关信息，保证会计信息真实可靠、内容完整。如果财务报告所提供的会计信息是不可靠的，就会对投资者等使用者的决策产生误导，甚至给他们带来损失。为了贯彻可靠性

要求，企业应当做到：

（1）以实际发生的交易或者事项为依据进行确认、计量，将符合会计要素定义及其确认条件的资产、负债、所有者权益、收入、费用和利润等如实反映在财务报表中，不得根据虚构的、没有发生的或者尚未发生的交易或者事项进行确认、计量和报告。

（2）在符合重要性和成本效益原则的前提下，保证会计信息的完整性，其中包括应当编报的报表及其附注内容等应当保持完整，不能随意遗漏或者减少应予披露的信息，与使用者决策相关的有用信息都应当充分披露。

（3）包含在财务报告中的会计信息应当是中立的、无偏的。如果企业在财务报告中为了达到事先设定的结果或效果，通过选择或列示有关会计信息以影响决策和判断，这样的财务报告信息就不是中立的。例如：在对在产品盘存估价以及固定资产使用年限的确定方面，确实需要会计人员进行主观判断，会计人员应尽量取得客观证据，减少估计误差，保证信息准确性。

【例 1-1】2020 年 9 月 28 日，广州市 A 公司发布公告称：因无法对储存在江苏两家仓储方仓库的货物进行正常盘点和抽样检测，公司将对合计 5.72 亿元的存货补提甚至全额计提存货跌价准备。也就是说，A 公司近 6 亿元的存货消失，需要通过计提损失来销账。2020 年 10 月 15 日，A 公司紧急发布前三季度业绩预告，预计第三季度亏损 6.85 亿~8.85 亿元。公告显示，除了之前对披露的 5.72 亿元存货全额计提减值损失外，公司还对广州市 B 公司应收账款计提坏账损失 1.42 亿元。2021 年 4 月 30 日，A 公司公布 2020 年年度报告，报告显示公司 2020 年度净利润 -55.65 亿元（其中，针对应收账款计提信用减值损失 54.79 亿元，针对存货等计提资产减值损失 14.79 亿元），经营活动产生的现金流量净额为 -18.99 亿元，归属于母公司股东权益 -25.85 亿元，已严重资不抵债。

二、相关性

相关性又称有用性，要求企业提供的会计信息应当与财务报告使用者的经济决策需要相关，有助于财务报告使用者对企业过去、现在或者未来的情况做出评价或者预测。而一项信息是否具有相关性取决于其是否具有预测价值和反馈价值。

（一）预测价值

如果一项信息能帮助决策者对过去、现在和未来事项的可能结果进行预测，则该项信息具有预测价值。决策者可根据预测的结果，做出其认为的最佳选择。因此，预测价值是构成相关性的重要因素，具有影响决策者决策的作用。如一项投资决策是否可行，需要对该项目未来的投资风险和投资收益进行权衡后做出。如果当前信息不能预测投资项目未来收益和风险，则信息缺乏预测价值。

（二）反馈价值

一项信息如果有助于决策者验证或修正过去的决策和实施方案，即具有反馈价值。会计人员把过去决策所产生的实际结果反馈给决策者，决策者将其与当初的预期结果相比较，验证过去的决策是否正确，总结经验以防止今后再犯同样的错误。如一项信息可以比较验证已经完成的投资项目的实施结果与预期是否一致并能进一步确定不一致的原因，从而有利于决策的改进，则该信息具有反馈价值。验证过去有助于预测未来。不了解过去，预测就缺乏基础。

会计信息质量的相关性要求，企业在确认、计量和报告会计信息的过程中，充分考虑使用者的决策模式和信息需要。但是，相关性是以可靠性为基础的，两者之间并不矛盾，不应将两者对立起来。也就是说，会计人员在保证会计信息可靠性的前提下，还应尽可能地保证会计信息的相关性，以满足投资者等财务报告使用者的决策需要。

思考：可靠性与相关性的对立统一关系是如何体现的？

三、可理解性

可理解性又称为明晰性，要求企业提供的会计信息清晰明了，便于财务报告使用者理解和使用。

企业编制财务报告、提供会计信息的目的在于使用，而要使使用者有效使用会计信息，应当能让其了解会计信息的内涵，弄懂会计信息的内容。这就要求财务报告所提供的会计信息清晰明了、易于理解。只有这样，才能提高会计信息的有用性，实现财务报告的目标，满足向投资者等财务报告使用者提供有用信息的要求。

会计信息毕竟是一种专业性较强的信息产品，在强调会计信息的可理解性要求的同时，还应假定使用者具有一定的有关企业经营活动和会计方面的知识，并且愿意付出努力去研究这些信息。对于某些复杂的信息，如交易本身较为复杂或者会计处理较为复杂，但其与使用者的经济决策相关，企业就应当在财务报告中予以充分披露。

四、可比性

可比性要求企业提供的会计信息具有可比性。具体包括下列要求：

（一）纵向可比

纵向可比是指同一企业对于不同时期发生的相同或者相似的交易或者事项，应当采用一致的会计政策，不得随意变更。

为了便于投资者等财务报告使用者了解企业财务状况、经营成果和现金流量的变化趋势，比较企业在不同时期的财务报告信息，全面、客观地评价过去、预测未来，从而做出决策，会计信息质量的可比性要求同一企业对于不同时期发生的相同或者相似的交易或者事项，应当采用一致的会计政策，不得随意变更。但是，满足会计信息可比性要求，并非表明企业不得变更会计政策，如果按照规定或者在会计政策变更后可以提供更可靠、更相关的会计信息，可以变更会计政策。有关会计政策变更的情况，应当在附注中予以说明。

（二）横向可比

横向可比是指同一时期的不同企业发生的相同或者相似的交易或者事项，应当采用规定的会计政策，确保会计信息口径一致、相互可比，即对于相同或者相似的交易或者事项，不同企业应当采用一致的会计政策，以使不同企业按照一致的确认、计量、记录和报告基础提供有关会计信息，以便投资者等财务报告使用者评价不同企业的财务状况、经营成果和现金流量及其变动情况。

五、实质重于形式

实质重于形式要求企业应当按照交易或者事项的经济实质进行会计确认、计量和报告，不应仅以交易或者事项的法律形式为依据。如果企业仅仅以交易或者事项的法律形式为依据进行会计确认、计量、记录和报告，那么就容易导致会计信息失真，无法如实反映经济现实和实际情况。

企业发生的交易或事项在多数情况下，其经济实质和法律形式是一致的。但在有些情况下，会出现不一致。例如：以融资租赁方式租入的资产虽然从法律形式来讲企业并不拥有其所有权，但是由于租赁合同中规定的租赁期相当长，接近于该资产的使用寿命，因而租赁期结束时承租企业有优先购买该资产的选择权，在租赁期内承租企业有权支配资产并从中受益等。因此，从其经济实质来看，企业能够控制融资租入资产所创造的未来经济利益，在会计确认、计量、记录和报告上就应当将以融资租赁方式租入的资产视为企业的资产，列入企业的资产负债表。又如：企业按照销售合同销售商品但又签订了售后回购协议，虽然从法律形式上实现了收入，但如果企业没有将商品所有权上的主要风险和报酬转移给购货方，没有满足收入确认的各项条件，即使签订了商品销售合同或者已将商品交付给购货方，也不应当确认销售收入。

六、重要性

重要性要求企业提供的会计信息应当反映与企业财务状况、经营成果和现金流量有关的所有重要交易或者事项。在实务中，如果会计信息的省略或者错报会影响投资者等财务报告使用者据此做出决策，该信息就具有重要性。企业应当根据其所处环境和实际情况，从项目的性质和金额两个方面对会计的重要性进行判断。

例如：我国要求上市公司对外提供季度财务报告。考虑到季度财务报告披露的时间较短，从成本效益上去考虑，季度财务报告没有必要像年度财务报告那样披露详细的附注信息。因此，中期财务报告准则规定，公司季度财务报告附注应当以年初至本期末为基础编制，披露自上年度资产负债表日之后发生的，有助于理解企业财务状况、经营成果和现金流量变化情况的重要交易或者事项。这种附注披露，就体现了会计信息质量的重要性要求。

会计信息的提供强调重要性：一是基于成本效益原则，减少不必要的工作，有利于提高会计核算的经济效益；二是为了保证会计信息提供的及时性，过于求全可能会延误时间。除此以外，会计信息的主次不明也会影响信息使用者对信息的理解和使用。

七、谨慎性

谨慎性要求企业对交易或者事项进行会计确认、计量和报告时应当保持应有的谨慎，不应高估资产或者收益、低估负债或者费用。

在市场经济环境下，企业的生产经营活动面临着许多风险和不确定性，如应收款项的可收回性、固定资产的使用寿命、无形资产的使用寿命、售出存货可能发生的退货或者返修等。会计信息质量的谨慎性要求企业在面临不确定性因素的情况下做出职业判断时，应当保持应有的谨慎，充分估计到各种风险和损失，既不高估资产或者收益，也不低估负债或者费用。例如：要求企业对可能发生的资产减值损失计提资产减值准备、对售出商品可能发生的保修义务等确认预计负债等，就体现了会计信息质量的谨慎性要求。

特别注意，谨慎性的应用也不允许企业设置秘密准备，如果企业故意低估资产或者收益，或者故意高估负债或者费用，将不符合会计信息的可靠性和相关性要求，从而降低了会计信息质量，扭曲了企业实际的财务状况和经营成果，对使用者的决策产生误导，这是会计准则不允许的。谨慎性原则的应用示例见图 1-7。

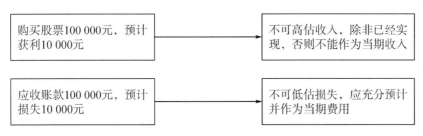

图 1-7　谨慎性原则的应用示例

八、及时性

及时性要求企业对于已经发生的交易或者事项，应当及时进行确认、计量和报告，不得提前或者延后。

会计信息的价值在于帮助所有者或者其他方面做出经济决策，具有时效性。即使是可靠、相关的会计信息，如果不及时提供，就失去了时效性，对于使用者的效用就大大降低甚至不再具有实际意义。在会计确认、计量、记录和报告过程中贯彻及时性，一是要求及时收集会计信息，即在经济交易或者事项发生后，及时收集整理各种原始单据或者凭证；二是要求及时处理会计信息，即按照会计准则的规定，及时对经济交易或者事项进行确认、计量和记录，并编制出财务报告；三是要求及时传递会计信息，即按照国家规定的有关时限，及时地将编制的财务报告传递给财务报告使用者，便于其及时使用和决策。

在实务中，为了及时提供会计信息，可能需要在有关交易或者事项的信息全部获得之前即进行会计处理，这样就满足了会计信息的及时性要求，但可能会影响会计信息的可靠性；反之，如果企业等到与交易或者事项有关的全部信息获得之后再进行会计处理，这样的信息披露可能会由于时效性问题，对投资者等财务报告使用者决策的有用性将大大降低。这就需要会计人员在及时性和可靠性之间做相应权衡。会计人员应以最好地满足投资者等财务报告使用者的经济决策需要为判断标准。

上述八项会计信息的质量要求是相互联系的，企业在对交易进行会计确认、计量和报告时应综合运用，以确保会计信息的质量。

随堂演练

（一）单选题

1. 下列各项中，不属于反映会计信息质量要求的是（　　）。

　　A. 会计核算方法一经确定不得随意变更

　　B. 会计核算应当注重交易或事项的实质

　　C. 会计核算应当以实际发生的交易或事项为依据

　　D. 会计核算应当以权责发生制为基础

2. 下列各项中，符合会计信息质量可靠性要求的是（　　）。

    A. 会计核算应有专人负责

    B. 及时进行会计核算

    C. 合理进行会计核算

    D. 以实际发生的交易或事项为依据进行核算

3. 企业充分预计损失，不得多计收益的做法，遵循的是（　　）会计信息质量要求。

    A. 谨慎性　　　　B. 可靠性　　　　C. 重要性　　　　D. 实质重于形式

4. 会计信息必须满足其使用者的需要，这体现了（　　）会计信息质量要求。

    A. 相关性　　　　B. 明晰性　　　　C. 可比性　　　　D. 及时性

（二）多选题

1. 会计信息质量的可比性要求的含义包括（　　）。

    A. 同一企业不同期间会计信息的可比

    B. 同一企业相同期间会计信息的可比

    C. 不同企业相同期间会计信息的可比

    D. 不同企业不同期间会计信息的可比

2. 在下列各项中，（　　）属于会计信息质量的首要要求。

    A. 可靠性　　　　B. 相关性　　　　C. 及时性　　　　D. 可理解性

    E. 重要性

（三）判断题

1. 企业选择一种不高估资产收益、不低估负债费用的做法，所遵循的是会计信息质量要求中的可比性要求。　　　　　　　　　　　　　　　　　　　　　　（　　）

2. 实质重于形式要求中的"实质"指的是交易或事项所具有的经济实质。（　　）

3. 同一企业不同期间会计信息的可比也称为横向可比。　　　　　　（　　）

4. 会计信息质量要求的可靠性是指企业应当以实际发生的交易或事项为依据进行会计确认、计量、记录和报告。　　　　　　　　　　　　　　　　　　　　（　　）

◣ 本章小结 ◢

    会计是随着社会生产发展和加强经济管理、提高经济效益的要求而产生，并随着社会经济，特别是市场经济的发展和科学技术的进步而不断完善、提高和发展的。会计产生于原始社会末期，其发展大致经过了古代会计、近代会计和现代会计三个阶段，形成了财务会计和管理会计两大分支。

    会计的职能是指会计在经济管理工作中所具有的功能，包括进行会计核算和实施会计监督两个方面，二者相辅相成、辩证统一。核算是监督的基础，监督是核算的质量保障。

    会计是以货币为主要计量单位，以会计凭证为主要依据，运用专门的方法，对特定组织的经济活动进行连续、系统、全面、综合的核算和监督，为有关各方提供有用会计信息，旨在提高经济效益的一种经济管理活动。

会计学是人们对会计工作规律认识的知识体系，是完整、准确地解决如何认识会计工作和如何做好会计工作等问题的科学。它是由相互联系的许多学科组成的有机整体。其主干课程包括会计学原理（基础会计学或初级会计学）、中级财务会计、高级财务会计、成本会计、管理会计、会计信息系统、财务管理、统计学、审计学等。

会计目标亦称会计目的，是指在一定的客观经济环境条件下，会计活动应达到的目的和标准。我国会计的具体目标是指向财务会计报告使用者提供与企业财务状况、经营成果和现金流量等有关的会计信息，反映企业管理层受托责任履行情况，有助于财务会计报告使用者做出经济决策。

会计信息质量要求是对企业财务报告中所提供会计信息质量的基本要求和标准，即会计应该提供什么样的会计信息。根据现行《企业会计准则——基本准则》的规定，会计信息应满足八个质量特征，具体包括可靠性、相关性、可理解性、可比性、实质重于形式、重要性、谨慎性和及时性。可靠性、相关性、可理解性和可比性是会计信息的首要质量要求，是企业财务报告中所提供会计信息应具备的基本质量特征；实质重于形式、重要性、谨慎性和及时性是会计信息的次级质量要求，是对可靠性、相关性、可理解性和可比性首要质量要求的补充和完善。

重要名词

会计（accounting） 会计职能（accounting function）

会计核算（accounting calculation） 会计监督（accounting control）

财务会计（financial accounting） 管理会计（management accounting）

会计目标（accounting objective） 相关性（relevance）

可靠性（reliance） 可比性（consistency）

谨慎性（conservatism）

拓展阅读

阅读资料（一）

帕乔利——复式簿记的奠基人

西方资本主义萌芽源于14—15世纪的意大利威尼斯、佛罗伦萨等地，复式簿记也在这些地区产生。著名经济学家桑巴特曾指出："离开了复式簿记，我们将不能设想有资本主义。"[1] 复式簿记诞生于资本主义的发祥地，并不是一种偶然，而是一种历史的契合。

复式簿记的奠基人卢卡·帕乔利生于离佛罗伦萨东南约130千米的小镇圣赛波尔克罗一个中下层家庭，早年在教会学校接受教育，16岁去当地一位大商人的家庭作坊当学徒，之后，跟随著名艺术家（同时数学造诣很高）弗朗西斯卡学习。他做过许多

---

① 布朗，约翰斯顿. 巴其阿勒会计论［M］. 林志军，等译. 上海：立信会计图书用品社，1988.

达官和富商的家庭教师，并先后在五所大学任教。

帕乔利的一生适逢文艺复兴的黄金时期，他是一位出色的著作家、演讲者和教师，一生著述甚丰，包括《算数、几何和比例概要》《成功的经商之道》《智慧之道》《数的奥妙》《神妙的比例》等。

1494 年出版的《算数、几何和比例概要》分为五部分：一是算术与代数，二是算术与代数在贸易和计算中的应用，三是簿记，四是货币与兑换，五是理论几何与应用几何学。其中第三部分奠定了现代会计的基石，其复式簿记的基本原理历经 500 余年没有变化，对推动资本主义的发展起到了重要作用。

阅读资料（二）

影响会计发展史的六大历史事件①

1. 意大利商业革命

意大利位于地中海沿岸，特殊的地理位置使其成为东西方文化的连接点。中世纪，意大利的地区贸易和国际贸易促使商品货币经济关系迅速发展。随着贸易的发展，意大利的商业和金融业获得长足发展，居欧洲领先地位。此时，在佛罗伦萨、热那亚、威尼斯等地出现了复式簿记的萌芽。

2. 东印度公司

1600 年成立的美国东印度公司垄断着好望角以东各国的贸易权。由于东印度公司在每次航海后都没有足够的现金向股东支付股利，于是使用下次航海的股份来代替，这就是股票股利的前身。在最后清算股份时，需要极其复杂的会计核算。于是，1657 年 9 月，该公司发布新章程，允许签发永久性的股份，作为未来所有航海冒险活动的一种联合投资，并将每次清算转换为永久性股份，提出每年而不是每次冒险活动结束时结算利润，从而形成了持续经营和会计分期的概念，同时也产生了股份公司。这些引起会计思想的巨大变化，对建立以年度为报告的划分基础，确定流动资产和流动负债、固定资产和固定负债的划分界限，起到极大的推动作用。

3. 英国工业革命

随着 1733 年飞梭的发明、1764 年珍妮纺纱机的出现、1769 年瓦特蒸汽机的试制成功，英国进行了开始于 18 世纪 60 年代、完成于 19 世纪三四十年代的工业革命。工业革命催生了工厂制度和批量生产，导致固定资产成本在生产中所占比例的上升，使折旧概念变得越来越重要。企业规模的扩大导致经济活动变得越来越复杂，对生产成本信息需求的增长，使成本会计产生。同时由于工厂制度的出现，大额资本的需要导致所有权与经营权分离，从而使向不参与经营的所有者提供财务状况和经营情况成为会计目标之一。正是股份制公司和工业革命的完美结合，促使了成本会计的产生，使以商品买卖活动为主的传统会计向以工业化生产为主的近代会计转变。

4. 南海公司泡沫

1711 年，英国人罗伯特·哈利建立了南海公司，该公司的主要业务是发展南大西洋贸易。最开始，该公司保证 6% 的股息率，所以股票销售一空。1718 年，英王乔治一

---

① 王宝庆，王晋临. 影响会计发展进程的六大历史事件 [J]. 中国注册会计师，2004 (6)：71-72.

世任董事长，公司信誉大增，不久以后付出 100% 的股息。1720 年 1 月，经议会同意，南海公司承诺接受全部国债，以国家公债约 1 000 万英镑换作公司股票，国家债权人换作公司股东，使股票行市大涨，股价涨至 128.5%，8 月突破 1 000%。然而，9 月股票开始暴跌，12 月跌至 124%。无数债权人和投资者蒙受巨大损失，强烈要求严惩欺诈者并赔偿损失。英国议会组织了特别委员会调查这一事件，发现公司会计记录严重失实，存在明显舞弊行为。为此，委员会聘请了精通会计实务的查尔斯·斯内尔对南海公司的会计账目进行调查，并编制了一份审计报告书，指出企业存在的舞弊行为。南海公司泡沫事件促使 1720 年英国议会颁布《泡沫公司取缔法》，禁止成立有限责任公司，直至 1825 年废除该法。1844 年英国通过《股份公司法》，肯定了审计的法律地位。1855 年的《有限责任法》允许股东承担有限责任。至此符合现代意义的股份公司基本确立。南海公司泡沫事件揭开了民间审计走向现代的序幕。

5. 1929—1933 年世界经济危机

20 世纪 30 年代，大多数发达国家尤其是美国爆发了经济危机，大量公司股票和债券在证券市场上抛售，许多公司陷入了无力偿债的窘迫局面，纷纷倒闭。政府和社会公众认为，松散的会计实务是导致美国资本市场崩溃和萧条的主要原因，强烈要求公司会计报表能够真实反映其财务状况和经营成果。为此，美国政府于 1933 年颁布了《证券法》，于 1934 年颁布了《证券交易法》，要求股份公司在向公众出售股票之前，必须向证券交易委员会登记，并通过证券交易委员会公布会计报表；授权美国证券交易委员会（SEC）负责制定统一会计规则。但是美国证券交易委员会从未行使制定权，而是授权美国会计师协会［AIA，1957 年改名为美国注册会计师协会（AICPA）］制定。公认会计原则的确立，标志着传统会计发展成为财务会计。其特征是：会计信息的加工、处理和报告，是为了满足各个利益关系人的需要；在加工过程中，必须遵守公认会计原则；财务报表完成后，必须由注册会计师审计。此外，随着"泰勒制"和科学管理理论的产生，20 世纪五六十年代，管理会计从财务会计中脱颖而出。1952 年在世界会计师联合会上正式通过"管理会计"这个专门术语。从此，企业会计就正式分为财务会计和管理会计两大领域。

6. 20 世纪末的新经济浪潮与安然丑闻

1991 年，美国经济走出低谷，此前美国经济已持续稳定地增长了近 10 年。美国《商业周刊》在 1996 年 12 月 30 日发表了一篇文章，提出新经济的概念。一般认为，新经济的含义涵盖三个方面：知识经济是新的社会经济形态，虚拟经济是新的经济活动模式，网络经济是新的经济运行方式。新经济的到来，给现行会计带来全新挑战，一个显著特点是软资产日益重要。软资产是相对传统的有形资产而言的，它主要包括专利权、商标权、工业产权、商誉等无形资产和人力资源、信息资源、组织资源。传统的会计确认和计量理论是工业时代的产物，不适用于知识经济时代，安然公司的舞弊案就是很好的证明。安然公司舞弊固然有治理结构、独立董事、证券分析师、注册会计师、财务总监、股票期权等方面的问题，但更有会计规则无法满足其"金融创新""交易策划""组织设计"和"扁平化"管理的需要等原因，致使舞弊行为不断。这对会计准则提出了全新的挑战。会计准则应该使公司和注册会计师的职业判断能力得以充分发挥，会计师事务所的监管模式和经营方式应该有一个全新的变革。

思考题

1. 如何理解会计是一个发展的概念？请简述会计的主要发展历程。
2. 会计的职能有哪些？其具体内容是什么？
3. 会计的特点是什么？请简要说明。
4. 请简述有关会计概念的两种主要观点并总结会计的基本概念。
5. 会计学科体系包含哪些组成部分？会计学专业的主干课程有哪些？它们之间的关系如何？
6. 会计目标是什么？它包含哪两个层次的具体内容？
7. 会计信息的使用者有哪些？会计信息的主要用途是什么？
8. 会计信息应当具备哪些质量要求？这些质量要求的具体含义是什么？
9. 以你自己的生活为例，举出与会计相关的一些事情。

思政课堂

2019年8月16日，中国证券监督管理委员会（以下简称"证监会"）一则公告揭开了康美药业300亿现金失踪之谜。实控人马兴田、许冬瑾夫妇用假发票、假存单、假回单炮制了一出"假白马现形记"。康美药业从号称最难做假的现金入手，一边虚增营收、利润扮靓业绩；一边偷偷给实控人夫妇"输血"，三年累计虚增货币资金高达887亿元。

经调查，2016年—2018年上半年，康美药业合计虚增营业收入275.15亿元，占同期公告营业收入40%以上，虚增营业利润39.36亿元，占同期公告营业利润的三分之一。

为了配合虚增的营业收入，康美通过财务不记账、虚假记账，伪造、变造大额定期存单或银行对账单，伪造销售回款的方式虚增货币资金。

截至2021年11月11日，共有57 854名债权人申报了总额496.82亿元的债权，马兴田被判有期徒刑12年，并处罚金120万元。

（资料来源：秦晓鹏，唐郡. 假白马现形：用假发票等虚增887亿，50位投资者索赔千万［EB/OL］. (2019 - 08 - 18)［2022 - 10 - 15］. https://baijiahao. baidu. com/s？id = 1642171013435252035&wfr = spider&for = pc.)

思考：

1. 会计目标的两个层次是什么？
2. 基于会计目标要求，请对康美药业实控人的做法进行客观评价。
3. 如何保证会计目标的实现？请说明自己的观点。

第二章

会计对象、要素和会计等式

■学习目标

1. 掌握会计对象的概念和具体内容；
2. 掌握会计要素的概念及分类；
3. 掌握各类会计要素的概念、特点和构成内容；
4. 掌握会计等式的表现形式；
5. 掌握基本经济业务的类型及其对会计等式的影响。

■导入案例

　　王敏是一位刚刚毕业的大学生，准备自主创业，在学校所在的小镇上开个小店，卖自己家乡的一些特产。她租下了一间店铺并进行了简单的装修，已预付了半年的租金 6 000 元，装修费花了 1 000 元。在办理了各种行政登记后就开始营业了，各种办证费用等花了 1 000 元。本月，王敏通过老家的亲戚购买了一些较为畅销的特产，货已运到，货款 10 000 元和运费 200 元已经通过银行转账支付。然后，王敏请了两位兼职学生在学校进行广告宣传，用现金支付相关费用 200 元。现在，第一批货已全部卖出，货款 13 000 元已收存银行，本月需支付相关税费共计 200 元。

　　根据上述资料判断王敏开业第一个月经营到底是赚是赔，并说明你的判断理由。

第一节 会计对象

一、会计对象的一般含义

　　会计的对象是指会计所核算和监督的内容，即会计工作的客体。总括而言，凡是特定主体能够以货币表现的经济活动（通常又称为价值运动或资金运动），都是会计核算和监督的内容，也就是会计的对象。因为会计需要以货币为主要计量单位对一定会计主体的经济活动进行核算和监督，所以会计并不能核算和监督社会再生产过程中的所有经济活动。

　　由于会计服务的主体（如企业、事业、行政单位等）所进行的经济活动的具体内容和性质不同，会计对象的具体内容往往有较大的差异。即使都是企业，工业、农业、商业、交通运输业、建筑业和金融业等不同行业的企业，其资金运动也均有各自的特点，会计对象的具体内容也不尽相同，其中最具代表性的是工业企业。下面以工业企业为例，说明企业会计的对象。

二、企业会计的对象

　　工业企业是从事工业产品生产和销售的营利性经济组织，其再生产过程是以生产过程为中心的供应、生产和销售过程的统一。为了从事生产经营活动，企业必须拥有一定数量的资金，用于建造厂房、购买机器设备、购买原材料、支付职工工资、支付经营管理过程中各种必要的开支等。在产品销售后，企业还要将收回的货款补偿生产经营过程中垫付的资金、偿还有关债务、上缴税金等。在生产经营过程中，资金的存在形态不断地发生变化，构成了企业的资金运动。只要企业的生产经营活动不停止，生产经营过程不中断，其资金就始终处于运动之中。

　　企业的资金运动随着生产经营活动的进行贯穿于企业再生产过程的各个方面。企业的资金运动包括资金的投入、资金的循环与周转（资金的运用）和资金的退出三个基本环节，既有一定时期内的显著运动状态（表现为收入、费用、利润等），又有一定日期的相对静止状态（表现为资产与负债及所有者权益的恒等关系）。制造业企业生产周转示意图如图 2-1 所示。

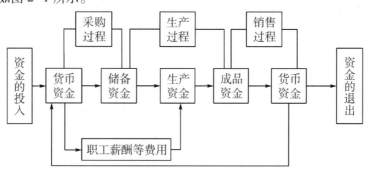

图 2-1　制造业企业生产周转示意图

（一）资金的投入

资金的投入包括企业所有者投入的资金和债权人投入的资金两部分，前者属于企业所有者权益，后者属于企业债权人权益（企业的负债）。投入企业的资金一部分构成流动资产（如货币资金、原材料等），另一部分构成非流动资产（如厂房、机器设备等）。资金的投入是企业资金运动的起点。

（二）资金的循环与周转

企业将资金运用于生产经营过程，就形成了资金的循环与周转。它又分为供应过程、生产过程和销售过程三个阶段。

1. 供应过程

供应过程又称为采购过程，它是生产的准备过程。在这个阶段，为了保证生产的正常进行，企业需要用货币资金购买并储备原材料等劳动对象以及机器设备等劳动工具，要发生运输费、装卸费等材料或固定资产采购成本，与供应单位发生货款的结算关系。同时，随着采购活动的进行，企业的资金从货币资金形态转化为储备资金形态。

2. 生产过程

生产过程既是产品的制造过程，又是资产的耗费过程。在这个阶段，劳动者借助于劳动手段将劳动对象加工成特定的产品，企业要发生原材料等劳动对象的消耗、劳动力的消耗和固定资产等劳动手段的消耗等，这些便构成了产品的使用价值与价值的统一体。同时，随着劳动对象的消耗，资金从储备资金形态转化为生产资金形态；随着劳动力的消耗，企业向劳动者支付工资、奖金等劳动报酬，资金从货币资金形态转化为生产资金形态；随着固定资产等劳动手段的消耗，固定资产和其他劳动手段的价值通过折旧或摊销的形式部分地转化为生产资金形态。当产品制成后，资金又从生产资金形态转化为成品资金形态。

3. 销售过程

销售过程是产品价值的实现过程。在这个阶段，企业将生产的产品销售出去，取得销售收入，发生货款结算等业务活动，资金从成品资金形态转化为货币资金形态。

由此可见，随着生产经营活动的进行，企业的资金从货币资金形态开始，依次经过供应过程、生产过程和销售过程三个阶段，分别表现为储备资金、生产资金、成品资金不同的存在形态，最后又回到货币资金形态，这一运动过程称为资金的循环。资金周而复始地不断循环，称为资金周转。

（三）资金的退出

企业在生产经营过程中，为社会创造了一部分新价值，因此，企业收回的货币资金一般要大于投入的资金，这部分增加额就是企业的利润。企业实现的利润，按规定应以税金的形式上交一部分给国家，还要按照有关合同或协议偿还各项债务。另外，企业还要按照企业章程或董事会决议向投资者分配股利或利润。这样，在企业收回的货币资金中，用于缴纳税金、偿还债务和向投资者分配股利或利润的这部分资金就退出了企业的资金循环与周转，剩余的资金则留在企业，继续用于企业的再生产过程。

上述资金运动的三部分内容，构成了开放式的运动形式，它们是相互支撑、相互制约的统一体。没有资金的投入，就不会有资金的循环与周转；没有资金的循环与周转，就不会有债务的偿还、税金的上交和利润的分配等；没有这类资金的退出，就不会有新一轮资金的投入，也就不会有企业的进一步发展。

第二节　会计要素

　　会计要素是指将会计对象的具体内容按照经济特征所做的最基本分类，是会计核算对象的具体化，也是构成会计报表的基本要素。它是会计基本理论研究的基石，更是会计准则建设的核心。会计要素的定义是否科学合理，直接影响着会计实践质量的高低。合理划分会计要素，有利于清晰地反映产权关系和其他经济关系。

　　企业会计准则将会计要素分为资产、负债、所有者权益（股东权益）、收入、费用（成本）和利润六个会计要素。其中，资产、负债和所有者权益三项会计要素侧重于反映企业的财务状况，构成资产负债表要素；收入、费用和利润三项会计要素侧重于反映企业的经营成果，构成利润表要素。会计要素分类如图2-2所示。

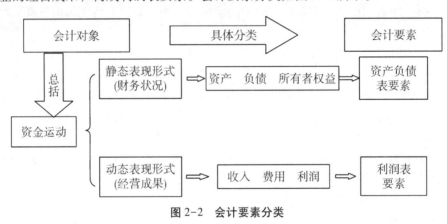

图 2-2　会计要素分类

知识链接

　　从表2-1可知，各国或组织在资产负债表要素分类上基本一致，只有美国和英国将所有者权益要素细分为业主投资和派给业主款两个要素。各国或组织在利润表要素分类上差别较大。IASC对收益的定义包括了收入和利得，对费用的定义包括了损失和在企业正常活动中的费用。而美国则将收入和利得，费用与损失划分成不同要素，并且增加了综合收益这一要素。日本也提出了综合收益要素。英国将利润表要素划分为利得和损失，没有收入和费用要素，它所定义的利得和损失类似于IASC对收益和费用的定义。韩国的会计要素最与众不同，它规定了现金流量会计要素，其他国家均无这种分类。而利润要素只有我国会计要素中才有。

表 2-1　会计要素划分的国际比较

国家或组织	会计要素	个数/个
中国	资产、负债、所有者权益、收入、费用、利润	6
美国	资产、负债、权益（净资产）、业主投资、派给业主款、综合收益、营业收入、费用、溢余（或利得）、损失	10
英国	资产、负债、所有者权益、利得、损失、业主投资、派给业主款	7

表2-1（续）

国家或组织	会计要素	个数/个
国际会计准则委员会(IASC)	资产、负债、权益、收益（包括收入和利得）、费用（包括损失和费用）	5
加拿大	资产、负债、权益、收益、费用、利得、损失	7
澳大利亚	资产、负债、权益、收益、费用	5
韩国	资产、负债、资本、所有者投资、对所有者的分配、综合收益、收入、费用、营业活动现金流量、投资活动现金流量、筹资活动现金流量	11
日本	资产、负债、净资产、综合收益、净收益、收益、费用	7

随堂演练

（一）单选题

1. 会计的对象是社会再生产过程中的（　　）。

    A. 全部经济活动　　　　　　　　B. 商品运动

    C. 财产物资运动　　　　　　　　D. 以货币表现的资金运动

2. 会计对象按经济特征所做的基本分类是（　　）。

    A. 会计原则　　　B. 会计科目　　　C. 会计要素　　　D. 会计方法

3. 下列选项不属于我国会计要素的是（　　）。

    A. 资产　　　　　B. 负债　　　　　C. 收入　　　　　D. 成本

（二）多选题

1. 下列反映企业财务状况的会计要素有（　　）。

    A. 收入　　　　　B. 费用　　　　　C. 资产　　　　　D. 负债

    E. 所有者权益

2. 下列反映企业动态会计要素的有（　　）。

    A. 收入　　　　　B. 费用　　　　　C. 资产　　　　　D. 负债

    E. 所有者权益

（三）判断题

1. 企业经营过程的全部内容都是会计核算的对象。　　　　　　　　　　（　　）

2. 会计要素是构成会计报表的基本单位。　　　　　　　　　　　　　　（　　）

一、资产

（一）资产的定义

资产是指企业过去的交易或者事项形成的，由企业拥有或者控制的，预期会给企业带来经济利益的资源。它包括各种财产、债权和其他权利，是企业生产经营活动持续下去的基础和保障。

（二）资产的特征

根据资产的定义，资产应具有以下基本特征：

1. 资产应为企业拥有或者控制的资源

基于会计主体假设，会计计量的只是某一主体控制之下的资源。其中，拥有是指会计主体通过购买等方式对该项资产具有产权；而控制则是指会计主体目前虽然尚未取得该项资产的产权，但实质上已掌握了该项资产的未来收益和风险，如融资租入固定资产的企业虽然并未取得该资产的所有权，但由于其租赁期相当长，基本接近于该资产的整个使用寿命期，按照实质重于形式原则，可以认为企业控制了该资产的使用以及其所带来的经济利益，应作为该企业的资产予以确认。

2. 资产预期会给企业带来经济利益

资产有极大的可能性能够直接或间接给会计主体带来现金或现金等价物的流入。如产品直接销售出去能实现价值的增值，为企业带来收益；机器设备虽然不用于直接销售，但能够通过其正常运转生产出产品，从而间接为企业带来价值增值。因此，产品、设备等均属于企业的资产。而一些已经报废的机器设备或者已经过期的食品药品，由于已经不能使用或销售而给企业带来经济利益，因此就不应再作为企业资产在账面列示。

3. 资产是由企业过去的交易或者事项形成的

资产必须是现实存在的，至于未来的、尚未发生的交易或事项所可能产生的结果，则不属于资产范畴，不能作为资产确认。如企业已经实现销售但尚未收回的货款可以作为应收账款资产入账，但企业计划采购的物资由于尚未进行实际采购则不能作为企业资产入账。

（三）资产的分类

企业资产可以按照不同标准进行分类。按照资产隶属关系的不同，资产可分为自有资产和租入资产；按照资产是否可以直接表现为货币形态，资产可分为货币性资产和非货币性资产；按照资产是否具有实物形态，资产可分为有形资产和无形资产；按照资产的流动性（变现能力）的不同，资产可分为流动资产和非流动资产。其中按照资产的流动性分类是最重要的分类标准。

资产的分类如图 2-3 所示。

1. 流动资产

流动资产是指在一年或超过一年的一个正常营业周期内变现、出售或耗用，或者主要为交易目的而持有，或者预计在资产负债表日起一年内（含一年）变现的资产，以及自资产负债表日起一年内交换其他资产或清偿负债的能力不受限制的现金或现金等价物。

制造业企业的营业周期，是指从企业外购材料和设备开始，到实现商品销售或劳务提供而产生现金流入所经历的期间。一般一个营业周期都在一年以内。在实践中，也存在营业周期超过一年的情况，主要针对一些根据订单或项目从事单一品种、小批量甚至单件生产经营的企业，如轮船制造企业生产的大型船只等。虽然这些产品的生产周期往往超过一年，但仍应将其划分为企业的流动资产。

流动资产主要包括以下项目：

（1）货币资金：指以货币形态存在的资产，包括库存现金、银行存款和其他货币资金。其他货币资金包括外埠存款、银行汇票存款、银行本票存款、信用卡存款、信用保证金存款等。

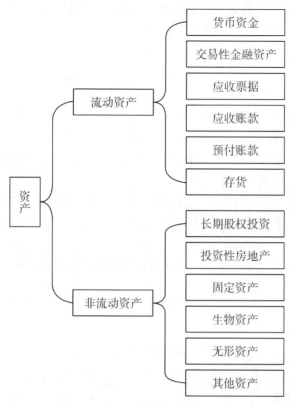

图 2-3　资产的分类

（2）交易性金融资产：指企业持有的以公允价值计量且其价值变动计入当期损益的、以交易为目的而持有的债券投资、股票投资、基金投资、权证投资等金融资产。

（3）应收票据：指企业因销售商品、提供劳务等收到的商业汇票，包括商业承兑汇票和银行承兑汇票。

（4）应收账款：指企业因销售商品、提供劳务等经营活动而应向客户收取但暂未收到的款项。

（5）预付账款：指企业在购买商品、提供劳务等经济活动中，按照合同规定预付给对方的款项。

（6）存货：指企业在日常活动中持有以备出售的产成品或商品、处于生产过程中的在产品、在生产过程和提供劳务过程中耗用的材料和物资等。制造业企业的存货主要包括原材料、在产品和库存商品等。

2. 非流动资产

非流动资产，是指流动资产以外不能在一年或超过一年的一个营业周期内变现或耗用的资产，主要包括长期股权投资、投资性房地产、固定资产、生物资产、无形资产以及其他资产等。

（1）长期股权投资：指企业以购买股票或其他直接方式（如直接投入现金、固定资产或无形资产等）取得被投资企业股权，持有时间超过一年（不含一年），不能变现或不能随时变现。长期股权投资的主要目的在于影响和控制被投资企业的经营决策以取得更大的利益。

（2）投资性房地产：指企业为赚取租金或者资本增值或者两者兼有而持有的房地产，自用房地产和作为存货的房地产不属于投资性房地产。

（3）固定资产：指企业为生产商品、提供劳务、出租或经营管理而持有的、使用寿命超过一个会计年度、单位价值较高的有形资产，包括房屋及建筑物、机器设备、运输工具以及其他与生产、经营有关的器具、工具等。

（4）生物资产：指企业有生命的动物和植物，如牲畜、农作物、森林等。

（5）无形资产：指企业为生产商品、提供劳务、出租给他人，或为管理目的而持有的、没有实物形态的非货币性长期资产，包括专利权、非专利技术、商标权、著作权、土地使用权、特许经营权等。

（6）其他资产：指除上述资产以外的各项资产，包括企业已经支出但应由本期和以后各期负担的、分摊期限在一年以上（不含一年）的各项费用和支出，如租入固定资产的改良支出等。

思考：房地产企业自主开发的用于出售的房屋属于企业的固定资产吗？

二、负债

（一）负债的定义

负债是指企业过去的交易或者事项形成的、预期会导致经济利益流出企业的现时义务。

（二）负债的特征

1. 负债是企业承担的现时义务

这是负债的基本特征。"现时"体现了负债的时间概念，是指企业在现行条件下已经承担的义务。与资产一样，如果是未来交易或事项可能形成的义务则不属于企业的负债。此外，现时义务还包括法定义务和推定义务。其中，法定义务是指法律规定的义务，即受到法律的约束，须强制执行的义务。如购买材料必须按时支付货款即法定义务。推定义务是指根据习惯推定得到的义务，即虽然没有法律条文约束，但也形成了企业将履行义务的责任预期。如某些企业实行的"三包"协议，只要商品在企业的约定期内出了协议规定的问题，顾客均应得到企业的维修、退换货等服务。

2. 义务的履行预期会导致经济利益流出企业

这是负债的实质所在。如果企业在偿还负债时没有导致经济利益流出，则不符合负债的定义。经济利益流出的方式很多，可以用现金或实物资产偿还，也可以以提供劳务的方式偿还，还可以将负债转化为资本等形式偿还。

3. 负债是由企业过去的交易或者事项形成的

与前述的现时义务相联系，只有过去的交易或事项才能形成负债，企业将在未来发生的承诺、签订的合同等交易或事项不能形成负债。

（三）负债的分类

负债通常可以按其流动性（偿还时间）分为流动负债和非流动负债。

负债的分类如图 2-4 所示。

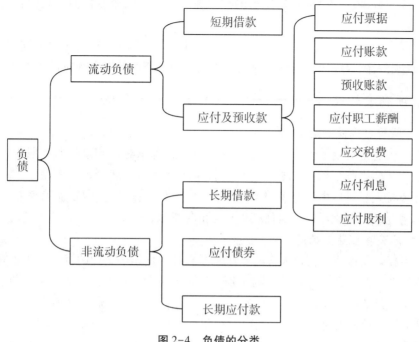

图 2-4　负债的分类

1. 流动负债

流动负债是指企业将在一年内（含一年）或者超过一年的一个正常营业周期内清偿，或者主要为交易目的而持有，或者预计在资产负债表日起一年内（含一年）到期应予以清偿，或者企业无权自主地将清偿推迟至资产负债表日后一年以上的负债。它主要包括：

（1）短期借款：指企业向银行或其他金融机构借入的期限在一年以内（含一年）的各种借款，主要用于满足临时性生产周转需要。

（2）应付票据：指企业因购买材料、商品和接受劳务等而开出并承兑的交给供应商的商业汇票。

（3）应付账款：指企业因购买材料、商品和接受劳务等应支付但暂未支付的款项。

（4）预收账款：指企业因购买材料、商品和接受劳务等按合同规定预先向客户收取的款项。

（5）应付职工薪酬：指企业根据有关规定应付而未付给本企业职工的各种薪酬，包括工资和职工福利等。

（6）应交税费：指企业按照税法等规定应向政府缴纳而暂未缴纳的各种税费。

（7）应付利息：指企业因借款或发行债券筹资按合同规定应支付给债权人的利息。

（8）应付股利：指股份公司应支付而未支付给股东的现金股利。它在非股份制企业称为应付利润。

2. 非流动负债

非流动负债是指流动负债以外的负债，偿还期将在一年或者超过一年的一个正常营业周期以上的债务。非流动负债主要包括：

（1）长期借款：指企业向银行或其他金融机构借入的期限在一年以上的各种借款。

（2）应付债券：指企业对外发行的期限在一年以上的企业债券应支付给投资者的本金和利息。

（3）长期应付款：指企业除长期借款和应付债券以外的其他各种长期应付款项，如企业融资租入固定资产和以分期付款方式购入固定资产等发生的应付款项。

三、所有者权益

（一）所有者权益的定义

所有者权益是指企业资产扣除负债后，由所有者享有的剩余权益。股份制公司的所有者权益又称为股东权益。所有者权益就是所有者对企业资产的剩余索取权，它是资产扣除债权人权益后由所有者享有的部分。这部分资产既反映了所有者投入资本的保值增值情况，同时也反映了对债权人权益的保护状况。

（二）所有者权益的特征

所有者权益与负债（债权人权益）虽都是权益，均属于企业的资金来源，表明企业资产归谁所有，但二者又有着明显的区别，主要表现在：首先，二者的性质和承担的风险不同。负债是债权人对企业资产的索偿权，所有者权益是投资者（所有者）对企业净资产的所有权。债权人对企业资产的要求权优先于投资者。当企业进行清算时，资产在支付了破产清算费用后将优先偿还负债，如有剩余资产才能在投资者之间按出资比例等进行分配。从这个意义上讲，债权人承担的风险小于投资者。其次，二者享有的权利不同。债权人往往无法参与企业的经营管理和收益分配，但享有按规定条件收回本金和获取利息的权利。投资者可凭借对企业的所有权参与企业的经营管理，并可以利润或股利等形式参与企业的利润分配。最后，二者偿付期不同。负债一般都有规定的偿付期限，必须于一定时日偿还。而投资者在企业正常持续经营时一般不能随意提前撤回投资。所有者权益和负债的区别见表2-2。

表2-2 所有者权益与负债的区别

项目	所有者权益	负债
归还期限不同	一般不予偿还	必须偿还
权利内容不同	参与经营管理和收益分配	到期收回本金及利息
权益性质不同	剩余索取权	要求优先清偿权利
风险大小不同	风险较大	风险较小

（三）所有者权益的来源构成

所有者权益所包括的内容可分别从其来源和永久性两个方面进行考察（如图2-5所示）。

1. 从来源看所有者权益的内容

所有者权益的来源包括所有者的投入资本、直接计入所有者权益的利得和损失、留存收益。

（1）所有者的投入资本是指投资者按照企业章程或者合同、协议的约定，实际投入企业的资本，它是企业注册成立的基本条件之一，也是企业承担民事责任的财力保证。它既包括构成企业注册资本或者股本部分的金额，也包括投入资本超过注册资本或股本部分的金额，即资本溢价或股本溢价。这部分溢价在我国企业会计准则中计入资本公积。

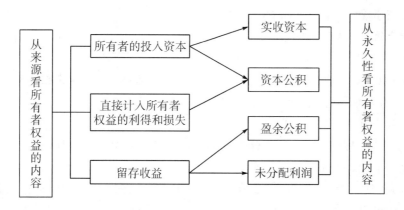

图 2-5　所有者权益的内容

（2）直接计入所有者权益的利得和损失是指不应计入当期损益，会导致所有者权益发生增减变动的，与所有者投入资本或者向所有者分配利润无关的利得或损失。其中，利得是指在企业非日常活动中形成的、会导致所有者权益增加的，以及与所有者投入资本无关的经济利益的流入，包括直接计入所有者权益的利得和直接计入当期利润的利得；损失是指在企业非日常活动中形成的、会导致所有者权益减少的，以及与向所有者分配利润无关的经济利益的流出，包括直接计入所有者权益的损失和直接计入当期利润的损失。直接计入所有者权益的利得和损失主要包括可供出售金融资产的公允价值变动额、现金流量套期中套期工具公允价值变动额（有效套期部分）等。

（3）留存收益是企业历年实现的净利润留存于企业的部分，主要包括累计计提的盈余公积和未分配利润。其中，盈余公积包括法定盈余公积（按法律规定的提取比例从净利润中提取的公积金）和任意盈余公积（按企业最高权力机构——股东大会确定的提取比例从净利润中提取的公积金）。盈余公积主要用于弥补未来有可能出现的经营损失或者在满足一定条件后转化为实收资本；未分配利润是企业未确定用途的、留待以后年度分配的结存利润。

2. 从永久性看所有者权益的内容

在企业会计核算中，通常将所有者权益按其永久性递减顺序依次分为实收资本（或股本）、资本公积（含股本溢价或资本溢价、其他资本公积）、盈余公积和未分配利润。其中，实收资本由投资者投入；资本公积一部分来源于投资者投入金额超过法定资本部分的资本，另一部分则来源于直接计入所有者权益的利得和损失；盈余公积和未分配利润均来源于企业实现的收益中留存在企业用于未来发展的部分。

随堂演练

（一）单选题

1. 下列资产中属于流动资产的是（　　）。

　　A. 厂房　　　　　B. 机器设备　　　　C. 原材料　　　　D. 专利权

2. 所有者权益是企业投资人对企业净资产的要求权，在数量上等于（　　）。

　　A. 全部资产扣除流动负债　　　　　B. 全部资产扣除长期负债

　　C. 全部资产扣除全部负债　　　　　D. 全部资产加上流动负债

（二）多选题

1. 资产的确认要满足的条件是（　　　　）。

    A. 由企业拥有或控制　　　　　　　B. 企业自己使用

    C. 能以货币计量　　　　　　　　　D. 能为企业提供未来经济利益

    E. 有实物形态

2. 下列各项中，属于企业债权的有（　　　　）。

    A. 应收账款　　B. 应付账款　　C. 预收账款　　D. 预付账款

3. 所有者权益包括（　　　　）等。

    A. 长期投资　　B. 实收资本　　C. 资本公积　　D. 未分配利润

（三）判断题

1. 库存中已失效或已毁损的商品，因企业对其拥有所有权并且能够实际控制，所以还应作为本企业资产。　　　　　　　　　　　　　　　　　　　　（　　　）

2. 预付账款和预收账款均属于负债。　　　　　　　　　　　　　（　　　）

四、收入

（一）收入的定义

收入是指企业在日常活动中形成的，会导致所有者权益增加的，与所有者投入资本无关的经济利益的总流入。

（二）收入的特征

1. 收入产生于企业的日常活动

企业日常活动是指企业为完成其经营目标所从事的经营性活动以及与之相关的活动，如工业企业制造并销售产品、商业企业销售商品、餐饮企业提供餐饮服务、建筑公司提供建筑安装服务等。企业非日常活动所形成的经济利益的流入则不能计入收入，如接受捐赠的资金、收到的政府补贴款等，只能作为利得入账。

例如：某企业调整生产计划，销售剩余的原材料。虽然这项业务并非经常发生，但由于原材料是为企业日常生产活动而储备的，因此属于收入；反之，企业销售固定资产或无形资产就属于偶发性收入，不属于日常经营活动，因此不应确认为收入。而出租固定资产和无形资产取得的收入，属于让渡资产使用权的收入，应确认为企业收入。

2. 收入会导致所有者权益的增加

与收入相关的经济利益的流入应当导致所有者权益的增加，反之，不能导致所有者权益增加的经济利益流入就不能作为收入。例如企业向银行借款，尽管也导致了企业经济利益的流入，但没有导致所有者权益的增加，反而使企业承担了一项现时义务，因此该借款不能作为企业收入，只能作为负债。

3. 收入是与所有者投入资本无关的经济利益的总流入

能够导致所有者权益增加的经济利益的总流入既可以来自所有者投入资本，也可以来自企业在日常经营活动中实现的增值。而所有者投入资本的增加不应确认为收入的实现。

（三）收入的分类

企业的收入来源较为广泛，形成了各种各样的收入构成。按照收入的来源不同，收入可以分为销售商品收入、提供劳务收入、让渡资产使用权收入、建造合同收入等；按照收入的重要性，收入可以分成主营业务收入和其他业务收入两大类。

1. 主营业务收入

主营业务收入是指企业主要经营业务所取得收入。它的发生额一般在企业总收入中占比较大，发生的频率较高，对企业经济效益产生较为重要的影响。

2. 其他业务收入

其他业务收入是指企业次要经营业务所取得的收入。它的发生额一般在企业总收入中的占比较小，发生频率较低，对企业经济效益影响也不大。

除此以外，企业在对外投资活动中所取得的利润、股利和债券利息收入等也属于企业收入范畴，需作为投资收益进行核算。

上述的收入属于我国企业会计准则中界定的狭义上的收入，广义上的收入还包括直接计入当期损益的利得，即营业外收入。它是指企业发生的与生产经营无直接关系的各项收入，包括处置非流动资产净收益、捐赠收入以及罚款收入等。广义上的收入的构成如图2-6所示。

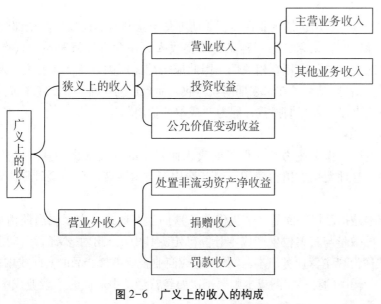

图2-6　广义上的收入的构成

五、费用

（一）费用的定义

费用是指企业在日常活动中形成的，会导致所有者权益减少的，与向所有者分配利润无关的经济利益的总流出。费用是企业为获得收入而付出的相应代价，可以说费用是消耗掉或者转移出去的资产。如要销售产品，必须先生产出产品。因此，生产车间为组织管理生产要发生各项制造费用，行政管理部门要支付各种管理费用，销售部门为销售产品要支付销售费用，财务部门为筹集生产经营资金要支付各项财务费用等。

上述的费用属于我国企业会计准则中界定的狭义的费用。广义的费用还包括直接计入当期损益的各项损失（营业外支出）以及所得税费用。营业外支出是企业发生的与生产经营无直接关系的各种支出，如处置非流动资产的净损失、罚款支出以及捐赠支出等。所得税费用是企业按税法要求，按应纳税所得额的一定比例向国家上缴的税费支出。

（二）费用的特征

1. 费用是企业在日常活动中形成的

与收入的界定一样，费用也必须是企业在其日常活动中形成的。产生于非日常经营活动的经济利益流出应确认为损失。

2. 费用会导致所有者权益的减少

不能导致所有者权益减少的经济利益流出不能确认为费用。如归还借款，虽然会导致企业经济利益流出，但没有导致企业所有者权益减少（只是负债减少），因此还债业务不能作为费用入账。

3. 费用是与向所有者分配利润无关的经济利益的总流出

费用的发生与向所有者分配利润一样都会导致经济利益流出，但向所有者分配利润是所有者权益的抵减项，不能确认为费用。

（三）费用的分类

从本质上看，费用包括企业在经营活动中基于获利目的而发生的全部资产的消耗。这种消耗会导致两种结果：第一种是为获得收入而使含有经济利益的资产流出企业，由于它与当期收入的取得具有相关性，因此应按配比原则计入当期损益，称为"损益性费用"；第二种则是为了在未来期间获得收入而形成另一种资产，它构成了相关资产的成本，不应直接计入当期损益，称为"成本性费用"。

1. 损益性费用

损益性费用是指企业为了获得当期收入而发生的各类支出，具体包括营业成本、税金及附加、管理费用、销售费用、财务费用等。这些费用应在会计期末归集，用于抵减本期收入。

营业成本是指已销售商品（或提供劳务）的生产成本，它根据当期销售商品（或提供劳务）的数量与其单位生产成本计算确定。其中，属于主要经营活动形成的"营业成本"被称为"主营业务成本"，如工业或商业企业销售产品的实际成本；而企业对外销售材料所耗用的材料实际成本则属于次要经营活动中形成的"营业成本"，被称为"其他业务成本"。

税金及附加是指企业日常活动应负担并根据销售额确定的各种税金以及附加费，包括消费税、资源税、城市维护建设税以及教育费附加等。

管理费用是指组织和管理整个企业的生产经营活动所发生的费用，如企业董事会和行政管理部门发生的工资、修理费、办公费、差旅费等公司经费，以及聘请中介机构费、业务招待费等。管理费用的受益对象是整个企业而非某一部门。财务费用是指企业为筹集生产经营所需资金而发生的费用，如短期借款的利息支出、支付给银行的手续费，以及汇兑损益等。销售费用是指在销售商品、提供劳务的过程中发生的各种费用，如在产品销售过程中发生的运输费、装卸费、包装费、保险费、展览费和广告费等。管理费用、财务费用、销售费用合称为"期间费用"，应直接计入当期损益，从当期收入中得到补偿。

上述对费用的定义属于狭义上的费用概念。广义上的费用还包括直接计入当期损益的各项损失，即营业外支出，具体包括固定资产盘亏、处置非流动资产净损失、罚没支出、捐赠支出以及非常损失等（见图2-7）。这些支出也是当期盈利的抵减项目。

2. 成本性费用

成本性费用发生的主要目的并非即刻取得收入，而是形成新的资产（包括存货、固定资产等）。成本性费用包括体现在不同对象上的材料（或商品）采购成本、产品生产成本及长期工程成本等。

材料采购成本是指企业从外部购入原材料等实际发生的全部支出，包括购入材料支付的买价和采购费用（如购入过程中的运输费、装卸费、保险费，运输途中的合理损耗，入库前的挑选整理费等）。

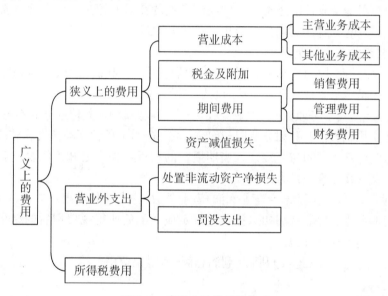

图2-7 广义上的费用的构成

产品生产成本是指产品生产过程直至产品完工所发生的各种费用，按其能否直接计入产品成本又划分为直接费用和间接费用。其中，直接费用是指在发生时即能直接计入产品成本的各项费用，包括直接材料、直接人工、其他直接费用。间接费用是指应由产品成本负担，不能直接计入各产品成本，需要在月末按照一定的标准分配计入不同产品成本的各项费用，如企业生产车间为组织和管理生产而发生的各种制造费用。该费用的受益对象仅仅是企业某一生产部门，而非全部企业。

长期工程成本是指企业建造一项固定资产或无形资产所发生的全部支出，包括该项工程耗用的各种物资、工程施工人员的工资以及工程管理费用等。

成本性费用往往并不是企业实际的费用，它只是转化为另一种资产而已。当资产被出售或耗用后再转化为损益性费用。

六、利润

（一）利润的定义

利润是指企业在一定会计期间的经营成果，包括收入减去费用后的余额、直接计入当期损益的利得和损失等。其中，收入减去费用后的净额反映的是企业日常活动的经营业绩，直接计入当期损益的利得和损失反映的是企业非日常活动的业绩。利润是评价企业管理层业绩的一项重要指标，也是投资者等财务报告使用者进行决策时的重要参考。

（二）利润的特征

1. 利润是一定会计期间的经营成果

如果企业实现了利润，表明企业的所有者权益将增加，业绩得到了提升；反之，如果企业发生了亏损（利润为负数），表明企业的所有者权益将减少，业绩下滑了。

2. 利润还包括了日常经营活动以外的事项

收入和费用是企业日常经营活动中经济利益的流入和流出，但企业日常经营活动以外的经济利益的流入（利得）和流出（损失）也应直接计入利润。

（三）利润的三个层次

利润按收入与费用的构成和配比，分为营业利润、利润总额、净利润三个层次。其中，营业利润是企业日常经营活动的成果，其计算公式为：

营业利润＝主营业务收入+其他业务收入-主营业务成本-其他业务成本-税金及附加-销售费用-管理费用-财务费用-资产减值损失+公允价值变动净收益+投资净收益

利润总额是营业利润与直接计入当期损益的利得和损失之和，代表企业一定期间全部经营成果，其计算公式为：

利润总额＝营业利润+营业外收入-营业外支出

净利润是企业实现的利润扣除按税法规定应缴纳的所得税费用后的结余额，又称为税后利润，其计算公式为：

净利润＝利润总额-所得税费用

随堂演练

（一）单选题

1. 属于本期收入的款项包括（　　）。

    A. 收到本期产品销售收入　　　　B. 收到某公司的投资款项

    C. 收到银行短期流动资金借款　　D. 收到外商捐赠设备

2. 下列各项中，符合会计要素收入定义的是（　　）。

    A. 出售材料收入　　　　　　　　B. 出售无形资产净收益

    C. 转让固定资产净收益　　　　　D. 向购货方收取的增值税销项税额

3. 下列能够作为费用核算的是（　　）。

    A. 以现金对外投资　　　　　　　B. 以现金分派股利

    C. 支付劳动保险费　　　　　　　D. 购买固定资产支出

4. 关于费用，下列说法中错误的是（　　）。

    A. 费用是指企业在日常活动中发生的、会导致所有者权益减少的、与向所有者分配利润无关的经济利益的总流出

B. 费用只有在经济利益很可能流出从而导致企业资产减少或者负债增加，且经济利益的流出额能够可靠计量时才能予以确认

C. 企业发生的交易或者事项导致其承担了一项负债而又不确认为一项资产的，应当在发生时确认为费用，计入当期损益

D. 符合费用定义和费用确认条件的项目，应当列入资产负债表

5. 下列选项中，不属于计算营业利润需要考虑的是（　　）。

A. 投资收益
B. 营业外支出
C. 主营业务成本
D. 其他业务成本

6. 一般将企业所有者权益中的盈余公积和未分配利润称为（　　）。

A. 实收资本　　　B. 资本公积　　　C. 留存收益　　　D. 捐赠所得

（二）多选题

1. 企业获得收入可能表现为（　　）。

A. 资产的增加
B. 负债的减少
C. 费用的减少
D. 代收款的增加
E. 预收款的增加

2. 下列关于会计要素之间关系的说法中，正确的有（　　）。

A. 费用的发生，会引起资产的减少，或引起负债的增加
B. 收入的取得，会引起资产的减少，或引起负债的增加
C. 收入的取得，会引起资产的增加，或引起负债的减少
D. 所有者权益的增加可能引起资产的增加，或引起费用的增加

3. 企业在一定时期内发生的，不能计入产品生产成本的费用有（　　）。

A. 制造费用　　　B. 管理费用　　　C. 财务费用　　　D. 销售费用

（三）判断题

1. 企业非日常活动所形成的经济利益流入不能确认为收入，应记入利得。（　　）

2. 利润是收入与费用相抵后的差额，是经营成果的最终要素。（　　）

第三节　会计等式

会计等式，也称会计恒等式或会计平衡公式，它是运用数学方程的原理描述会计要素之间数量关系的表达式。会计等式的平衡原理揭示了企业会计要素之间的规律性联系，是一切会计方法的出发点和基础。

一、会计等式的表现形式

（一）基本会计等式

1. 资金运动的静态会计等式

企业从事生产经营活动所使用的经济资源是由两个方面构成的。一方面，这些经济资源必须要有一定的存在形态，如现金、银行存款、原材料、应收账款及固定资产等，这些形成企业的资产；另一方面，这些经济资源还有一个来源渠道的问题，也就

是由谁投入企业的问题。而这些资产最初的来源无外乎两种渠道：一是由企业投资者提供，二是由企业债权人借入。投资者和债权人作为企业资产的提供者，对资产拥有享有一定的要求权，在会计上称为"权益"。其中，属于投资者的称为"所有者权益"，属于债权人的称为"债权人权益"（负债）。资产和权益（权益＝债权人权益＋所有者权益）实际上是同一经济资源的两个不同侧面：一个是来龙，一个是去脉。从数量上看，两者必定相等，即资金的存在形态必定等于资金的来源渠道。而且资产会随着负债、所有者权益的增减而成正比例变动。因此，从资金运动的静态表现看，资产、负债与所有者权益这三个静态会计要素之间形成了如下数量关系：

$$资产＝负债＋所有者权益$$

或：
$$资产＝债权人权益＋所有者权益$$

或：
$$资产＝权益$$

这一会计等式是最基本的会计等式，揭示了会计要素之间的联系和会计核算中最主要的平衡关系。它反映了企业资金运动在某一特定时点的财务状况，正是因为它反映的是时点的财务状况，是企业静态会计要素之间的数量关系，故而这一会计等式称为静态会计等式。它是复式记账方法得以建立的理论基础，同时也是设置账户、编制财务会计报表中的资产负债表的理论依据，在会计核算体系中有着重要的地位。

2. 资金运动的动态会计等式

企业在持续经营的过程中，不仅会取得收入，还会发生各种各样的费用。会计人员通过收入与费用的比较，便可以确定企业在该期间所实现的经营成果。利润的实质是实现的收入利得减去费用损失以后的差额；而收入利得小于费用损失的差额为亏损（亏损一般用负利润来表示）。利润会随着收入利得的增减成正比例变化，随着费用损失的增减成反比例变化。收入、费用和利润这三个动态会计要素之间的数量关系组成了如下动态会计等式：

$$收入－费用＝利润$$

这一会计等式反映了企业资金运动在某一时期内显著变化的过程与结果，也就是企业在一定会计期间内的经营成果。正因为它反映的是期间变量，故而称之为动态会计等式。它是编制财务会计报表中的利润表的理论依据。

（二）扩展会计等式

上述两个基本会计等式之间有着密切的联系。这种联系可以用以下变化过程来说明。

（1）在生产经营开始之际或者是会计期初，企业没有发生经营活动，没有收入也没有费用，因而存在静态的会计恒等关系：

$$资产＝负债＋所有者权益 \qquad (2-1)$$

（2）随着生产经营活动的进行，在一定的会计期间内，企业一方面取得收入（收入的实现会导致所有者权益的增加），并因此而增加资产或减少负债；另一方面要发生各种各样的费用（费用的发生会导致所有者权益的减少），并因此减少资产或增加负债。因此，此时存在动态的会计等式：

$$收入－费用＝利润 \qquad (2-2)$$

利润是在动态的生产经营过程中带来的经营成果，它也有两种表现形态：一方面，利润在企业中有一个资金的存在形态的问题，这会导致企业的资产变化；另一方面，利润还有一个归谁所有的问题，这会导致企业的所有者权益变化。考虑到生产经营活动对静态会计等式的影响，在会计期间内，未结账之前，将静态的财务状况表现形式与动态的生产经营结果结合在一起，也就是将式（2-1）和式（2-2）结合在一起，原来的会计等式就扩展为

$$资产=负债+所有者权益+（收入-费用） \hspace{2cm} (2-3)$$

$$或：资产=负债+所有者权益+利润 \hspace{2cm} (2-4)$$

（3）在会计期末，企业对利润进行分配，将利润归入所有者权益，结账之后，式（2-4）又恢复为期初的形式，即

$$资产=负债+所有者权益 \hspace{2cm} (2-5)$$

式（2-5）和式（2-1）的外在形式是一样的，但是很显然，由于企业的经营成果对资产和所有者权益产生的影响，二者的内在金额发生了变化。这一等式反映出了六大会计要素之间的有机联系。

将式（2-3）中的费用项目移到等式的左边去，从而得到

$$资产+费用=负债+所有者权益+收入 \hspace{2cm} (2-6)$$

式（2-6）即被称为扩展会计等式，它是由静态会计等式和动态会计等式综合而成的全面反映企业的财务状况和经营成果的等式。我们对扩展会计等式可以从两个方面来理解：第一，扩展会计等式表现为资金两个不同侧面的扩展，即资金存在形态与资金来源渠道的同时扩展；第二，等式双方是在数量增加基础上的新的相等。

【例2-1】假设某企业2022年6月1日的资产总额为100 000元，负债为20 000元，所有者权益为80 000元。本月实现收入8 000元，已收到货款。本月发生费用5 000元，已支付货款。根据资料计算该企业6月30日的财务状况，并用会计等式表达出来。

6月1日财务状况为：

资产100 000=负债20 000+所有者权益80 000

本月各要素变化情况：

资产：100 000+8 000-5 000=103 000

负债：20 000+0=20 000

所有者权益：80 000+（8 000-5 000）=83 000

6月30日财务状况：

资产103 000=负债20 000+所有者权益83 000

二、经济业务对会计等式的影响

（一）经济业务的含义

企业生产经营过程中会发生各种经济活动，其中有一些不能办理会计手续，不能运用会计方法反映的经济活动，这些活动被称为非经济业务。例如，企业和某公司签订了一项销售产品的合同，这是企业的一项经济活动，但在会计核算中是一项非经济业务，不需要进行会计处理。那些在经济活动中使会计要素发生增减变动，应办理会计手续，能运用会计方法反映的经济活动，则被称为经济业务，亦称作会计事项。在

会计核算中要处理的是经济业务。

（二）经济业务的基本类型

1. 经济业务影响静态会计等式的类型

企业生产经营过程中发生的各种经济业务会影响相关要素，使这些要素发生增减变化，因而会影响由会计要素构成的会计等式。但是，无论发生怎样的经济业务，都不会影响会计等式的恒等关系，因此，上述会计等式又称为恒等式。企业经济业务千变万化，对基本会计等式"资产=负债+所有者权益"的影响有多种可能性，但归纳起来不外乎以下九种类型：

（1）经济业务的发生，影响会计等式左边的资产项目，导致资产内部发生一增一减、方向相反、金额相等的变化，等式恒等关系不受影响。

（2）经济业务的发生，影响会计等式右边的负债项目，导致负债内部发生一增一减、方向相反、金额相等的变化，等式恒等关系不受影响。

（3）经济业务的发生，影响会计等式右边的所有者权益项目，导致所有者权益内部发生一增一减、方向相反、金额相等的变化，等式恒等关系不受影响。

（4）经济业务的发生，影响会计等式右边的负债及所有者权益项目，导致负债及所有者权益发生一增一减、方向相反、金额相等的变化，等式恒等关系不受影响。

（5）经济业务的发生，影响会计等式右边的负债及所有者权益项目，导致负债及所有者权益发生一减一增、方向相反、金额相等的变化，等式恒等关系不受影响。

（6）经济业务的发生，影响会计等式左右两边，导致等式左边资产和等式右边负债项目同时增加一个相等的金额，等式恒等关系不受影响。

（7）经济业务的发生，影响会计等式左右两边，导致等式左边资产和等式右边负债项目同时减少一个相等的金额，等式恒等关系不受影响。

（8）经济业务的发生，影响会计等式左右两边，导致等式左边资产和等式右边所有者权益项目同时增加一个相等的金额，等式恒等关系不受影响。

（9）经济业务的发生，影响会计等式左右两边，导致等式左边资产和等式右边所有者权益项目同时减少一个相等的金额，等式恒等关系不受影响。

下面举例说明九种经济业务对会计等式的影响。

【例2-2】企业在20××年5月发生了如下经济业务，分析这些业务的发生对会计等式的影响。

（1）企业购进原材料，货款30 000元以银行存款支付。

说明：该项业务使资产要素中的原材料增加了30 000元，同时使资产要素中的银行存款减少了30 000元，即会计等式左边资产要素内部发生一增一减、方向相反、金额相等的变化，会计等式的恒等关系不受影响。

$$资产 = 负债 + 所有者权益$$

+30 000 −30 000

（2）企业开出一张8 000元的商业汇票来支付购买材料尚未支付的款项。

说明：该项业务使负债要素中的应付账款减少8 000元，同时使负债要素中的应付票据增加 8 000 元，即会计等式右边负债要素内部发生一增一减、方向相反、金额相等的变化，会计等式的恒等关系不受影响。

$$资产 = 负债 + 所有者权益$$

$$↑↓$$

$$+8\ 000\quad -8\ 000$$

（3）企业按规定用盈余公积 500 000 元转增资本。

说明：该项业务使所有者权益要素中的盈余公积减少 500 000 元，同时使所有者权益要素中的实收资本增加 500 000 元，即会计等式右边所有者权益要素内部发生一增一减、方向相反、金额相等的变化，会计等式的恒等关系不受影响。

$$资产 = 负债 + 所有者权益$$

$$↑\qquad ↓$$

$$+500\ 000\quad -500\ 000$$

（4）企业与某投资者协商，同意代其偿还所欠远大公司 100 000 元货款，款项尚未支付。

说明：该项业务使所有者权益要素中的实收资本减少 100 000 元，同时使负债要素中的应付账款增加 100 000 元，即会计等式右边负债增加，所有者权益减少，等式右边发生一增一减、方向相反、金额相等的变化，会计等式的恒等关系不受影响。

$$资产 = 负债 + 所有者权益$$

$$↑\qquad\qquad ↓$$

$$+100\ 000\quad -100\ 000$$

（5）经会议决定将应付给宏亚公司的欠款 80 000 元作为宏亚公司的投入资本。

说明：该项业务使所有者权益要素中的实收资本增加 80 000 元，同时使负债要素中的应付账款减少 80 000 元，即会计等式右边负债减少，所有者权益增加，等式右边发生一减一增、方向相反、金额相等的变化，会计等式的恒等关系不受影响。

$$资产 = 负债 + 所有者权益$$

$$↓\qquad\qquad ↑$$

$$-80\ 000\quad +80\ 000$$

（6）企业向银行借入一笔三年期的长期借款 200 000 元，款项已存入本企业的开户银行。

说明：该项业务使资产要素中的银行存款增加 200 000 元，同时使负债要素中的长期借款增加 500 000 元，即会计等式左右两边同时增加一个相等的金额，会计等式的恒等关系不受影响。

$$资产 = 负债 + 所有者权益$$

$$↑\qquad ↑$$

$$+200\ 000\quad +200\ 000$$

（7）企业收到某投资人投入的设备一台，评估价格 116 000 元。

说明：该项业务使资产要素中的固定资产增加 116 000 元，同时使所有者权益要素中的实收资本增加 116 000 元，即会计等式左右两边同时增加一个相等的金额，会计等式的恒等关系不受影响。

$$资产 = 负债 + 所有者权益$$

$$\uparrow \qquad\qquad \uparrow$$

$$+116\ 000 \qquad\qquad +116\ 000$$

（8）企业以银行存款 36 700 元归还银行的短期借款。

说明：该项业务使资产要素中的银行存款减少 36 700 元，同时使负债要素中的短期借款减少 36 700 元，即会计等式左右两边同时减少一个相等的金额，会计等式的恒等关系不受影响。

$$资产 = 负债 + 所有者权益$$

$$\downarrow \qquad \downarrow$$

$$-36\ 700 \quad -36\ 700$$

（9）企业将原国家投入的一台价值 32 000 元的新机器调出，调剂给其他单位使用。

说明：该项业务使资产要素中的固定资产减少 32 000 元，同时使所有者权益要素中的实收资本减少 32 000 元，即会计等式左右两边同时减少一个相等的金额，会计等式的恒等关系不受影响。

$$资产 = 负债 + 所有者权益$$

$$\downarrow \qquad\qquad \downarrow$$

$$-32\ 000 \qquad\qquad -32\ 000$$

通过以上分析，我们可以从中得出以下几条结论：

（1）一项经济业务的发生，可能影响会计等式的一边，也可能同时影响会计等式的两边，但无论如何，一定不会影响基本会计等式的恒等关系。

（2）一项经济业务的发生，如果仅影响会计等式的一边，无论是左边还是右边，则既不会影响到等式的恒等关系，也不会使双方的金额发生变动。

（3）一项经济业务的发生，如果影响到会计等式的两边，虽然不会影响到等式的恒等关系，但会使双方的金额发生同增或同减的变动。

2. 经济业务影响扩展会计等式的类型

扩展会计等式中既包括静态会计要素，又包括动态会计要素，所以企业发生的经济业务对扩展会计等式的影响包含的可能性更多。但是无论经济业务怎样繁多，对扩展会计等式的影响归纳起来无外乎以下四种类型：

（1）经济业务的发生使扩展会计等式左右两边要素同时增加一个相等的金额，等式恒等关系不受影响。

【例 2-3】企业销售一批产品，收到货款 100 000 元已存入银行。

$$资产+费用=负债+所有者权益+收入$$

$$\uparrow \qquad\qquad\qquad \uparrow$$

$$+100\ 000 \qquad\qquad\qquad +100\ 000$$

（2）经济业务的发生使扩展会计等式左右两边要素同时减少一个相等的金额，等式恒等关系不受影响。

【例 2-4】买方退货，退回货款 5 000 元。

$$资产 + 费用 = 负债 + 所有者权益 + 收入$$

$$\downarrow \qquad\qquad\qquad \downarrow$$

$$-5\ 000 \qquad\qquad\qquad -5\ 000$$

（3）经济业务的发生使扩展会计等式左边要素有增有减，增减金额相等，等式恒等关系不受影响。

【例2-5】企业生产产品领用材料 4 000 元。

$$\underset{\downarrow}{\underset{-4\,000}{\text{资产}}} + \underset{\uparrow}{\underset{+4\,000}{\text{费用}}} = \text{负债} + \text{所有者权益} + \text{收入}$$

（4）经济业务的发生使扩展会计等式右边要素有增有减，增减金额相等，等式恒等关系不受影响。

【例2-6】企业上月预收 A 公司货款 60 000 元，本月已将产品发送给对方。

$$\text{资产} + \text{费用} = \underset{\downarrow}{\underset{-60\,000}{\text{负债}}} + \text{所有者权益} + \underset{\uparrow}{\underset{+60\,000}{\text{收入}}}$$

以上分析说明，无论发生怎样的经济业务，均不会破坏扩展会计等式的恒等关系。

（三）经济业务影响会计等式的规律性及对会计等式平衡性影响的结论

从以上经济业务发生对静态会计等式和扩展会计等式影响的分析中，我们可以发现每项经济业务发生后，至少要影响会计等式中的两个会计要素（或一个要素中的两个项目）发生增减变化，进而总结出以下规律：

规律1：经济业务发生，影响会计等式双方要素，双方同增或者同减，增减金额相等，双方总额发生等量的或增或减，会计等式的恒等关系不受影响。

规律2：经济业务发生，只影响会计等式某一方要素，单方有增有减，增减金额相等，双方总额不变，会计等式的恒等关系不受影响。

从以上分析中，我们可以得出一个重要结论，无论发生什么样的经济业务，都不会破坏会计等式的恒等关系。这种恒等关系是设置账户、复式记账、进行试算平衡和编制资产负债表的理论依据。

随堂演练

（一）单选题

1. 企业以银行存款购买设备，表现为（　　）。

　　A. 一项资产增加，另一项资产减少

　　B. 一项负债增加，另一项负债减少

　　C. 一项资产减少，一项负债增加

　　D. 一项资产减少，一项负债减少

2. 某企业资产总额 500 万元，负债总额 200 万元。该企业以银行存款 50 万元偿还借款，并以银行存款 50 万元购买固定资产后，该企业的资产总额为（　　）万元。

　　A. 400　　　　　　B. 300　　　　　　C. 450　　　　　　D. 200

3. 下列经济业务发生不会使会计等式两边总额发生变化的是（　　）

　　A. 收到应收账款存入银行　　　　　B. 从银行取得借款存入银行

　　C. 收到投资者投入的设备　　　　　D. 收到外商捐赠设备

4. 下列会计事项中，能引起资产类项目间此增彼减变动的是（　　）。

　　A. 支付工资　　　B. 接受投资　　　C. 预付货款　　　D. 预收货款

5. 乙企业销售产品，但尚未收到货款。该业务发生后，会引起乙企业（　　　）。

    A. 资产与权益项目同金额增加　　　　B. 资产与权益项目同金额减少

    C. 资产项目之间有增有减，金额相等　D. 权益项目之间有增有减，金额相等

（二）多选题

1. 下列业务中，属于资产项目与负债项目同时增加的有（　　　）。

    A. 向银行借入款项存入银行　　　　B. 将销货款存入银行

    C. 购进商品货款未付　　　　　　　D. 商品售出货款未收

    E. 用银行存款偿还银行借款

2. 下列经济业务中，只会引起会计等式左右两边中某一边发生增减变动的经济业务有（　　　）。

    A. 收回前欠货款存入银行　　　　B. 借入短期借款直接偿付企业欠款

    C. 从银行提取现金备用　　　　　D. 赊购材料

3. 能够引起资产与所有者权益同时增加的经济业务有（　　　）

    A. 投资者追加投入机器设备一台　　B. 用银行存款支付应付账款

    C. 发行股票，取得股款　　　　　　D. 预收客户定金并存入银行

4. 以下会计等式中正确的有（　　　）。

    A. 资产＝负债+所有者权益

    B. 收入−费用＝利润

    C. 资产+费用＝负债+所有者权益+收入

    D. 资产＝权益

（三）判断题

1. 会计等式"资产＝负债+所有者权益"体现了企业资金运动的动态变化。

                                     （　　　）

2. 所有经济业务的发生，都会引起会计等式发生变化，但都不会影响等式平衡。

                                     （　　　）

3. "收入−费用＝利润"这一会计等式，是复式记账的理论基础，也是编制资产负债表的依据。

                                     （　　　）

本章小结

    会计的对象是指会计核算和监督的内容，即会计工作的客体。总括而言，凡是特定主体能够以货币表现的经济活动（通常又称为价值运动或资金运动），都是会计核算和监督的内容，也就是会计的对象。

    制造业企业的资金运动随着生产经营活动的进行贯穿于企业再生产过程的各个方面，具体包括资金的投入、资金的循环与周转（资金的运用）和资金的退出三个基本环节，既有一定时期内的显著运动状态（表现为收入、费用、利润等），又有一定日期的相对静止状态（表现为资产与负债及所有者权益的恒等关系）。

    会计要素是指将会计对象的具体内容按照经济特征所做的最基本分类，是会计核

算对象的具体化，也是构成会计报表的基本要素。企业会计准则将会计要素分为资产、负债、所有者权益（股东权益）、收入、费用（成本）和利润六个会计要素。其中，资产、负债和所有者权益三项会计要素侧重于反映企业的财务状况，构成资产负债表要素；收入、费用和利润三项会计要素侧重于反映企业的经营成果，构成利润表要素。

会计等式，也称会计恒等式或会计平衡公式，它是运用数学方程的原理描述会计要素之间数量关系的表达式。从资金运动的静态表现看，资产、负债与所有者权益这三个静态会计要素之间形成了如下数量关系：资产＝负债＋所有者权益。收入、费用和利润三个动态会计要素之间的数量关系组成了如下动态会计等式：收入－费用＝利润。将上述两个等式结合在一起，会计等式就扩展为：资产＝负债＋所有者权益＋（收入－费用）。企业生产经营过程中发生的各种经济业务会影响相关要素，使这些要素发生增减变化，进一步必然会影响由会计要素构成的会计等式。但是，无论发生怎样的经济业务，都不会影响会计等式的恒等关系，因此，上述会计等式又称为恒等式。

重要名词

会计对象（object of accounting）	资产（asset）
会计要素（accounting element）	负债（liability）
所有者权益（equity）	收入（revenue）
费用（expense）	利润（profit）
利得（gain）	损失（loss）

拓展阅读

阅读资料（一）

"贝克汉姆"要不要入账？

就读于某财经大学会计专业的 F 同学是一位足球迷，对欧洲五大联赛各球队的情况非常熟悉。有一天，听到同班两位女生在谈论贝克汉姆：

A：维多利亚实在是太幸福了，有这样一位帅气、时尚又能赚钱的老公。

B：也没那么好啊，小贝只不过是皇马的一项"资产"而已，连穿什么衣服、买什么用品都是由皇马控制的，维多利亚至多只能算与皇马共享这一"资产"的权益罢了。

A：你别这样说好不好，小贝被你说成一件商品。

B：本来就是这样啊，小贝的确是被皇马的会计师作为"固定资产"入账的，这个资产的账面原值就是把他卖给皇马的价格 3 500 万欧元。

F 同学早对一些迷人不迷球的"伪球迷"有看法，于是也加入讨论。他说："在某种意义上，现代球员的交易市场类似于美国内战前庄园主对农奴的买卖，都是明码标价的卖身契。皇马控制了小贝这个资源（通过 5 年期不可更改的复杂合约实现），并且预期小贝可以带来极大的经济价值，所以小贝这个生物意义的人，在会计意义上就是'资产'了。"

A 同学有点伤感，她突然想到了专业见习时在某动物园会计账上赫然在列的"固定资产——黑熊1号"。

B：还是曼联温情一点，在卖掉小贝前的 14 年间，曼联的资产清单上没有出现过小贝的名字。

F：那是因为，小贝在很小的时候就进入了曼联的训练营，虽然 14 年间曼联为他投入了大把的银子，如训练费、宣传费、差旅费、理发费（考虑到他复杂的发型），但曼联会计师并没有把这些费用资本化。谁敢在 14 年前就担保小贝一定能被培养成巨星呢？足球俱乐部每年都会招很多小孩子进来培训，但最后能成才的有几个？

接着，大家又继续讨论了皇马在这笔交易中的收益问题，"小贝"的折旧问题，他那昂贵的右腿的保险费应该如何进行会计处理的问题等。大家都很感慨：会计问题真是无所不在，并且不乏趣味啊！

阅读资料（二）
资产定义的国际比较

资产是最重要、最基本和最核心的会计要素，负债、所有者权益、收入、费用等都是衍生、次要的会计要素，都可以以资产为基础推导而来，或用资产进行诠释或表述。如负债可认为是负资产，所有者权益可认为是净资产，收入、利得、费用、损失都会影响所有者权益变动。因此，准确定义资产具有至关重要的意义。

自 1907 年会计学家斯普拉格（Sprague）在《账户的哲学》一书中讨论资产定义以来，在接下来的 100 多年时间里，各学者对资产的定义纷繁复杂，大致可概括为以下几大类：

（1）资产定义的成本观。

1940 年，佩顿（Paton）和利特尔顿（Litteleton）在《公司会计准则导论》中提出了"未耗成本说"，认为"成本可以分为两个部分：一部分是已经消耗的，称为费用；另一部分是尚未消耗的，称为资产"。

（2）资产定义的未来经济利益观。

1985 年，美国财务会计准则委员会（FASB）在其第 6 号财务会计概念公告（SFAC No.6）《企业财务报表的要素》中将资产定义为"资产是特定主体由于过去的交易或事项而取得或控制的可能的未来经济利益"。由于此定义的前卫性和 FASB 的国际影响力，加拿大、澳大利亚、新加坡等国家和地区纷纷将其作为资产定义的参照。

（3）资产定义的权利观。

1999 年 12 月，英国会计准则理事会（ASB）正式发布《财务报告原则公告》，其中，资产被定义为"由于过去交易或事项的结果而使一个主体能够控制的未来经济利益的权利或其他使用权"。ASB 明确表示，虽然资产含有经济利益，但其不等于未来经济利益，而是对未来经济利益的权利或其他权益，如非法定使用权、对未注册专利的使用权等。

（4）资产定义的经济资源观。

2001 年，国际会计准则理事会（IASB）在《IASB 概念框架》中，将资产定义为"由于过去的事项而由企业控制的、预期会导致未来经济利益流入企业的资源"。

在该定义中，资产是"资源"，而"未来经济利益"是限定语。另外，IASB 强调资产来源于"事项"，这与 FASB 和 ASB 强调的"交易或事项"存在差异。

从以上关于资产的定义可以看出，除了"资产的成本观"因出现较早而未受 FASB 有关资产定义的影响外，后续的"权利观""经济资源观"等都受到了"未来经济利益观"的影响。

思考题

1. 什么是会计对象？如何理解工业企业会计对象的具体内容？

2. 企业会计要素分为哪六大类？每类会计要素是如何定义的？它们都具有哪些特征？每类会计要素的构成内容有哪些？各要素之间的相互关系是什么？

3. 负债和所有者权益的主要区别是什么？

4. 什么是会计等式？它有什么重要性？

5. 为什么说发生任何经济业务都不会破坏会计等式的恒等关系？

6. 收入和费用的发生对资产、负债及所有者权益会产生哪些影响？

案例分析

小张准备开办一家小型的复印打印店，主要提供打印、复印、宣传单和展板制作等业务。他自己投了 100 000 元，并从银行借入了 20 000 元，这些款项均已存入复印打印店的银行账号。2021 年 9 月，小张租了一间商铺，用银行存款支付了一年的租金 36 000 元；用 50 000 元购买了两台电脑和两台激光打印机，以及 1 台高速复印机。小张在工商行政管理部门注册登记并支付了 6 000 元；用银行存款购入 2 000 元复印打印纸和其他所需物料。开业当月，小张收到复印打印收入 5 000 元并存入银行，用银行存款 500 元支付相关税费。

要求：

（1）分析说明企业开业时的资产、负债和所有者权益的具体内容和金额，并验证其平衡关系。

（2）分析复印打印店开业后所发生的经济业务对企业会计要素的影响，并进一步验证各项业务发生对会计等式的影响。

思政课堂

2018 年 7 月 9 日，小米科技股份有限公司在香港上市。其招股说明书显示，按照国际财务报告准则（IFRS）计量，小米 2017 年亏损高达 439 亿元，2017 年年末的股东权益为 -1 272 亿元。但如果按照美国公认会计原则（GAAP）计量，则盈利 54 亿元，且股东权益高达 343 亿元。追根溯源，差异产生的最主要原因在于小米对自 2010 年 9

月至 2017 年 8 月累计发行的 12 个系列优先股的不同会计处理。这些优先股具有四个特点：①持有者有权收取非累计股息外加按原发行价的 8% 计算的应计利息；②持有人可自 2015 年 7 月 3 日起，在小米公开上市或超过 50% 的持有者要求赎回时，按当时有效的转换价转换为普通股；③自 2019 年 12 月 23 日起，按发行价加 8% 应计利息及已宣派但未支付股息之和与优先股公允价值孰高者的价格，赎回全部优先股；④持有人有权在清算时按发行价加上应计或已宣派但未支付的股息，或发行价的 110% 优先收取剩余的权益，倘若可供分配的剩余权益不足以悉数支付优先股受偿金，持有人有权优先于普通股持有人分配剩余权益。

小米发行的优先股是划分为金融负债还是权益工具，直接影响到其后续计量，会产生完全不同的经济后果。若将小米的优先股划分为金融负债，后续的资产负债表日必须按公允价值计量，并将公允价值的变动计入损益，结果导致小米 2017 年的利润减少 542 亿元，年末出现 1 272 亿元的资不抵债。若将小米的优先股划分为权益工具，后续的资产负债表日不需要重新计量，则小米 2017 年的利润将增加 542 亿元，净资产也将由 -1 272 亿元变为 343 亿元。可见，对优先股性质归属的不同认定及其后续的不同会计处理，可将小米描绘成两幅迥然不同的财务图像：一幅是经营严重亏损，资不抵债，濒临倒闭的财务图像；另一幅则是获利能力超强、财务实力雄厚的财务图像。

思考：

（1）对小米发行的优先股应该确定为负债还是股东权益？

（2）如何理解根据不同会计准则进行会计处理所产生的差异？该案例对会计准则制定者以及会计信息使用者有何启示？

第三章

会计程序和会计方法

■ 学习目标

1. 掌握会计工作的主要环节和具体程序；
2. 了解会计方法体系的构成，掌握会计核算的基本方法。

■ 导入案例

　　由于经营不善，A 房地产企业的资金流出现问题，不能及时归还到期的各项债务。债权人向法院提起诉讼。法院要求 A 房地产企业在限定期限内偿还债务，否则将强制破产，并以其剩余财产偿还债务。A 房地产企业成立了债务清偿小组，专门负责债务的偿还。清偿小组首先对企业财产进行清查，以确定企业可供归还的财产金额。A 房地产企业目前在全国尚有数年前购进但未开发的土地，以及已经开发但尚未完工的楼盘。请问，应如何对这些土地和楼盘准确计价以合理确定可供还债财产的金额。

第一节　会计程序

　　会计人员要对一个企业的经济活动进行反映和监督，除了要受会计假设、会计信息质量特征的制约和指引外，还必须遵循一定的工作程序并采用一系列专门的方法。

　　会计程序又称为会计循环，是指会计人员为了实现会计目标，对不同主体在不同会计期间的经济交易或事项进行确认、计量、记录和报告所呈现的连续不断、周而复始的过程。

一、会计程序的主要环节

会计人员在提供信息时，首先要从特定主体的经济活动中筛选出含有会计信息的具体数据，然后通过加工处理将其转化成有用的会计信息，再以恰当的形式输送给会计信息用户。因此，会计程序主要包括以下几个环节：

（一）会计确认

会计确认是确定会计主体的经济交易或事项能否以及何时进入会计信息系统的关键环节，是加工处理和输出会计信息的重要前提，从根本上影响着会计信息质量。具体而言，会计确认是指依据一定的标准对会计主体的经济交易或事项涉及的具体内容进行筛选，看其是否能够作为会计核算的对象。

1. 初次确认和再次确认

会计确认包括两个步骤：第一个步骤体现为将经济业务传递的数据利用文字表述并用金额将其归集入账户之中进行核算；第二个步骤体现为将前述归集并核算的会计信息最终在报表中进行列示。前者称为初始确认，后者称为再次确认。

初始确认发生在经济信息进入会计系统之前，是对输入会计核算系统的原始经济信息的确认。实际上，初始确认是对经济数据能否转化为会计信息并进入核算系统的筛选过程，将那些对企业经济利益产生影响并能够用货币计量的经济业务纳入会计核算系统，不影响企业经济利益或不能用货币计量的经济业务则被排除在会计核算系统以外，如企业职工的学历构成、性别构成、企业管理层的管理水平以及对风险的态度等，可能会对企业未来的发展有非常重要的作用，但因其目前情况下尚无法用货币计量，所以被排除在会计核算系统以外。

再次确认是对会计核算系统输出的经过加工的会计信息进行的确认，是在信息加工过程中，对信息的提纯加工，是按照报表使用者的需要进行的，发生在企业编制会计报表前。只有反映与企业财务状况、经营成果和现金流量等有关的所有重要交易或事项才需要进行披露，对于那些与信息使用者的决策无关或相关性较小的信息则可以合并披露或不予披露，以提高信息的使用价值。

2. 会计确认的标准

美国注册会计师协会下属的会计准则委员会在第 5 号概念公告中，提出会计确认的四项标准：可定义性、可计量性、可靠性、相关性。

可定义性是指所确认的项目要符合财务报表中某一要素的定义。只有经济信息能够具体化为某一项会计要素时，才可以进入会计处理系统，对其进行确认。

可计量性是指所确认的项目要能够以货币计量。只有能够被量化，才能保证经过确认后的信息具有同质性，可以进行加工和比较。

可靠性是指所确认的项目是真实的、可验证的，是根据经济业务的实质而非形式进行反映，且反映时必须站在客观、公正的立场。

相关性是指确认项目所形成的经济信息应对决策者的决策有影响。它要求企业的会计系统必须及时确认、及时提供有用信息。

3. 会计要素的确认

由于会计对象具体化为资产、负债、所有者权益、收入、费用和利润六大会计要素，因此，会计确认实际上就是对这六大会计要素的确认。

（1）资产的确认。

要将一项资源确认为资产，首先必须满足资产的定义和特征，即资产必须是会计主体过去的交易和事项形成的、由会计主体拥有或控制的、预期能给会计主体带来经济利益的资源。除此以外，资产的确认还必须同时满足两个条件。资产确认的第一个条件是与该资源有关的经济利益很可能流入该主体。一旦该项资源有可能不能带来经济利益流入，则该项资源就不能确认为会计主体的资产。如一项应收账款，企业由于债务人突然宣告破产而不能收回债权，该应收账款就不应再作为资产列示在账面上了。因此，资产的确认与经济利益流入的确定性程度密切相关。资产确认的第二个条件是该资源的成本或者价值能够可靠地计量。会计主体取得各项资源总会付出一定的代价，这就是该资源的成本或价值。即使会计主体有可能没有付出代价或付出的代价很小，如接受捐赠的经济资源，也应该按其公允价值进行可靠计量；相反，企业所拥有的大量专业人才，虽然也能为企业带来经济利益，但由于当前难以对人力资源的成本和价值进行可靠计量，因此，我国现行会计系统通常不把人力资源确认为一项资产。

（2）负债的确认。

负债是会计主体在过去的交易或事项中形成的、预期或导致经济利益流出的现时义务。除此以外，负债还应同时满足两个条件。负债确认的第一个条件是与该义务有关的经济利益很可能流出主体。如果有确凿证据证明与现时义务有关的经济利益不会流出主体，如一项应付账款，企业由于债权人单位撤销等原因而不用归还该项负债，则该项负债就不能在账面上再列示为负债。因此，负债的确认与经济利益流出的确定性程度密切相关。负债确认的第二个条件是，未来流出的经济利益能够可靠计量，即负债应有一个到期偿还的确切金额或能够合理估计的金额。如果未来流出的经济利益金额不能可靠计量，就不能确认为负债。与法定义务有关的经济利益流出金额可以根据合同或法律规定的金额确定，如果流出时间在很久以后，则应该考虑资金的时间价值；与推定义务有关的经济利益流出金额，企业需对履行义务所需支付的价款进行估计，得出最佳估计数，综合考虑货币时间价值、风险因素等影响。

如果与负债有关的经济利益流出无法可靠计量，就不应作为负债予以入账。例如：甲企业被乙企业起诉，根据律师意见，甲企业很可能败诉，且相关赔偿金额律师能够可靠估计，则应将此应赔偿额作为负债在账面列示；相反，如果律师难以对赔偿金额进行可靠估计，则即使该项潜在负债满足负债有关的其他所有条件，也不能作为负债入账，而只能在报表附注中予以披露。

（3）所有者权益的确认。

所有者权益是指企业资产扣除负债后由所有者享有的剩余权益。因此，所有者权益的确认没有单独标准，而主要取决于资产和负债的确认。相应地，所有者权益的计量也由资产和负债的计量确定。

（4）收入的确认。

收入的确认，不仅应符合收入的定义和特征，而且应满足严格的条件，即收入只有在经济利益很可能流入从而导致资产增加或负债减少，且流入额能够可靠计量时才能予以确认。由于收入来源的多样性和复杂性，收入确认的具体条件也存在一定的差异，需要会计人员具备一定的职业判断力。

（5）费用的确认。

费用的确认，不仅应符合费用的定义和特征，也应满足严格的条件。一般来讲，费用只有在经济利益很可能流出从而导致资产减少或负债增加，且流出额能够可靠计量时才能予以确认。

（6）利润的确认。

与所有者权益类似，利润的确认也不能单独进行。利润是指企业一定会计期间的收入和费用相抵后的差额与直接计入当期利润的利得和损失的总和。因此，利润的确认也主要依赖于收入、费用、直接计入当期利润的利得和损失的确认，利润的计量也主要取决于收入、费用、直接计入当期利润的利得和损失的计量。

利润的确认过程可以分为三个阶段：

第一阶段是营业利润的形成。它是企业营业收入减去营业成本、税金及附加、期间费用、资产减值损失，加上公允价值变动净收益、投资净收益后的金额。

第二阶段是利润总额的形成。它是营业利润加上营业外收入，减去营业外支出后的金额，即日常经营活动取得的利润（营业利润）和非日常经营活动取得的利润（营业外收支净额）。

第三阶段是净利润的形成。它是利润总额减去所得税费用后的金额。它是企业提取盈余公积金以及发放投资者利润的源泉。

（二）会计计量

会计计量就是选择一定的计量单位和计量基础对已确认的会计要素项目进行定量反映，使之转化为会计信息的工作。会计计量是对会计要素的量化，是会计确认的后续工作，同时也是会计记录和报告的前提。

1. 会计计量单位

在漫长的会计发展历程中，对确认的会计要素进行记录采用过实物量度、劳务量度和货币量度作为量度单位。由于货币量度具有前两种量度无可比拟的优越性，便于对经济活动进行综合反映，因此，成为会计计量主要的量度单位。实物量度和劳务量度则成为辅助的计量单位。各国都有自己的法定货币，按国际惯例，常常采用自己的法定货币作为记账本位币。我国企业会计准则规定，我国的记账本位币是人民币或其他常用的某种外币。

2. 会计计量属性

会计计量属性又称会计计量基础，是指所确认的会计要素在数量方面的经济属性，是会计要素金额的确定基础。按我国企业会计准则的规定，会计计量属性主要包括历史成本、重置成本、可变现净值、现值和公允价值等。会计计量就是根据规定的会计计量属性，将符合确认条件的会计要素登记入账并列报于财务报表而确定其金额的过程。不同的计量属性会使相同的会计要素表现为不同的货币数量。

下面就具体介绍以下五种会计计量属性的特点：

（1）历史成本。

历史成本又称实际成本，即取得或制造某项财产物资时实际支付的现金及其他等价物。在历史成本计量下，资产按照购置时支付的现金或者现金等价物的金额，或者按照购置资产时所付出的对价的公允价值计算。负债按照因承担现时义务而收到的款项或者资产的金额，或者承担现时义务的合同金额，或者按照日常活动中为偿还负债预期需要支付的现金或者现金等价物的金额计算。一般而言，历史成本计量属性虽具有简便易行、所提供信息真实可靠的优点，但在有用性方面可能会存在一定的缺陷。如5年前购入的房产总价1 000万元，由于5年中房产价值大幅增值，当前市场价值已达到5 000万元。如果仍以1 000万元作为该房产价值来评价企业的财务状况就不太准确了。

（2）重置成本。

重置成本又称为现行成本，是指按照当前市场条件，重新取得同一项资产所需支付的现金或现金等价物金额。在重置成本计量下，资产按照现在购买相同或者相似的资产所需支付的现金或者现金等价物的金额计算。负债按照偿付该项负债所需支付的现金或者现金等价物的金额计算。在实务中，重置成本多用于盘盈固定资产的计量，即对盘点时发现的尚未入账的固定资产的重新入账价值的计量。

（3）可变现净值。

可变现净值是指在正常生产经营过程中，以预计售价减去进一步加工成本和预计销售费用以及相关税费后的净值。在可变现净值计量下，资产按照其正常对外销售所能收到现金或者现金等价物的金额扣减该资产至完工估计将要发生的成本、估计的销售费用以及相关税费后的金额计算。可变现净值一般用于存货资产减值情况下的后续计量，如对期末库存商品价值的计量。

（4）现值。

现值是指对未来现金流量以恰当的折现率进行折现后的价值，是考虑了货币时间价值的一种计量属性。在现值计量下，资产按照预计从其持续使用和最终处置中所产生的未来净现金流入量的折现金额计算。负债按照预计期限内需要偿还的未来净现金流出量的折现金额计算。现值通常用于非流动资产可收回金额和以摊余成本计量的金融资产价值的确定等。比如，在确定固定资产、无形资产等的可收回金额时，通常需要计算资产预计未来现金流量的现值。

（5）公允价值。

公允价值是指在公平交易中，熟悉情况的交易双方自愿进行资产交换或者债务清偿的金额。在公允价值计量下，资产和负债按照在公平交易中，熟悉情况的交易双方自愿进行资产交换或者债务清偿的金额计算。公允价值主要应用于交易性金融资产等的计量。

（6）各种计量属性间的关系。

企业在对会计要素进行计量时，一般应当采用历史成本。在某些情况下，为了提高会计信息质量，实现财务报告目标，企业会计准则允许采用重置成本、可变现净值、现值、公允价值计量的，应当保证所确定的会计要素金额能够取得并可靠计量，如果这些金额无法取得或者可靠计量，则不允许采用其他计量属性。

【例3-1】某公司三年前购置了一栋写字楼，买价是1 000万元。三年后的今天，这栋写字楼的市场价格是1 500万元。这样，这栋写字楼就有了这样一些计量属性：它的历史成本是1 000万元；它的重置成本是1 500万元；如果公司因资金紧张将此栋楼出售，扣除各项税费，只取得了 1 200 万元，这就是该楼的可变现净值；如果公司将该楼长期出租，未来的净租金收入为 2 000 万元，将其折合为当前价值是 1 600 万元，这就是该楼的现值。

在各种会计要素计量属性中，历史成本通常反映的是资产或者负债过去的价值，而重置成本、可变现净值、现值以及公允价值通常反映的是资产或者负债的现时成本或者现时价值，是与历史成本相对应的计量属性。当然这种关系也并不是绝对的。比如，资产或者负债的历史成本有时就是根据交易时有关资产或者负债的公允价值确定的。

五种计量属性的实际运用如表 3-1 所示。

表 3-1　五种计量属性的实际运用

计量属性	对资产的计量	对负债的计量
历史成本	按取得时的金额	按承担现时义务时的金额
重置成本	按现在取得时的金额	按现在偿还时的金额
可变现净值	按现在销售实得金额	—
现值	按照将来所得的金额折现	按照将来所偿还的金额折现
公允价值	在公平交易中，熟悉情况的交易双方自愿进行资产交换或者债务清偿的金额	

（三）会计记录

会计记录是指按照一定的账务处理要求，将经过确认、计量的会计要素项目的名称、金额等登记在记账载体上，以便对会计信息进行加工处理，最终获得所需会计信息的工作。在实务中，记账载体通常包括会计凭证、会计账簿和财务会计报告等。会计记录工作则通过设置会计科目和账户、复式记账、填制和审核会计凭证、登记会计账簿、成本计算和编制财务会计报告等会计核算专门方法来完成。

（四）会计报告

会计报告是指以恰当的方式汇总日常会计确认、计量和记录所得到的会计信息并提供给财务会计报告使用者的工作，即编制和报送财务会计报告的工作。它是会计程序的最后环节。

在此工作中，主要要解决两大问题：一是以什么方式向财务会计信息使用者传递会计信息，当前一般采用财务会计报告这种载体；二是哪些信息应列入财务会计报告以及如何列入报告，即应编制哪些财务会计报告以及财务会计报告应如何编制的问题，这取决于不同时期不同信息用户对会计信息的不同需求。因此，财务会计报告的内容不是不变的，它会随着不同时期不同信息用户的需要而进行调整和改变。如当前企业会计报表的第三大主表——现金流量表就是在 2000 年《企业会计制度》颁布后才要求编制的，第四大主表——所有者权益变动表也是在 2007 年企业会计准则颁布后才开始施行的。2019 年 4 月，财政部又发布了《关于修订印发 2019 年度一般企业财务报表格式的通知》（财会〔2019〕6 号），对企业财务报表的格式做了相应的修订和完善，进一步加强了会计的信息系统职能。

综上所述，会计工作就是通过会计确认、会计计量、会计记录和会计报告这四个环节来完成对企业经济活动的反映和监督，最终实现会计目标的。

二、会计程序的基本流程

具体而言，会计程序就是会计信息系统的运行过程，其基本流程也是会计确认、会计计量、会计记录以及会计报告的具体实施过程，具体如下：

（一）取得和审核原始凭证

取得和审核原始凭证即对发生的经济业务所取得的原始凭证进行审核，在此基础上进行初步确认。

（二）填制记账凭证

填制记账凭证即依据审核无误的原始凭证编制会计分录并填制记账凭证。

（三）登记账簿

登记账簿要求根据每笔会计分录所确定的应借、应贷金额，分别计入有关日记账、总分类账和明细分类账当中。

（四）账项调整

账项调整要求根据权责发生制，按照收入、费用的归属期，编制相应的调账分录，对账簿记录进行必要的调整，从而正确地计算出当期损益和反映企业会计期末的财务状况。

（五）对账

对账包括账证核对、账账核对和账实核对，即每一个会计期末，对会计凭证、会计账簿以及会计主体财产清查的结果进行相互核对，以确保账簿所反映的会计资料的正确、真实和可靠。

（六）结账

结账是指根据一定时期内全部入账的经济业务内容，结算出各账户的本期发生额和期末余额，以便为编制会计报表提供标准的资料。

（七）编制会计报表

编制会计报表是指根据分类账户中有关账户的发生额和期末余额，编制资产负债表、利润表、现金流量表、所有者权益变动表及其相关附表，使得投资者、经营者、债权人及政府的财政、税务、审计等监督部门可以及时地了解报表单位的会计信息，以满足相关部门做出经济决策的需要。

随堂演练

（一）单选题

1. 下列各项中应作为会计要素主要计量单位的是（　　）。

　　A. 货币计量单位　B. 实物计量单位　C. 重量计量单位　D. 物理计量单位

2. 下列各项中不属于会计要素计量属性的是（　　）。

　　A. 历史成本　　　B. 重置成本　　　C. 可变现净值　　　D. 计划成本

3. 在下列各项中，资产要素的计量不可采用的依据是（　　）。

　　A. 按其取得时实际支付的现金或现金等价物的金额

B. 按其制造时实际支付的现金或现金等价物的金额

C. 按其因承担现时义务而实际收到的款项或者资产的金额

D. 按其购置时支付的对价的公允价值计量

4. 在下列各项中，负债要素的计量不可采用的依据是（　　　）。

A. 按其取得时实际支付的现金或现金等价物的金额

B. 按其因承担现时义务而实际收到款项的金额

C. 按其因承担现时义务而实际收到资产的金额

D. 按日常活动中为偿还负债预期需要支付的现金或现金等价物的金额

5. 在下列各种计量属性中，多用于盘盈固定资产计量的属性是（　　　）。

A. 历史成本　　　　B. 重置成本　　　　C. 现值　　　　　D. 可变现净值

（二）多选题

1. 将一项资源确认为资产，除了符合资产要素的定义，还应符合的条件有（　　　）。

A. 与该资源有关的经济利益很可能流入企业

B. 该资源的成本或价值能够可靠计量

C. 未来流出的经济利益的金额能够可靠计量

D. 与收入有关的经济利益很可能流入企业

2. 将一项义务确认为企业负债，除了符合负债要素的定义，还应符合的条件有（　　　）。

A. 与该资源有关的经济利益很可能流入企业

B. 与该义务有关的经济利益很可能流出企业

C. 该资源的成本或价值能够可靠计量

D. 未来流出的经济利益的金额能够可靠计量

3. 将一项经济利益流入确认为企业收入，除了符合收入的定义，还应同时满足的条件有（　　　）。

A. 与该资源有关的经济利益很可能流入企业

B. 与该义务有关的经济利益很可能流出企业

C. 经济利益流入企业的结果会导致企业资产增加或负债减少

D. 经济利益的流入额能够可靠计量

E. 与收入有关的经济利益应当很可能流入企业

4. 将一项经济利益流出确认为企业费用，除了符合费用的定义，还应同时满足的条件有（　　　）。

A. 与费用相关的经济利益很可能流出企业

B. 与该义务有关的经济利益很可能流出企业

C. 经济利益流出企业的结果会导致企业资产减少或负债增加

D. 经济利益的流入额能够可靠计量

E. 经济利益的流出额能够可靠计量

5. 计量属性反映的是会计要素金额的确定基础，主要有（　　　）。

A. 历史成本　　　　B. 重置成本　　　　C. 可变现净值　　　　D. 计划成本

（三）判断题

1. 会计确认是指将企业发生的交易或事项与会计要素联系起来加以认定的过程。
$$(\qquad)$$

2. 所有者权益的确认主要依赖于资产要素和负债要素的确认。
$$(\qquad)$$

3. 利润的确认主要依赖于收入和费用的确认。
$$(\qquad)$$

第二节 会计方法

会计方法是指用来核算和监督会计对象，执行会计职能，实现会计目标的手段。会计方法是人们在长期的会计工作实践中总结创立的并随着生产发展、会计管理活动的复杂化而逐渐完善和提高的。

一般认为，现代会计的方法包括会计核算方法、会计分析方法和会计检查方法。其中，会计核算方法是基础，会计核算所生成的信息既是会计分析的对象，同时也是会计检查的内容。

一、会计核算方法

在社会再生产过程中，将会产生大量的经济信息，将经济信息按照会计准则规定进行确认、计量、记录和报告，就会成为会计信息，这个信息转换的过程就是会计核算。

会计核算方法就是会计在会计核算过程中，对会计主体发生的资金活动以统一的货币量度单位，连续、系统、全面、系统地进行确认、计量、记录和报告的方法。它是会计方法中最基本、最主要的方法，是其他各种方法的基础。

会计核算方法运用于会计循环过程当中，包括了一系列具体的方法，如设置会计科目和账户、填制会计凭证、复式记账、登记账簿、成本计算、财产清查和编制财务会计报告等。

（一）设置会计科目和账户

设置会计科目和账户是对会计核算的具体内容进行分类核算和监督的一种专门方法。由于会计对象的具体内容是复杂多样的，要对其进行系统的核算和经常性监督就必须对经济业务进行科学的分类，以便分门别类地、连续地记录，据以取得多种不同性质、符合经营管理需要的信息和指标。

（二）填制会计凭证

会计凭证是记录经济业务、明确经济责任并作为记账依据的书面证明。正确填制和审核会计凭证，是核算和监督经济活动财务收支的基础，是做好会计工作的前提。

（三）复式记账

复式记账是指对所发生的每项经济业务，以相等的金额，同时在两个或两个以上相互联系的账户中进行登记的一种记账方法。采用复式记账方法，不仅可以全面反映每一笔经济业务的来龙去脉，而且可以防止差错和便于检查账簿记录的正确性和完整性，是一种比较科学的记账方法。

（四）登记账簿

登记账簿简称"记账"，是指以审核无误的会计凭证为依据在账簿中分类、连续、完整地记录各项经济业务的方法，以便为经济管理提供完整、系统的会计核算资料。账簿记录是重要的会计资料，是进行会计分析和会计检查的重要依据。

（五）成本计算

成本计算是指按照一定对象归集和分配生产经营过程中发生的各种费用，以便确定各对象的总成本和单位成本的一种专门方法。产品成本是综合反映企业生产经营活动的一项重要指标。正确地进行成本计算，可以考核生产经营过程的费用支出水平，同时又是确定企业盈亏和制定产品价格的基础，并为企业进行经营决策提供重要数据。

（六）财产清查

财产清查是指通过实物盘点、往来款项的核对来确定财产物资和货币资金实有数额的方法。会计人员在财产清查中发现财产物资和货币资金账面数额与实存数额不符时，应及时查明原因、明确责任，再通过一定的审批程序，调整账簿记录，使账存数和实存数保持一致，以保证会计核算资料的真实性和正确性；当发现积压或残损物资以及往来款项中的呆账、坏账时，会计人员要及时进行清理。财产清查是保证会计核算资料真实、准确的一种手段。

（七）编制财务会计报告

财务会计报告是会计信息的重要载体，它是以账簿记录的数据资料作为主要依据编制的书面报告文件。财务会计报告能够总括反映企业一定时点的财务状况和一定时期经营成果以及现金流量等财务信息，是用来考核、分析财务计划和预算执行情况以及编制下期财务和预算的重要依据。编制和报送财务会计报告是企业对财务会计报告使用者提供会计信息的重要方式。企业应当按照会计准则的规定编制财务会计报告，并做到内容完整、数字真实、计算准确、编报及时。

以上七种会计核算方法，虽各有特定的含义和作用，但并不是独立的，而是相互联系、相互依存、彼此制约的，它们构成了一个完整的方法体系，它们之间的逻辑关系如图3-1所示。如对于生产经营中发生的各项成本费用，平时应在凭证、账簿中进行准确记录和成本计算，期末应在保证账证、账账、账实相符的基础上，根据账簿记录编制财务会计报告。

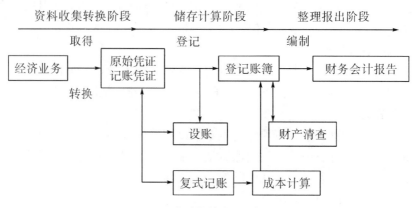

图 3-1　会计核算方法逻辑关系

二、会计分析方法

会计分析是指利用会计核算提供的信息资料，结合其他有关信息，对企业财务状况和经营成果进行的分析研究。一般来说，会计分析按以下程序进行：选定项目，明确对象；了解情况，收集资料；整理资料，分析研究；抓住关键，提出结论。常用的会计分析方法有比较分析法、因素对比法、比率分析法、趋势分析法等。

三、会计检查方法

会计检查是指通过会计核算及会计分析所提供的资料，以检查企业的生产经营过程或单位的经济业务是否合理合法及会计资料是否完整正确。会计检查可通过核对、审阅、分析性复核等方法进行。

上述会计方法共同构成了一个完整的体系，在会计专业教育中分别在不同的课程中进行详细介绍。其中，会计核算方法主要在会计学课程中介绍，会计分析方法主要在财务分析课程中介绍，而会计检查方法主要在审计学课程中介绍。

随堂演练

（一）单选题

1. 在会计方法体系中，最基本的方法是（   ）。
   A. 会计核算   B. 会计检查   C. 会计分析   D. 会计控制

2. 在下列各种会计方法中，对交易或事项分类进行处理的专门方法是（   ）。
   A. 设置账户   B. 复式记账   C. 登记账簿   D. 成本计算

3. 在下列各种会计方法中，保证账户记录的准确可靠以及交易或事项合理合法的专门方法是（   ）。
   A. 设置账户   B. 复式记账
   C. 财产清查   D. 凭证的填制和审核

4. 在下列各种会计方法中，定期总括反映企业的财务状况和经营成果等的专门方法是（   ）。
   A. 设置账户   B. 复式记账   C. 登记账簿   D. 财务报告编制

（二）多选题

1. 在下列各项中，属于会计核算方法的有（   ）。
   A. 设置账户   B. 复式记账   C. 登记账簿   D. 货币计量

2. 现代会计的方法包括（   ）。
   A. 会计核算方法   B. 会计记账方法
   C. 会计分析方法   D. 会计检查方法

（三）判断题

1. 会计核算的各种专门方法在会计核算过程中应单独运用，互不相干。（   ）

2. 会计核算所生成的信息既是会计分析的对象，也是会计检查的内容。（   ）

本章小结

会计程序是指会计为了实现会计目标，对不同主体在不同会计期间的经济交易或事项进行确认、计量、记录和报告所呈现的连续不断、周而复始的过程，又称为会计循环。

会计确认是确定会计主体的经济交易或事项能否以及何时进入会计信息系统的关键环节，是加工处理和输出会计信息的重要前提，它从根本上影响着会计信息质量，决定着会计目标是否能够得以实现。由于会计对象具体化为资产、负债、所有者权益、收入、费用和利润六大会计要素，因此，会计确认实际上就是对这六大会计要素的确认。

会计计量就是选择一定的计量单位和计量基础对已确认的会计要素项目进行定量反映，使之转化为会计信息的工作。会计计量是对会计要素的量化，是会计确认的后续工作，同时也是会计记录和报告的前提。会计计量属性又称会计计量基础，是指所确认的会计要素在数量方面的经济属性，是会计要素金额的确定基础。按我国企业会计准则的规定，会计计量属性主要包括历史成本、重置成本、可变现净值、现值和公允价值等。

会计记录是指按照一定的账务处理要求，将经过确认、计量的会计要素项目的名称、金额等登记在记账载体上，以便对会计信息进行加工处理，最终获得所需会计信息的工作。在实务中，记账载体通常包括会计凭证、会计账簿等。

会计报告是指以恰当的方式汇总日常会计确认、计量和记录所得到的会计信息并提供给财务会计报告使用者的工作，即编制和报送财务会计报告的工作。它是会计程序的最后环节。

会计方法是指用来核算和监督会计对象，执行会计职能，实现会计目标的手段。会计方法是人们在长期的会计工作实践中总结创立，并随着生产发展、会计管理活动的复杂化而逐渐地完善和提高的。一般认为，现代会计的方法包括会计核算方法、会计分析方法和会计检查方法。其中，会计核算方法是基础，会计核算所生成的信息既是会计分析的对象，同时也是会计检查的内容。

重要名词

会计方法（accounting method）　　　　会计循环（accounting cycle）

会计确认（accounting recognition）　　会计计量（accounting measurement）

计量属性（measurement attributes）　　计量单位（measurement unit）

历史成本（historical cost）　　　　　重置成本（replacement cost）

可变现净值（net realizable value）　　现值（present value）

公允价值（fair value）　　　　　　　会计记录（accounting record）

财务报告（financial report）

报销

刚毕业的小王在一家贸易公司做销售，工作后的他第一次出差回来报销差旅费就遇到了几件麻烦事。首先，他用一张收据报销住宿费，按财务报销制度，收据是不能报销的；其次，他出差坐的是飞机，按他的级别只能报火车票，差额部分得自己掏腰包；最后，报销的一张出租车发票时间是5月20日，但他的出差时间是6月5日到6月10日，不属于出差期间的也报不了。小王急忙给会计解释，住宿酒店的发票没了，他们问收据行不行，自己不知道收据与发票的区别，认为有单据就行，所以就接受了收据。出租车发票也是如此，打票机坏了，打不了，司机就给了他一张以前的车票。关于出差的交通报销级别他也不清楚。考虑到小王是第一次出差，会计让小王去找财务经理在收据上签字后再来报销，但机票与火车票的差额以及那张出租车票钱得他自己承担。小王原来觉得财务问题与自己的工作关系不大，但在这次事件后改变了想法。看来，不论在什么单位、从事什么工作，都得了解一些基本的财务知识才行。

1. 请简述会计程序的主要环节。
2. 请简要说明各项会计要素的主要确认方法是什么。
3. 会计循环包括哪些具体过程？
4. 会计计量属性具体包括哪些？应用这些计量属性时应贯彻什么原则？
5. 会计核算方法具体包括哪些？它们之间的关系如何？

二滩水电站地处中国四川省西南边陲攀枝花市盐边县与米易县的交界处，是雅砻江水电基地梯级开发的第一个水电站。该水电站于2000年全面完工。与该水电站同时完工的还有一个雅砻江流域木材水路过坝设施——过木建筑物，即为保证雅砻江流域木材水路运输畅通而构建的大型承重钢筋混凝土建筑物。1996年，时任国务院副总理的朱镕基在攀枝花市视察时，面对金沙江和雅砻江两岸光秃秃的群山，当即做出一项重要指示：少砍树，多栽树；把森老虎请下山。随着国家有关部门退耕还林政策的颁布和实施、禁伐令的执行以及对长江中上游生态屏障的保护，近50年内雅砻江上游不得砍伐树木。因此，二滩水电站过木机道难以发挥其设计作用。

思考：

请解释过木机道是否应作为一项资产列示在二滩水电开发有限公司的资产负债表中？理由是什么？

中篇
会计核算方法及应用

  会计核算方法就是会计人员在会计核算过程中，对会计主体发生的资金活动以统一的货币量度单位，连续、系统、全面、系统地进行确认、计量、记录和报告的方法。它是会计方法中最基本、最主要的方法，是其他各种方法的基础。

  会计核算方法运用于会计循环过程当中，包括了一系列具体的方法，如：设置会计科目和账户、填制会计凭证、复式记账、登记账簿、成本计算、财产清查和编制财务会计报告等。基于此，本篇共设置了五章对上述各方法进行具体介绍，分别是"会计假设和基础""会计建账和记账方法""会计确认和计量作用""会计记账载体"和"财务报告与报表分析"。

第四章

会计假设和基础

■学习目标

1. 掌握会计假设的构成和具体含义；
2. 掌握会计基础的构成和具体运用。

■导入案例

B 公司财务部小李从事会计稽核工作已经一年多了，在实践中积累了较多的经验，工作能力得到了很大提升。小李在对 2021 年 12 月份的有关业务审核中，发现了两笔账务处理存在问题，就向会计主管做了汇报。第一笔业务处理是将公司在新品发布会上预收客户的订货款 200 000 元直接作为 12 月份的收入；第二笔业务是将该月购买的价值 20 000 元的电脑直接计入当期费用。会计主管找来了做这两笔账务处理的会计小陈。小陈解释道："200 000 元是销售产品引起，计入收入很正常，而电脑更新换代很快，贬值很快，作为低值易耗品，计入费用也是合理的。"小李根据自己所学的会计理论知识和实践经验，向小陈阐述了自己觉得不合理的观点。小陈听了后，也觉得小李的观点合理，愉快地接受了小李的建议，做了相应的错账更正。你觉得这两笔业务处理存在什么不合理之处，应该如何处理才是正确的？

第一节 会计假设

一、会计假设的意义

会计假设又称会计核算前提，是对会计核算所处时间、空间等进行的合理设定。只有在这些设定下，一系列会计核算方法才能成立并具体运用。

会计假设是人们在逐步认识和总结长期会计实践活动后所做的合乎逻辑的推理和概括，具有较强的理论性，是构建会计理论体系的基础。会计活动受制于不断变化的社会、经济、科技、文化等环境的影响，如果不对会计工作的前提做出假定，就无法确立会计目标，无法提出会计信息质量特征，从而无法开展会计活动。因此，会计假设是组织、指导会计活动的理论基础，是生成会计信息、保证会计目标实现的重要前提条件。

二、会计假设的内容

我国《企业会计准则——基本准则》规定，会计假设包括会计主体、持续经营、会计分期和货币计量四项。

（一）会计主体

会计主体是指会计工作所服务的特定单位，它明确了会计确认、计量、记录和报告的空间范围，即为谁记账、算账和报账。会计核算和财务报告的编制应集中反映特定对象的经济活动，并将其与其他经济实体区别开来。

> **学习指导**
> 会计主体解决的是"我是谁"的问题。只有明确这一问题，才能确定哪些交易或事项是"我的"交易或事项，进而确认是否应该进行会计处理。

会计主体是指在经营上或经济上具有独立性或相对独立性的单位。它可以是一个具体的营利性组织，如公司、企业，也可以是一个非营利性组织，如机关、事业单位、社会团体、慈善机构，甚至还可以是公司、企业内部某一职能部门或由若干公司、企业组成的企业集团。会计主体假设把会计处理的数据和提供的信息严格地限制在这一特定的空间范围。

会计主体假设要求：会计所提供的信息只能反映某个特定会计主体的经济状况和经营成果。会计核算中所涉及的资产、负债的确认，收入的实现和费用的发生等，都是针对特定的会计主体而言的。同一笔交易，对于不同会计主体而言，所涉及的会计要素是不同的。如 A 企业销售一批商品给 B 企业，B 企业尚未支付货款给 A 企业：对于销售方 A 企业而言，尚未收到的销售款产生了应确认的债权；对于购买方 B 企业而言，尚未支付的购货款产生了应确认的债务。又如在投资事项发生后，对于投资方而言，由于继续拥有对该资产的所有权并凭此权利可参与对方的利润分配，因此可将该项权利视为一项资产；而对于接受投资方而言，则应将收到的投资款确认为一项所有者权益的增加。

除此以外，要明确会计主体，还必须做好两个区分：

首先，区分会计主体和法律主体的界限。一般而言，法律主体必然是一个会计主体。如一个企业作为一个法律主体，应建立完善的会计组织独立反映企业的财务状况、经营情况以及现金流状况等。但一个会计主体不一定是一个法律主体，如一家企业集团，由一家母公司控股若干子公司而形成，不论是母公司还是子公司均为独立的法律主体，应作为会计主体单独进行会计核算，反映本公司的财务状况、经营情况以及现金流状况。为了全面了解企业集团的财务状况、经营情况以及现金流状况，企业集团应作为一个会计主体编制合并报表来反映企业集团的会计信息。在此，企业集团虽不属于法律主体，却是会计主体。除此以外，如企业管理的企业年金，也不属于法律主体，但也应作为会计主体，对其每项基金进行会计确认、计量、记录和报告，以反映基金的增减变化及结果。

```
学习指导
    一般而言，会计主体的范围通常大于法律主体范围。
```

其次，要区分会计主体与主体所有者的界限。如小王自己出资成立了一家公司，他既是公司的所有者，也是公司的经营者，在此，一定要准确区分他的经济行为是否属于公司的经济活动。如招待客户的餐饮费可以作为公司费用，但如果请客对象是他的家人或朋友就不应作为公司费用处理。

会计只有核算会计主体范围内的经济活动，才能正确反映会计主体的资产、负债和所有者权益的情况，才能正确提供反映会计主体财务状况、经营情况以及现金流状况的会计报表，才能提供会计信息使用者所需要的信息。其投资者、债权人才能从会计记录和会计报表中得到有用的信息。

（二）持续经营

持续经营假设是指假定会计主体存在的时间是没有限制的，在没有明确的反证要终止经营活动时，应认为它可以按现有的规模、条件、目的继续它的经营活动，直到实现它的计划和受托责任。也就是说，在可预见的将来，企业不会停业或破产清算，否则，一些公认的会计原则和方法将失去存在的基础。

```
学习指导
    企业如同一个人，只有在健康的情况下才能按照正常人的标准来评价其工作、生活或运动状况，但如果人生病了或残疾了，不能正常工作或生活，就不能再按照正常人的标准来评价他。
    持续经营假设解决的是"我能活多久"的问题。
```

如果企业不能持续经营，权责发生制原则、划分收益性支出与资本性支出原则等将不能够应用；对资产的计价方法在持续经营状态下和处于清算状态时也是不同的，在持续经营下可以采用实际成本法，而在清算状态下则只能够采用公允价值如市价、评估价值等；同样，也只有假定企业持续经营，才能够将固定资产的使用成本（折旧）分别计入各会计期间，而不是只计入某一期的成本。

持续经营假设示意图见图4-1。

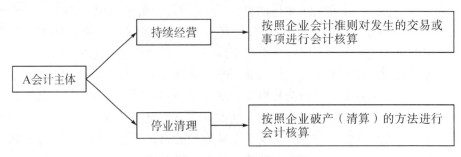

图4-1　持续经营假设示意图

例如，A 企业购置一台设备，购置成本 100 000 元，预计使用 10 年，假定报废时没有残值，则每年使用导致的价值减少额为 10 000 元。在使用的第五年年初，设备的摊余价值为 60 000 元（每年贬值 10 000 元，四年总共贬值 40 000 元。）由于 A 企业不能及时偿债面临破产清算，设备变卖价 70 000 元。此时，清算会计记录的设备价值即 70 000 元，而不是正常账簿记录中的摊余价值 60 000 元。

总之，只有在持续经营的前提下，提供会计信息的会计程序和方法等才能保持一致性；反之，如果一个会计主体不能保持持续经营而仍然按持续经营假设选择会计确认、计量、记录和报告的基本原则和方法，就不能客观地反映会计主体的财务状况、经营情况以及现金流状况。持续经营假设是会计分期假设的前提，二者共同明确了会计工作的时间范围。

（三）会计分期

企业经济活动的连续性决定了会计活动是连续不断的，如何将企业连续的经济活动以阶段成果形式反映出来，及时地为企业、政府及所有者提供企业财务和经营状况的信息，这就涉及会计期间划分问题。

会计分期就是将一个会计主体连续不断的生产经营活动所持续的时间人为地划分为一个个等分阶段，以分期结算盈亏和编制会计报告，从而及时提供会计信息给信息用户。会计分期假设是持续经营假设的必要补充，是对会计工作时间范围的具体划分。正是有了会计分期，才产生了本期和非本期的区别，进而出现了应收、应付、折旧、摊销等会计处理方法。

学习指导

会计分期假设解决的是"我多长时间总结一次"的问题，它是在"我能活多久"基础上衍生出来的。

在会计分期假设之下，会计主体应当合理划分会计期间。会计期间一般划分为年度和中期。会计年度可以采用公历年度，即以公历 1 月 1 日至 12 月 31 日为一个会计年度，世界上许多国家包括我国就采用的是公历年度；会计年度也可以采用营业年度，即以每年业务最清淡的时间点作为会计年度的起点和终点，如日本，是以每年的 4 月

1 日为会计年度的起点，以第二年的 3 月 31 日为会计年度的终点。中期是指短于一个完整会计年度的报告期间，具体又可分为月份、季度和半年度。每一会计期间结束，都应及时结算账目和编制会计报表。

（四）货币计量

货币计量是指会计主体在会计确认、计量、记录和报告时采用货币作为主要计量单位，其他计量单位（如实物量度和劳务量度）也可以使用，但不占主要地位，同时对币值变动暂不予考虑。

会计主体的经济活动千差万别，财产物资种类繁多，需要选择一种合理实用又简化的计量单位。货币作为商品的一般等价物，是衡量一般商品价值的共同尺度，有着其他计量单位（如重量、长度、体积等）不便于在量上进行汇总和比较的优势，能够充分反映会计主体的生产经营情况，从而成为会计计量的主要计量单位。

学习指导

货币计量解决的是"我的活动用什么来评价"的问题。

货币只是主要的会计计量单位，并非唯一的会计计量单位。

在会计核算中，可能涉及多种货币，由于各种货币单位之间的汇率是不断变化的，这就要求企业会计必须确立一种货币单位为记账用的货币单位，其他所有的货币、实物、债权债务等，都可以通过它来度量、比较和稽核。这一货币单位被称为"记账本位币"。我国企业会计准则规定会计核算以人民币为记账本位币，同时还规定业务收支以外币为主的企业，也可以选定某种外币作为记账本位币，但编制的会计报表应当折算为人民币反映。

货币计量还需注意货币币值稳定与否的问题。由于受宏观环境诸多因素如汇率、利率、通货膨胀等综合影响，货币币值实际上是经常变动的。按照国际惯例，当币值变动不大，或币值上下波动的幅度不大而且可以相互抵消时，会计核算就可以不考虑这些影响，而仍然假设币值是稳定的。但如果客观环境发生了剧烈的变动引发恶性通货膨胀时，会计核算就不应该再坚持币值稳定不变，而应该采取特殊的会计处理方法，如通货膨胀调整等。

但货币计量也有一定的缺陷，一些重要的决策信息，如企业的经营战略、人员素质、管理水平、市场潜力等，往往难以以货币计量，但会对信息用户的决策产生重大影响，只能在报表附注中作为非财务信息进行补充说明。

上述会计四大假设之间是相互依存、相互补充的关系。会计主体明确会计核算的空间范围，持续经营和会计分期明确会计核算的时间范围，而货币计量则为会计核算提供了必要的手段。

知识链接

不同种类会计之间会计假设的比较见表4-1。

表4-1 不同种类会计之间会计假设的比较

分类	会计假设			
	会计主体	持续经营	会计分期	货币计量
一般财务会计	是	是	是	是
破产、清算会计	是	否/终止经营	是	是
物价变动会计	是	是	是	否/币值改变
外币业务会计	是	是	是	否/币种改变
合并会计	改变主体	是	是	是

随堂演练

(一) 单选题

1. 会计分期是建立在 (   ) 基础上的。

    A. 会计主体   B. 货币计量

    C. 持续经营   D. 权责发生制

2. 在会计核算时,将个人财产与企业财产相互分开,依据的是 (   )。

    A. 会计分期假设   B. 货币计量假设

    C. 会计主体假设   D. 持续经营假设

3. 导致产生本期与非本期概念的会计核算的基本前提是 (   )。

    A. 会计主体   B. 持续经营   C. 会计分期   D. 货币计量

4. 对会计活动所服务的对象发生的交易和事项进行处理时所采用的计量单位做出基本设定的是 (   )。

    A. 会计主体   B. 持续经营   C. 会计分期   D. 货币计量

(二) 多选题

1. 根据企业会计制度的规定,会计期间可以分为 (   )。

    A. 旬度   B. 月度   C. 季度

    D. 半年度   E. 年度

2. 会计核算的基本前提包括 (   )。

    A. 会计主体   B. 持续经营   C. 会计分期

    D. 货币计量   E. 权责发生制

(三) 判断题

1. 会计主体与法律主体的关系是:法律主体必定是会计主体,会计主体也必定是法律主体。 (   )

2. 企业集团不是一个独立的法人,但也可以作为一个会计主体。 (   )

3. 我国所有企业的会计核算都必须以人民币作为记账本位币。 (   )

第二节 会计基础

在实务中，会计主体交易或者事项的发生时间与相关货币收支时间有时并不完全一致。那么，到底在什么时间确认收入的实现或费用的发生？这对于合理确定各期盈亏非常重要。会计基础就是建立在持续经营和会计分期假设的基础之上，解决会计对经济业务进行确认和计量的时间基础问题，即应当在什么时候确认和计量收入和费用。当前我国采用的会计基础有两种，分别是权责发生制和收付实现制。

一、权责发生制

权责发生制又称为应收应付制或应计制，它是以会计主体是否具有收入的权利以及是否承担支出的责任作为确认收入和费用的标准。一旦会计主体在本期具有了收入的权利或支付的责任，不论款项是否在本期实际收支都应作为本期的收入或费用；反之，即使款项在本期实际收到或支出，但本期并未取得收入的权利或承担支付的责任，也不能作为本期的收入或费用入账。为了更加客观、公允地反映会计主体在特定期间的财务状况和经营情况，我国企业会计准则规定，企业应当以权责发生制合理确定各期的收入和费用。权责发生制也是国际公认的企业会计记账基础。除此以外，我国政府会计中的财务会计核算也采用权责发生制作为会计基础。

【例 4-1】甲企业的产品供不应求，乙企业为了能够买到甲企业的产品，在 1 月份预付了 10 万元给甲企业。3 月份，甲企业将这部分已预收款的产品发送给乙企业。在权责发生制下，甲企业虽然在 1 月份收到了货款，但因为尚未发货，所以并未取得收款的权利，不能确认为 1 月份的收入。而到了 3 月份，甲企业发出了产品给乙企业，履行了作为销售企业的义务，因此也有了收款的权利，所以应在 3 月份确认收入的实现。

在会计实务中，企业采用权责发生制这一会计基础确认、计量、记录和报告费用时，必然出现费用的支付期与归属期（受益期）不一致的情况，其主要表现有两种：一种是事先一次性支付，待以后再根据受益情况分期计入若干受益期的费用，其中，受益期在一个会计年度内的为待摊费用，受益期超过一个会计年度的为长期待摊费用；另一种是事先根据受益情况分期计入若干受益期的费用，待以后才一次性支付的应付费用。

【例 4-2】甲企业在 2022 年 1 月份预付了全年的财产保险费，每月 1 万元，一共 12 万元。由于该笔保险费将使得 2022 年每个月受益（发生了财产损失均能得到保险赔偿），因此不能把 1 月份支付的 12 万元全部作为 1 月份的费用，而应按受益期分别计入各月的费用中，具体处理是在每月末将 1 万元计入该月保险费中。

《企业会计准则——基本准则》第二十条规定："会计核算应合理划分收益性支出与资本性支出。凡支出的效益仅与本会计年度相关的，应当作为收益性支出；凡支出的效益与几个会计年度相关的，应当作为资本性支出。"收益性支出是指企业单位在经营过程中发生、其效益仅与本会计年度相关、因而由本年收益补偿的各项支出，如每月发生的办公费、水电费、人员薪酬等。资本性支出是指通过它所取得的财产或劳务的效益，可以给予多个会计期间所发生的那些支出，即发生该项支出不仅是为了取得本期收益，而且也是为了取得以后各期收益，如购入的固定资产、无形资产等。会计核算时，收益性支出将作为本期费用计入利润表，影响当期损益。资本性支出则应确认为资产，计入资产负债表，以后各期随着资产的耗费，按照受益原则逐渐摊入各期费用。

二、收付实现制

收付实现制又称为实收实付制或现收现付制或现金制，它是以本期款项的实际收付作为确定本期收入、费用的标准。凡是本期实际收到的款项以及付出的款项，不论款项是否属于本期，都应作为本期的收入和费用。在【例4-1】中，采用收付实现制，甲企业1月收到了10万元货款，就应在1月确认收入实现；而在【例4-2】中，甲企业在1月预付的全年保险费也应确认为1月的费用。目前，我国政府会计中的预算会计核算采用收付实现制。

收付实现制和权责发生制都是会计核算中确定本期收入和费用的会计处理方法。收付实现制强调款项的实际收付；权责发生制强调收款的权利和付款的责任以及应计的收入和为取得收入而发生的费用相配合，即配比原则。收付实现制下反映的企业财务成果欠缺真实性、准确性；权责发生制比较科学、合理，在实践中被普遍采用。当然，权责发生制也有一定的缺陷。在权责发生制下，可能会发生企业盈利情况与现金支付能力的背离，有时这种背离还较为严重。因此，企业的会计人员需要提供以收付实现制为记账基础编制的现金流量表，该报表记录企业现金实际流入或流出的情况，其提供的期末现金及等价物净额可以反映企业的现金支付能力。

随堂演练

（一）单选题

1. 权责发生制主要强调的是（　　）。

    A. 资产的合理计价　　　　　　　　B. 收入与费用的合理确认

    C. 财务成果的真实性　　　　　　　D. 经营成果的清算

2. 在会计年度内，如把收益性支出作为资本性支出处理，其结果将使企业本年度（　　）。

    A. 虚增资产和虚增收益　　　　　　B. 虚减资产和虚增收益

    C. 虚增资产和虚减收益　　　　　　D. 虚减资产和虚减收益

（二）多选题

1. 按照权责发生制，下列各项中应计入本期收入的有（　　）。

    A. 预收货款　　　　　　　　　　　B. 收到前欠销货款

    C. 现销收入　　　　　　　　　　　D. 赊销收入

    E. 预付货款

2. 对于收入和费用归属期的确认，在会计处理上有（　　）。

    A. 权责发生制　　　　　　　　　　B. 永续盘存制

    C. 实地盘存制　　　　　　　　　　D. 收付实现制

E. 技术推算盘点法

3. 下列选项中，属于资本性支出的内容有（　　　）。

A. 固定资产改良支出　　　　　　　B. 购置无形资产支出

C. 办公费支出　　　　　　　　　　D. 水电费支出

（三）判断题

1. 收付实现制和权责发生制的主要区别是确认收入和费用的标准不同。　（　　　）

2. 在会计核算中，对效益惠及几个会计期间的支出，应作为收益性支出。（　　　）

本章小结

　　会计假设又称会计核算前提，是对会计核算所处时间、空间等所做的合理设定。只有在这些设定下，一系列会计核算方法才能成立并具体运用。我国当前所确定的会计假设包括会计主体、持续经营、会计分期和货币计量四项。会计主体明确会计核算的空间范围，持续经营和会计分期明确会计核算的时间范围，而货币计量则为会计核算提供了必要的手段。

　　会计基础就是建立在持续经营和会计分期假设的基础之上，解决会计对经济业务进行确认和计量的时间基础问题，即应当在什么时候确认和计量收入和费用。当前我国采用的会计基础有两种，分别是权责发生制和收付实现制。权责发生制和收付实现制都是会计核算中确定本期收入和费用的会计处理方法，但是收付实现制强调款项的收付，权责发生制强调收款的权利和付款的责任以及应计的收入和为取得收入而发生的费用相配合。我国企业要求以权责发生制合理确定各期的收入和费用。我国政府会计中的预算会计核算采用收付实现制。

　　根据权责发生制会计基础，会计核算时应严格区分收益性支出和资本性支出的界限，以正确计算各期损益。其中，收益性支出是指企业单位在经营过程中发生、其效益仅与本会计年度相关、因而由本年收益补偿的各项支出；资本性支出是指通过它所取得的财产或劳务的效益，可以给予多个会计期间所发生的那些支出，即发生该项支出不仅是为了取得本期收益，而且也是为了取得以后各期收益。收益性支出将作为本期费用计入当期损益；资本性支出则应确认为资产，只在其价值损耗时计入当期损益。

重要名词

会计假设（accounting assumption）　　会计主体（accounting entity）

持续经营（going concern）　　　　　　会计分期（periodicity assumption）

货币计量（monetary assumption）　　　权责发生制（accrual basis）

思考题

1. 什么是会计假设？会计有哪些基本假设？如何理解这些会计假设的具体含义？
2. 举例说明会计基础的具体运用。

思政课堂

张翔和李明一起出资创建了一家贸易公司，发生了如下业务，请判断这些业务处理是否恰当？并说明原因。

（1）7月1日，张翔从出纳处取现金500元给自己家里购置微波炉一台，会计将500元作为公司办公费处理。

（2）7月15日，李明要求财务处编制7月份前半个月的报表。

（3）7月22日，公司外贸销售实现收入10 000美元，直接以美元入账。

（4）7月底，财务处将客户预付的货款20 000元作为本月收入入账。

第五章

会计建账和记账方法

■**学习目标**

1. 熟悉会计科目设置的原则；
2. 熟悉常用会计科目；
3. 掌握账户的结构以及账户与会计科目的关系。
4. 熟悉借贷记账法的原理；
5. 了解会计分录的编制步骤与分类；
6. 掌握借贷记账法下的试算平衡；
7. 掌握总分类账户与明细分类账户的平行登记。

■**导入案例**

2022 年 1 月，毕业 2 年的小赵决定在学校旁边的小镇开一家茶餐厅，卖小吃和饮品。小赵为餐厅办理了相关工商税务注册登记，并购置了价值 100 000 元的餐饮设备、家具、器具，招聘了一名厨师、两名服务员以及一名采购员，并聘请了会计专业大四的学生小钱为兼职记账员。餐厅准备正式营业，小钱应该设置哪些账簿进行建账和记账工作？

■**名人名言**

诚信为本，操守为重，坚持准则，不做假账。

——2001 年 10 月，朱镕基视察北京国家会计学院时题词

第一节　会计建账

一、会计科目

会计科目是对会计对象的具体内容即会计要素结合经济管理要求进行科学分类所形成的项目。

企业的经营活动必然会导致企业的资金发生相应变动，并表现为资产、负债、所有者权益、收入、费用和利润六大会计要素的变化。企业为了提供对会计信息使用者决策有用的会计信息，就必须全面、连续、系统地反映和监督各项会计要素的增减变动情况。但会计要素只是概括说明了会计对象的基本内容，仅仅用会计要素难以反映经济业务发生的详细情况，因此必须对会计要素按其不同特点和经营管理的要求进行进一步的划分，事先确定进行各类核算对象的类别名称，规定其核算内容并按一定规律赋予其编号，这便是设置会计科目。设置会计科目是正确运用复式记账、填制会计凭证、登记账簿和编制财务会计报告等的基础。

会计的基本职能是核算和监督，核算和监督的内容是会计对象，即会计主体的资金运动，对资金运动的分类形成了资产、负债、所有者权益、收入、费用和利润六大会计要素，而对会计要素的进一步分类就形成了会计科目。它们之间的关系见图5-1。

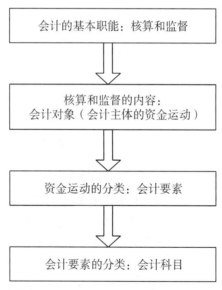

图5-1　会计的基本职能、会计对象、会计要素和会计科目之间的关系

（一）会计科目设置的原则

会计科目作为分类提供会计信息的一种重要手段，其分类的正确与否决定了会计信息的科学性、系统性的高低，从而决定了管理的有效性的高低。《企业会计准则——应用指南》的附录中，对会计科目的设置和使用做了统一规定，同时要求企业设置和使用会计科目时应遵循下列基本原则：

1. 全面性和科学性相结合原则

会计科目的设置必须结合会计要素的特点，科学而完整地反映会计要素的内容。

具体而言，设置会计科目既要涵盖资产、负债、所有者权益、收入、费用、利润要素所包含的全部项目，不能有任何遗漏；同时还要确保对每一个会计要素的分类都符合该要素的性质和主要特征。如资产要素的再分类要充分考虑资产的形态、作用、流动规律等；对负债要素的再分类要充分考虑其成因、偿还期限等；对收入要素的再分类要充分考虑其来源、发生频率、所占比重等。只有这样，才能保证每个会计科目都能形成自己特定的反映内容，不允许重复、交叉。但是必要的时候也可跨要素归并会计科目。例如，对于预收和预付款项不多的企业，也可以将预收账款归入应收账款，将预付账款归入应付账款。

2. 统一性和灵活性兼顾原则

我国企业会计科目的设置必须遵循会计准则及其他相关法规制度的统一规范要求，各会计主体在设置本单位的会计科目时，可以从国家统一规定的会计科目中选用，这样做可以保证各个行业的会计主体在会计科目设置上的统一性。但是各个不同的会计主体显然存在差异性，因此各个会计主体可以根据本单位的实际情况自行增设、分拆、合并会计科目，以满足本单位的核算需求。

3. 稳定性原则

会计科目的设置要能适应社会经济环境的变化与本单位业务发展对会计的要求。但是为了便于不同时期会计资料的分析对比，会计科目的设置应保持相对稳定，若非必要，不要经常变动所使用的会计科目；若确有必要调整，要考虑到这种调整对过去的财务数据的影响，必要时要进行追溯调整。

4. 成本效益原则

会计核算的目标是向各方使用者提供有用的会计信息。会计科目的设置，必须充分考虑各个会计信息使用者对企业会计信息的需求。企业财务信息使用者的需求各不相同，因此企业在设置会计科目时要兼顾对外报告会计信息和对内加强经营管理的需要，充分考虑其是否能提供满足各方需要的相关会计信息，以利于各利益相关者进行各种经济决策。与此同时，会计科目设置还要考虑尽量节约提供会计信息的成本，即会计科目的设置应简单明了、通俗易懂，且不重要的信息可以合并或删减，使报表阅读者一目了然、易于理解。在会计信息系统中，会计人员还可以加设会计科目编号以提高工作效率。

（二）会计科目的分类

为了规范会计科目的核算内容，把握会计科目的本质内涵，进而正确运用会计科目进行会计核算，必须对会计科目进行适当分类。常用的会计科目分类标准有两个：一是会计科目的经济内容，二是会计科目提供信息的详细程度。

1. 按反映的经济内容分类

会计科目的内容即会计要素。因此，会计要素按其所反映经济内容不同，可以分为资产类、负债类、所有者权益类、收入类、费用类和利润类。我国现行会计准则对上述六类会计科目进行了适当的调整，形成了资产类、负债类、所有者权益类、成本类、损益类和共同类六大类会计科目。其中，成本类科目反映的是企业的成本情况，包括生产成本、制造费用等。损益类科目反映的是企业损益情况，按其对利润形成影响的不同，又可分为收益类科目和费用类科目：收益类科目包括广义的收入要素内容，即主营业务收入、其他业务收入、投资收益、营业外收入等；费用类科目包括广义的费用要素内容，即主营业务成本、其他业务成本、税金及附加、销售费用、管理费用、财务费用、资产减值损失、营业外支出以及所得税费用等。

学习指导

　　会计要素的分类和会计科目按所反映的经济内容的分类并不完全相同，但两者之间存在着内在的紧密联系，两者之间的对应关系如图5-2所示。

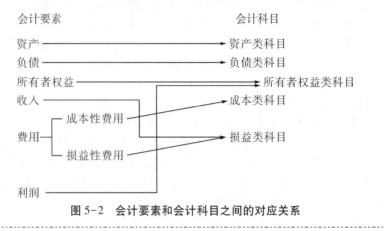

图5-2　会计要素和会计科目之间的对应关系

　　（1）资产类科目。

　　资产类科目是指反映企业各项资产增减变化及结存情况的科目。按照资产的流动性不同，它可分为以下两类：

　　①反映流动资产的科目，如"库存现金""银行存款""原材料""库存商品""应收账款""应收票据""应收股利""其他应收款""预付账款""应收利息"等。

　　②反映非流动资产的科目，如"固定资产""累计折旧""无形资产""累计摊销""长期股权投资"等。

　　（2）负债类科目。

　　负债类科目是指反映企业各项负债增减变动的科目。按照负债的偿还期不同，它可以分为以下两类：

　　①反映流动负债的科目，如"短期借款""应付账款""应付职工薪酬""应交税费""其他应付款"等。

　　②反映长期负债的科目，如"长期借款""应付债券""长期应付款"等。

　　（3）共同类科目。

　　共同类科目是指那些既有资产性质又有负债性质的有共性的科目。共同类科目的特点需要从其期末余额所在方向界定其性质。共同类科目多为金融、保险、投资、基金等公司所使用，如"清算资金往来""衍生工具""套期工具"等。本教材暂不涉及这些科目。

　　（4）所有者权益类科目。

　　所有者权益类科目是指反映企业所有者权益增减变动的科目。利润本质上是所有者权益的新增部分，所以和利润有关的科目也归属于所有者权益类科目。所有者权益类科目包括"实收资本（股份有限公司称股本）""资本公积""盈余公积""本年利润""利润分配"等。

　　（5）成本类科目。

　　成本类科目是指反映企业生产过程中各成本计算对象的费用归集、成本计算情况的科目，如"生产成本""制造费用"等。

　　（6）损益类科目。

　　损益类科目是指反映企业应直接计入当期损益的各项收入、费用，以及利得、损失的科目。按损益的性质和内容不同，它可以分为以下两类：

①反映收入、利得的科目，如"主营业务收入""其他业务收入""投资收益""营业外收入"等。

②反映费用、损失的科目，如"主营业务成本""其他业务成本""税金及附加""管理费用""财务费用""销售费用""资产减值损失""营业外支出""所得税费用"等。

为便于初学者记忆，表5-1对本教材所涉及的一级科目及其主要核算内容进行了汇集整理。

表5-1 常用一级科目及其核算内容

类别	编号	会计科目名称	主要核算内容
资产类	1001	库存现金	存放在企业财会部门金库中可随时动用的货币资金
	1002	银行存款	存放于企业开户银行没有指定用途和使用方式的货币资金
	1101	交易性金融资产	企业从二级市场购入为交易目的所持有的债券投资、股票投资、基金投资、权证投资等金融资产
	1121	应收票据	企业因开展经营活动销售产品、提供有偿服务等而收到的商业汇票
	1122	应收账款	因销售商品、提供劳务等经营活动应收取的款项
	1123	预付账款	按照购货合同规定预付给供应单位的款项
	1131	应收股利	企业对外投资应收取的现金股利和应收取其他单位分配的利润
	1132	应收利息	企业对外借款等应收取的利息
	1221	其他应收款	企业其他各种应收及暂付款项，如企业内部周转的备用金，应收的各种赔款、罚款，应向职工收取的各种垫付款项
	1231	坏账准备	企业应收款项的坏账准备金
	1401	材料采购	企业进行材料日常核算而购入材料的采购成本（计划成本法下采用）
	1402	在途物资	企业进行材料、商品等物资的日常核算，货款已付尚未验收入库的在途物资的采购成本（实际成本法下采用）
	1403	原材料	企业库存的各种材料，一般指构成产品成分或组成部件的物资材料
	1405	库存商品	企业库存的待出售的各种商品
	1411	周转材料	企业能够多次使用，逐渐转移其价值但是仍然保持原有形态不确认为固定资产的材料，包括包装物和低值易耗品
	1511	长期股权投资	企业持有的长期性股权性质的投资
	1601	固定资产	企业持有的单价高、使用期限超过1年的房屋、建筑物、机器、机械、运输工具等
	1602	累计折旧	固定资产在使用过程中产生损耗继而转移到商品或费用中去的那部分价值
	1604	在建工程	企业固定资产的新建、改建、扩建，或技术改造、设备更新和大修理工程等尚未完工的工程支出
	1701	无形资产	企业持有的无形资产成本，包括专利权、非专利技术、商标权、著作权、土地使用权等
	1702	累计摊销	企业对使用寿命有限的无形资产计提的累计摊销
	1801	长期待摊费用	企业已经发生但应由本期和以后各期负担的分摊期限在1年以上的各项费用
	1901	待处理财产损溢	企业在清查财产过程中查明的各种财产盘盈、盘亏和毁损的价值

表5-1(续)

类别	编号	会计科目名称	主要核算内容
负债类	2001	短期借款	企业向银行、其他金融机构或其他债权方等借入的期限在1年以下（含1年）的借款
	2201	应付票据	企业购买材料、商品和接受劳务供应等开出、承兑的商业汇票
	2202	应付账款	企业因购买材料、商品和接受劳务等经营活动应支付的款项
	2203	预收账款	企业按照合同规定预收的款项
	2211	应付职工薪酬	企业根据有关规定应付给职工的各种薪酬
	2221	应交税费	企业按照税法等规定计算应交纳的各种税费
	2231	应付利息	企业按照合同约定应支付的利息
	2232	应付股利	企业向投资方分配的现金股利或利润
	2241	其他应付款	企业其他各项应付、暂收的款项，如罚款、押金、股东借款等
	2501	长期借款	企业向银行或其他金融机构借入的期限在1年以上的各项借款
	2502	应付债券	企业为筹集（长期）资金而发行债券的本金和利息
所有者权益类	4001	实收资本(股本)	企业接受投资者投入的实际资本
	4002	资本公积	企业收到投资者出资额超出其在注册资本或股本中所占份额的部分
	4101	盈余公积	企业从净利润中提取的盈余公积
	4103	本年利润	企业当期实现的利润（或发生的亏损）
	4104	利润分配	企业利润的分配（或亏损的弥补）和历年分配（或弥补）后的余额
成本类	5001	生产成本	企业进行工业性生产发生的各项生产成本
	5101	制造费用	企业生产车间（部门）为生产产品和提供劳务而发生的各项间接费用
损益类	6001	主营业务收入	企业确认的销售商品、服务和提供劳务等主营业务的收入
	6051	其他业务收入	其他经营活动实现的收入，如制造业企业出租固定资产和无形资产，出租包装物和商品、销售材料等的租金收入
	6111	投资收益	企业确认的投资收益或投资损失
	6301	营业外收入	企业发生的各项营业外收入，包括盘盈（现金）利得、捐赠利得等
	6401	主营业务成本	企业确认销售商品、服务和提供劳务等主营业务收入时应结转的成本
	6402	其他业务成本	企业确认的除主营业务活动以外的其他经营活动所发生的支出
	6403	税金及附加	企业经营（销售）活动发生的消费税、资源税、城市维护建设税、教育费附加、房产税、车船使用税、土地使用税、印花税、矿产资源补偿费等相关税费
	6601	销售费用	企业在销售商品和材料、提供劳务的过程中发生的各种销售费用，如销售过程中的运输费、保险费、包装费、广告费、宣传资料费、销售人员工资、专设销售机构的相关费用等

表5-1（续）

类别	编号	会计科目名称	主要核算内容
	6602	管理费用	企业为组织和管理企业生产经营所发生的管理费用，如应由企业统一负担的经费、行政费、办公费、差旅费、咨询费、中介费、办公用品费、业务招待费、行政人员的薪酬、管理用固定资产的折旧费、研究费用等
	6603	财务费用	企业为筹集生产经营所需资金等而发生的筹资费用，包括利息支出（减利息收入）、汇兑损益以及相关的手续费、企业发生的现金折扣或收到的现金折扣等
	6701	资产减值损失	企业计提各项资产（应收除外）减值准备所形成的损失
	6711	营业外支出	企业发生的各项营业外支出，包括债务重组损失、公益性捐赠支出、非常损失、盘亏损失、非流动资产毁损报废损失等
	6801	所得税费用	企业确认的应从当期利润总额中扣除的所得税费用
	6901	以前年度损益调整	企业本年度发生的调整以前年度损益的事项，以及本年度发现的重要前期差错更正涉及调整以前年度损益的事项

知识链接

会计科目的编号

为了便于会计电算化下会计凭证的编制、会计账簿的登记，还应在对会计科目进行分类的基础上，为每一个会计科目编一个固定的号码，这些号码被称为会计科目编号。科目编号能清楚地表示会计科目所属的类别及其在类别中的位置。表5-1中采用四位数编号法（大分类、中分类、细分类和具体会计科目）对会计科目进行编号。大分类编号以第一位数字表示，从1开始，如资产类科目均以1为第一位数字，负债类科目均以2为第一位数字，共同类科目均以3为第一位数字，所有者权益类科目均以4为第一位数字，成本类科目均以5为第一位数字，损益类科目均以6为第一位数字。中分类以第二位数字表示，从0开始。业务性质相同的会计科目的编号的第二位数字都是同样的数字，如"10"中的"0"代表货币资金类。细分类以第三位数字表示，代表不同类型的企业，如一般企业、金融企业、保险企业、农业企业等。具体会计科目以第四位数字表示，从01开始（01、02、03……）、11开始（11、12、13……），如"1001"表示"库存现金"科目。

2. 按提供信息的详细程度分类

会计科目按所提供信息的详细程度可以分为总分类科目和明细分类科目两大类。

（1）总分类科目。

总分类科目也称总账科目或一级科目，是指对会计要素进行总括分类的科目，是进行总分类核算的依据，只提供货币指标。我国企业会计制度规定，总分类科目由财政部统一规定。

思考：国家统一制定总分类科目体现了会计信息质量要求的哪一项规定？

（2）明细分类科目。

明细分类科目也称明细科目或细目，是指对总分类科目所属经济内容做详细分类，反映详细、具体情况的科目，是进行明细核算的依据，除了货币指标之外，还提供计量单位、型号、数量、单价等多种指标。明细分类科目除会计制度中统一规定设置的以外，企业可以根据实际管理需要自行设置。设置目的应有利于提供企业管理决策所需的详细信息。但并不是所有的总账科目都要设置明细科目，如"库存现金""银行存款"等总账科目一般就不需要设置明细科目。为了适应核算工作的需要，在总分类科目下设的明细分类科目较多的情况下，会计人员可在总分类科目与明细分类科目之间增设二级科目（也称子目）。子目和细目统称为明细科目。表 5-2 中给出了部分总分类科目及其下属的明细分类科目的设置情况。

表 5-2　会计科目的分类（按提供信息的详细程度划分）

总分类科目 （一级科目）	明细分类科目	
	二级科目（子目）	明细科目（细目）
原材料	主要材料	甲材料
		乙材料
	辅助材料	A 材料
		B 材料
生产成本	基本生产车间	A 产品
		B 产品
	辅助生产车间	维修费
		动力费

二、会计账户

会计科目只是规定了会计对象具体内容的类别名称，还不能进行具体的会计核算。设置会计科目后，会计人员还必须根据规定的会计科目开设一系列反映不同经济内容的账户，用来对各项经济业务进行分类记录。账户是指根据会计科目设置的，具有一定格式和结构，用于分类反映会计要素增减变动情况及其结果的载体，是系统、连续记录经济业务的一种工具。设置账户是会计核算的方法之一。

（一）账户的基本结构

由于账户是用以记录经济业务，反映资金运动（会计要素）的增减变动的，因而必须具有一定的结构与形式。各项经济业务引起会计要素的变动，不外乎是数量上的增加和减少两种情况及其根据增减变动情况计算的结余数额。因此，账户的基本结构就是账户的全部结构中用来登记增加额、减少额和余额的那部分结构。在借贷记账法下，账户结构中用来登记增减变动数额的一方称为"借方"，另一方称为"贷方"。任何账户都必须分为借方和贷方两个基本部分。在实际工作中使用的账户的一般格式如图 5-3 所示。

总　账

账户名称（会计科目）：

年		凭证		摘要	借方	贷方	借或贷	余额
月	日	种类	号数					

账户的基本结构

图 5-3　账户的一般格式

在会计教学中，为了简化教学并便于说明账户结构，通常使用账户基本结构的简化形式——"T"字形账户。"T"字形账户如图 5-4 所示。

左方（借方）　　　　　账户名称（会计科目）　　　　　右方（贷方）

图 5-4　"T"字形账户

需要注意的是，并非所有的账户都是左方（借方）记增加，右方（贷方）记减少。在账户结构中哪一方登记增加数，哪一方登记减少数，取决于两个方面：首先是账户所记录的经济内容（会计要素）的性质，其次是在账户中记录经济业务时所采用的记账方法。账户的余额一般与记录的增加额在同一方向。

学习指导

在实务工作中，会计账户的具体表现形式是会计账簿和账页。

（二）会计科目与账户的关系

从理论上讲，会计科目与账户是既有联系又有区别的两个不同的概念。

1. 会计科目与账户的联系

首先，会计科目规定的核算内容，也正是账户应该记录反映的经济内容，二者分类的口径是一致的；其次，会计账户根据会计科目设置，会计科目就是会计账户的名称。

2. 会计科目与账户的区别

首先，会计科目和账户存在着主从关系。会计科目是对会计对象具体内容进行科学分类的标志，是设置账户、组织会计核算的依据；账户则是在会计科目分类的基础上，根据会计科目名称开设并按其规定的核算内容，进行连续、系统和完整记录的载体。其次，会计科目只规定了经济内容的质，不能反映经济内容的量；而账户不仅反映规定的经济内容，而且还具有一定的结构形式，以记录经济业务内容增减变动的量，并计算其变动的结果。因而账户比会计科目内容更为丰富。

（三）会计账户的分类

由于会计账户是根据会计科目设置的，因此会计科目的分类即会计账户的分类。按照反映的经济内容不同，我们可把会计账户分为资产类、负债类、共同类、所有者权益类、成本类和损益类。按照提供信息的详细程度不同，我们可把会计账户分为总分类账户和明细分类账户。

> **知识链接**
>
> 按用途和结构分类，账户可分为盘存账户、投资权益账户、结算账户、跨期摊配账户、调整账户、集合分配账户、成本计算账户、对比账户、收入计算账户、费用计算账户、财务成果计算和过渡账户十二类账户。

（四）会计账户能够提供的金额指标

账户中所记录的金额分别为期初余额、本期增加额、本期减少额和期末余额，因此在一个账户中能够提供如下几种金额指标：

（1）期初余额：将上一期的期末余额转入本期即本期期初余额。

（2）本期增加额：一定时期内账户所登记的增加额合计，也称本期增加发生额。

（3）本期减少额：一定时期内账户所登记的减少额合计，也称本期减少发生额。

（4）期末余额：本期期初余额加上本期增加发生额减去本期减少发生额后的数额，结转到下一期即下期期初余额。

上述四项金额的关系可以用下列公式表示：

$$期末余额 = 期初余额 + 本期增加发生额 - 本期减少发生额$$

图5-5中以"原材料"账户为例说明账户中能够提供的金额指标。

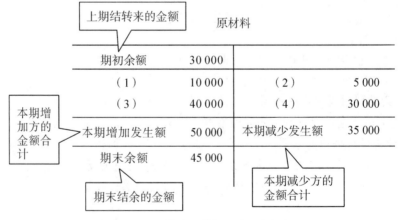

图5-5 账户中能够提供的金额指标

> **学习指导**
>
> 不是所有的账户都有期初余额和期末余额，如收入、费用类账户，只有本期发生额。

（一）单选题

1. 会计科目是（   ）的名称。

　　A. 会计要素　　　　B. 账户　　　　　C. 账簿　　　　　D. 报表的项目

2. 企业的会计科目必须反映（   ）的特点。

　　A. 会计本质　　　　B. 会计定义　　　　C. 会计对象　　　　D. 会计职能

3. 关于会计科目与账户的关系，下列说法中不正确的是（   ）。

　　A. 会计科目与账户的名称完全一致，因而两者没有区别

　　B. 账户是根据会计科目设置的，会计科目是账户的名称

　　C. 会计科目只表明某项经济业务的内容

　　D. 账户既表明某项经济业务的内容，又具有一定的结构格式

4. 会计账户借贷两方，哪一方登记增加数，哪一方登记减少数，取决于（   ）。

　　A. 账户的结构　　　　　　　　　B. 记账方法

　　C. 账户的性质　　　　　　　　　D. 账户的格式

5. 对每个账户而言，期末余额只能在（   ）。

　　A. 借方　　　　　　　　　　　　B. 贷方

　　C. 借方和贷方均可　　　　　　　D. 账户的一方

（二）多项选择题

1. 设置会计科目的原则有（   ）。

　　A. 必须结合会计对象的特点　　　B. 统一性与灵活性相结合

　　C. 应保持相对的稳定　　　　　　D. 经审计人员审计批准

　　E. 由国家统一设定

2. 账户与会计科目的不同点在于（   ）。

　　A. 两者分类的口径不同

　　B. 两者的作用不同

　　C. 账户是会计核算方法，会计科目则不是

　　D. 会计科目和账户反映的经济内容不同

　　E. 分类方法和结果不同

3. 下列项目属于会计科目的有（   ）。

　　A. 完工产品　　　　　　　　　　B. 库存商品

　　C. 生产成本　　　　　　　　　　D. 月末在产品成本

　　E. 未完工产品

4. （   ）是会计科目按反映的经济内容分类的项目。

　　A. 资产类　　　　　　　　　　　B. 成本类

　　C. 所有者权益类　　　　　　　　D. 负债类

　　E. 收入类

5. （   ）属于资产类科目。

　　A. 预付账款　　　B. 预收账款　　　C. 应收账款　　　D. 应付账款

　　E. 税金及附加

6. （　　）属于损益类科目。

    A. 交易性金融资产　　　　　　B. 以前年度损益调整

    C. 生产成本　　　　　　　　　D. 应付票据

    E. 资产减值损失

（三）判断题

1. 会计科目就是账户的名称，它是设置账户的依据，两者核算的内容相同，故实质上它们是一个概念。（　　）

2. 部分会计科目设置时反映的经济业务内容可以有交叉。（　　）

3. 会计科目是用以记录经济业务，反映资金运动的增减变动的，因而必须具有一定的结构与形式。（　　）

4. 各会计主体在设置本单位的会计科目时，必须按照国家统一规定的会计科目全部设置。（　　）

5. 账户的基本结构就是账户的全部结构中用来登记日期、凭证和摘要的那部分结构。（　　）

名人名言

    过程越是按社会的规模进行，越是失去纯粹个人的性质，作为对过程的控制和观念总结的簿记就越是必要；因此，簿记对资本主义生产，比对手工业和农民的分散生产更为必要，对公有生产，比资本主义生产更为必要。这就要求强化国有企业的财务审计和会计信息的披露。但是，簿记的费用随着生产的积聚而减少，簿记越是转化为社会的簿记，这种费用也就越少。

——卡尔·马克思

第二节　会计记账方法

一、会计记账方法概述

    会计科目与账户的设置为反映会计要素的增减变动提供了可能，但如何运用科学的方法对复杂的资金运动进行记录，则是记账方法要解决的问题。所谓记账方法，就是指在账户中登记各项经济业务的方法。记账方法从简单到复杂，从不完善到逐步完善，经历了一个由单式记账到复式记账的发展过程。按记账方式的不同，记账方法可分为单式记账法和复式记账法两种。

（一）单式记账法

    单式记账法是指对发生的经济业务，只在一个账户中进行记录的记账方法。这种记账方法的主要特征是：

    第一，除了有关人欠、欠人的现金、银行存款收付业务，应在两个或两个以上有关账户登记外，对于其他经济业务只在一个账户中登记或不登记。例如，用现金支付购买办公用品费用（应记"管理费用"），只记"库存现金"账户减少，不记"管理费用"账户增加；购入办公用品尚未付款时，只记"应付账款"账户的增加，不记"管理费用"账户的增加；而用现金支付应付账款时，则既要记"库存现金"减少，又要记"应付账款"减少。

第二，单式记账法下所有账户之间不存在数字上的平衡关系。单式记账法所记录的实际上是经济活动中的部分经济业务或经济业务中的部分数据，所以不能全面、系统地反映经济业务的来龙去脉，通过单式记账法获得的会计核算资料是不完整的，账户记录的正确性也难于检查。

单式记账法不需要设置完整的账户体系，是一种比较简单、不完整的记账方法，只能适应小规模生产的需要。随着商品经济的发展，生产社会化程度越来越高，经济活动越来越复杂，记账的对象不断扩大，单式记账法已不能满足企业加强经济核算、提高管理水平的要求，因此，单式记账法理所当然地为更为科学的复式记账法所替代。

（二）复式记账法

复式记账法是与发达的商品经济相联系的，是在单式记账法的基础上产生的。它是以"资产＝负债+所有者权益"的平衡关系为理论依据的一种记账方法。概括地说，复式记账法是指对发生的每一项经济业务，都要以相等的金额，在相互联系的两个或两个以上的账户中进行登记，借以反映会计对象具体内容增减变化的一种记账方法。例如，用现金购买办公用品，既要记"库存现金"账户减少，也要记"管理费用"账户增加；购入办公用品尚未付款时，既要记"应付账款"账户增加，也要记"管理费用"账户增加。

复式记账法被公认为是一种科学的记账方法，与单式记账法相比，它的优点主要有：

（1）全面登记：复式记账法需要设置完整的账户体系，能够全面反映每一项经济业务的内容。

（2）账户对应：复式记账法要求对发生的每一项经济业务在至少两个相互联系的账户中登记，以反映经济业务的来龙去脉，全面、系统地记录全部经济活动的过程及结果。

（3）试算平衡：复式记账法对于发生的每一项经济业务，都以相等的金额在有关账户中进行登记，各账户之间形成了严密的对应关系，故而能够对一定时期账户记录的金额进行试算平衡，便于检查账户记录的正确性和完整性。

在新中国成立以后采用的复式记账法，根据使用的记账符号、记账规则、试算平衡方法的不同，可分为借贷记账法、增减记账法和收付记账法等。三种复式记账法的记账符号如表5-3所示。目前国际上通用的记账方法是借贷记账法，我国企业会计准则中也明确规定，我国的企业和行政事业单位采用的记账方法也应该是借贷记账法。

表5-3　三种复式记账方法

记账方法	记账符号	符号含义
借贷记账法	借、贷	增加、减少
增减记账法	增、减	增加、减少
收付记账法	收、付	增加、减少

知识链接

　　复式簿记的演变，从它的萌芽到接近于完备形式，经历了约300年（13世纪初至15世纪末）。这一演变过程都发生在中世纪的意大利商业城市（如威尼斯、热那亚等城市）。后来，借贷记账法在西欧广泛传播，继而流传到世界各地，成为世界通用的记账方法。我国运用借贷记账法始于1908年创办大清银行之时。1930年，中华民国国民政府推行借贷记账法，从此借贷记账法逐渐成为我国工商界、银行界习惯运用的记账方法之一。新中国成立后，我国又出现了增减记账法、收付记账法同时使用的局面。1966年，商业部在工业、交通业等各行业中全面推广了增减记账法。20世纪90年代初期，为了与国际惯例接轨，借改革开放之机，我国于1992年11月30日颁布的《企业会计准则》中规定，自1993年7月1日起，我国所有企业均采用借贷记账法。此后，借贷记账法在我国的政府和非营利组织的会计核算中被广泛采用。

二、借贷记账法

　　借贷记账法是以"资产＝负债+所有者权益"为理论依据，以"借""贷"为记账符号，以"有借必有贷，借贷必相等"为记账规则，反映会计交易或事项引起各会计要素增减变动及结果情况的一种复式记账方法。

（一）借贷记账法的基本内容

1. 记账符号

　　借贷记账法是以"借""贷"作为记账符号，反映各会计要素增减变动情况的一种复式记账方法。借贷记账法在13世纪初起源于商品经济比较发达的意大利，"借""贷"两个字最初就是从借贷资本家的角度来解释的，即用来表示债权（应收款）和债务（应付款）的增减变动。借贷资本家对于收进的存款，记在贷主名下，表示债务；对于付出的放款，记在借主名下，表示债权。这时，"借""贷"两字表示债权债务的变化。后来，随着社会经济的发展，经济活动的内容日益复杂，记录的经济业务已不再局限于货币资金的借贷业务，逐步扩大到登记财产物资、经营损益的增减变化。这样，"借""贷"两字就逐渐失去了它最初的债权债务的含义，转变为一种纯粹的记账符号，用以表示在账户中的两个对立的记账部位和登记方向。"借""贷"两字作为记账符号，表示会计要素的增减，但是对于不同性质的账户其含义是不同的，这一问题在下文的账户结构中进行说明。

知识链接

　　有些教材中用Dr（debit record的英文缩写，意即借记）、Cr（credit record的英文缩写，意即贷记）表示"借、贷"符号。"Debit"源于拉丁语debitor，意思是债务人；"credit"源于拉丁语creditor，意思是债权人。在复式借贷记账法传入日本时，日本学者将"debit"和"credit"译作"借"和"贷"，因为在日语中"借"和"贷"是含义完全相反的两个词，与英语中的"debit"和"credit"相通。我国从日本引进这种记账法时，也就直接采用了这两个日本片假名作为中文复式记账法下的记账符号，并据此将该复式记账法命名为借贷记账法，而未考虑"借"和"贷"在中文中的含义。

2. 账户结构

账户结构是指增加额、减少额和余额在账户中的登记方法。借贷记账法下，"T"字形账户的左方称为借方，右方称为贷方。所有账户的借方和贷方都要按相反的方向记录，即一方登记增加数额，另一方登记减少数额。至于"借"表示增加，还是"贷"表示增加，则取决于账户的性质与所记录经济内容的性质。

通常而言，资产、成本和费用类账户的借方登记增加发生额，贷方登记减少发生额；负债、所有者权益和收入类账户的借方登记减少发生额，贷方登记增加发生额。备抵账户的结构与所调整账户的结构正好相反。各类性质的账户结构如表 5-4 所示。

表 5-4　各类性质的账户结构

账户性质	借方	贷方	期初/期末余额方向
资产类账户	增加	减少	一般在借方
负债类账户	减少	增加	一般在贷方
所有者权益类账户（包括利润类账户）	减少	增加	一般在贷方
成本类账户	增加	减少	如有余额，在借方
收入类账户	减少	增加	一般无余额
费用类账户	增加	减少	一般无余额

在借贷记账法下，账户余额的方向表明了账户的性质，即借方余额说明是资产类账户，贷方余额说明是负债或所有者权益类账户。此外，还有一种特殊性质的账户，这类账户兼具资产负债双重性质。这类账户的期末余额可能在借方也可能在贷方，可以根据其余额方向来判断账户的性质，即余额在借方的是资产，余额在贷方的是负债。各类账户的具体结构介绍如下。

（1）资产类账户的结构。

资产类账户的期初余额登记在借方，本期增加额登记在借方，本期减少额登记在贷方，期末余额一般在借方。其期末余额的计算公式为

借方期末余额＝期初借方余额＋本期借方发生额－本期贷方发生额

资产类账户的基本结构如图 5-6 所示。

借方		账户名称		贷方
期初余额	×××			
增加额	×××	减少额		×××
增加额	×××	减少额		×××
本期增加发生额	×××	本期减少发生额		×××
期末余额	×××			

图 5-6　资产类账户的结构

思考：购进 100 万元的固定资产，"固定资产"账户应如何核算？

（2）权益类账户的结构。

权益类账户包括负债及所有者权益类账户。在会计的基本平衡公式中，由于负债同所有者权益一起列在会计等式的右边，所以负债账户与所有者权益账户的基本结构

是相同的，利润类账户从性质上来看和所有者权益类账户是相同的，所以利润类账户归在所有者权益类账户项下。权益类账户的期初余额都登记在贷方，本期增加额也登记在贷方，本期减少额登记在借方，期末余额一般在贷方。其期末余额的计算公式为

贷方期末余额=贷方期初余额+贷方本期发生额-借方本期发生额

权益类账户的基本结构如图5-7所示。

借方		账户名称	贷方
		期初余额	×××
减少额	×××	增加额	×××
减少额	×××	增加额	×××
本期减少发生额	×××	本期增加发生额	×××
		期末余额	×××

图5-7　权益类账户的基本结构

思考：

从银行借入为期5年的长期借款200万元，"长期借款"账户应如何核算？

接受投资者投入的300万元货币资金，"实收资本"账户应如何核算？

（3）成本类账户的结构。

成本类账户是记录企业各项生产费用的发生及其转销情况的账户。由于发生的生产费用将形成产成品或在产品的成本，而产成品和在产品都属于企业的资产，因而成本类账户与资产类账户的结构基本相同，即借方登记增加数，贷方登记减少数，若有余额也在借方，反映尚未完工的在产品成本。其期末余额的计算公式为

借方期末余额=借方期初余额+借方本期发生额-贷方本期发生额

成本类账户的基本结构如图5-8所示。

借方		账户名称	贷方
期初余额	×××		
增加额	×××	减少额	×××
增加额	×××	减少额	×××
本期增加发生额	×××	本期减少发生额	×××
期末余额	×××		

图5-8　成本类账户的基本结构

思考：

将价值10万元的原材料投入生产环节，"生产成本"账户应如何核算？

（4）损益类账户的结构。

损益类账户是记录企业各项收入利得和各项费用损失的账户。损益类账户按反映的具体内容不同，又可分为收入利得类账户和费用损失类账户。

①收入利得类账户的结构。

收入利得类账户是用来核算企业各项收入利得取得情况的账户。收入利得的增加会导致利润增加，利润在未分配之前可以将其看作所有者权益的增加。因此，收入利

得类账户的结构与所有者权益类账户的结构基本相同，即贷方登记各项收入利得的增加数，借方登记收入利得的减少或转出数。由于贷方登记的收入利得增加合计数在期末时一般都要从借方转出，因此收入利得类账户通常没有期末余额，故而下一期也没有期初余额。收入利得类账户的基本结构如图5-9。

借方		账户名称	贷方
减少额或转销额	×××	增加额	×××
减少额或转销额	×××	增加额	×××
本期减少发生额	×××	本期增加发生额	×××

图5-9　收入利得类账户的基本结构

思考：

销售产品，取得20万元销售收入，"主营业务收入"账户应如何核算？

②费用损失类账户的结构。

费用损失类账户是用来核算企业各项费用损失发生情况的账户。费用损失增加会导致企业利润减少，这就决定了费用损失类账户的结构应与所有者权益类账户的结构相反。在费用损失类账户中，借方登记各项费用损失的增加额，贷方登记费用损失的减少额（或转销额）。期末时，本期费用损失的增加额减去本期费用损失的减少额后的差额，应转入利润账户，所以费用损失类账户期末一般没有余额，故而下一期也没有期初余额。费用损失类账户的基本结构如图5-10所示。

借方		账户名称	贷方
增加额	×××	减少额或转销额	×××
增加额	×××	减少额或转销额	×××
本期增加发生额	×××	本期减少发生额	×××

图5-10　费用损失类账户的基本结构

思考：

支付本月行政管理部门水电费5万元，"管理费用"账户应如何核算？

学习指导

资产、负债和所有者权益类账户在期末一般有余额，称之为"实"账户。"实"账户的期末余额代表资产、负债和所有者权益在该时点的数额，是静态指标。而收入、费用类账户期末一般无余额，称之为"虚"账户。"虚"账户的本期发生额反映企业本期损益情况，是时期数，是动态指标。

---

3. 记账规则

记账规则是指采用某种记账方法登记具体经济业务时应当遵循的规律。按照复式记账的原理，对发生的每一笔经济业务都以相等的金额、相反的方向，同时在两个或者两个以上相互联系的账户中进行登记，即在记入一个或几个账户借方的同时，记入另一个或者几个账户的贷方，并且记入借方与记入贷方的金额必然相等。因此，借贷记账法的记账规则可以归纳为"有借必有贷，借贷必相等"。

例如，A公司收到投资者投入货币资金100万元，存入银行，该公司用借贷记账法记账所体现的记账规则如图5-11所示。

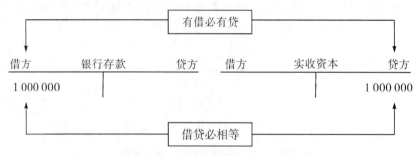

图5-11 借贷记账法记账规则例示图

企业的经济业务是多种多样的，本教材在第二章对会计等式的介绍中，把影响静态要素的经济业务归纳为9大类，即资产内部一增一减、负债内部一增一减、所有者权益内部一增一减、负债及所有者权益一增一减、负债及所有者权益一减一增、资产和负债同增、资产和负债同减、资产和所有者权益同增、资产和所有者权益同减；把影响动态要素的等式归为4大类，即资产与收入同增、资产与收入同减、资产与费用一减一增、负债与收入一减一增。无论哪种经济业务，都应体现借贷记账法的记账规则。我们以第二章【例2-2】到【例2-6】为例予以说明。

【例2-2】企业在20××年5月份发生了如下经济业务：

（1）企业购进原材料，货款30 000元以银行存款支付。

说明：该项业务使资产要素中的原材料增加了30 000元，同时使资产要素中的银行存款减少了30 000元。这笔经济业务对借贷记账法记账规则的体现如图5-12所示。

图5-12 借贷记账法记账规则例示图

（2）企业开出一张8 000元的商业汇票来支付购买材料尚未支付的款项。

说明：该项业务使负债要素中的应付账款减少8 000元，同时使负债要素中的应付票据增加8 000元。这笔经济业务对借贷记账法记账规则的体现如图5-13所示。

图5-13 借贷记账法记账规则例示图

（3）企业按规定用盈余公积500 000元转增资本。

说明：该项业务使所有者权益要素中的盈余公积减少500 000元，同时使所有者权益要素中的实收资本增加500 000元。这笔经济业务对借贷记账法记账规则的体现如图5-14所示。

借方	盈余公积	贷方	借方	实收资本	贷方
500 000					500 000

图 5-14 借贷记账法记账规则例示图

（4）企业与某投资者协商，同意代其偿还所欠远大公司 100 000 元货款，款项尚未支付。

说明：该项业务使所有者权益要素中的实收资本减少 100 000 元，同时使负债要素中的应付账款增加 100 000 元。这笔经济业务对借贷记账法记账规则的体现如图 5-15 所示。

借方	实收资本	贷方	借方	应付账款	贷方
100 000					100 000

图 5-15 借贷记账法记账规则例示图

（5）经会议决定将应付给宏亚公司的欠款 80 000 元作为宏亚公司的投入资本。

说明：该项业务使所有者权益要素中的实收资本增加 80 000 元，同时使负债要素中的应付账款减少 80 000 元。这笔经济业务对借贷记账法记账规则的体现如图 5-16 所示。

借方	实收资本	贷方	借方	应付账款	贷方
		80 000	80 000		

图 5-16 借贷记账法记账规则例示图

（6）向银行借入一笔三年期的长期借款 200 000 元，款项已存入本企业的开户银行。

说明：该项业务使资产要素中的银行存款增加 200 000 元，同时使负债要素中的长期借款增加 500 000 元。这笔经济业务对借贷记账法记账规则的体现如图 5-17 所示。

借方	银行存款	贷方	借方	长期借款	贷方
500 000					500 000

图 5-17 借贷记账法记账规则例示图

（7）收到某投资人投入的设备一台，评估价格 116 000 元。

说明：该项业务使资产要素中的固定资产增加 116 000 元，同时使所有者权益要素中的实收资本增加 116 000 元。这笔经济业务对借贷记账法记账规则的体现如图 5-18 所示。

借方	固定资产	贷方	借方	实收资本	贷方
116 000					116 000

图 5-18 借贷记账法记账规则例示图

（8）以银行存款 36 700 元归还银行的短期借款。

说明：该项业务使资产要素中的银行存款减少 36 700 元，同时使负债要素中的短期借款减少 36 700 元。这笔经济业务对借贷记账法记账规则的体现如图 5-19 所示。

借方	短期借款	贷方	借方	银行存款	贷方
36 700					36 700

图 5-19　借贷记账法记账规则例示图

（9）现将原国家投入的一台价值 32 000 元的新机器调出，调剂给其他单位使用。

说明：该项业务使资产要素中的固定资产减少 32 000 元，同时使所有者权益要素中的实收资本减少 32 000 元。这笔经济业务对借贷记账法记账规则的体现如图 5-20 所示。

借方	实收资本	贷方	借方	固定资产	贷方
32 000					32 000

图 5-20　借贷记账法记账规则例示图

【例 2-3】企业销售产品一批，收到货款 100 000 元已存入银行。

说明：该项业务使资产要素中的银行存款增加了 100 000 元，同时使收入要素中的主营业务收入增加了 100 000 元。这笔经济业务对借贷记账法记账规则的体现如图 5-21 所示。

借方	银行存款	贷方	借方	主营业务收入	贷方
100 000					100 000

图 5-21　借贷记账法记账规则例示图

【例 2-4】企业由于买方退货，退回其货款 5 000 元。

说明：该项业务使资产要素中的银行存款减少了 5 000 元，同时使收入要素中的主营业务收入减少了 5 000 元。这笔经济业务对借贷记账法记账规则的体现如图 5-22 所示。

借方	主营业务收入	贷方	借方	银行存款	贷方
5 000					5 000

图 5-22　借贷记账法记账规则例示图

【例 2-5】生产产品领用材料 4 000 元。

说明：该项业务使费用要素中的生产成本增加了 4 000 元，同时使资产要素中的原材料减少了 4 000 元。这笔经济业务对借贷记账法记账规则的体现如图 5-23 所示。

借方	生产成本	贷方		借方	原材料	贷方
4 000						4 000

图 5-23　借贷记账法记账规则例示图

【例2-6】上月预收 A 公司货款 60 000 元，本月已将产品发送给对方。

说明：该项业务使收入要素中的主营业务收入增加了 60 000 元，同时使负债要素中的预收账款减少了 60 000 元。这笔经济业务对借贷记账法记账规则的体现如图 5-24 所示。

借方	预收账款	贷方		借方	主营业务收入	贷方
60 000						60 000

图 5-24　借贷记账法记账规则例示图

综上所述，无论哪种情况，登记的结果仍然是有借有贷，借贷双方的金额也必然相等。因此借贷记账法下的记账规则总结为"有借必有贷，借贷必相等"（如图 5-25 所示）。

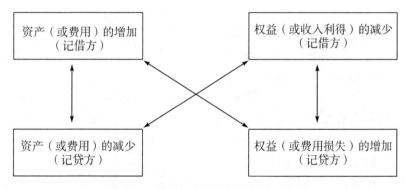

图 5-25　借贷记账法的记账规则示意图

4. 账户对应关系与会计分录的编制

（1）账户对应关系。

采用复式记账法，对每一笔经济业务都必须在相互联系的两个或两个以上的账户中记录，这两个或两个以上的账户之间就存在一种相互联系的依存关系。这种由一笔经济业务引起的几个账户之间的相互依存的关系，称为账户对应关系，存在着对应关系的账户称为对应账户。账户对应关系反映了经济业务发生引起的资金运动的来龙去脉。例如，"收到投资者投入的货币资金，存入银行"这一经济业务，使得"银行存款"账户和"实收资本"账户之间形成对应关系，"银行存款"是"实收资本"账户的对应账户，"实收资本"也是"银行存款"账户的对应账户。

（2）编制会计分录。

在会计实务中，经济业务发生后要根据审核无误的原始凭证编制记账凭证，而记账凭证中要填列的重要内容之一就是会计分录。即，在借贷记账法下，应根据经济业务发生所涉及的两个或两个以上的账户的对应关系，在记账凭证中列示会计分录。

会计分录简称"分录"，是对某项经济业务应当登记的账户名称、借贷方向和金额的一种记录。它是会计语言的一种表达方式。一笔会计分录主要包括三个要素：账户名称、记账符号和变动金额。

编制会计分录时，一般应按下列步骤进行：

第一，分析经济业务的发生影响哪些会计要素；

第二，分析经济业务的内容具体涉及哪些账户；

第三，确定经济业务的发生导致这些账户发生的变化是增加还是减少；

第四，根据账户的性质与借贷记账法的账户结构，确定记账的方向是借方还是贷方；

第五，根据会计要素增减变化的数量确定对应账户应登记的金额；

第六，写出完整的会计分录，并根据借贷记账法"有借必有贷，借贷必相等"的记账规则，检查借贷方是否平衡，有无差错。

如，企业收到股东投入资本500 000元，款项存入银行。此项业务在编写会计分录时遵循以下步骤进行。

第一，分析经济业务的发生所涉及要素：

                资产　　　　所有者权益

第二，确定登记账户：

                银行存款　　实收资本

第三，分析增减变化：

                增加　　　　增加

第四，确定记账方向：

                借方　　　　贷方

第五，确定登记金额：

                500 000　　500 000

第六，写出完整分录并检查正误：

借：银行存款　　　　　　　　　　　　　　　　　　500 000

  贷：实收资本　　　　　　　　　　　　　　　　　　500 000

在编制会计分录时，按照以下要求书写：

第一，先借后贷，借和贷要分行写，并且文字和金额的数字都应错开；

第二，在一借多贷或一贷多借的情况下，借方或贷方的文字和金额数字必须对齐，以便于后续进行借方发生额或贷方发生额的汇总；

第三，贷方记账符号、账户、金额要比借方退后一格，表明借方在左，贷方在右；

第四，分录中的金额后面不必写"元"。

现举例说明会计分录的编制。

【例5-1】企业收到前欠货款27 600元，存入银行。

这项经济业务的发生，一方面使资产要素中的银行存款增加27 600元，另一方面使资产要素中的应收账款减少27 600元。资产增加记借方，资产减少记贷方，因此，应该在银行存款账户的借方登记27 600元，在应收账款账户的贷方登记27 600元。

借：银行存款　　　　　　　　　　　　　　　　　　27 600

  贷：应收账款　　　　　　　　　　　　　　　　　　27 600

【例5-2】企业收到投资人投入专利权一项，评估价值120 000元。

这项经济业务的发生，一方面使资产要素中的无形资产增加120 000元，另一方面使所有者权益要素中的实收资本增加120 000元。资产增加记借方，所有者权益减少记贷方，因此，应该在无形资产账户的借方登记120 000元，在实收资本账户的贷方登记120 000元。

借：无形资产　　　　　　　　　　　　　　　　　　　　120 000
　　贷：实收资本　　　　　　　　　　　　　　　　　　　　　120 000

【例5-3】企业向银行借入短期借款15 000元，直接偿还前欠账款。

这项经济业务的发生，一方面使负债要素中的短期借款增加15 000元，另一方面使负债要素中的应付账款减少15 000元。负债增加记贷方，负债减少记借方，因此，应该在应付账款账户的借方登记15 000元，在短期借款账户的贷方登记15 000元。

借：应付账款　　　　　　　　　　　　　　　　　　　　15 000
　　贷：短期借款　　　　　　　　　　　　　　　　　　　　　15 000

【例5-4】企业用银行存款50 000元购入新设备一台。

这项经济业务的发生，一方面使资产要素中的固定资产增加50 000元，另一方面使资产要素中的银行存款减少50 000元。资产增加记借方，资产减少记贷方，因此，应该在固定资产账户的借方登记50 000元，在银行存款账户的贷方登记50 000元。

借：固定资产　　　　　　　　　　　　　　　　　　　　50 000
　　贷：银行存款　　　　　　　　　　　　　　　　　　　　　50 000

通过以上举例可见，每一笔经济业务发生后，都要在两个账户中进行登记，而且都要登记在一个账户的借方和另一个账户的贷方，借贷双方登记的金额相等。有些经济业务比较复杂，需要在两个以上的账户中进行登记，即需要在一个账户的借方和几个账户的贷方进行登记，或者在几个账户的借方和一个账户的贷方进行登记。

【例5-5】企业购买一批原材料，材料已验收入库，货款30 000元，其中25 000元已经用银行存款支付，剩余5 000元暂欠。暂不考虑增值税。

这项经济业务的发生，一方面使资产要素中的原材料增加30 000元，另一方面使资产要素中的银行存款减少25 000元，同时还使得负债要素中的应付账款增加5 000元。资产增加记借方，资产减少记贷方，负债增加记贷方。因此，应该在原材料账户的借方登记30 000元，在银行存款账户的贷方登记25 000元，在应付账款账户的贷方登记5 000元。可见，借方发生额合计数是30 000元，贷方发生额的合计数同样也是30 000元，符合规则。

借：原材料　　　　　　　　　　　　　　　　　　　　　30 000
　　贷：银行存款　　　　　　　　　　　　　　　　　　　　　25 000
　　　　应付账款　　　　　　　　　　　　　　　　　　　　　 5 000

【例5-6】生产车间领用3 500元原材料用于产品生产，厂部领用300元的材料用于一般耗用。

这项经济业务的发生，一方面使成本项目中的生产成本增加3 500元，同时还使费用项目中的管理费用增加300元，另一方面使资产要素中的原材料减少3 800元。成本类账户增加记借方；损益类账户中的费用类账户增加也记借方，资产减少记贷方。因此，应该在生产成本账户的借方登记 3 500 元，在管理费用账户的借方登记 300 元，在原材料账户的贷方登记 3 800 元。可见，借方发生额合计数是 3 800 元，贷方发生额的合计数同样也是 3 800 元，符合规则。

借：生产成本   3 500

    管理费用   300

    贷：原材料   3 800

（3）会计分录的种类。

会计分录有简单会计分录和复合会计分录之分。简单会计分录只涉及两个账户，是以一个账户的借方与另一个账户的贷方相对应组成的，也就是说简单会计分录是一借一贷的会计分录。复合会计分录则要涉及两个以上的账户，就是一个账户的借方与另外几个账户的贷方，或者以几个账户的借方与另外一个账户的贷方相对应组成的会计分录，也就是说复合会计分录是一借多贷或者多借一贷的会计分录。以上【例 5-1】到【例 5-4】就是简单会计分录，【例 5-5】和【例 5-6】就是复合会计分录。

编制复合会计分录，既可以集中全面反映某项经济业务的情况，又可以简化记账，节省记账时间。故而一般情况下都会编制复合会计分录，但确有必要时复合会计分录也可以分解成几个简单会计分录，几个简单会计分录也可以合并编制为一笔复合会计分录，但一般情况下不能将不同经济业务合并在一起编制复合会计分录。下面以【例 5-7】来说明复合会计分录的分解。

【例 5-7】公司购入材料一批，已验收入库，货款 30 000 元，其中 20 000 元已预付，剩余 10 000 元暂欠。暂不考虑增值税。

复合会计分录编写如下：

借：原材料   30 000（购入材料总额）

    贷：预付账款   20 000（已预付货款）

        应付账款   10 000（尚未支付款）

复合会计分录分解成两个简单会计分录如下：

借：原材料   20 000

    贷：预付账款   20 000

借：原材料   10 000

    贷：应付账款   10 000

学习指导

"多借多贷"的会计分录，账户之间的对应关系不清晰，并且不利于分类汇总，故一般应尽量避免编制"多借多贷"的会计分录。

5. 试算平衡

（1）试算平衡的含义。

试算平衡，就是根据"资产=负债+所有者权益"的平衡关系和"有借必有贷，借贷必相等"的记账规则来检查和验证账户记录是否正确的一种方法。如果记账过程中出现错误，必定会使借贷金额出现不平衡，因此为了保证一定时期内发生的经济业务在账户中正确登记，需要在一定时期终了，对账户记录进行试算平衡以便据此查找错账并予以更正。

（2）试算平衡的种类。

借贷记账法的试算平衡有发生额试算平衡法和余额试算平衡法两种。

①发生额试算平衡法。

发生额试算平衡法的理论依据是"有借必有贷，借贷必相等"的记账规则。根据这一规则记账，每一项经济业务所编制的会计分录，借贷两方的发生额必然相等；在一定时期内，全部账户的借（贷）方本期发生额合计是每一项经济业务会计分录借（贷）方发生额的累积，因此一定时期内的全部经济业务都登记入账后，所有账户的本期借方发生额合计数与本期贷方发生额合计数必然相等。平衡公式为

全部账户本期借方发生额合计数＝全部账户本期贷方发生额合计数

【例5-8】迅达公司2022年1月发生如表5-5第二列所示的经济业务，写出会计分录并据此理解发生额试算平衡法。

会计分录见表5-5。

表5-5　企业会计分录簿

序号	业务内容	会计分录	借方金额	贷方金额	
①	开出商业汇票抵付应付账款	借：应付账款 贷：应付票据	6 800	6 800	每笔会计分录都体现了借贷记账法的记账规则"有借必有贷，借贷必相等"
②	用银行存款支付广告费	借：销售费用 贷：银行存款	12 000	12 000	
③	用银行存款支付厂部水电费	借：管理费用 贷：银行存款	3 000	3 000	
④	用盈余公积转增资本	借：盈余公积 贷：实收资本	100 000	100 000	
⑤	收到投资者投资存入银行	借：银行存款 贷：实收资本	800 000	800 000	
⑥	购买材料部分付款部分暂欠	借：原材料 贷：银行存款 　　应付账款	5 000	4 000 1 000	
⑦	用银行存款偿还借款和货款	借：短期借款 　　应付账款 贷：银行存款	50 000 20 000	70 000	
合　计			996 800	996 800	

从【例5-8】中可以看出，全部账户借方发生额合计数和贷方发生额合计数是对一定时期内若干项经济业务发生额的汇总，因而必然相等。

②余额试算平衡法。

余额试算平衡法的理论依据是"资产＝负债+所有者权益"。在借贷记账法下，凡是借方余额的账户都是资产类账户，凡是贷方余额的账户都是负债和所有者权益类账户，根据会计平衡公式，全部账户借方余额合计数和全部账户贷方余额合计数也必然相等。根据余额时间不同，又分为期初余额平衡与期末余额平衡两类。平衡公式为

全部账户借方期末（期初）余额合计数＝全部账户贷方期末（期初）余额合计数

第五章　会计建账和记账方法

（3）试算平衡表的编制。

试算平衡是通过编制试算平衡表进行的。试算平衡表通常是在期末结出各账户的本期发生额合计和期末余额后编制的。会计人员可以分别编制总分类账户本期发生额试算平衡表和总分类账户期末余额试算平衡表。具体格式见表5-6和表5-7。

表5-6　总分类账户本期发生额试算平衡表

20××年1月31日　　　　　　　　　　　　　　单位：元

账户名称	本期发生额	
	借方	贷方
合计		

平衡相等

表5-7　总分类账户期末余额试算平衡表

20××年1月31日　　　　　　　　　　　　　　单位：元

账户名称	期末余额	
	借方	贷方
合计		

平衡相等

我们也可将以上两张表格合并在一起，编制总分类账户本期发生额及余额试算平衡表（如表5-8所示）。该表中一般应设置"期初余额""本期发生额"和"期末余额"三大栏目，其下分设"借方"和"贷方"两个小栏。各大栏中的借方合计与贷方合计应该平衡相等，否则，便存在记账错误。

表5-8　总分类账户本期发生额及余额试算平衡表

20××年1月31日　　　　　　　　　　　　　　单位：元

账户名称	期初余额		本期发生额		期末余额	
	借方	贷方	借方	贷方	借方	贷方
合计						

　　平衡相等　　　　　　平衡相等　　　　　　平衡相等

【例5-9】假设迅达公司2022年1月有关账户余额如表5-9所示。

表5-9 总分类账户期初余额

2022年1月31日 单位：元

账户名称	期初余额	
	借方	贷方
库存现金	5 000	
银行存款	100 000	
应收账款	50 000	
原材料	80 000	
固定资产	430 000	
短期借款		50 000
应付账款		30 000
应付票据		5 000
实收资本		200 000
资本公积		100 000
盈余公积		200 000
利润分配		80 000
合计	665 000	665 000

①根据本月发生的经济业务过账，其"T"字形账户如图5-26至图5-39所示。

借方	库存现金		贷方
期初余额	5 000		
本期借方发生额	0	本期贷方发生额	0
期末余额	5 000		

图5-26 "库存现金"账户

借方	银行存款		贷方
期初余额	100 000		
⑤	800 000	②	12 000
		③	3 000
		⑥	4 000
		⑦	70 000
本期借方发生额	800 000	本期贷方发生额	89 000
期末余额	811 000		

图5-27 "银行存款"账户

借方	应收账款		贷方
期初余额	50 000		
本期借方发生额	0	本期贷方发生额	0
期末余额	50 000		

图5-28 "应收账款"账户

借方		原材料	贷方	
期初余额	80 000			
⑥	5 000			
本期借方发生额	5 000	本期贷方发生额	0	
期末余额	85 000			

图 5-29 "原材料"账户

借方		固定资产	贷方	
期初余额	430 000			
本期借方发生额	0	本期贷方发生额	0	
期末余额	430 000			

图 5-30 "固定资产"账户

借方		管理费用	贷方	
期初余额	0			
③	3 000			
本期借方发生额	3 000	本期贷方发生额	0	
期末余额	3 000			

图 5-31 "管理费用"账户

借方		销售费用	贷方	
期初余额	0			
②	12 000			
本期借方发生额	12 000	本期贷方发生额	0	
期末余额	12 000			

图 5-32 "销售费用"账户

借方		短期借款	贷方	
		期初余额	50 000	
⑦	50 000			
本期借方发生额	50 000	本期贷方发生额	50 000	
		期末余额	0	

图 5-33 "短期借款"账户

借方		应付账款	贷方	
		期初余额	30 000	
①	6 800	⑥	1 000	
⑦	20 000			
本期借方发生额	26 800	本期贷方发生额	1 000	
		期末余额	4 200	

图 5-34 "应付账款"账户

借方		应付票据	贷方
		期初余额	5 000
		⑥	6 800
本期借方发生额	0	本期贷方发生额	6 800
		期末余额	11 800

图 5-35 "应付票据"账户

借方		实收资本	贷方
		期初余额	200 000
		④	100 000
		⑤	800 000
本期借方发生额	0	本期贷方发生额	900 000
		期末余额	1 100 000

图 5-36 "实收资本"账户

借方		资本公积	贷方
		期初余额	100 000
本期借方发生额	0	本期贷方发生额	0
		期末余额	100 000

图 5-37 "资本公积"账户

借方		盈余公积	贷方
		期初余额	200 000
④	100 000		
本期借方发生额	100 000	本期贷方发生额	0
		期末余额	100 000

图 5-38 "盈余公积"账户

借方		利润分配	贷方
		期初余额	80 000
本期借方发生额	0	本期贷方发生额	0
		期末余额	80 000

图 5-39 "利润分配"账户

②编制本月总分类账户发生额及余额试算平衡表（如表5-10所示）。

表 5-10　总分类账户本期发生额及余额试算平衡表

2022 年 1 月 31 日　　　　　　　　　　　　　单位：元

账户名称	期初余额		本期发生额		期末余额	
	借方	贷方	借方	贷方	借方	贷方
库存现金	5 000		0	0	5 000	
银行存款	100 000		800 000	89 000	811 000	
应收账款	50 000		0	0	50 000	
原材料	80 000		5 000	0	85 000	
固定资产	430 000		0	0	430 000	
管理费用	0		3 000	0	3 000	
销售费用	0		12 000	0	12 000	
短期借款		50 000	50 000	0		0
应付账款		30 000	26 800	1 000		4 200
应付票据		5 000	0	6 800		11 800
实收资本		200 000	0	900 000		1 100 000
资本公积		100 000	0	0		100 000
盈余公积		200 000	100 000	0		100 000
利润分配		80 000	0	0		80 000
合计	665 000	665 000	996 800	996 800	1 396 000	1 396 000

　　　　　平衡相等　　　　　　　　平衡相等　　　　　　　　平衡相等

（4）试算平衡的局限性。

试算平衡可以通过借贷金额是否平衡来检查账户的记录是否正确。如果借贷不平衡，就可以断定账户记录或者计算存在错误，应查找错误原因并予以更正。需要注意的是，如果借贷是平衡的，也只能说明账户记录或计算基本正确，却不能肯定记账没有错误。因为，若存在以下错误，是不会影响借贷的平衡关系的：

① 一笔经济业务全部遗漏记账；

② 一笔经济业务全部重复记账；

③ 一笔经济业务的借贷方向颠倒；

④ 账户名称记错；

⑤ 借贷双方发生同金额的错误；

⑥ 借贷某一方发生相互抵消的错误。

这些不影响平衡关系的记账错误无法通过试算平衡发现，错误的隐蔽性很强，查找费时费力。因此，需要对一切会计记录进行日常或定期的复核，以保证账户记录的正确性。

三、总分类账与明细分类账

（一）总分类账与明细分类账的关系

账户根据科目设置。根据总分类科目设置的账户就是总分类账户，根据明细分类科目设置的账户就是明细分类账户。总分类账户是总括地反映各个会计要素具体项目增减变化及其结果的账户，它根据一级会计科目设置，只用货币作为计量单位。明细分类账户是根据明细会计科目设置，详细地反映会计要素具体项目的细项的增减变化及其结果的账户，它除了以货币作为计量单位外，有时也要用实物作为计量单位。例如，"原材料"账户是一个总分类账户，它只能总括地反映企业各种原材料总的增减变化及其结余情况，但不能详细反映企业具体使用的每一种原材料的增减变动及其结余情况，必须在"原材料"总分类账户下，按材料的类别或是名称分别设置明细分类账户。

除了总分类账户和明细分类账户以外，各会计主体还可以根据实际需要设置二级账户。二级账户是介于总分类账户和明细分类账户之间的一种账户。它提供的资料比总分类账户详细、具体，但比明细分类账户概括、综合。例如，在"原材料"总分类账户下，可以先按"原料及主要材料""辅助材料""燃料"等材料类别设置若干二级账户，其下再按材料的品种等设置明细分类账户。

总分类账户也称一级账户，可控制二级账户，再由二级账户来控制三级账户，这种逐级控制便于资料的相互核对。总分类账户与明细分类账户的核算内容是相同的，不同的只是所提供核算资料的详细程度。总分类账户是所属明细分类账户的统驭账户，对所属明细分类账户起着控制作用；而明细分类账户则是其总分类账户的从属账户，对其所隶属的总分类账户起着辅助作用；明细分类账户提供的详细核算资料，对总分类账户起到补充说明的作用。总分类账户及其所属明细分类账户的核算对象是相同的，它们所提供的核算资料互相补充，只有把二者结合起来，才能既总括又详细地反映同一核算内容。因此，总分类账户和明细分类账户必须平行登记。

（二）总分类账与明细分类账的平行登记

所谓平行登记，就是对发生的每一项经济业务，既在有关的总账账户进行登记，又要在其所属的明细分类账户中登记的做法。登记总分类账户和明细分类账户的原始依据必须相同，记账方向必须一致，金额必须相等。

1. 总分类账与明细分类账平行登记的要点

（1）记账内容相同：凡在总分类账户下设有明细分类账户的，对于每一项经济业务，一方面要记入有关总分类账户，另一方面要记入各总分类账户所属的明细分类账户。

（2）记账方向相同：在某一总分类账户及其所属的明细分类账户中登记经济业务时，方向必须相同，即在总分类账户中记入借方，在它所属的明细分类账户中也应记入借方；在总分类账户中记入贷方，在其所属的明细分类账户中也应记入贷方。

（3）记账金额相等：记入某一总分类账户中的金额必须与记入其所属的明细分类账户的金额合计数相等。

2. 总分类账与明细分类账平行登记的方法

下面以"原材料"账户为例，说明总分类账和明细分类账平行登记的方法。

【例5-10】天昊公司2021年3月"原材料"账户的期初余额为借方45 000元，其中甲材料期初结余50吨，单价300元，共计15 000元，乙材料期初结余300件，单价100元，共计30 000元。该企业3月份发生有关材料的收发业务如下：

（1）3月3日，车间领用甲材料20吨，每吨300元，计6 000元；领用乙材料150件，每件100元，计15 000元。共计21 000元用于产品生产。

（2）3月15日，用银行存款向远大公司购入材料一批，货款总计34 000元（不考虑增值税），其中甲材料30吨，单价300元，计9 000元，乙材料250件，单价100元，计25 000元。

（3）3月18日，车间领用甲材料5吨，每吨300元，计1 500元用于车间耗用。

（4）3月20日，厂部领用乙材料30件，每件100元，计3 000元用于一般耗用。

根据以上业务，编制会计分录如下：

（1）借：生产成本　　　　　　　　　　　　　　21 000
　　　　贷：原材料——甲材料　　　　　　　　　　　　6 000
　　　　　　——乙材料　　　　　　　　　　　　15 000
（2）借：原材料——甲材料　　　　　　　　　　9 000
　　　　　　——乙材料　　　　　　　　　　　　25 000
　　　　贷：银行存款　　　　　　　　　　　　　　　34 000
（3）借：制造费用　　　　　　　　　　　　　　1 500
　　　　贷：原材料——甲材料　　　　　　　　　　　1 500
（4）借：管理费用　　　　　　　　　　　　　　3 000
　　　　贷：原材料——乙材料　　　　　　　　　　　3 000

我们在编写会计分录时，既要写出总分类科目，又要写出明细分类科目，以便于分别进行总账和明细分类账的登记，以详细反映经济业务内容。

采用平行登记的方法将上述期初余额及本月发生额登入"原材料"总分类账户及其所属的明细分类账户，并结出本期发生额合计数及期末余额。有些明细分类账（如"原材料"明细分类账）既要登记金额，又要登记数量（称为数量金额式账页）。登记结果如表5-11至表5-13所示。

表5-11　原材料总分类账户

账户名称：原材料　　　　　　　　　　　　　　　　　　　　　　　　　　单位：元

2021年		凭证号数	摘要	借方	贷方	借或贷	余额
月	日						
3	1		期初余额			借	45 000
3	3		生产领用		21 000	借	24 000
3	15		购入材料	34 000		借	58 000
3	18		车间一般性耗用		1 500	借	56 500
3	20		厂部一般性耗用		3 000	借	53 500
3	30		本期发生额及余额	34 000	25 500	借	53 500

表 5-12　原材料明细分类账

账户名称：甲材料　　　　　　　　　　　　　　　　　　　　　　　　金额单位：元

| 2021年 | | 凭证号数 | 摘要 | 借方 | | | 贷方 | | | 借或贷 | 余额 | | |
月	日			数量/吨	单价	金额	数量/吨	单价	金额		数量/吨	单价	金额
3	1		期初余额							借	50	300	15 000
3	3		生产领用				20	300	6 000	借	30	300	9 000
3	15		购入材料	30	300	9 000				借	60	300	18 000
3	18		车间一般性耗用				5	300	1 500	借	55	300	16 500
3	30		本期发生额及余额	30	300	9 000	25	300	7 500	借	55	300	16 500

表 5-13　原材料明细分类账

账户名称：乙材料　　　　　　　　　　　　　　　　　　　　　　　　金额单位：元

| 2021年 | | 凭证号数 | 摘要 | 借方 | | | 贷方 | | | 借或贷 | 余额 | | |
月	日			数量/吨	单价	金额	数量/吨	单价	金额		数量/吨	单价	金额
3	1		期初余额							借	300	100	30 000
3	3		生产领用				150	100	15 000	借	150	100	15 000
3	15		购入材料	250	100	25 000				借	400	100	40 000
3	20		厂部一般性耗用				30	100	3 000	借	370	100	37 000
3	30		本期发生额及余额	250	100	25 000	180	100	18 000	借	370	100	37 000

（三）总分类账与明细分类账的试算平衡

根据平行登记原理，登记总分类账户和所属明细分类账户后，总分类账户和所属明细分类账户必然存在如下数量关系：

总分类账户期初余额＝所属明细分类账户期初余额合计

总分类账户本期借方发生额＝所属明细分类账户本期借方发生额合计

总分类账户本期贷方发生额＝所属明细分类账户本期贷方发生额合计

总分类账户期末余额＝所属明细分类账户期末余额合计

利用总分类账户和明细分类账户之间的这种数量关系，我们就可以根据明细账户的记录编制明细分类账户本期发生额及余额表，从而检查总分类账户和所属明细分类账户登记是否完整和准确。

现以前述天昊公司 2021 年 3 月原材料明细分类账户的登记为例，编制"原材料"明细分类账户本期发生额及余额表，其格式如表 5-14 所示。

表 5-14 "原材料"明细分类账户本期发生额及余额表

金额单位：元

明细分类账户名称	计量单位	单价	期初余额		本期发生额				期末余额	
					收入		发出			
			数量	金额	数量	金额	数量	金额	数量	金额
甲材料	吨	300	50	15 000	30	9 000	25	7 500	55	16 500
乙材料	件	100	300	30 000	250	25 000	180	18 000	370	37 000
合计				45 000		34 000		25 500		53 500

明细分类账户本期发生额及余额表中各栏的合计数，都必须与总分类账户中的期初余额、本期借方发生额、本期贷方发生额及期末余额金额相等，核对结果各栏金额相符，就表明总分类账户及其所属的明细分类账户登记基本正确，如果某栏金额核对不相等，则说明总分类账户和所属的明细分类账户一方或者双方登记或计算有误，应及时寻找错账，加以更正。

随堂演练

（一）单选题

1. 下列方法不属于复式记账法的是（　　）

    A. 平行登记法　　B. 增减记账法　　C. 借贷记账法　　D. 收付记账法

2. 复式记账是对每项经济业务按相同金额在两个或两个以上的账户中同时登记，所涉及的账户是（　　）。

    A. 负债账户　　　　　　　　　　B. 资产账户

    C. 相互联系的对应账户　　　　　D. 总账与明细账账户

3. 以下属于简单会计分录的是（　　）。

    A. 一借多贷　　B. 一贷多借　　C. 一借一贷　　D. 多借多贷

4. 借贷记账法中的借、贷所表示的含义是（　　）。

    A. 借表示借入，贷表示贷出　　　B. 记账符号

    C. 借表示增加，贷表示减少　　　D. 借表示债权，贷表示债务

5. 下列记账错误可以通过试算平衡发现的有（　　）。

    A. 漏记经济业务　　　　　　　　B. 借贷金额不等

    C. 重记经济业务　　　　　　　　D. 借贷方向颠倒

6. 若会计分录为借记银行存款，贷记短期借款，则其反映的经济业务的内容是（　　）。

    A. 以银行存款偿还短期借款　　　B. 收到某企业前欠货款

    C. 取得短期借款存入银行　　　　D. 收到银行投入的货币资金

7. "销售产品，货款未收"这项经济业务所涉及的一个账户是"应收账款"，其对应账户为（　　）。

    A. 产成品　　　　　　　　　　　B. 主营业务收入

    C. 产品销售成本　　　　　　　　D. 其他业务收入

8. 总分类账户对明细分类账户起着（　　　）作用。

    A. 统驭和控制　　　B. 补充和说明　　　C. 指导　　　　　　D. 辅助

9. 借贷记账法下的发生额平衡法的理论依据是（　　　）。

    A. 有借必有贷，借贷必相等　　　　B. "资产=权益"的会计等式

    C. 平行登记要点　　　　　　　　　　D. 账户的结构

（二）多项选择题

1. 复式记账法具有以下特点（　　　）。

    A. 需要建立完整的账户体系

    B. 对每一笔经济业务都要进行反映

    C. 可以进行全面的综合试算

    D. 只反映经济业务的一个方面

    E. 不需建立完整的账户体系

2. 借贷记账法的基本内容包括（　　　）。

    A. 记账符号　　　B. 账户设置　　　C. 记账规则　　　D. 试算平衡

    E. 记账依据

3. 总分类账户与所属的明细分类账户（　　　）。

    A. 是性质相同的账户　　　　　　　　B. 是结构不同的账户

    C. 所反映的对象相同　　　　　　　　D. 采用平行登记方法

    E. 登记的原始依据相同

4. 平行登记的要点包括（　　　）。

    A. 同时期登记　　　　　　　　　　　B. 同方向登记

    C. 同金额登记　　　　　　　　　　　D. 同方法登记

    E. 同一记账凭证登记

5. 每笔会计分录都包括（　　　）。

    A. 会计科目　　　B. 记账方向　　　C. 记账金额　　　D. 核算方法

    E. 原始凭证

6. 经济业务的发生会引起资产和收入增减变动的情况有（　　　）。

    A. 资产增加，收入减少　　　　　　　B. 资产减少，收入增加

    C. 资产和收入同时增加　　　　　　　D. 资产和收入同时减少

    E. 收入增加，资产不变

7. 借贷记账法的试算平衡法包括（　　　）。

    A. 借贷平衡法　　　　　　　　　　　B. 发生额平衡法

    C. 余额平衡法　　　　　　　　　　　D. 差额平衡法

    E. 借方发生额平衡法

8. 下列错误中不能通过试算平衡发现的有（　　　）。

    A. 某项经济业务重复入账

    B. 应借应贷的账户中借贷方向颠倒

    C. 借贷双方同时多记了相等的金额

    D. 借贷金额不等

    E. 某经济业务未入账

9. 编制会计分录时，一般应考虑（　　）。

    A. 经济业务发生涉及的会计要素是增加还是减少

    B. 在账簿中登记借方还是贷方

    C. 账户的余额是在借方还是贷方

    D. 各账户的发生金额是多少

（三）判断题

1. 采用单式记账法，所有经济业务的会计记录同样可以试算平衡。（　　）

2. 用借贷记账法记录任何一笔经济业务都必须在两个或两个的账户中一个记增加另一个记减少。（　　）

3. 在借贷记账法下，只要试算平衡了，说明账户记录就不会有差错。（　　）

4. 账户的对应关系是指某个账户的借方与贷方的关系。（　　）

5. 会计人员通过账户的对应关系，可以检查对经济业务的处理是否合理合法。（　　）

6. 如果一笔经济业务在记账时借贷方向记反了，则可以通过试算平衡查找出来。（　　）

7. 借贷记账法下账户的基本结构是：左方为借方，登记资产的增加和权益的减少；右方为贷方，登记资产的减少和权益的增加。（　　）

本章小结

    会计科目是对会计对象的具体内容即会计要素结合经济管理要求进行科学分类所形成的项目。设置会计科目是正确运用复式记账、填制会计凭证、登记账簿和编制财务会计报告等会计核算方法的基础。

    会计科目按反映的经济内容分类，可分为资产类、负债类、所有者权益类、成本类、损益类和共同类六大类。会计科目按所提供指标的详细程度可以分为总分类科目和明细分类科目两大类。

    账户是根据会计科目设置的，具有一定格式和结构，用于分类反映会计要素增减变动情况及其结果的载体，是系统、连续记录经济业务的一种工具。账户中所记录的金额，分别为：期初余额、本期增加发生额、本期减少发生额和期末余额。四项金额的关系可以用下列公式表示：期末余额＝期初余额+本期增加发生额-本期减少发生额。

    记账方法是指在账户中登记各项经济业务的方法。按记账方式的不同，记账方法可分为单式记账法和复式记账法两种。单式记账法是指对发生的经济业务，只在一个账户中进行记录的记账方法。复式记账法是指对发生的每一项经济业务，都要以相等的金额，在相互联系的两个或两个以上的账户中进行登记，借以反映会计对象具体内容增减变化的一种记账方法。借贷记账法也是一种复式记账方法。

    我国企业会计准则中明确规定，我国的企业和行政事业单位采用的记账方法应该是借贷记账法。借贷记账法是以"资产＝负债+所有者权益"为理论依据，以"借""贷"为记账符号，以"有借必有贷，借贷必相等"为记账规则的一种复式记账法。

会计分录简称"分录"，就是指明各项经济业务所应记入的账户名称、记账方向及入账金额的书面记录。会计分录有简单会计分录和复合会计分录之分。简单会计分录只涉及两个账户，是以一个账户的借方与另一个账户的贷方相对应组成的，也就是说简单会计分录是一借一贷的会计分录。复合会计分录则要涉及两个以上的账户，就是一个账户的借方与另外几个账户的贷方，或者以几个账户的借方与另外一个账户的贷方对应组成的会计分录，也就是说复合会计分录是一借多贷或者多借一贷的会计分录。

试算平衡是根据"资产＝负债＋所有者权益"的平衡关系和"有借必有贷，借贷必相等"的记账规则来检查和验证账户记录是否正确的一种方法。如果记账过程中出现错误，必定会使借贷金额出现不平衡。借贷记账法的试算平衡有发生额试算平衡法和余额试算平衡法两种。

总分类账户是所属明细分类账户的统驭账户，对所属明细分类账户起着控制作用；而明细分类账户则是其总分类账户的从属账户，对其所隶属的总分类账户起着辅助作用。明细分类账户提供的详细核算资料，对总分类账户起到补充说明的作用。平行登记，就是对发生的每一项经济业务，既在有关的总账账户进行登记，又要在其所属的明细分类账户中登记的做法。登记总分类账户和明细分类账户的原始依据必须相同，记账方向必须一致，金额必须相等。

重要名词

会计科目（accounting item）　　　会计账户（account）

总分类账户（general ledger account）　明细分类账户（subsidiary ledger account）

复式记账法（accounting voucher）　借贷记账法（debit-credit bookkeeping）

会计分录（accounting entries）　　过账（posting）

账户对应关系（correspondence of account）对应账户（corresponding accounts）

试算平衡（trial balance）　　　　平行登记（parallel recording）

思考题

1. 什么是会计科目？科目和账户之间是什么关系？

2. 按反映的经济内容划分，会计科目分为哪几种类型？按提供信息的详细程度，会计科目又分为哪几种类型？

3. 什么是账户？什么是账户的基本结构？一个账户能提供哪些金额指标？

4. 什么是复式记账？和单式记账法相比有什么优点？

5. 如何理解借贷记账法？借贷记账法下各类账户的结构是怎样的？

6. 什么是账户对应关系？什么是对应账户？

7. 为什么要编制会计分录？如何编制会计分录？

8. 借贷记账法下的试算平衡包括哪几种情况？其平衡原理是什么？如何进行试算平衡？

9. 总分类账户和明细分类账户之间是什么关系？如何进行平行登记？

思政课堂

A 企业和 B 企业之间签订了一份购销合同。合同约定，A 企业向 B 企业销售 2 万元的商品，B 企业应于签订合同日预付 5 000 元的定金，其余货款等到 B 公司收到货物后一次结清。B 企业遵照合同约定在签订合同当天交来转账支票一张，支付了 5 000 元的定金。A 企业在收到支票的第二天将支票送存银行。

思考：

1. A 企业的会计在拿到销售合同和银行返还的支票进账单（回执联）后能否直接确认为本期收入？应该如何进行这笔业务的会计处理呢？

2. B 企业会计拿到支付定金的支票存根能否直接确认为本期费用？应该如何进行这笔业务的会计处理？

3. A 企业会计如果把收到的款项作为收入处理，B 企业会计如果把支付的款项作为费用处理，会产生怎么样的财务后果？

第六章

会计确认和计量应用

■ **学习目标**

1. 进一步掌握借贷记账法的账户结构和记账规则；
2. 掌握材料采购成本、产品生产成本、产品销售成本以及各项利润的计算和结转；
3. 掌握筹资、采购、生产、销售、财产清查以及利润形成和分配过程中的会计确认和计量。

■ **导入案例**

老李原来是一家钢铁制造企业销售部经理，由于销售业绩突出，一年前刚升任公司总经理一职。2021 年公司为了进一步提升销售业绩，大量采用了赊销方式以增加销量，全年销售收入比上年增长了 30%，营业利润也比上年增长了 20%。老李预测公司 2022 年商品销售应该会保持这一稳定增长态势，于是召开了部门经理会议，商量 2022 年的生产计划，准备扩大产品生产规模。财务部经理老陈对此发表了自己的意见，他说如果扩大产量，企业运营资金可能会较为紧张。请思考：按照公司当前的销售政策，销售收入的增加将主要导致什么账户发生变化？为什么公司销售和盈利都增长了而资金依然可能会紧张？

第一节　筹资过程会计确认和计量

会计核算的基本对象就是社会再生产中的资金运动，企业要维持正常生产经营的运行，首先面临的就是筹集资金。筹集资金的方式总体上可分为两大类别：所有者权益资金筹集和负债资金筹集。企业筹资将导致企业资本及债务规模和结构发生变化。

一、所有者权益资金筹集过程会计确认和计量

所有者权益资金筹集是指企业通过吸收投资者直接投资、发行股票、内部积累等方式筹集自有资金。《企业会计准则——基本准则》规定："所有者权益的来源包括投资者投入的资本、直接计入所有者权益的利得和损失、留存收益等。"其中，所有者投入的资本既包括企业注册资本（股本）部分的金额，也包括投入资本超过注册资本（股本）部分的金额（资本溢价或股本溢价）；直接计入所有者权益的利得和损失则是指不应计入当期损益、会导致所有者权益发生增减变动的、与所有者投入资本或向所有者分配利润无关的利得或损失；留存收益是指企业历年实现的净利润留存于企业的部分，主要包括累计计提的盈余公积和尚未分配完的未分配利润。所有者权益按经济内容划分，主要可分为实收资本（股本）、资本公积、盈余公积和未分配利润。本节主要介绍企业实收资本和资本公积业务的会计确认和计量，留存收益核算将在财务成果形成与分配业务核算中介绍。

（一）实收资本会计确认和计量

1. 实收资本的含义

《企业财务通则》规定，设立企业必须有法定的资本金。资本金是指企业在工商行政管理部门登记的注册资金。资本金在不同类型的企业中的表现形式有所不同。股份有限公司的资本金被称为股本，股份有限公司以外的一般企业的资本金被称为实收资本。实收资本是投资者按照企业章程或合同、协议的约定，实际投入企业的资本金。实收资本是企业所有者权益的主体，也是企业进行正常生产经营活动所必需的资金。实收资本的多少代表着企业财务实力的大小。

知识链接

实收资本与注册资本

我国目前的注册资本金制度要求企业的实收资本应与其注册资本相一致。注册资金可以一次性缴足，也可以分次缴足。在一次性缴清投资额时，实收资本应等于注册资本；在分次缴清投资额时，第一次收到的实收资本小于注册资本，但全部缴清后，二者应达到一致。如某公司注册资金300万元，投资者分两期投入，第一次投入200万元，实收资本200万元，此时注册资本大于实收资本。第二年投资者再投入100万元，此时，注册资本和实收资本达到一致，都成为300万元。另外，企业接受各方投入资本金应遵循资本保全制度的要求，除法律、法规另有规定者外，一旦投入，一般不能随意抽回。若在企业成立后，有抽逃行为的，责令改正，并处以所逃资金5%以上、10%以下的罚款；构成犯罪的，依法追究其刑事责任。

---

2. 实收资本的分类

实收资本根据投资主体的不同可分为国家、法人、个人和外商资本金。其中，国家资本金是指代表国家投资的政府部门或机构以国有资产投入企业所形成的资本金；法人资本金是指其他法人单位以其依法可以支配的资产投入企业所形成的资本金；个人资本金是指社会或本企业内部职工以个人的合法财产投入企业所形成的资本金；外商资本金是指企业接受境外企业的投资而形成的资本金。

根据投资资产形态的不同，资本金可以分为货币资金、实物（包括原材料、库存商品、固定资产等）、无形资产（包括商标权、专利权、著作权等）。

3. 实收资本入账价值的确定

货币资金一般按照实际缴存银行的金额入账，如果是外币，应按规定的记账汇率折合为记账本位币入账；实物资产和无形资产的入账金额一般按投资双方确认的价值予以入账。

4. 实收资本核算

（1）账户设置。

①"实收资本（股本）"账户：属于所有者权益类账户，核算企业投资者按照企业章程或合同、协议的约定，实际投入企业的资本。企业实际收到投资者投入资本时记贷方，企业按法定程序报经批准减少注册资本时记借方；期末余额在贷方，反映企业实有的资本或股本数额。该账户应按投资者分设明细账进行明细核算。"实收资本"账户结构见图 6-1。

实收资本

实收资本减少额	实收资本增加额
	期末余额：实收资本实存额

图 6-1　"实收资本"账户结构

②"银行存款"账户：属于资产类账户，用于核算企业存入银行或其他金融机构的各种存款。借方登记银行存款的增加额，贷方登记提取或支出的银行存款额；期末余额在借方，反映企业银行存款的实存额。该账户可以按不同币种分设明细账进行明细核算。"银行存款"账户结构见图 6-2。

银行存款

银行存款增加额	银行存款减少额
银行存款实存额	

图 6-2　"银行存款"账户结构

③"固定资产"账户：属于资产类账户，用于核算固定资产的原价。借方登记不需要经过建造、安装即可使用的固定资产增加的原始价值；贷方登记减少的固定资产原始价值；期末余额在借方，反映企业期末固定资产的原始价值。该账户应按固定资产的不同类别分设明细账进行明细核算。"固定资产"账户结构见图 6-3。

固定资产

固定资产增加额	固定资产减少额
固定资产实存额	

图 6-3 "固定资产"账户结构

④"无形资产"账户：属于资产类账户，用于核算企业拥有的或控制的没有实物形态的可辨认的非货币性资产，包括专利权、非专利技术、商标权、著作权、土地使用权等。借方登记企业购入或自行创造并按法定程序申请取得以及其他单位投资转入的无形资产原值，贷方登记对外投资转出等原因减少的无形资产；期末余额在借方，反映企业无形资产的实有数额。该账户可以按无形资产的不同类别分设明细账进行明细核算。"无形资产"账户结构见图 6-4。

无形资产

无形资产增加额	无形资产减少额
无形资产实存额	

图 6-4 "无形资产"账户结构

（2）核算举例。

【例 6-1】迅达公司收到天海公司投入的货币资金 8 000 000 元，存入银行。

这笔经济业务的发生，使企业的"银行存款"增加，即资产增加记借方；使企业的"实收资本"增加，即所有者权益增加记贷方。会计分录如下：

借：银行存款 8 000 000
　贷：实收资本——天海公司 8 000 000

【例 6-2】光明公司投入迅达公司全新设备一台，经投资各方确认价值为 250 000 元。

这笔经济业务的发生，使企业"固定资产——设备"增加，即资产增加；使企业的"实收资本"增加，即所有者权益增加。会计分录如下：

借：固定资产——设备 250 000
　贷：实收资本——光明公司 250 000

【例 6-3】东方公司投入一项专利权给迅达公司，双方评估确认价值 500 000 元。

这笔经济业务的发生，使企业的"无形资产——专利权"增加，即资产增加记借方；使企业的"实收资本"增加，即所有者权益增加记贷方。会计分录如下：

借：无形资产——专利权 500 000
　贷：实收资本——东方公司 500 000

（二）资本公积会计确认和计量

1. 资本公积的含义

资本公积是指投资者投资企业、所有权归属投资者且金额超过法定资本部分的资本。它本质上是一种准资本，只是由于我国采用的注册资本制度而无法直接以实收资本（或股本）的名义入账。

2. 资本公积的来源

资本公积具体包括企业收到的出资额超出其在注册资本中所占份额的投资，即资本溢价，以及溢价发行股票所取得的股本溢价，还包括其他可以直接计入所有者权益的利得和损失。

例如甲和乙两位投资者分别出资 102 万元和 98 万元成立了一家企业，分别占公司股份的 51% 和 49%。经营五年后，企业取得了较好的盈利，需要扩大资本规模，于是又吸收了丙投资者的投资。通过谈判，丙投资者愿意投入 50 万元，占公司股份的 15%。投资后，公司总股本 250 万元，15% 的股份份额为 37.5 万元，丙投资者多投入的 12.5 万元就作为资本溢价计入资本公积中。

另外，A 股份有限公司将面值为 100 元的股份以 150 元发行，收到的股款中，面值部分 100 元计入股本，超面值的 50 元作为股本溢价计入资本公积。

除了资本溢价和股本溢价外，其他业务也会产生资本公积。具体内容在财务会计课程中再详细讲述。

3. 资本公积的用途

资本公积金达到一定数额，可以在办理增资手续后按所有者原投资比例增加投资者的实收资本。资本公积转增资本后，不仅可以增加投资者持有的股份，提高股票的交易量，增加资本的流动性，还能够扩大股本规模，显示企业良好的发展态势和发展潜力。

4. 资本公积的核算

（1）账户设置。

"资本公积"账户：属于所有者权益类账户，核算企业取得的资本公积金。资本公积金增加时记贷方，减少时记借方；期末余额在贷方，表示企业目前所拥有的资本公积金的实有数额。该账户应按资本公积形成的类别设置明细账，进行明细核算。"资本公积"账户结构见图 6-5。

资本公积

资本公积减少额	资本公积增加额
	期末余额：资本公积实存额

图 6-5 "资本公积"账户结构

（2）核算举例。

【例 6-4】迅达公司接受了东海公司商标权出资，双方约定价值为 600 000 万元，在注册资本中所占的份额为 500 000 元，另 100 000 元作为资本公积，已办妥相关手续。

这笔经济业务的发生，使企业"无形资产——商标权"增加，在注册资本中所占的份额部分记入"实收资本"，超过股份份额的部分记入"资本公积"账户。根据会计要素的账户结构，会计分录如下：

借：无形资产——商标权   600 000

    贷：实收资本——东海公司   500 000

        资本公积——资本溢价   100 000

【例 6-5】东方公司发行普通股 60 000 000 股，每股面值 1 元，发行价格每股 8 元，股款全部收存银行。

这笔经济业务的发生，使企业"银行存款"增加，资产增加的同时"股本"也增加，股票发行价格超过面值的差额，记入"资本公积"账户，资本公积增加导致所有者权益增加。根据会计要素的账户结构，会计分录如下：

借：银行存款　　　　　　　　　　　　　　　　　　　　　480 000 000
　　贷：股本　　　　　　　　　　　　　　　　　　　　　　　60 000 000
　　　　资本公积——股本溢价　　　　　　　　　　　　　　420 000 000

【例6-6】迅达公司经股东大会批准，将资本公积100 000元转赠资本。

这笔经济业务的发生，使企业"实收资本"增加的同时"资本公积"减少。根据会计要素的账户结构，会计分录如下：

借：资本公积　　　　　　　　　　　　　　　　　　　　　　100 000
　　贷：实收资本　　　　　　　　　　　　　　　　　　　　　　100 000

二、负债资金筹集过程会计确认和计量

负债资金筹集是指企业通过发行债券、向银行借款等方式筹集资金，即吸收债权人资金。债权人资金主要以货币资金为主。债权人出资后拥有要求企业按照规定的期限、规定的利率偿还本金和利息的权利。负债根据偿还期限长短的不同分为短期借款和长期借款。

（一）短期借款业务会计确认和计量

1. 短期借款的含义

短期借款是指企业向银行或其他金融机构借入的偿还期在一年以内（含一年）的各项借款。借款的用途主要是满足企业日常生产经营活动的资金需要。每笔借款在取得时可根据借款借据上的金额来确认和计量。

2. 短期借款利息的确认和计量

短期借款的利息支出是企业为了筹集资金而发生的一项耗费，在会计核算中应作为期间费用（财务费用）加以确认。由于短期借款利息的支付方式和支付时间不同，其会计处理方法也有一定区别（如图6-6所示）。

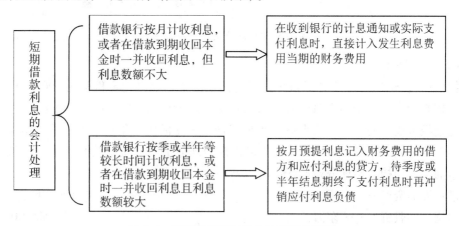

图6-6　短期借款利息的会计处理示意图

短期借款利息的计算公式为

$$短期借款利息=借款本金×利率×时间$$

　　3. 短期借款的账务处理

　　（1）账户设置。

　　① "短期借款" 账户：属于负债类账户，核算企业向银行或其他金融机构借入的、还款期在一年（含一年）以内的各项借款。借入借款时记贷方，归还借款时记借方，期末余额在贷方，表示期末尚未归还的短期借款额。"短期借款" 账户结构见图 6-7。

短期借款

短期借款减少额	短期借款增加额
	期末余额：短期借款结余额

图 6-7 "短期借款" 账户结构

　　② "财务费用" 账户：属于费用类账户，核算企业日常生产经营过程中为筹集资金而发生的利息费、手续费等，或者是与固定资产相关的长期借款达到预定可使用状态以后发生的利息。利息费用和手续费用发生时记借方，贷方登记利息收入以及期末转入 "本年利润" 账户的财务费用额，期末结转后无余额。该账户应按费用项目分设明细账进行明细核算。"财务费用" 账户结构见图 6-8。

财务费用

财务费用发生额	财务费用结转额

图 6-8 "财务费用" 账户结构

　　③ "应付利息" 账户：属于负债类账户，核算企业借入资金按期应承担的利息费用。计算出应承担的利息时记贷方，归还利息时记借方，期末余额在贷方，反映尚未归还的利息额。"应付利息" 账户结构见图 6-9。

应付利息

应付利息减少额	应付利息增加额
	期末余额：应付利息结余额

图 6-9 "应付利息" 账户结构

（2）核算举例。

【例6-7】迅达公司向银行举借短期借款60万元，期限1年，年息8%，每季度末付息1次。

①取得借款时。这笔经济业务的发生，使企业的"银行存款"增加，表示资产增加；使企业的"短期借款"增加，表示负债增加。会计分录如下：

借：银行存款   600 000
  贷：短期借款   600 000

②每月末预提计息时。预提利息时，企业"财务费用"增加，表示费用增加；同时"应付利息"增加，使企业负债增加。会计分录如下：

借：财务费用   4 000
  贷：应付利息   4 000

③季末付息时。以银行存款支付前两个月的利息后，"应付利息"减少，使负债减少，记借方。第3个月的利息直接增加费用类账户"财务费用"，记借方。以银行存款支付季度利息时，使企业"银行存款"减少，即资产减少，记贷方。会计分录如下：

借：财务费用   4 000
  应付利息   8 000
  贷：银行存款   12 000

以后每个季度对利息的核算与上相同。

④到期还本。到期以银行存款归还借款时，企业"银行存款"减少，引起资产减少；"短期借款"也减少，引起负债减少。会计分录如下：

借：短期借款   600 000
  贷：银行存款   600 000
借：应付利息   8 000
  财务费用   4 000
  贷：银行存款   12 000

（二）长期借款业务会计确认和计量

1. 长期借款的含义

长期借款是指企业向银行或其他金融机构借入的偿还期在一年以上的各项借款，主要满足企业基本建设和研究开发等长期资金的需要。会计核算时应区分借款性质，按借款取得数额进行确认和计量。按照规定利率和使用期限，定期计息也计入长期借款。

2. 长期借款利息的确认和计量

按照企业会计准则规定，长期借款的利息费用可直接归属于符合资本化条件的资产构建或者生产的，应当予以资本化，计入相关资产成本；其他利息费用应作为期间费用（财务费用）加以确认。具体而言，长期借款所进行的长期工程项目达到预定可使用或可销售状态前发生的利息，应计入该工程成本；在工程完工达到预定可使用或可销售状态后的利息支出应计入当期财务费用。

3. 长期借款的账务处理

（1）账户设置。

①"长期借款"账户：属于负债类账户，企业向银行或其他金融机构借入的、还款期在一年以上的各项借款。贷方登记企业借入的各种长期借款数（包括本金和利息），借方登记长期借款的归还数；期末余额在贷方，表示到目前为止尚未归还的长期借款本金和利息数。"长期借款"账户结构见图6-10。

长期借款

长期借款减少额	长期借款增加额
	期末余额：长期借款结余额

图6-10 "长期借款"账户结构

②"在建工程"账户：属于资产类账户，核算固定资产达到预定可使用状态以前发生的各类支出（包括借款利息）。支出增加时记借方，工程完工并验收后转入固定资产时记贷方；期末余额在借方，表示尚未完工的工程已经发生的各项支出数。该账户应按工程类别分设明细账进行明细核算。"在建工程"账户结构见图6-11。

在建工程

在建工程发生额	在建工程结转额
在建工程结余额	

图6-11 "在建工程"账户结构

（2）核算举例。

【例6-8】迅达公司因购置生产设备需要向银行借入3 000 000元，借款期为2年，年利率10%，每年计息一次，到期一次还本付息，设备需安装，一年后方可投入使用。

①取得借款时。企业"银行存款"增加，引起资产增加；"长期借款"也增加，导致负债增加。会计分录如下：

借：银行存款　　　　　　　　　　　　　　　　　　　3 000 000
　　贷：长期借款　　　　　　　　　　　　　　　　　　　　3 000 000

②第一年年底计息时。由于固定资产未达到预定可使用状态，发生的借款利息应该予以资本化，记入"在建工程"账户。提取利息时，"在建工程"增加，表示资产增加，记借方；"长期借款——应计利息"也增加，引起负债增加，记贷方。会计分录如下：

借：在建工程　　　　　　　　　　　　　　　　　　　300 000
　　贷：长期借款——应计利息　　　　　　　　　　　　　　300 000

③第二年年底计息时。由于固定资产已经达到预定可使用状态，发生的借款利息应该予以费用化，应记入"财务费用"账户的借方；"长期借款——应计利息"也增加，引起负债增加，应记入贷方。会计分录如下：

借：财务费用　　　　　　　　　　　　　　　　　　　300 000
　　贷：长期借款——应计利息　　　　　　　　　　　　　　300 000

④到期还本付息时。以银行存款偿还借款时，企业"银行存款"减少，即资产减少；"长期借款"也减少，即负债减少。会计分录如下：

借：长期借款——本金   3 000 000

     ——应计利息   600 000

  贷：银行存款   3 600 000

随堂演练

（一）单选题

1. 企业资本按投资主体的不同可分为以下几类，其中不正确的是（ ）。

  A. 国家投入   B. 法人投入

  C. 外商投入   D. 不具备民事资格的个人投入

2. 企业为维持正常的生产经营而向银行等机构借入借款期在一年以内的款项一般称为（ ）。

  A. 长期借款 B. 短期借款 C. 长期负债 D. 流动负债

3. 下列项目中，属于财务费用的是（ ）。

  A. 财务人员的工资   B. 财务部门的办公费

  C. 投资损失   D. 利息支出

（二）多选题

1. 关于实收资本，下列说法正确的有（ ）。

  A. 是企业实际收到投资人投入的资本 B. 是企业进行正常经营的条件

  C. 是企业向外投出的资产   D. 应按照实际投资数额入账

2. 企业吸收投资者出资时，下列会计科目的余额可能发生变化的有（ ）。

  A. 盈余公积 B. 资本公积 C. 实收资本 D. 利润分配

  E. 本年利润

（三）判断题

1. 企业向银行或其他金融机构借入的各种款项所发生的利息均应计入财务费用。

                       （ ）

2. 支付已预提的短期借款利息，一方面使企业的资产减少，另一方面使企业的负债减少。   （ ）

第二节 采购过程会计确认和计量

  企业筹集到资金以后，需要购建固定资产和购买材料才能进行生产，实现货币资金的增值。因此，采购过程（或称生产准备过程）是制造业企业生产经营过程的第一个阶段。在这一阶段主要有两部分业务需要进行：一是购建厂房建筑物和机器设备等固定资产，二是采购生产经营所需要的各种材料作为生产储备。

一、固定资产购置业务会计确认和计量

（一）固定资产的含义

固定资产（fixed assets）是指为生产商品、提供劳务、出租或经营管理而持有的，使用寿命超过一个会计年度的劳动资料。

固定资产具有以下三个特征：

第一，固定资产是为生产商品、提供劳务、出租或经营管理而持有的。其中，"出租"的固定资产是指用以出租的机器设备类固定资产，而非以经营租赁方式出租的建筑物，后者属于投资性房地产。

第二，固定资产使用寿命超过一个会计年度。固定资产使用寿命是指企业使用固定资产的预计使用年限（如自用房屋建筑物的使用年限），或者该固定资产使用所能生产产品或提供劳务的数量（如发电设备按其预计发电量估计使用寿命）。

第三，固定资产为有形资产。固定资产具有实物形态，这是固定资产区别于无形资产的基本特征。但并非有形资产都是固定资产，如工业企业的工具、备品备件等单价低、数量多的资产，在实务中通常确认为存货。

（二）固定资产入账价值的确定

固定资产应以取得时的实际成本计价。如果是购置的固定资产，其成本具体包括买价、运输费、保险费、包装费、安装成本及相关税金等；如果是自行建造完成的固定资产，应按建造该项固定资产达到预定可使用状态前所发生的一切合理的、必要的支出作为其入账价值，包括工程用物资成本、人工成本、缴纳的相关税费、应予资本化的借款费用以及应分摊的间接费用等。至于其他来源的固定资产计价则在以后相关课程做具体介绍。因此，固定资产的入账价值的计算公式为

购入固定资产入账价值＝买价＋包装费＋运杂费＋保险费＋安装费＋其他费用

建造固定资产入账价值＝工程物资成本＋人工成本＋相关税费＋资本化借款费用＋
应分摊的间接费用

相关链接

增值税相关知识介绍

增值税是指以商品（含应税劳务）在流转过程中产生的增值额作为计税依据而征收的一种流转税。从计税原理上说，增值税是对商品生产、流通、劳务服务中多个环节的新增价值或商品的附加值征收的一种流转税。如：甲公司以 1 000 000 元购入商品一批，再以 1 500 000 元销售出去，则对于实现的 500 000 元增值应按照相应税率向国家上缴增值税。

根据《中华人民共和国增值税暂行条例》，将纳税人按其经营规模大小以及会计核算是否健全划分为一般纳税人和小规模纳税人。一般纳税人的认定标准主要是规模、会计核算程度两个方面。其中，规模认定标准为从事生产货物或提供应税劳务，或以其为主兼营货物批发或零售的纳税人（适用 50% 的标准），年应税销售额大于 50 万元为一般纳税人；从事货物批发或零售的纳税人，年应税销售额大于 80 万元为一般纳税人；应税服务年销售额标准为不含税销售额大于 500 万元为一般纳税人。另外，一般纳税人应有固定的生产经营场所，能够按照国家统一的会计制度

规定设置账簿，根据合法、有效凭证核算，能够提供准确的税务资料。而小规模纳税人是指年销售额在规定标准以下，并且会计核算不健全，不能按规定报送有关税务资料的增值税纳税人。所谓会计核算不健全是指不能正确核算增值税的销项税额、进项税额和应纳税额。小规模纳税人的认定标准为从事货物生产或者提供应税劳务的纳税人，以及以从事货物生产或者提供应税劳务为主，并兼营货物批发或者零售的纳税人，年应征增值税销售额（以下简称"应税销售额"）在 50 万元以下的；除前项规定以外的纳税人，年应税销售额在 80 万元以下的。

目前，按照国家税务总局的规定，不同行业增值税税率认定标准有所差异，一般纳税人的税率分别有13%、9%、6%、0%四档税率。其中，适用13%税率的是销售货物或者提供加工、修理修配劳务以及进口货物，提供有形动产租赁服务等行业；适用9%税率的是交通运输、建筑、基础电信服务、农产品（含粮食）、自来水、暖气、石油液化气、天然气、食用植物油、冷气、热水、煤气、居民用煤炭制品、食用盐、农机、饲料、农药、农膜、化肥、沼气、二甲醚、图书、报纸、杂志、音像制品、电子出版物等行业；适用6%税率的是提供现代服务业服务（有形动产租赁服务除外）；适用0%税率的是出口货物等特殊业务。本章内容涉及的增值税税率一般采用13%税率。小规模纳税人的增值税税率为3%。

一般纳税人企业应缴纳的增值税采用扣税法，其计算公式如下：

某月应交增值税＝本月增值税销项税额－本月增值税进项税额

本月增值税进项税额＝本月不含税采购成本×适用税率。该税额一般在购买商品时连同购价一并支付给了卖方。其中，不含税采购成本＝含税进价/（1+适用税率）。

本月增值税销项税额＝本月不含税销售收入×适用税率。该税额一般在销售商品时连同售价一并向买方收取。

仍以前例：本月应交增值税＝1 500 000×13%－1 000 000×13%＝65 000（元）

按照我国1993年颁布的《中华人民共和国增值税暂行条例》的规定，企业购进固定资产所支付的增值税是不可以进行抵扣的，而应计入固定资产成本。但这种做法不利于企业对固定资产进行技术改造。经国务院批准，自2004年7月1日起，东北、中部地区率先进行了增值税改革试点，试点内容为：购置固定资产以及为固定资产所支付的运输费等，支付的增值税符合抵扣条件的，允许作为进项税额，从销项税额中抵扣。这一规定，自2009年1月1日起在全国推行。

（三）固定资产核算

1. 账户设置

（1）"固定资产"账户：属于资产类账户，用于核算固定资产的原价。借方登记不需要经过建造、安装即可使用的固定资产增加的原始价值；贷方登记减少的固定资产原始价值；期末余额在借方，反映企业期末固定资产的原始价值。该账户应按固定资产的不同类别分设明细账进行明细核算。其账户结构见图6-3。

（2）"在建工程"账户：属于资产类账户，核算固定资产达到预定可使用状态以前发生的各类支出（包括借款利息）。支出增加时记借方，工程完工并验收后转入固定资产时记贷方；期末余额在借方，表示尚未完工的工程已经发生的各项支出数。该账户应按工程类别分设明细账进行明细核算。其账户结构见图6-11。

（3）"应交税费——应交增值税"账户：核算企业本期经营活动应缴纳的增值税的计算和实际缴纳情况。本科目为负债类账户，本期计算得出的增值税销项税额记贷方，本期计算得出的增值税进项税额记借方。期末如果为贷方余额，表示企业当期实际应该缴纳而尚未缴纳的增值税；期末如果为借方余额，表示企业本期多交且留待下期抵扣的增值税。该账户应按照增值税影响因素设"进项税额""销项税额""已交税金"等专栏。"应交税费——应交增值税"账户结构见图6-12。

应交税费——应交增值税

本期支付的进项税额	本期支付的销项税额
期末余额：本期多交增值税的税费	期末余额：本期应交增值税的税费

图6-12 "应交税费——应交增值税"账户结构

2. 核算举例

【例6-9】迅达公司购入一台生产用设备，增值税专用发票（以下简称"专用发票"）价款2 800 000元，增值税额364 000元，支付运输费200 000元（运费抵扣部分进项税此处暂不考虑）。设备无须安装，以上货款均以银行存款支付。

此业务发生导致固定资产增加，其入账价值=2 800 000+200 000=3 000 000（元），资产增加在"固定资产"账户的借方登记；固定资产的进项税额为364 000元表示已经缴纳的增值税，将减少以后应交的增值税，负债减少在"应交税费——应交增值税（进项税额）"账户的借方登记；货款以银行存款支付，将导致银行存款减少，资产减少登记在"银行存款"账户的贷方。编制会计分录如下：

借：固定资产——设备   3 000 000
  应交税费——应交增值税（进项税额）   364 000
  贷：银行存款   3 364 000

【例6-10】迅达公司购入一台需要安装的生产用设备，专用发票价款30 000元，增值税额3 900元，运输费500元，全部款项均以银行存款支付。安装过程中，发生人工费用600元，以现金支付。安装完毕，经验收合格，交付使用。具体账务处理如下：

①购入设备环节。

由于该设备需要安装，因此，购买过程中发生的全部费用30 500元（30 000+500）应记入"在建工程"账户的借方；进项税额3 900元在"应交税费——应交增值税（进项税额）"账户的借方登记；货款以银行存款支付，将导致银行存款减少，登记在"银行存款"账户的贷方。编制会计分录如下：

借：在建工程——设备   30 500
  应交税费——应交增值税（进项税额）   3 900
  贷：银行存款   34 400

②设备安装环节。

安装过程中发生的人工费应记入"在建工程"账户的借方；支付的现金，导致现金减少，应记入"库存现金"账户的贷方。编制会计分录如下：

借：在建工程——设备　　　　　　　　　　　　　　　　600

　　贷：库存现金　　　　　　　　　　　　　　　　　　　　　600

③设备安装完毕交付使用。

固定资产竣工，经验收交付使用，将"在建工程"账户借方发生额全部由贷方转入"固定资产"账户的借方。编制会计分录如下：

借：固定资产——设备　　　　　　　　　　　　　　31 100

　　贷：在建工程——设备　　　　　　　　　　　　　　　31 100

二、材料采购业务会计确认和计量

材料是制造业企业在生产经营过程中为耗用而储存的流动资产，属于存货的一种。材料作为生产经营过程不可缺少的物质要素，与固定资产的区别在于：固定资产在使用过程中不改变其实物形态，其价值通过计提固定资产折旧分次计入相应的成本费用中；而材料一经投入生产后，经过加工而改变其实物形态并构成产品实体，其价值一次性全部转移到产品中，成为产品成本的重要组成部分。

材料采购过程通常是指从材料采购开始到验收入库为止的整个过程。经过采购过程，企业将持有的货币资金转化为存货资金。在此过程中，企业应按规定与供货方办理结算手续，支付材料货款，并支付运输费、装卸费等各项采购成本。因此，材料采购过程的账务处理主要包括两个方面：一是取得材料物资，计算材料物资采购成本并验收入库，以备生产领用；二是与材料供应商或提供相关服务的单位办理款项结算业务。在此过程中，材料物资价值的确认（材料采购成本的计算）是关键环节，直接决定了产品成本计算的正确性。

（一）材料采购成本的计算

由于材料成本占生产成本的比例较高，控制好材料采购成本并使之不断下降，是一个企业不断降低产品成本、增加利润的重要和直接手段之一。加强材料采购成本的管理和内部控制，完善材料采购管理制度，使材料采购成本总体下降，将会取得良好的经济效益。

1. 材料采购成本的构成

材料采购的实际成本一般包括以下几个方面的内容：

（1）材料的买价，即进货发票账单上所开列的货款金额，由材料数量×单价确定。

（2）按规定应计入材料采购成本中的各项税金，如企业购买、自制或委托加工存货发生的进口关税、消费税、资源税和不能抵扣的增值税进项税额等。

（3）其他可归属于存货采购成本的费用，如采购过程发生的运输费、装卸费、包装费、保险费、仓储费、运输途中的合理损耗、入库前的挑选整理费用等。这些费用能分清负担对象的，应直接计入材料的采购成本；不能分清负担对象的，应选择合理的分配方法，按所购材料的数量或采购价格比例，分配计入有关材料的采购成本。

2. 共同采购费用的分摊

如果是购进某一种材料，应将采购费用和材料买价一起计入原材料成本。但如果是一次性同时购进两种以上原材料，共同发生的采购费用难以直接确定某种材料应该承担多少采购费用，就需要采用一定方法分摊采购费用。分配同批材料的共同采购费，可分情况采用同批购进材料的重量（体积、价款）比例分配法进行分配。其计算公式为

分配率=共同采购费÷材料共同重量（或体积、价款等）

某材料应分摊的共同采购费=该材料重量（或体积、价款等）×分配率

【例6-11】迅达公司2022年2月6日向长城公司采购甲、乙两种材料：甲材料数量100吨，单价1 500元；乙材料数量120吨，单价2 000元。支付甲、乙材料共同运费22 000元，有关费用均用银行存款支付。请按照甲、乙材料重量比例分配该运费。

采购费用分配率=22000÷（100+120）=100（元/吨）

甲材料应承担运费=100×100=10 000（元）

乙材料应承担运费=22 000-10 000=12 000（元）

3. 材料总成本及单位成本的计算

某种材料的总成本=该材料的买价+采购费用

采购费用=直接采购费用+分配来的间接采购费用

某种材料的单位成本=该材料的总成本÷该材料的总重量（总体积等）

同以【例6-11】为例：

甲材料总成本=150 000+10 000=160 000（元）

甲材料单位成本=160 000÷100=1 600（元/吨）

乙材料总成本=240 000+12 000=252 000（元）

乙材料单位成本=252 000÷120=2 100（元/吨）

4. 材料采购成本计算单的设置

按照采购材料的品种设置材料采购计算单，要求分别将材料购进的成本项目填入表内，计算出某种材料的采购总成本和单位成本（格式见表6-1）。通过材料采购成本计算单中所记录的每次采购价格变动，我们可以对材料采购成本加强控制，以降低成本提升企业效益。

表6-1　材料采购成本计算单

材料名称：甲材料　　　　　　　　　　　　　　　　　　　　　　　　　单位：元

| 20××年 | | 摘要 | 买价 | | 合理损耗 | 运输费 | 装卸费 | 合计 |
月	日		单价	金额				

（二）材料采购业务的账务处理

1. 业务类型

（1）现款交易，钱货两清：通过现金或者银行存款直接购买材料，实现一手交钱，一手收货。

（2）先收料，后付款：当天购买的材料已经收到入库，但是因为付款凭证未到或者合同约定的付款期限未到，而没有付款。如果是付款凭证未到没有付款，一般是收到材料时暂缓做账。如果是合同约定的付款期限未到，分为按合同约定时间付款（形成应付账款与原材料相对应的账户），以及开出承诺延期付款的商业汇票购买材料，持票人到期兑现（形成应付票据与原材料相对应的账户）。

（3）先付款，后收货：企业先收到付款结算凭证，与合同核对无误，已经付款，但是材料尚未达到，形成在途材料。

（4）预付货款，后收料：按合同要求，预先付款给销货方，按约定时间收货。相关对应账户：银行存款→预付账款→原材料。

知识链接

票据的分类

《中华人民共和国票据法》所称票据，是指汇票、本票和支票。汇票是出票人签发的、委托付款人在见票时或者在指定日期无条件支付确定的金额给收款人或者持票人的票据。汇票分为银行汇票和商业汇票。银行汇票是指汇款人将款项交存当地银行，由银行签发给汇款人持往异地办理转账结算或支取现金的票据。商业汇票是指收款人或付款人（或承兑申请人）签发，由承兑人承兑，并于到期日向收款人或被背书人支付款项的票据。商业汇票按其承兑人的不同，分为商业承兑汇票和银行承兑汇票：前者是由收款人签发，由付款人承兑或由付款人签发并承兑的票据；后者是由收款人或承兑申请人签发，并由承兑申请人向开户银行申请，经银行审查同意承兑的票据。本票是由出票人签发，承诺自己在见票时无条件支付确定金额给收款人或持票人的票据。支票是由出票人委托银行或者其他金融机构见票时无条件支付一定金额给收款人或持票人的票据。

---

2. 账户设置

（1）"在途物资"账户：核算企业采用实际成本（进价）进行材料、商品等物资的日常核算，包括货款已付尚未验收入库的各种物资（在途物资）的采购成本。本科目为资产类账户，增加时记借方，货物入库时记贷方，余额在借方。本科目应按供应单位和物资品种进行明细核算。"在途物资"账户结构见图6-13。

在途物资

材料买价和采购费用	结转验收入库材料的实际采购成本
期末余额：在途材料成本	

图6-13 "在途物资"账户结构

（2）"原材料"账户：核算企业库存的各种材料，包括原料及主要材料、辅助材料、外购半成品、修理用备件、包装材料、燃料等的计划成本或实际成本。本科目为资产类账户，增加时记借方，减少时记贷方，余额在借方。本科目应按材料品种进行明细核算。"原材料"账户结构见图6-14。

原材料

验收入库材料计划或实际成本增加	库存材料计划或实际成本减少
期末余额：库存材料计划或实际成本	

图6-14 "原材料"账户结构

（3）"应付账款"账户：核算企业因购买材料、商品和接受劳务供应等经营活动已经确定的应支付的款项。本科目为负债类账户，应付供应单位款项增加时记贷方，偿还供货单位款项时记借方；余额在贷方，表示尚未偿还的应付款。本科目应按收款人名称进行明细核算。"应付账款"账户结构见图6-15。

应付账款

偿还供货单位款项	应付供应单位款项的增加
	期末余额：尚未偿还的应付款

图6-15 "应付账款"账户结构

（4）"应付票据"账户。应付票据是指由出票人出票，并由承兑人允诺在一定时期内支付一定款项的书面证明。本科目为负债类账户，开出、承兑商业汇票的增加记贷方，到期支付票据款后记借方；余额在贷方，表示尚未到期的商业汇票。该账户应按债权人的不同设置明细账户进行明细核算，同时设置"应付票据备查簿"。应付票据到期结清时，在备查簿注销。"应付票据"账户结构见图6-16。

应付票据

到期应付票据的减少	开出、承兑商业汇票的增加
	期末余额：尚未到期的商业汇票

图6-16 "应付票据"账户结构

（5）"预付账款"账户。预付账款是指企业按照购货合同的规定，预先以货币资金或货币等价物支付供应单位的款项。本科目为资产类账户，增加时记借方，减少时记贷方，余额在借方。本科目应按供货单位进行明细核算。"预付账款"账户结构见图6-17。

预付账款

预付供货单位款项的增加	以贷款冲销预付供应单位款项
期末余额：尚未结算的预付款	

图6-17 "预付账款"账户结构

3. 核算举例

迅达公司为一般纳税人企业，适用增值税税率为13%，材料按实际成本法核算，假定2021年12月发生如下有关采购业务，要求编制相应的会计分录。

【例6-12】5日，购进甲材料20吨，单价500元，增值税1 300元，共11 300元，承担运输费1 000元（暂不考虑增值税），用银行存款付讫。货当日已收取并验收入库。

收到采购发票，经核对无误已经支付材料采购价款和增值税，材料已经入库时，表示"原材料"增加，即资产增加；"银行存款"减少，即资产减少。以银行存款支付增值税，欠国家的增值税减少，意味着"应交税费"负债减少。根据会计要素的账户结构，会计分录如下：

借：原材料——甲材料   11 000
    应交税费——应交增值税（进项税额）   1 300
  贷：银行存款   12 300

【例6-13】6日，从A单位购入乙材料5吨，每吨3 600元，价款18 000元，增值税2 340元，约定付款期10天，付款结算凭证已经收到，款暂欠，货未收取。

这笔经济业务的发生，使企业的"在途物资"增加，即资产增加，应该记入该账户借方；使企业的"应交税费"减少，相当于负债减少，应记入该账户借方。由于未付款，"应付账款"增加，表示负债增加，应记入该账户贷方。会计分录如下：

借：在途物资——乙材料   18 000
    应交税费——应交增值税（进项税额）   2 340
  贷：应付账款——A单位   20 340

【例6-14】16日，约定付款期已到，以银行存款20 340元偿还前欠款。

这笔经济业务的发生，使企业的"银行存款"减少，即资产减少；使企业的"应付账款"减少，即负债减少。根据会计要素的账户结构，会计分录如下：

借：应付账款——A单位   20 340
  贷：银行存款   20 340

【例6-15】16日，收到【例6-13】中购进的乙材料5吨，经验收无误，已经入库。

这笔经济业务的发生，使企业的"原材料"增加，即资产增加；使企业的"在途物资"减少，即资产减少。根据会计要素的账户结构，会计分录如下：

借：原材料——乙材料   18 000

  贷：在途物资——乙材料   18 000

【例 6-16】17 日，从 B 单位购进丙材料 12 吨，单价 1 450 元，价款 17 400 元，增值税 2 262 元，开出承兑延期 6 个月付款的商业承兑汇票一张，货未收取。

这笔经济业务的发生，使企业的"在途物资"增加，即资产增加；使企业的"应付票据"增加，即负债增加。支付增值税，使得"应交税费"减少，意味着负债减少。根据会计要素的账户结构，会计分录如下：

借：在途物资——丙材料   17 400

  应交税费——应交增值税（进项税额）   2 262

  贷：应付票据   19 662

【例 6-17】20 日，按采购合同要求，以银行存款预付供应单位 B 的甲材料预购定金 25 000 元。

这笔经济业务的发生，使企业的"银行存款"减少，即资产减少；使企业的"预付账款"增加，即资产类账户增加。根据会计要素的账户结构，会计分录如下：

借：预付账款——B 单位   25 000

  贷：银行存款   25 000

【例 6-18】25 日，B 公司发来丙材料 20 吨，单价 2 600 元，货款 52 000 元，增值税 6 760 元，用原预付款抵付，不足部分用银行存款补付。

这笔经济业务的发生，使企业的"原材料"增加，即资产类账户增加；使企业的"应交税费"减少，即负债类账户减少；使企业的"预付账款"减少，即资产类账户减少；使企业的"银行存款"减少，即资产类账户减少。根据会计要素的账户结构，会计分录如下：

借：原材料——丙材料   52 000

  应交税费——应交增值税（进项税额）   6 760

  贷：预付账款——B 单位   25 000

    银行存款   33 760

【例 6-19】26 日，向长城公司同时采购甲、乙、丙三种材料：甲材料数量 10 吨，单价 4 600 元，买价 46 000 元；乙材料数量 12 吨，单价 3 500 元，买价 42 000 元；丙材料数量 10 吨，单价 1 450 元，买价 14 500 元，共计买价 102 500 元，增值税 13 325 元。对方代垫运费 22 000 元。同日，用银行存款支付价税合计款，材料同日到达并验收入库。按照甲、乙、丙材料价款比例分配运输费。

①计算甲、乙、丙材料的采购成本。

采购费用分配率 = 22 000 /（46 000 + 42 000 + 14 500）≈ 0.214 6

甲材料各应分摊运费 = 46 000 × 0.214 6 = 9 871.6（元）

乙材料应分摊运费 = 42 000 × 0.214 6 = 9 013.2（元）

丙材料应分摊运费 = 22 000 -（9 871.6 + 9 013.2）= 3 115.2（元）

甲材料成本 = 46 000 + 9 871.6 = 55 871.6（元）

乙材料成本 = 42 000 + 9 013.2 = 51 013.2（元）

丙材料成本 = 14 500 + 3 115.2 = 17 615.2（元）

②账务处理。

这笔经济业务的发生，由于材料已验收入库，表示"原材料"增加，即资产增加；"银行存款"减少，即资产减少。以银行存款支付增值税，欠国家的增值税减少，意味着"应交税费"负债减少。根据会计要素的账户结构，会计分录如下：

借：原材料——甲材料　　　　　　　　　　　　　　　55 871.6

　　　　——乙材料　　　　　　　　　　　　　　　51 013.2

　　　　——丙材料　　　　　　　　　　　　　　　17 615.2

　　应交税费——应交增值税（进项税额）　　　　　13 325

　贷：银行存款　　　　　　　　　　　　　　　　　　　137 825

随堂演练

（一）单选题

1. 某一般纳税人企业外购材料一批，发票上注明买价 20 000 元，增值税税额为 2 600 元，入库前的挑选整理费为 1 000 元，则该批材料的入账价值为（　　）元。

A. 20 000　　　　　　B. 22 600　　　　　　C. 21 000　　　　　　D. 23 600

2. 购进材料入库，其价税款通过银行支付，应编制的分录是（　　）。

A. 借：在途物资

　　应交税费——应交增值税（进项税额）

　贷：银行存款

B. 借：原材料

　　应交税费——应交增值税（进项税额）

　贷：银行存款

C. 借：在途物资

　贷：银行存款

D. 借：原材料

　贷：银行存款

（二）多项选择题

1. 一般纳税人企业材料的采购成本包括（　　）。

A. 材料买价　　　　　　　　　　　B. 增值税进项税额

C. 采购费用　　　　　　　　　　　D. 采购人员差旅费

2. 在材料采购业务核算时，与"在途物资"账户的借方相对应的贷方账户一般有（　　）。

A. 应付账款账户　　　　　　　　　B. 应付票据账户

C. 银行存款账户　　　　　　　　　D. 预付账款账户

（三）判断题

1. 一般纳税人企业为生产产品而购进材料时需要向供货方支付增值税额，称为进项税，计入所购商品成本。　　　　　　　　　　　　　　　　　　　　　　（　　）

2. 材料的采购成本包括材料买价、采购费用、采购人员差旅费和市内材料运杂费等。　　　　　　　　　　　　　　　　　　　　　　　　　　　　　　　　　（　　）

第三节 生产过程会计确认和计量

生产企业从投入材料进行生产开始，到产品完工入库为止的全部过程称为生产过程，它是工业企业生产经营活动的中心环节。生产业务是指企业产品生产过程中发生的经济业务。由于生产过程既是生产要素的耗用过程，又是产品的制造过程（产品成本的形成过程），因此，生产业务就应包括生产费用的发生和产品成本的形成两个方面的内容。

一、生产费用及其类别

（一）生产费用的含义

生产费用是指一定时期内生产过程中一切耗费的货币表现（生产耗费），包括产品生产过程中的直接材料、直接人工工资、间接费用等内容。

（二）生产费用的类别

产品生产过程中，按发生的相关耗费和支出是否直接与某产品生产相关，生产费用可分为直接费用和间接费用两大类。

1. 直接费用

直接费用是指相关耗费和支出发生时即能直接判明应归属于哪种产品的费用，包括：

（1）直接材料：某种生产产品的原材料、辅助材料、燃料、低值易耗品等。

（2）直接人工工资：某种生产产品的人工工资、职工福利费等一切人工费用。

（3）其他直接费用：某种产品生产过程中除直接材料和直接人工以外的其他直接费用。

2. 间接费用

间接费用是指生产车间为组织和管理生产经营活动而发生的与几种产品生产有关的共同费用和不能直接计入产品成本的各项费用，需以制造费用的名义先行归集，期末按一定标准分配计入产品生产成本的费用，如车间管理人员职工薪酬、折旧费、车间办公费、修理费、水电费、机物料消耗、劳动保护费等。

二、产品成本计算的一般程序及举例

（一）产品成本计算的一般程序

1. 确定产品成本计算方法

产品成本计算方法有品种法、分批法、分步法等。

2. 按照产品品种为成本对象设置生产成本明细账

"生产成本"科目应以某产品为对象开设明细账，并在明细账的借方开设直接人工、直接材料、制造费用等明细栏目，以归集某产品发生的实际成本，当产品完工时，将借方发生的成本结转到库存商品账户。生产成本明细账的格式见表6-2。

表 6-2　生产成本明细账

产品名称：A产品　　　　　　　　产量：

20××年		凭证号数	摘要	借方				贷方	余额
月	日			直接材料	直接工资	制造费用	合计		

3．归集和分配各项费用

（1）将直接费用直接记入"生产成本"账户。企业生产过程中，对于生产某种产品发生的原材料、直接人工工资等直接费用可以根据原始凭证或原始凭证汇总表，直接计入各种产品的生产成本明细账和总账中。

（2）归集和分配制造费用。对于车间为了组织管理产品生产而发生的间接费用，平时发生时因为不能确定某种产品应该承担多少间接费用，所以平时发生的各项间接费用，应按其用途和发生地点，通过"制造费用"科目进行归集和分配。"制造费用"科目可以按生产车间开设明细账。账户内按照费用项目开设专栏，进行明细核算（格式见表6-3）。费用发生时，根据支出凭证借记"制造费用"科目及其所属有关明细账，贷记"原材料""应付职工薪酬""累计折旧"等，并将相关项目金额归集在"制造费用"科目的借方，月末时采用一定方法将发生的制造费用全部分配转入"生产成本"科目，结转后"制造费用"科目一般在月末没有余额。

表 6-3　制造费用明细账

20××年		凭证号数	摘要	借方				贷方	余额
月	日			一般物料消耗	车间管理人员工资	办公费	折旧费		

制造费用分配计入产品成本的方法常用的有按直接人工工时比例分配法、按直接人工工资比例分配法。相关计算公式如下：

制造费用分配率=制造费用总额÷各种产品实用工时或者直接人工工资之和

某产品应负担的制造费用=该种产品实用工时数或直接工资×分配率

制造费用的分配，一般通过编制制造费用分配表进行，其格式见表6-4。

表 6-4　制造费用分配表

20××年×月

产品名称	分配标准：直接人工工资	制造费用	
		分配率	分配金额
A 产品			
B 产品			
合计			

（3）月末计算完工产品实际成本，编制完工产品成本计算汇总表。

月末，根据已经完工产品的实际成本，将"生产成本"科目借方发生额从"生产成本"账户的贷方转入"库存商品"账户的借方，并编制完工产品成本计算汇总表，其格式见表 6-5。

表 6-5　完工产品成本计算汇总表

20××年×月

项目	A 产品		
	总成本	总数量	单位成本
直接材料			
直接工资			
制造费用			
产品生产成本			

（二）产品生产成本计算实例

【例 6-20】迅达公司 2022 年 2 月生产制造 A 产品和 B 产品，期初无在产品，A 产品期末全部完工。本期所发生的费用见表 6-6，制造费用按直接人工费用比例分摊。

表 6-6　A、B 产品生产费用发生额

产品名称	投产数量/件	完工数量/件	直接材料/元	直接人工/元	制造费用/元	费用合计/元
A 产品	2 000	2 000	560 000	230 000	110 000	
B 产品	1 000		450 000	180 000		
合计	3 000		1 010 000	410 000	110 000	1 530 000

制造费用分配率＝110 000/（230 000+180 000）≈0.268

A 产品应分配的制造费用＝0.268×230 000＝61 640（元）

B 产品应分配的制造费用＝110 000−61 640＝48 360（元）

A 产品完工总成本＝560 000+230 000+61 640＝851 640（元）

A 产品单位成本＝851 640÷2 000＝425.82（元/件）

将上述计算结果填入 A 产品的生产成本明细账（见表 6-7）和产品成本计算汇总表（见表 6-8）以及 B 产品的生产成本明细账（见表 6-9）。

表 6-7　A 产品的生产成本明细账

产品名称：A 产品　　　　　　　　产量：2 000 件　　　　　　　　　　单位：元

2022 年		凭证号数	摘要	借方				贷方	余额
月	日			直接材料	直接工资	制造费用	合计		
2	1		期初余额						0
	10		领用材料	560 000			560 000		
	12		分配工资		230 000		790 000		
	31		分配制造费用			61 640	851 640		
	31		结转完工成本					851 640	0
	31		月结	560 000	230 000	61 640	851 640	851 640	0

表 6-8　产品成本计算汇总表

2022 年 2 月　　　　　　　　　　　　　金额单位：元

项目	A 产品		
	总成本	总数量/件	单位成本
直接材料	560 000	2 000	280
直接工资	230 000	2 000	115
制造费用	61 640	2 000	30. 82
产品生产成本	851 640	2 000	425. 82

表 6-9　B 产品的生产成本明细账

产品名称：B 产品　　　　　　　　产量：1 000 件　　　　　　　　　　单位：元

2022 年		凭证号数	摘要	借方				贷方	余额
月	日			直接材料	直接工资	制造费用	合计		
2	1		期初余额						0
	10		领用材料	450 000			450 000		
	12		分配工资		180 000		630 000		
	31		分配制造费用			48 360	678 360		
	31		结转完工成本						
	31		月结	450 000	180 000	48 369	678 360		678 360

三、账户设置及生产业务核算

（一）账户设置

（1）"生产成本"账户：属于成本类账户，核算生产过程中用以归集和分配企业进行生产所发生的各项直接生产费用和间接生产费用，以正确计算产品生产成本。期初余额在借方，各项增加生产成本的费用发生时在借方登记，产品完工时结转到贷方；

期末余额在借方，表示在产品的实际成本。该账户应按产品种类设置明细账进行明细核算。"生产成本"账户结构见图6-18。

生产成本

发生的生产费用：直接材料、直接人工、制造费用	结转完工验收入库产成品成本
期末余额：在产品成本	

图6-18 "生产成本"账户结构

（2）"制造费用"账户：属于成本类账户，核算企业生产车间（包括基本生产车间和辅助生产车间）范围内为了组织管理产品生产而发生的各项间接生产费用，包括车间范围内发生的管理人员的薪酬、折旧费、修理费、办公费、水电费、机物料消耗等。平时增加间接费用时在借方登记，期末按照一定方法分配到各产品生产成本时在贷方登记，结转后账户一般无余额。该账户应按不同车间设置明细账，按照费用项目设置专栏进行明细核算。"制造费用"账户结构见图6-19。

制造费用

归集车间发生的各项间接费用	期末分配转入"生产成本"账户

图6-19 "制造费用"账户结构

（3）"库存商品"账户：属于资产类账户，核算已经加工完工并已验收入库的各种产品的成本。产品验收入库时登记在账户借方，发出商品时在账户贷方登记，期末余额在借方，反映企业库存商品的实有数额。该账户应按产品种类设置明细账进行明细核算。"库存商品"账户结构见图6-20。

库存商品

验收入库商品成本增加额	库存商品成本减少额
期末余额：结存的商品成本	

图6-20 "库存商品"账户结构

（4）"管理费用"账户：属于损益类账户，核算企业行政管理部门为组织和管理生产经营活动而发生的各项费用。费用发生时在账户的借方登记，期末从账户贷方结转到"本年利润"账户，结转后无余额。该账户应按照费用项目设置明细账进行明细核算。"管理费用"账户结构见图6-21。

管理费用

行政管理部门发生的各项费用	期末转入"本年利润"账户

图6-21 "管理费用"账户结构

（5）"累计折旧"账户：属于资产类账户，是对固定资产进行备抵调整的账户，核算固定资产的原价扣除其预计净残值后的金额，目的是补偿固定资产的成本。期初余额在贷方，提取折旧费时记账户贷方，由于固定资产减少而减少折旧时登记在账户借方；期末余额在贷方，表示已经提取的累计折旧费。"累计折旧"账户结构见图 6-22。

累计折旧

因固定资产减少而减少的折旧额	按月提取的固定资产折旧增加额
	期末余额：现有固定资产累计折旧额

图 6-22 "累计折旧"账户结构

（6）"累计摊销"账户：属于资产类账户，是对无形资产进行备抵调整的账户。核算企业对使用寿命有限的无形资产计提的累计摊销。期初余额在贷方，提取摊销费时记贷方，处置无形资产时冲销提取的摊销费记借方，期末余额在贷方，表示已经提取的累计摊销费。"累计摊销"账户结构见图 6-23。

累计摊销

因无形资产减少而减少的摊销额	按月提取的无形资产摊销增加额
	期末余额：现有无形资产累计摊销额

图 6-23 "累计摊销"账户结构

（7）"应付职工薪酬"账户：属于负债类账户，核算企业根据有关规定应付给职工的各种薪酬的计算和发放情况。职工薪酬具体包括：职工工资、奖金、津贴和补贴，职工福利费、医疗保险费、养老保险费、失业保险费、工伤保险费和生育保险费等社会保险费，住房公积金、工会经费和职工教育经费，非货币性福利，因解除与职工的劳动关系给予的补偿，其他与获得职工提供服务相关的支出。期末计算分配应付各部门职工薪酬时记账户贷方，发放职工薪酬时记账户借方；期末如有余额，一般在账户贷方，表示本月应付职工薪酬大于实付职工薪酬的数额，即应付未付的职工薪酬。该账户应按照职工薪酬构成项目设置明细账进行明细核算。"应付职工薪酬"账户结构见图 6-24。

应付职工薪酬

实际支付的职工薪酬	月末分配计算的职工薪酬
	期末余额：应付未付的职工薪酬

图 6-24 "应付职工薪酬"账户结构

（8）"其他应收款"账户：属于资产类账户，核算企业除了应收账款、应收票据以外的其他债权，如对内部职工或内部职能部门的债权、应向保险公司收取的赔款等。债权增加时记借方，债权收回时记贷方；期末余额在借方，表示到目前为止尚未收回的债权。该账户应按照债务人名称设置明细账进行明细核算。"其他应收款"账户结构见图 6-25。

其他应收款

除应收款项以外的其他债权增加额	债权收回额
期末余额：尚未收回的债权	

图 6-25　"其他应收款"账户结构

（二）产品生产业务会计确认和计量

迅达公司生产 A、B 两种产品，2021 年 12 月初 A 产品余额 3 000 000 元，B 产品余额 1 800 000 元。12 月发生下列生产业务，根据相关业务编制会计分录。

【例 6-21】根据发料汇总表结转本月应负担的材料费用 700 000 元，其中生产 A 产品耗料 400 000 元，生产 B 产品耗料 250 000 元，车间一般性耗料 20 000 元，行政管理用耗料 30 000 元。

这笔经济业务的发生，使企业的"生产成本""管理费用""制造费用"增加，表示资产类和费用类账户增加；使企业的"原材料"减少，表示资产类账户减少。根据会计要素的账户结构，会计分录如下：

借：生产成本——A　　　　　　　　　　　　　　　400 000
　　生产成本——B　　　　　　　　　　　　　　　250 000
　　制造费用　　　　　　　　　　　　　　　　　　20 000
　　管理费用　　　　　　　　　　　　　　　　　　30 000
　　贷：原材料　　　　　　　　　　　　　　　　　　　　700 000

【例 6-22】劳资部门送来的本月应发放工资汇总表：其中生产 A 产品人员工资 160 000 元，B 产品人员工资 80 000 元，车间管理人员工资 50 000 元，厂部行政管理人员工资 60 000 元，销售机构人员工资 40 000 元。

这笔经济业务的发生，使企业的"生产成本""管理费用""制造费用"增加，表示资产类和费用类账户增加；使企业的"应付职工薪酬"增加，表示负债类账户增加。根据会计要素的账户结构，会计分录如下：

借：生产成本——A　　　　　　　　　　　　　　　160 000
　　　　　　——B　　　　　　　　　　　　　　　80 000
　　制造费用　　　　　　　　　　　　　　　　　　50 000
　　管理费用　　　　　　　　　　　　　　　　　　60 000
　　销售费用　　　　　　　　　　　　　　　　　　40 000
　　贷：应付职工薪酬　　　　　　　　　　　　　　　　390 000

【例 6-23】提取本月固定资产折旧费用 40 000 元，其中生产用固定资产 30 000 元，厂部行政管理用固定资产 10 000 元。

这笔经济业务的发生，使企业的"制造费用""管理费用"增加，即资产类、费用类账户增加；使企业的"累计折旧"增加，即固定资产的备抵类账户增加。根据会计要素的账户结构，会计分录如下：

借：制造费用　　　　　　　　　　　　　　　　　　30 000
　　管理费用　　　　　　　　　　　　　　　　　　10 000
　　贷：累计折旧　　　　　　　　　　　　　　　　　　40 000

【例6-24】以银行存款支付本月水电费30 000元，其中生产车间应承担20 000元，厂部行政管理部门应承担10 000元。

这笔经济业务的发生，使企业的"制造费用""管理费用"增加，即资产类、费用类账户增加；"银行存款"减少。根据会计要素的账户结构，会计分录如下：

借：制造费用 20 000
　　管理费用 10 000
　贷：银行存款 30 000

【例6-25】期末，按照直接人工工资比例分配法结转制造费用120 000元到A、B产品成本中。

制造费用分配率 = 120 000÷（160 000+80 000）×100% = 50%

A产品应分配的制造费用 = 50%×160 000 = 80 000（元）

B产品应分配的制造费用 = 120 000−80 000 = 40 000（元）

制造费用结转后，"制造费用"减少，"生产成本"增加。根据会计要素的账户结构，会计分录如下：

借：生产成本——A产品 80 000
　　　　　　——B产品 40 000
　贷：制造费用 120 000

【例6-26】购买专利权一项，以银行存款480 000支付价款，专利权已经取得。

这笔经济业务的发生，使企业的"无形资产"增加，即资产增加；使企业的"银行存款"减少，即资产减少。根据会计要素的账户结构，会计分录如下：

借：无形资产——专利权 480 000
　贷：银行存款 480 000

【例6-27】采购员王某出差预借差旅费5 000元，以现金支票支付。

这笔经济业务的发生，使企业对职工王某的债权增加，登记在"其他应收款——王某"账户的借方；使企业银行存款减少，登记在"银行存款"账户的贷方。根据会计要素的账户结构，会计分录如下：

借：其他应收款——王某 5 000
　贷：银行存款 5 000

【例6-28】期末，A产品全部生产完工并验收入库，实际成本640 000元。

这笔经济业务的发生，使企业的"库存商品"增加，即资产增加；使企业的"生产成本"减少，即成本类账户减少。根据会计要素的账户结构，会计分录如下：

借：库存商品——A产品 640 000
　贷：生产成本——A产品 640 000

【例6-29】期末，摊销上项无形资产价值1 333元。

这笔经济业务的发生，使企业的"管理费用"增加，即费用类账户增加；使企业的"累计摊销"增加，即无形资产的备抵账户发生额增加。根据会计要素的账户结构，会计分录如下：

借：管理费用——无形资产摊销 1 333
　贷：累计摊销 1 333

【例6-30】采购员王某出差回来报销差旅费5 600元，不足部门以现金支付。

这笔经济业务的发生，使企业的差旅费增加，应记入"管理费用"账户的借方；同时企业对职工王某的债权减少，登记在"其他应收款——王某"账户的贷方；企业银行存款减少，登记在"库存现金"账户的贷方。根据会计要素的账户结构，会计分录如下：

借：管理费用——差旅费　　　　　　　　　　　　　　5 600
　　贷：其他应收款——王某　　　　　　　　　　　　　　5 000
　　　　库存现金　　　　　　　　　　　　　　　　　　　600

随堂演练

（一）单选题

1. 某公司某月支付生产车间的办公费680元，水电费900元，劳保费460元，下季度保险费780元，则该月该公司的制造费用为（　　）元。

　　A. 1 580　　　　　B. 1 140　　　　　C. 2 040　　　　　D. 2 820

2. 下列费用项目中，应计入产品成本的是（　　）。

　　A. 销售费用　　　　B. 财务费用　　　　C. 制造费用　　　　D. 管理费用

3. "生产成本"账户期末借方余额表示（　　）。

　　A. 生产成本　　　　B. 生产费用　　　　C. 产成品成本　　　　D. 在产品成本

4. 与"制造费用"账户不可能发生对应关系的账户是（　　）。

　　A. 应付职工薪酬　　B. 累计折旧　　　　C. 管理费用　　　　D. 原材料

5. 车间管理人员的职工薪酬应记入（　　）账户。

　　A. "生产成本"　　　B. "管理费用"　　　C. "制造费用"　　　D. "销售费用"

6. 已经完成全部生产过程并已验收入库，可对外销售的产品的会计科目为（　　）。

　　A. 已销产品　　　　B. 生产成本　　　　C. 销售成本　　　　D. 库存商品

（二）多项选择题

1. 根据领料凭证汇总表可能记入的借方账户有（　　）。

　　A. "生产成本"　　　B. "制造费用"　　　C. "管理费用"　　　D. "在建工程"

2. 下列可在应付职工薪酬中开支的有（　　）。

　　A. 退休人员的职工　　　　　　　　　　B. 职工福利补助
　　C. 职工工资　　　　　　　　　　　　　D. 职工奖金

3. 下列项目应在"管理费用"账户中列支的有（　　）。

　　A. 工会经费　　　　　　　　　　　　　B. 劳动保险费
　　C. 业务招待费　　　　　　　　　　　　D. 车间管理人员的工资

（三）判断题

1. 制造费用是车间为组织管理产品生产而发生的间接费用，期末结转到本年利润后无余额。　　　　　　　　　　　　　　　　　　　　　　　　　　　　（　　）

2. "管理费用"账户是用来核算生产和非生产管理部门发生的工资、福利费、折旧费等的账户。　　　　　　　　　　　　　　　　　　　　　　　　　　　（　　）

第四节　销售过程会计确认和计量

销售过程是指企业出售商品或劳务，按售价取得销售收入，并按商品成本结转库存商品增加销售成本的过程，即商品价值实现过程。在此过程中，需要核算的主要内容包括：①按商品销售价格和销售数量计算所取得的商品销售收入；②结转商品的实际成本到主营业务成本；③核算发生的销售费用；④核算应上缴的销售税金及附加。

工业企业在经营过程中，除了开展销售商品、提供劳务等主要经营活动外，有时还会开展一些非经常性的、具有兼营性的其他业务，如销售材料、出租包装物、出租固定资产等。

> **学习指导**
>
> 　　对于不同的企业而言，主营业务和其他业务的内容划分并不是绝对的，一个企业的主营业务有可能是另一个企业的其他业务。

一、主营业务收支会计确认和计量

（一）主营业务收入会计确认和计量

1. 主营业务收入的确认

主营业务收入的确认问题即主营业务收入的入账时间问题，也就是说，主营业务收入在什么时间才算真正实现。按照《企业会计准则——收入》中的规定，当企业与客户之间的合同同时满足下列条件时，企业应当在客户取得相关商品控制权时确认收入：

（1）合同各方已批准该合同并承诺将履行各自义务；

（2）该合同明确了合同各方与所转让商品或提供劳务（以下简称"转让商品"）相关的权利和义务；

（3）该合同有明确的与所转让商品相关的支付条款；

（4）该合同具有商业实质，即履行该合同将改变企业未来现金流量的风险、时间分布或金额；

（5）企业因向客户转让商品而有权取得的对价很可能收回。

2. 主营业务收入的计量

根据企业会计准则的规定，企业应当按照从购货方已收或应收的合同或协议价款来确定销售收入金额。商品销售时，卖方应向买方收取的款项包括价款和增值税额，价款部分应计入商品销售收入，增值税额应计入应交增值税（销项税额）。其计算公式为

$$主营业务收入 = 已销数量 \times 销售不含税单价$$

$$销项税额 = 不含税销售收入 \times 适用税率$$

3. 主营业务收入价款结算形式

（1）现款销售收入：一手收钱（现金、银行存款或其他货币资金），一手发货。

（2）先发货，后收款：发货后，按合同规定取得收取货款的权利，表现为商品销

售收入增加，应收账款或者应收票据增加。

（3）预收货款，再销售商品：按合同要求，预先收取价款，以后期间再发出商品。预收账款时不能确认商品销售收入实现，只确认"预收账款"负债增加，在发货后再确认商品销售收入的实现，同时确认"预收账款"负债减少。

4. 账户设置

（1）"主营业务收入"账户：属于损益类中的收入类账户，核算企业销售商品或提供劳务而形成的收入。实现销售收入时记账户贷方，收入减少时或期末结转到"本年利润"时记借方，期末结转后无余额。该账户应按商品品种或劳务类别分设明细账进行明细核算。"主营业务收入"账户结构见图 6-26。

主营业务收入

销售退回、折让等； 净收入期末转入"本年利润"账户	实现的主营业务收入

图 6-26 "主营业务收入"账户结构

（2）"应收账款"账户：属于资产类账户，核算企业由于赊销而形成的对购买方的债权。实现销售，尚未收回货款导致债权增加时记借方，收回货款导致债权减少时记贷方；余额一般在借方，表示尚未收回的债权。该账户应按不同购货单位或接受劳务单位的名称分设明细账进行明细核算。"应收账款"账户结构见图 6-27。

应收账款

实现的应收账款（增加额）	收回的应收账款（减少额）
期末余额：应收未收款	期末余额：预收款项

图 6-27 "应收账款"账户结构

（3）"应收票据"账户：属于资产类账户，核算企业因销售商品、提供劳务等而收到的商业汇票。收到商业汇票时记借方，收回票据款或转让票据时记贷方；余额一般在借方，表示尚未收回的债权。该账户应按债务人设置明细账，同时还应设置应收票据备查簿，逐笔登记每一应收票据的种类、号码、出票日期、票面金额、票面利率、交易合同号、到期日、背书转让日、贴现日期、贴现率、贴现净额、未计提的利息、付款人、承兑人、背书人的姓名或单位名称，以及收款日期和收回金额、退票情况等资料。应收票据到期结清票款或退票后，应在备查簿内逐笔注销。"应收票据"账户结构见图 6-28。

应收票据

本期收到的商业汇票	到期（或贴现）票据额
期末余额：尚未收回的票据款	

图 6-28 "应收票据"账户结构

（4）"预收账款"账户：属于负债类账户，核算企业按照合同规定预收购货单位订货款的增减变动情况。预收购货单位的货款时，登记在账户贷方，表示负债增加；销售实现冲销预收款负债时，登记在账户借方；余额一般在贷方，表示尚未冲销的预收款债务。该账户应按不同购货单位或接受劳务单位的名称分设明细账进行明细核算。"预收账款"账户结构见图6-29。

预收账款

预收货款的减少	预收货款的增加
期末余额：购货单位应补付的款项	期末余额：预收款的结余

图6-29 "预收账款"账户结构

5. 核算举例

【例6-31】迅达公司于2021年12月销售A产品1 100件，不含税销售单价500元，适用的增值税税率为13%。迅达公司已经收到对方开出转账支票1张，货已经发出。

这笔经济业务的发生，使企业的"银行存款"增加，即资产类账户发生额增加，应记借方；使企业的"主营业务收入"增加，即收入类账户发生额增加，记贷方；使企业的"应交税费"增加，即负债类账户发生额增加，记贷方。会计分录如下：

借：银行存款　　　　　　　　　　　　　　　　621 500

　　贷：主营业务收入——A产品　　　　　　　　　550 000

　　　　应交税费——应交增值税（销项税额）　　　 71 500

【例6-32】迅达公司销售B产品120件，不含税每件售价2 400元，适用的增值税税率为13%。对方开出延期3个月付款的银行承兑汇票抵付价款与税金，货已经发出。

这笔经济业务的发生，使企业"应收票据"增加，即资产类账户发生额增加，应记借方；使企业的"主营业务收入"增加，即收入类账户发生额增加，记贷方；使企业的"应交税费"增加，即负债类账户发生额增加，记贷方。会计分录如下：

借：应收票据　　　　　　　　　　　　　　　　325 440

　　贷：主营业务收入——B产品　　　　　　　　　288 000

　　　　应交税费——应交增值税（销项税额）　　　 37 440

【例6-33】迅达公司向C单位销售B产品350件，不含税单价2 500元，适用的增值税税率为13%，货已经发出，约定20日后付款。

这笔经济业务的发生，使企业的"应收账款"增加，即资产类账户发生额增加，应记借方；使企业的"主营业务收入"增加，即收入类账户发生额增加，记贷方；使企业的"应交税费"增加，即负债类账户发生额增加，记贷方。会计分录如下：

借：应收账款——C单位　　　　　　　　　　　 988 750

　　贷：主营业务收入——B产品　　　　　　　　　875 000

　　　　应交税费——应交增值税（销项税额）　　　113 750

【例6-34】10天后，迅达公司收到C单位转账支票，偿还前项货款988 750元。

这笔经济业务的发生，使企业的"银行存款"增加，即资产增加；使企业的"应收账款"减少，即资产类账户发生额减少。根据会计要素的账户结构，会计分录如下：

借：银行存款 988 750

    贷：应收账款——C 单位 988 750

【例 6-35】迅达公司收到 D 公司开出转账支票 1 张，面额 150 000 元，预付购买 3 000 件 A 产品的货款。

这笔经济业务的发生，使企业的"银行存款"增加，即资产增加；货发出以前，负债类账户"预收账款"增加。根据会计要素的账户结构，会计分录如下：

借：银行存款 150 000

    贷：预收账款——D 单位 150 000

【例 6-36】迅达公司向 D 公司发出 A 产品 3 000 件，每件售价 500 元，价款 1 500 000 元，增值税 195 000 元，以该公司原预付款 150 000 抵付部分货款，余款已收存银行。

这笔经济业务的发生，使企业应收银行存款 1 695 000 元，以前期间已经预先收款 150 000 元，所以应该冲减负债类账户"预收账款"，应记入预收账款账户的借方；企业将收到的款项存入银行，记入"银行存款"账户的借方。"主营业务收入"增加，即收入类账户发生额增加，应记贷方；"应交税费"增加，即负债类账户发生额增加，记贷方。会计分录如下：

借：预收账款——D 公司 150 000

    银行存款 1 545 000

    贷：主营业务收入 ——A 产品 1 500 000

      应交税费——应交增值税（销项税额） 195 000

（二）主营业务成本会计确认和计量

主营业务成本是指企业生产和销售的与主营业务有关的产品或服务发生的直接成本，如制造业销售的产成品成本和商业企业销售的商品成本等。

1. 主营业务成本的确认

主营业务成本的结转，可以平时随销售随时结转，也可以月末一次集中结转。为了简化核算，企业一般在平时只记销售收入的增加，月末再一次集中结转销售成本。主营业务成本结转时要遵循配比原则，即主营业务成本的结转不仅应与该笔业务的主营业务收入在同一会计期间确认，还应与该笔业务的销售数量保持一致。

2. 主营业务成本的计量

主营业务成本的计算公式为

$$主营业务成本 = 销售数量 × 单位产品生产成本$$

由于同一种产品的入库时间不同，入库的单价就可能不同，因此需要采用相应方法计算主营业务成本。方法有先进先出法、月末一次加权平均法、移动加权平均法、个别计价法等，常用方法有先进先出法和月末一次加权平均法。

（1）先进先出法。

先进先出法是指根据先入库先发出的原则，对于发出的存货以先入库存货的单价计算发出存货成本的方法。采用这种方法的具体做法是：先按存货的期初余额的单价计算发出存货的成本，领发完毕后，再按第一批入库的存货单价计算，依此从前向后类推，计算发出存货和结转存货的成本。

（2）月末一次加权平均法。

月末一次加权平均法是指在月末计算一次平均单价，用该单价乘以销售商品数量，即销售商品的实际成本。

加权平均单价=｛月初库存商品的实际成本+∑（本月各批入库商品的实际单位成本×本月各批入库商品的数量）｝÷（月初库存商品数量+本月各批入库商品数量之和）

本月发出商品的成本=本月发出商品的数量×商品的加权平均单价

【例6-37】迅达公司A产品期初结存1 000件，单个产品的生产成本为100元；

2月5日生产完工2 000件，单个产品的生产成本为120元；

2月10日发出2 400件；

2月25日生产完工入库1 000件，单个产品的生产成本为140元；

2月28日发出400件。

①以先进先出法计算销售成本时：

2月10日发出2 400件的成本=1 000×100+1 400×120=268 000（元）

2月28日发出400件的成本=400×120=48 000（元）

本月商品销售成本=268 000+48 000=316 000（元）

本月结存商品成本=200×120+1 000×140=164 000（元）

②以加权平均法计算销售成本时：

加权平均单位成本=（1 000×100+2 000×120+1 000×140）÷（1 000+2 000+1 000）
=120（元）

本月发出商品的成本=发出数量×平均成本=2 800×120=33 6000（元）

本月结存商品的成本=结存数量×平均成本=1 200×120=14 4000（元）

3. 主营业务成本的核算

（1）账户设置。

"主营业务成本"账户：属于损益类中的费用类账户，核算销售商品或提供劳务而发生的成本。计算出销售商品成本时登记在账户借方，期末结转到"本年利润"账户时登记在账户贷方，期末结转以后无余额。该账户应按商品品种或劳务类别分设明细账进行明细核算。"主营业务成本"账户结构见图6-30。

主营业务成本

发生的主营业务成本	期末转入"本年利润"账户

图6-30 "主营业务成本"账户结构

（2）核算举例。

【例6-38】迅达公司2021年12月销售A产品总计4 100件，每件成本价400元，销售B产品470件，每件成本价2 000元，结转其产品销售成本。

商品销售后，"库存商品"减少，资产类账户发生额减少，记贷方；商品销售成本增加，使费用类账户"主营业务成本"增加，记借方。会计分录如下：

借：主营业务成本——A 产品		1 640 000
——B 产品		940 000
贷：库存商品——A 产品		1 640 000
——B 产品		940 000

（三）税金及附加会计确认和计量

税金及附加是指企业经营活动应负担的消费税、城市建设维护税、资源税和教育费附加等。这些税金及附加一般是根据当月销售额或实际缴纳的税额，按照规定的税率计算的。

1. 税金及附加的确认

消费税是国家为体现消费政策，有选择地对生产、委托加工和进口的应税消费行为的流转额征收的一种税。现行消费税的征收范围主要包括烟、酒、鞭炮、焰火、高档化妆品、成品油、贵重首饰及珠宝玉石、高尔夫球及球具、高档手表、游艇、木制一次性筷子、实木地板、摩托车、小汽车等。消费税实行从价定率、从量定额两种计算方法。

城市维护建设税，又称城建税，是以纳税人实际缴纳的增值税、消费税税额为计税依据，依法计征的一种税。该税的征收目的是加强城市的维护建设，扩大和稳定城市维护建设资金的来源。

资源税是以各种应税自然资源为课税对象、为了调节资源级差收入并体现国有资源有偿使用而征收的一种税。纳税人开采或者生产应税产品销售的，以销售数量为课税数量；纳税人开采或者生产应税产品自用的，以自用数量为课税数量。

教育费附加是对缴纳增值税、消费税的单位和个人征收的一种附加费。其作用是发展地方性教育事业，扩大地方教育经费的资金来源。

2. 账户设置

"税金及附加"账户：属于损益类中的费用类账户，核算企业应缴城市建设维护税、教育费附加、资源税而设置的账户。计算出应交的城建税及附加费时登记在账户借方，期末结转到"本年利润"账户时登记在账户贷方，期末结转到本年利润以后无余额。该账户应按税金及附加费的不同项目分设明细账进行明细核算。"税金及附加"账户结构见图 6-31。

税金及附加

按月计算得出应上缴的税金及附加	期末转入"本年利润"账户

图 6-31 "税金及附加"账户结构

3. 核算举例

【例 6-39】迅达公司计算得出本月应交的城建税 5 000 元、教育费附加 800 元。

这笔经济业务的发生，使企业费用类账户"税金及附加"增加，记借方；使企业的负债类账户"应交税费"增加，记贷方。会计分录如下：

借：税金及附加   5 800

    贷：应交税费——城建税   5 000

          ——教育费附加   800

（四）销售费用会计确认和计量

销售费用是指企业在销售产品过程中发生的各种广告费，宣传费，应由销货方承担的运输费、装卸费、保险费，专设销售机构经费，以及销售人员工资和福利费等。

1. 账户设置

"销售费用"账户：属于损益类中的费用类账户，核算企业在销售产品过程中发生的各种广告费，宣传费，应由销货方承担的运输费、装卸费、保险费，专设销售机构经费，以及销售人员工资和福利费等。费用发生时记借方，减少时记贷方，期末结转到本年利润以后无余额。该账户应按销售费用的不同项目分设明细账进行明细核算。"销售费用"账户结构见图6-32。

图6-32 "销售费用"账户结构

2. 核算举例

【例6-40】迅达公司以银行存款支付本月电视广告费430 000元。

这笔经济业务的发生，使企业的"银行存款"减少，即资产类账户发生额减少，记贷方；使企业的"销售费用"增加，即费用类账户发生额增加，记借方。根据会计要素的账户结构，会计分录如下：

借：销售费用——广告费   430 000

    贷：银行存款   430 000

【例6-41】迅达公司用银行存款支付本月销售产品的装运费10 500元。

这笔经济业务的发生，使企业的"银行存款"减少，即资产类账户发生额减少，记贷方；使企业的"销售费用"增加，即费用类账户发生额增加，记借方。根据会计要素的账户结构，会计分录如下：

借：销售费用——运费   10 500

    贷：银行存款   10 500

二、其他业务收支会计确认和计量

制造业企业其他业务收入和支出的核算原则和计量方法与主营业务基本相同，但没有主营业务要求严格。

（一）其他业务收入会计确认和计量

其他业务收入是指企业主营业务以外的所有通过销售材料、提供劳务及让渡资产使用权等日常活动所形成的经济利益的流入。其他业务收入具有不经常发生、每笔业务金额一般较小、占收入比重较低等特点。

"其他业务收入"账户：属于损益类中的收入类账户，核算除主营业务以外的其他销售或其他业务的收入，如材料销售收入、无形资产出租收入、包装物出租收入等。实现其他业务收入时记账户贷方，收入减少时或期末结转到"本年利润"时记借方，期末结转后无余额。该账户应按其他业务种类分设明细账进行明细核算。"其他业务收入"账户结构见图6-33。

<table>
<tr><td colspan="2" align="center">其他业务收入</td></tr>
<tr><td>期末转入"本年利润"</td><td>实现的其他业务收入</td></tr>
</table>

图6-33 "其他业务收入"账户结构

【例6-42】迅达公司出售不需用的甲材料价款 28 000 元，增值税 3 640 元，存入银行。

这笔经济业务的发生，使企业的"银行存款"增加，即资产增加，记借方；使企业的"其他业务收入"增加，即收入类账户发生额增加，记贷方；使企业的"应交税费"增加，即负债类账户发生额增加，记贷方。根据会计要素的账户结构，会计分录如下：

借：银行存款   31 640
 贷：其他业务收入——材料销售   28 000
  应交税费——应交增值税（销项税额）   3 640

（二）其他业务成本会计确认和计量

其他业务成本是指企业在实现其他业务收入的同时所发生的各项成本和费用，如出售材料的成本、出租固定资产的折旧额等。

"其他业务成本"账户：属于损益类中的费用类账户，核算为取得其他业务收入而发生的相关成本、费用和税金等支出。计算出其他业务成本时登记在账户借方，期末结转到"本年利润"账户时登记在账户贷方，期末结转以后无余额。该账户应按其他业务类别分设明细账进行明细核算。"其他业务成本"账户结构见图6-34。

<table>
<tr><td colspan="2" align="center">其他业务成本</td></tr>
<tr><td>发生的其他业务成本</td><td>期末转入"本年利润"账户</td></tr>
</table>

图6-34 "其他业务成本"账户结构

【例6-43】迅达公司结转上项销售的甲材料的实际成本 24 000 元。

材料销售后，"原材料"减少，资产类账户发生额减少，记贷方；同时材料销售成本增加，使费用类账户"其他业务成本"增加，记借方。根据会计要素的账户结构，会计分录如下：

借：其他业务成本   24 000
 贷：原材料——甲材料   24 000

随堂演练

（一）单选题

1. 下述各项目中，应记入"销售费用"账户的是（   ）。

    A. 为销售产品而发生的广告费   B. 销售产品的价款

    C. 已销产品的生产成本   D. 销售产品所支付的税款

2. 企业销售多余的材料，其销售收入属于（   ）。

    A. 主营业务收入   B. 基本业务收入

    C. 其他业务收入   D. 营业外收入

3. 甲企业销售 B 产品一批给乙企业，其中货款 20 000 元，增值税 3 200 元，支付运杂费 300 元，应收账款金额为（   ）元。

    A. 20 000   B. 23 200   C. 23 500   D. 23 900

（二）多项选择题

1. "税金及附加"账户借方登记的内容有（   ）。

    A. 增值税   B. 消费税   C. 城建税   D. 教育费附加

2. 企业进行商品销售成本结转时，应记入的账户有（   ）。

    A. "生产成本"账户   B. "管理费用"账户

    C. "库存商品"账户   D. "主营业务成本"账户

（三）判断题

1. 如果与交易相关的经济利益即销售价款不能收回，则不能确认为销售收入的实现。   （   ）

2. 企业出租无形资产取得的收入应在"其他业务收入"账户核算。   （   ）

3. 增值税是企业销售收入的抵减项目。   （   ）

第五节　财产清查过程会计确认和计量

一、财产清查概念及分类

（一）财产清查的概念

财产清查，是指通过对实物资产、库存现金进行实地盘点，对各项银行存款和往来款项进行询证核对，以确定各项实物资产、货币资金及往来款项的实存数，并查明实存数与账存数是否相符的一种会计核算方法。

企业在日常生产经营活动中发生各项财产物资的增减变动时，在会计核算中要及时填制和审核会计凭证，并根据审核无误的会计凭证登记账簿。从理论上讲，会计账簿上所记载的各项财产增减和结存的数量及金额，应该与实际各项财产的收、发和结存金额及数量相符。但是，在实际工作中，有许多客观原因、隐形因素等造成各项财产账面数额与实际结存数额发生差异，造成账实不符。引起账实不符的原因归纳起来主要有以下几个方面：

（1）实物财产保管过程中的自然损耗而导致的数量或者质量上的变化。

（2）实物财产收发时，由于计量、检验不准确而发生的品种、数量、质量上的差错。

（3）管理不善或工作人员失职而造成实物财产损坏、变质或短缺，以及货币资金、往来款项的差错。

（4）自然灾害造成的非常损失。

（5）结算过程中，未达账项或拒付等原因造成债权、债务与往来单位账面记录不一致引起的账实不符。

（6）实物财产由于企业外部环境变化而产生了价值的贬值，应收账款因长期未经清偿而成为坏账等。

（7）由于不法分子贪污盗窃、营私舞弊等造成的财产的损失。

以上原因，有些可以避免，而有些是不能完全避免的。因此，为了正确掌握各项财产的真实情况，保证会计资料的准确、可靠，就必须在账簿记录的基础上，运用财产清查这一专门方法，对各项财产进行定期或不定期的清查，并与账簿记录核对相符，以确保账实相符。

（二）财产清查的意义

1. 保护企业各项财产的安全完整

通过财产清查，我们可以查明各项财产的收发、领退或保管情况，有无因管理不善造成的收发差错，财产霉烂、变质、损失浪费或被非法挪用，贪污盗窃等情况，以便采取措施，切实加强对财产的管理。

2. 保证会计核算资料的真实可靠

通过财产清查，我们可以查明各项财产的实有数，确定实有数额与账面数额的差异，查找发生差异的原因和责任，以及时调整账面的记录，从而达到账实相符，保证会计核算资料的准确、真实、可靠，为编制财务报表提供真实数据，为领导决策提供可靠依据。

3. 促进遵守财经法纪和结算制度

通过财产清查，我们可以查明企业是否切实遵守财经纪律，是否按期缴纳税费和是否遵守结算制度，对各项往来款项的结算及现金的使用情况是否正常，有无违反国家的信贷政策和现金管理的规定，有无自觉维护和遵守财经纪律。

4. 挖掘财产潜力和提高使用效率

通过财产清查，我们可以查明各项财产的储备和利用情况，有无储备不足或积压、呆滞等现象，以便采取措施，及时处理，提高财产使用效率。对储备不足的，企业应设法补充，确保生产需要；对积压、呆滞等财产，企业应及时提供给有关部门加以利用或积极处理，避免积压和浪费，充分发挥财产的潜力，发挥各项财产的使用效能，加速资金周转。

（三）财产清查的种类

1. 按照清查的范围不同，财产清查可分为全面清查和局部清查

（1）全面清查。

全面清查是指对企业所有的全部财产进行的清查、盘点和核对。对制造业企业而言，清查的对象主要包括以下内容：

①货币资金：包括库存现金、银行存款和各种有价证券等。

②固定资产：包括机器设备、厂房及建筑物、运输设备等。

③存货及在途资产：包括原材料、在产品、半成品、库存商品、低值易耗品等存货及各项在途物资、在途商品、委托其他单位加工或保管的物资等。

④往来款项：包括各项往来结算款项、缴拨款项。

⑤投资：包括长期投资和短期投资等。

⑥各项租赁使用、受托保管、代购代销的实物资产。

全面清查涉及的清查范围广，工作量大，参加人员多，有时还会影响企业生产经营的正常进行，因此，不能经常进行全面清查，一般在如下几种情况时需要进行全面清查：

①年终结算前；

②单位在合资、联营、合并、停办、撤销或改变隶属关系时；

③在开展清产核资时；

④企业实行承包经营，在核定承包任务以前及承包到期核实承包任务完成情况时。

（2）局部清查。

局部清查是根据需要对企业各项资产中的某一部分进行的清查、盘点与核对。清查对象主要是流动性较大的财产，因此，局部清查范围小、时间短，但专业性较强。局部清查的对象主要包括以下内容：

①库存现金应由出纳人员在每日终了，自行清查一次，做到日清月结。

②银行存款和银行借款，应由出纳人员至少每月同银行核对一次。

③对于各种贵重实物财产，每月至少应清查一次。

④对各种材料、在产品和库存商品等，除了年度清查外，年内应有计划轮流盘点或重新抽查一次。

⑤各种债权、债务，应在会计年度内至少核对一至两次。

另外，对发现某种物品被盗或者自然灾害造成物品毁损，以及其他责任事故造成物品损失等，都应及时进行局部清查，以便查明原因，及时处理，并调整账簿记录。

2. 按照清查的时间不同，财产清查分为定期清查和不定期清查

（1）定期清查。

定期清查是指按照预先安排的时间，对企业财产进行的清查，一般是在年终、季末、月末结账时进行，其清查对象和范围视实际需要而定。通常情况下，年终决算前进行全面清查，季末和月末进行局部清查。

（2）不定期清查。

不定期清查是指事先并不规定清查时间，而是根据实际需要临时决定对企业财产进行的清查。不定期清查一般在如下几种情况时进行：

①更换实物财产和现金保管人员时，为分清经济责任，需要对有关人员所保管的实物财产和现金进行清查。

②发生非常灾害和意外损失时，需要对受灾损失的财产进行清查，以查明损失情况。

③上级主管部门、财政和审计部门，要对本单位进行会计检查时，应按检查要求及范围进行清查，以验证会计资料的真实可信。

④按照有关规定，进行临时性的清产核资工作，以摸清企业的家底。

⑤企业撤销或者合并时。

根据上述情况进行不定期清查，可以是全面清查，也可以是局部清查，应根据实际需要而定。

3. 按照清查执行的单位不同，财产清查分为内部清查和外部清查

（1）内部清查。

内部清查是指由企业自行组织清查工作小组对企业财产进行的清查工作。多数的财产清查都属于内部清查。

（2）外部清查。

外部清查是指由企业外的部门或人员根据国家的有关规定或情况的需要组织实施的对本企业财产的清查。企业外的部门或人员主要包括上级主管部门、审计机关、司法部门、注册会计师等，如注册会计师对企业报表进行审计，审计、司法机关对企业在检查、监督中所进行的清查工作等。

二、财产清查实施过程及方法

（一）财产清查前的准备工作

1. 组织准备

财产清查涉及管理部门、财务会计部门、实物财产保管部门，以及与本单位有业务和资金往来的外部有关单位和个人。因此，为了保证财产清查工作有条不紊地进行，在财产清查工作开展前，企业应建立由单位有关负责人、会计主管人员、专业人员和职工代表参加的财产清查领导小组，具体负责财产清查的组织工作。财产清查领导小组的主要任务是：①在财产清查前，根据本单位的实际情况和有关方面的要求，制订出财产清查的详细计划，确定清查对象、范围，明确清查方式和进程，配备清查人员，明确清查任务；②在清查过程中，做好检查督促工作，以及研究处理在清查过程中出现的有关问题；③清查结束后，认真编写好财产清查工作报告，将清查的结果和处理意见上报企业高层管理者和有关部门审批处理。

2. 业务准备

（1）会计部门。

会计部门和会计人员应将总账和明细分类账等有关账户登记齐全，核对正确，结算出余额，做到记录完整，计算准确，确保账证相符、账账相符，为财产清查提供正确可靠的数据；对银行存款、银行借款和结算款项，需要取得对账单，以便查对；准备好有关财产清查时使用的登记报表、账册。

（2）保管部门。

实物财产保管部门和保管人员，对所保管的各种实物财产，按类别、组别等排列整齐，分别挂上标签，并注明实物名称、规格、型号和数量，以备查对；并将截止财产清查盘点前的各种实物财产的收入、发出办好手续，全部登记入保管账，结出余额，并与会计部门的有关账簿记录核对，作为财产清查的依据；准备好各种度量衡器具，以保证计量的准确可靠。

（二）财产清查的具体方法

1. 货币资金的清查方法

（1）库存现金的清查。

①清查方法。

库存现金的清查，主要采取实地盘点法，即采用实地盘点来确定库存现金的实存数，然后再与库存现金日记账的账面余额相核对，以查明账实是否相符。

库存现金清查一般有两种情况：一是由出纳员每日清点库存现金的实有数，并与库存现金日记账结余额相核对，以确保账实相符；二是由清查人员定期或者不定期地进行清查。清查时，出纳员必须在场，清查人员要认真审核收付款凭证和账簿记录，检查经济业务是否合理合法、账簿记录有无错误，以确定账实是否相符。另外，清查人员还应检查企业是否有临时挪用和借给个人的现金，是否有"白条"收据抵库现象；对超过银行核定限额的现金是否及时送存开户银行，是否有人坐支现金等。

②清查手续。

现金盘点结束后，我们应根据实地盘点的结果及与库存现金日记账核对的情况及时填制库存现金盘点报告表。库存现金盘点报告表是重要的原始凭证，它既起"实物盘存单"的作用，又起"实存账存对比表"的作用，也就是说，库存现金盘点报告表既是据以调整账面记录的原始凭证，又是分析现金余缺的依据。所以，库存现金盘点报告表应由盘点人员和出纳员认真填写，共同签章。库存现金盘点报告表的一般格式如表6-10所示。

表6-10　库存现金盘点报告表

单位名称　　　　　　　　　年　月　日

实存金额	账存金额	对比结果		备注
		盘盈	盘亏	

盘点人员：（签章）　　　　　　　　　　　　出纳员：（签章）

（2）银行存款的清查。

①清查方法。

银行存款的清查，主要是指将开户银行所提供的银行存款对账单的余额与本单位银行存款日记账的账面余额相核对的方法。

核对前，有关人员应检查截止清查日的所有涉及银行存款收、付业务是否已全部登记入账，余额计算是否正确，并检查本单位银行存款日记账的正确性和完整性；然后，将其与银行提供的对账单逐笔核对。

②清查手续。

有关人员将对账单余额与本单位银行存款日记账余额核对时，若发现不相符的情况，一般是由以下两种原因造成的：一是双方在记账中可能发生错账、漏账等；二是未达账项的存在。如果是错账、漏账，应及时更正；如果是未达账项，则应于查明后，编制银行存款余额调节表。

③未达账项。

所谓未达账项，是指企业和银行之间，对同一项交易或者事项，一方已收到有关结算凭证并已登记入账，而另一方由于尚未收到有关结算凭证尚未登记入账的款项。企业与银行之间的未达账项有以下四种类型：

a. 企业已收、银行未收：企业已收款登记入账，而开户银行尚未办妥手续，尚未记入企业存款户。如企业收到现金支票后送存银行，即可根据银行盖章退回的进账单回联登记银行存款的增加；而银行要等款项收妥后才记增加，若此时对账，便会形成未达账项。

b. 企业已付、银行未付：企业已付款登记入账，而开户银行尚未支付或办理，尚未记入企业存款户。如企业开出支票支付购料款，企业可根据支票存根、发票及收料单凭证，登记银行存款减少；但持票单位尚未将支票送银行转账，而银行尚未登记银行存款的减少，若此时对账，便会形成未达账项。

c. 银行已收、企业未收：银行已收款登记入账，而企业没有接到有关凭证尚未入账。如从外地某企业信汇的货款，银行收到汇款单后已登记银行存款增加；但企业由于尚未收到银行转来的收款凭证，尚未登记银行存款增加，如此时对账，便会形成未达账项。

d. 银行已付、企业未付：银行已付款登记入账，但企业没有接到通知尚未入账。如银行代企业支付水电费，银行已取得支款凭证登记了银行存款减少；但企业由于尚未收到银行转来的支款凭证，尚未登记银行存款减少，如此时对账，便会形成未达账项。

未达账项的存在会导致银行提供的对账单余额与企业银行存款日记账余额不符，为了查明银行存款的实有数，检查账簿记录是否正确，如果发现有未达账项，有关人员应通过编制银行存款余额调节表予以调节，使双方的余额一致。

④银行存款调节表的编制。

银行存款余额调节表的编制，就是在企业、银行两方面余额的基础上，补记一方已入账而另一方尚未入账的数额，以消除未达账项的影响。消除未达账项的影响后，企业银行存款日记账的余额与银行对账单的余额应该相等，而且是企业实际可以动用的款项。

"银行存款余额调节表"的编制原理可用公式表示如下：

企业银行存款日记账余额+银行已收而企业未收的款项-银行已付而企业未付的款项=银行对账单余额+企业已收而银行未收的款项-企业已付而银行未付的款项。

【例6-44】迅达公司2022年6月30日的银行存款日记账账面余额为286 000元，而银行对账单上的余额为278 000元。经逐笔核对，发现有以下未达账项：

①企业委托银行代收某单位购货款24 500元，银行已收妥并登记企业银行存款增加，企业尚未收到银行的收款通知，因而尚未入账。

②企业委托银行代缴水电费5 500元，银行已付款并登记企业银行存款减少，企业尚未收到银行的付款通知，因而尚未入账。

③企业收到一张金额为36 000元的转账支票，送存银行后登记银行存款增加，但

银行尚未办理转账手续，因而银行尚未入账。

④企业开出金额为 9 000 元的转账支票一张，用于支付材料款，并已登记银行存款减少，但持票人尚未到银行办理转账手续，因而银行尚未入账。

根据上述未达账项，可编制"银行存款余额调节表"（如表 6-11 所示）。

表 6-11　银行存款余额调节表

2022 年 6 月 30 日　　　　　　　　　　　　　　　　单位：元

项目	金额	项目	金额
企业银行存款日记账余额	286 000	银行对账单余额	278 000
加：银行已收企业未收	24 500	加：企业已收银行未收	36 000
减：银行已付企业未付	5 500	减：企业已付银行未付	9 000
调节后的存款余额	305 000	调节后的存款余额	305 000

调整后的存款余额已消除了未达账项的影响，双方余额如果相同，则说明双方账目都没有错误，如果调整后的存款余额不同，则说明双方账目发生了其他错误，应查明予以更正。此外，还应注意的是，银行存款余额调节表的编制只是银行存款清查的方法，它只起到对账的作用，不能作为账务处理的原始依据。银行存款余额调节表与银行对账单一并附在当月银行存款日记账后保存。

2. 实物资产的清查方法

（1）存货的盘存制度。

实物资产是指企业所拥有的具有实物形态的各种财产，包括固定资产、存货、在建工程项目等。财产清查中需要清查核对实物资产的实存数量，特别是存货的实存数量。存货的盘存制度是指在日常会计核算中以什么方法确定各项财产物资的期末账面余额。在会计实务中，存货的盘存制度有两种：永续盘存制和实地盘存制。

①永续盘存制。

a. 永续盘存制的概念。

永续盘存制，又称账面盘存制，是指平时对各项实物财产的增减变动数量和金额都必须根据会计凭证在有关账簿中连续进行登记，并随时结出账面结存数量及金额的一种盘存制度。采用这种制度，按品种规格设置存货明细分类账，在明细分类账中，除登记收入、发出、结存数量外，一般还要登记金额，其计算公式如下：

$$发出存货金额 = 发出存货数量 × 存货单价$$

$$期末账面结存金额 = 期初账面结存金额 + 本期增加金额 - 本期减少金额$$

b. 永续盘存制的优缺点。

永续盘存制的优点主要有以下几方面：一是能随时提供财产物资的收入、发出、结存动态信息；二是可以通过盘点，及时发现账实不符等情况；三是可以随时将账存数与实存数相比较，有利于做出购销决策、降低库存、加速资金流动。

永续盘存制的主要缺点是：平时财产物资明细账的核算工作量大，耗费较多的人力和物力。

和实地盘存制相比较，永续盘存制在核算的准确性方面具有明显的优越性。因此，在实际工作中，除少数特殊情况外，企业均应采用永续盘存制。

②实地盘存制。

a. 实地盘存制的概念。

实地盘存制，也称定期盘存制，是指对各种财产物资进行日常核算时，只在明细账簿中登记增加的数量和金额，不登记其减少数量和金额；月末对财产物资进行实地盘点，确定财产物资的实存数量和金额，并以盘点结果作为账存数量和金额，然后倒推出财产物资的减少数量和金额，并据以登记有关账簿，即"以存计耗""以存计销"。

在实地盘存制下，计算本期发出存货成本和期末结存存货成本的计算公式如下：

本期发出存货成本＝期初结存存货成本+本期入库存货成本-期末结存存货成本

期末结存存货成本＝期末存货实地盘存数（结存数量）×单价

b. 实地盘存制的优缺点。

实地盘存制的主要优点是：记账简单。平时只记财产物资的增加数，不记减少数和结存数，月末汇总计算减少数，一次登记总账，从而大大简化日常核算工作量。

实地盘存制的主要缺点是：一是不能随时反映财产物资的收入、发出、结存动态信息；二是"以存计耗"或"以存计销"掩盖了非正常、贪污盗窃等引起的损失，影响经营成果的核算，进而影响会计核算的真实性，不利于企业加强对财产物资的管理和控制；三是不能随时结转销售或耗用财产物资的成本，只能月末定期一次结转，加大了期末会计核算工作量。

由于实地盘存制存在上述缺点，因此，企业一般不采用这种盘存制度。实地盘存制一般只适用于一些价值低、品种杂、进出频繁的商品或材料物资。

【例6-45】迅达公司2022年11月有关甲材料的收入、发出和结存情况如下：月初结存200千克，计4 000元；本月5日购进入库300千克，实际成本6 000元，本月10日购进100千克，实际成本2 000元；本月3日生产领用150千克，计3 000元，本月15日生产领用200千克，计4 000元；月末实地盘点甲材料实存200千克，计4 000元。

要求：分别按"永续盘存制"和"实地盘存制"填列下列甲材料明细账（表6-12、表6-13）。

表6-12　甲材料明细账（永续盘存制）　　　　　　金额单位：元

2022年		凭证号数	摘要	收入			付出			余额		
月	日			数量/千克	单价	金额	数量/千克	单价	金额	数量/千克	单价	金额
11	1		期初结存							200	20	4 000
	3		领用				150	20	3 000	50	20	1 000
	5		购入	300	20	6 000				350	20	7 000
	10		购入	100	20	2 000				450	20	9 000
	15		领用				200	20	4 000	250	20	5 000
	30		合计	400	20	8 000	350	20	7 000	250	20	5 000

表 6-13　甲材料明细账（实地盘存制）　　　　　金额单位：元

2022 年		凭证号数	摘要	收入			付出			余额		
月	日			数量/千克	单价	金额	数量/千克	单价	金额	数量/千克	单价	金额
11	1		期初结存							200	20	4 000
	5		购入	300	20	6 000						
	10		购入	100	20	2 000						
	30		领用				400	20	8 000			
	30		结存									
	30		合计	400	20	8 000	400	20	8 000	200	20	4 000

（2）实物资产的清查方法。

①实物资产清查的内容。

实物资产清查包括对存货（如原材料、低值易耗品、在产品、库存商品、包装物等）和固定资产（如房屋、建筑物以及各种设备等）在数量和质量上进行的清查。实物资产在企业资产中的占比，是财产清查的主要内容。一般应按实物资产的特点，如体积、形状、重量、数量及堆放方式不同，采用不同的方法来查明实物资产的实存数量。

②实物资产清查的方法。

进行存货清查的基本做法是实地盘点法。由于存货资产的实物形态和存放地点或使用方式等各不相同，进行实地盘点的做法又有所不同。具体的方法有：

a. 全面盘点法：对企业的所有存货资产通过点数、过磅和丈量等方法确定其实有数。这种方法一般适用于对原材料、包装物、在产品和库存商品等存货资产的清查。

b. 技术推算法：是指利用技术推断方法确定存货资产实有数的方法。这种方法一般适用于对零散堆放的大宗材料等存货资产的清查。

c. 抽样盘存法：是指采用抽取一定数量样品的方式确定存货资产实有数的一种方法。这种方法一般适用于对数量比较多、重量和体积等比较均衡的实物资产的清查。

d. 函证核对法：是指采用向对方发函的方式对实物资产的实有数进行确定的一种方法。这种方法一般适用于对委托外单位加工或保管的存货资产的清查。

固定资产清查的基本方法也是实地盘点法，一般采用全面盘点法，即将通过实地盘点得到的各种固定资产的实有数分别与其账面的结存数进行核对，以确定是否账实相符。

③实物资产清查的手续。

进行实物资产的清查应填写"盘存单"和"实存账存对比表"。盘存单是指在对实物资产进行清查的过程中所填写的单据，反映的是实物资产的实存数量。填写"盘存单"的目的是为与各种实物资产的账面数量进行核对提供依据。"实存账存对比表"是指在将"盘存单"上的实存数量与账存数量核对以后，根据实物资产存在的账实不符情况所填制的单据。"盘存单"和"实存账存对比表"的一般格式分别如表 6-14 和表 6-15 所示。

表 6-14　盘存单

单位名称：　　　　　　　盘点时间：　　　　　　　编号：

财产类别：　　　　　　　存放地点：

序号	名称	规格型号	计量单位	实存数量	单价	金额	备注

表 6-15　实存账存对比表

单位名称：　　　　　　　　　　　年　　月　　日

财产名称	实存金额	账存金额	实存与账存对比		备注
			盘盈	盘亏	
	（盘点后确认的实际余额）	（账面现有余额）	（实存余额大于账面余额）	（实存余额小于账面余额）	

盘点人签章：　　　　　　　　　　　保管人员签章：

　　"盘存单"反映的只是实物资产的实存数量，不能作为调整账面记录的依据。而"实存账存对比表"反映了实物资产在清查过程中发现的问题，因而是进行实物资产清查结果处理的重要原始凭证，可作为调整有关存货账面记录的依据。

　　3. 往来款项清查的内容及方法

　　（1）往来款项清查的内容。

　　往来款项主要包括各种应收账款、应付账款、预收账款、预付账款、其他应收款和其他应付款等。往来款项清查的目的主要是查明各种往来款项的实际状况与账面记录情况是否相符。

　　（2）往来款项清查的方法与清查的手续。

　　往来款项的清查一般采取"函证核对法"进行清查。清查企业应按每一个经济往来单位编制"往来款项对账单"，寄发或派人送交债务人或债权人，以便对方进行核对，并提出确认或不确认的意见，并寄回往来款项对账单（回联单），借以确定企业账面记录与实际情况是否相符。

　　在往来款项清查的过程中，要编制的"往来款项对账单"的一般格式如图 6-35所示。

往来款项对账单

H 公司：

你单位 2022 年 10 月购入我司 N 产品 30 件，总货款为 351 000 元，已付 250 000 元，尚有 101 000 元未付，请核对后将回联单寄回。

核查单位：G 公司（盖章）

2022 年 12 月 15 日

沿此虚线裁开，将以下回联单寄回。

- -

往来款项对账单（回联）

G 公司：

你司寄来的往来款项对账单已收到，经核对无误。

H 公司（盖章）

2022 年 12 月 30 日

图 6-35　往来款项对账单

清查企业接到对方单位退还的对账单后，如果存在余额不符的情况，应编制"往来款项清查报告表"，分别注明产生差异的原因，并提出处理意见。对于有争议的款项和没有希望收回的或无法支付的款项等，有关人员应及时查明原因报领导批准后另行处理。"往来款项清查报告表"的一般格式如表 6-16 所示。

表 6-16　往来款项清查报告表

企业名称：　　　　　　　　　　年　月　日　　　　　　　　　　单位：元

明细科目		清查结果		不符单位及原因分析					备注
名称	金额	相符	不符	不符单位名称	争执中款项	未达账项	无法收回	拖付账项	

记账人员：（签章）　　　　　　　　　　　　清查人员：（签章）

三、财产清查结果的账务处理

企业在财产清查工作中，如果发现各种财产的账存数与实存数一致，就不必进行账务处理；如果发现账存数和实存数之间存在差异，则必须进行账务处理，以达到账实相符。

账实不符的情形具体分为两种：当实存数大于账存数时，即盘盈，二者差额为盘盈额；当实存数小于账存数时，即盘亏，二者差额为盘亏额。财产清查中的账务处理即处理各种盘盈和盘亏事项。

（一）财产清查结果账务处理的步骤

对于发现的财产盘盈、盘亏情况，在报经有关部门审批后，会计部门应及时入账以调整账簿记录，做到账实相符。其账务处理一般分为以下几个步骤进行：

（1）核准金额，查明各种差异的性质和原因，提出处理意见；

（2）根据已查实的财产的盘盈、盘亏和损失等情况，及时编制记账凭证，调整有关财产的账面记录，同时转入"待处理财产损溢"账户，以使账实相符；

（3）根据有关部门批准的处理意见，编制记账凭证，按不同的原因做转销账务处理，并登记有关账簿。

（二）财产清查结果账务处理的账户设置

（1）"待处理财产损溢"账户：属于资产类账户，核算财产清查中查明的现金和实物财产的盘盈、盘亏和毁损数及其转销情况，该账户借方登记财产的盘亏和毁损数以及盘盈的转销数，贷方登记财产的盘盈及盘亏和毁损的转销数。期末若余额在借方，为尚未处理的盘亏、毁损数大于尚未处理的盘盈数的差额；期末若余额在贷方，为尚未处理的盘盈数大于尚未处理的盘亏、毁损数的差额。该账户在总分类账下再设置"待处理流动资产损溢"和"待处理固定资产损溢"两个明细账户。"待处理财产损溢"账户结构见图6-36。

待处理财产损溢

①发生的盘亏（或毁损、短缺）数额 ②转销的盘盈（或溢余）数额	①转销的盘亏（或毁损、短缺）数额 ②发生的盘盈（或溢余）数额
期末尚未转销的盘亏（或毁损、短缺）数额	期末尚未转销的盘盈（或溢余）数额

图6-36 "待处理财产损溢"账户结构

（2）"营业外收入"账户：属于损益类账户，用以核算企业发生的与其生产经营活动无直接关系的各项收入，如无法查明原因的库存现金盘盈收入等。取得营业外收入时记贷方，期末将其结转到"本年利润"时记借方，结转后期末无余额。该账户按营业外收入项目设置明细账进行明细核算。"营业外收入"账户结构见图6-37。

营业外收入

期末结转"本年利润"时	取得营业外收入时

图6-37 "营业外收入"账户结构

（3）"营业外支出"账户：属于损益类账户，用以核算企业发生的与其生产经营活动无直接关系的各项支出。当处理非常损失时，转销的损失一般应作为营业外支出入账。发生营业外支出时记借方，期末将其结转到"本年利润"时记贷方，结转后期末无余额。该账户按营业外支出项目设置明细账进行明细核算。"营业外支出"账户结构见图6-38。

営業外支出

発生的営業外支出	期末转入"本年利润"账户

图 6-38 "营业外支出"账户结构

（4）"其他应付款"账户：属于负债类账户，核算企业应付、暂收其他单位或个人的款项，如应付租入固定资产和包装物的租金，存入保证金、职工未按期领取的工资，应付、暂收所属单位、个人的款项等。债务增加时记贷方，债务归还时记借方；期末余额一般在贷方，反映到目前为止尚未支付的债务。该账户按其他应付款的不同构成分设明细账进行明细核算。"其他应付款"账户结构见图 6-39。

其他应付款

归还其他应付款时	发生其他应付款时
	尚未归还的其他应付款

图 6-39 "其他应付款"账户结构

（5）"以前年度损益调整"账户：属于损益类账户，核算企业本年度发生的调整以前年度损益的事项以及本年度发现的重要前期差错更正涉及调整以前年度损益的事项。企业调整增加以前年度利润或减少以前年度亏损时记贷方，调整减少以前年度利润或增加以前年度亏损记借方，余额转入"利润分配——未分配利润"科目后期末无余额。"以前年度损益调整"账户结构见图 6-40。

以前年度损益调整

调整减少以前年度利润或增加以前年度亏损时	调整增加以前年度利润或减少以前年度亏损时
余额转入"利润分配"账户后无余额	

图 6-40 "以前年度损益调整"账户结构

（6）"信用减值损失"账户：属于费用类账户，核算企业因购货人拒付、破产、死亡等无法收回资金而遭受的损失。当按选定的适当方法计提减值损失时记入账户的借方，期末将其从贷方转入"本年利润"，转完后账户无余额。"信用减值损失"账户结构见图 6-41。

信用减值损失

发生的信用减值损失	期末转入"本年利润"账户

图 6-41 "信用减值损失"账户结构

（7）"坏账准备"账户：属于资产类账户，是在备抵法下核算坏账损失时设置，各种应计提坏账准备的应收款项的抵减调整账户。应计提坏账准备的范围主要包括应收账款、预付账款和其他应收款等。企业按期估计坏账损失，提取准备金时，贷记本账户；实际发生坏账，用准备金弥补坏账损失时，借记本账户；期末余额一般在贷方，反映坏账准备的实有数额。"坏账准备"账户结构见图6-42。

坏账准备	
用坏账准备弥补亏损时	年末提取坏账准备时
	提取尚未使用的坏账准备金

图6-42 "坏账准备"账户结构

（三）财产清查结果的账务处理

1. 库存现金清查结果的账务处理

（1）库存现金长款（盘盈）。

①会计人员发现库存现金长款（盘盈）时，先借记"库存现金"账户，贷记"待处理财产损溢"账户。

借：库存现金

　　贷：待处理财产损溢

②会计人员查明原因后，属于少付给其他单位或个人的，记入"其他应付款"账户的贷方；属于无法查明原因或原因不明的，则记入"营业外收入"账户的贷方，同时借记"待处理财产损溢"账户。

借：待处理财产损溢

　　贷：其他应付款

　　　　营业外收入

（2）库存现金短缺（盘亏）。

①会计人员发现库存现金短缺（盘亏）时，先记入"待处理财产损溢"账户的借方，同时记入"库存现金"账户的贷方。

借：待处理财产损溢

　　贷：库存现金

②查明原因后，属于应由责任人或保险公司赔偿的部分，借记"其他应收款"账户，属于无法查明原因或原因不明的，则借记"管理费用"账户，同时贷记"待处理财产损溢"账户。

借：其他应收款（属于应由责任人或保险公司赔偿的部分）

　　管理费用（属于无法查明原因或原因不明的部分）

　　贷：待处理财产损溢

2. 存货清查结果的账务处理

（1）存货盘盈。

①企业发生存货盘盈时，会计人员先根据存货的具体内容借记"原材料""库存商品"等存货账户，贷记"待处理财产损溢"账户。

借：有关存货账户

　　贷：待处理财产损溢

②报经批准后，会计人员借记"待处理财产损溢"账户，贷记"管理费用"账户。

借：待处理财产损溢

　　贷：管理费用

（2）存货盘亏。

①发生存货的盘亏和毁损时，会计人员先记入"待处理财产损溢"账户的借方，同时记入"原材料""库存商品"等存货账户的贷方。

借：待处理财产损溢

　　贷：有关存货账户

②报经批准后，属于应由责任人或保险公司赔偿的部分的，借记"其他应收款"账户；属于无法查明原因或原因不明的，借记"营业外支出"账户；属于自然原因产生的定额内损耗，借记"管理费用"账户，同时贷记"待处理财产损溢"账户。

借：其他应收款（属于应由责任人或者保险公司赔偿的部分）

　　营业外支出（属于自然灾害引起的财产损失，扣除保险公司赔偿部分和残料价值后由企业自行承担的部分）

　　管理费用（属于自然原因产生的定额内损耗）

　　贷：待处理财产损溢

3. 固定资产清查结果的账务处理

（1）固定资产盘盈。

盘盈的固定资产，应作为前期差错处理，不需要通过"待处理财产损溢"账户进行核算。

①按管理权限报经批准处理前，会计人员借记"固定资产"账户，贷记"以前年度损益调整"账户。

借：固定资产

　　贷：以前年度损益调整

②等批准后转销时，会计人员借记"以前年度损益调整"账户，贷记"利润分配——未分配利润"账户。

借：以前年度损益调整

　　贷：利润分配——未分配利润

盘盈的固定资产，入账价值按以下规定确定：如果同类或类似固定资产存在活跃市场，按同类或类似固定资产的市场价值，减去按该项资产的新旧程度估计的价值损耗后的余额，作为入账价值；如果同类或类似固定资产不存在活跃市场的，按该项固定资产的预计未来现金流量的现值，作为入账价值。

（2）固定资产盘亏。

①发生固定资产盘亏时，会计人员按固定资产净值借记"待处理财产损溢"账户和"累计折旧"账户，同时贷记"固定资产"账户。

借：待处理财产损溢（净值）

　　累计折旧

　　贷：固定资产（原值）

②报经批准后转销时，会计人员借记"营业外支出"账户，同时贷记"待处理财产损溢"账户。

借：营业外支出

　　贷：待处理财产损溢

4. 往来款项清查结果的账务处理

企业在财产清查中查明的有关债权、债务的坏账收入或坏账损失，经批准后，直接进行转销，不需要通过"待处理财产损溢"账户。

（1）应付账款清查结果的账务处理。

企业在财产清查中查明的因债权单位撤销等原因而产生的确实无法支付的应付款项，经批准以后应按其账面价值转作营业外收入。

借：应付账款

　　贷：营业外收入

（2）应收账款清查结果的账务处理。

企业在财产清查中，对于查明确实无法收回的应收款项，按管理权限报经批准以后作为坏账，转销应收款项。我国企业会计制度规定，企业应采用备抵法核算坏账损失。在备抵法下，应按期（一般在每年年末）估计可能发生的坏账损失提取坏账准备，并计入当期信用减值损失；当在下一年度发生坏账时，根据坏账金额冲减上一年度已经提取的坏账准备，同时转销相应的应收款项。估计坏账损失的方法有应收账款余额百分比法、账龄分析法、赊销百分比法和个别认定法等。

①企业按期估计坏账损失时，会计人员借记"信用减值损失"账户，贷记"坏账准备"账户。

借：信用减值损失

　　贷：坏账准备

②实际发生坏账，企业应用坏账准备金弥补坏账损失，会计人员借记"坏账准备"账户，贷记"应收账款"账户。

借：坏账准备

　　贷：应收账款

（四）财产清查结果账务处理案例

【例6-46】迅达公司在库存现金清查中发现长款300元，经核查其中200元是应支付给销售科李三的差旅费，其余100元长款原因不明，报经批准转作营业外收入。其账务处理如下：

（1）报经批准前，编制如下会计分录：

借：库存现金　　　　　　　　　　　　　　　　　　　　　300

　　贷：待处理财产损溢——待处理流动资产损溢　　　　　　　300

（2）报经批准后，编制如下会计分录：

借：待处理财产损溢——待处理流动资产损溢　　　　　　　300

　　贷：其他应付款——李三　　　　　　　　　　　　　　　200

　　　　营业外收入　　　　　　　　　　　　　　　　　　100

【例 6-47】迅达公司在库存现金清查中发现短款 185 元，经核查其中 100 元为出纳员保管不善遗失，责成其赔偿，其余 85 元短款原因不明，经批准后转作当期管理费用。其账务处理如下：

（1）报经批准前，编制会计分录如下：

借：待处理财产损溢——待处理流动资产损溢   185
 贷：库存现金   185

（2）报经批准后，编制会计分录如下：

借：其他应收款——X 出纳   100
  管理费用   85
 贷：待处理财产损溢——待处理流动资产损溢   185

【例 6-48】迅达公司在财产清查中，发现盘盈原材料一批，价值 1 600 元，经核查是收发材料时计量不准造成的，经批准冲减企业的管理费用。

（1）报经批准前，编制会计分录如下：

借：原材料   1 600
 贷：待处理财产损溢——待处理流动资产损溢   1 600

（2）报经批准后，编制会计分录如下：

借：待处理财产损溢——待处理流动资产损溢   1 600
 贷：管理费用   1 600

【例 6-49】迅达公司在财产清查中，发现盘亏原材料 5 000 元，经核查，应由责任人赔偿 800 元，保险公司赔偿 2 500 元，自然灾害损失 1 200 元，定额内损耗 500 元。

（1）报经批准前，编制会计分录如下：

借：待处理财产损溢——待处理流动资产损溢   5 000
 贷：原材料   5 000

（2）报经批准后，编制会计分录如下：

借：其他应收款——某责任人   800
     ——保险公司   2 500
  营业外支出   1 200
  管理费用   500
 贷：待处理财产损溢——待处理流动资产损溢   5 000

【例 6-50】迅达公司在财产清查中盘盈账外设备一台，同类设备市场价值 20 000 元，6 成新。其账务处理如下：

（1）报经批准前，编制会计分录如下：

借：固定资产   12 000
 贷：以前年度损益调整   12 000

（2）报经批准后，编制会计分录如下：

借：以前年度损益调整   12 000
 贷：利润分配——未分配利润   12 000

【例 6-51】迅达公司在财产清查中，发现短缺设备一台，账面原值为 18 000 元，已提折旧 14 600 元。其账务处理如下：

（1）报经批准前，编制会计分录如下：

借：待处理财产损溢——待处理固定资产损溢   3 400

   累计折旧   14 600

  贷：固定资产   18 000

（2）报经批准后，编制会计分录如下：

借：营业外支出   3 400

  贷：待处理财产损溢——待处理固定资产损溢   3 400

【例6-52】迅达公司在年终财产清查中发现长期无法支付的应付账款 5 700 元，经核查发现对方单位已解散，经批准核销。其账务处理如下：

（1）报经批准前无须进行账务处理。

（2）报经批准后，编制会计分录如下：

借：应付账款   5 700

  贷：营业外收入   5 700

【例6-53】迅达公司在年终财产清查中发现应收账款实际发生坏账损失 1 560 元。其账务处理如下：

（1）报经批准前无须进行账务处理。

（2）报经批准后，编制会计分录如下：

借：坏账准备   1 560

  贷：应收账款   1 560

随堂演练

（一）单选题

1. 财产清查是用来检查（ ）是否相符的一种专门方法。

  A. 账证   B. 账账   C. 账实   D. 账表

2. 库存现金清查方法是（ ）。

  A. 核对账目法 B. 实地盘点法 C. 技术推算法 D. 发函询证法

3. 银行存款余额调节表中调节后的余额是（ ）。

  A. 银行存款账面余额

  B. 对账单余额与日记账余额的平均数

  C. 对账日企业可动用的银行存款实有数额

  D. 银行方面的账面余额

4. 盘亏与毁损财产物资的数额中属于责任者个人赔偿的，应记入（ ）账户。

  A. "应收账款"   B. "应付账款"

  C. "其他应收款"   D. "其他应付款"

5. 固定资产盘亏的处理应记入（ ）账户。

  A. "主营业务收入"   B. "其他业务收入"

  C. "投资收益"   D. "营业外支出"

6. 企业计提坏账准备时，应借记（　　）账户。

    A. "应收账款"　　　　　　　　　　B. "坏账准备"

    C. "信用减值损失"　　　　　　　　D. "销售费用"

（二）多项选择题

1. 出纳人员每天工作结束前都要结清现金日记账并将其与库存现金实存数核对，这属于（　　）。

    A. 定期清查　　　　B. 不定期清查　　　　C. 全面清查　　　　D. 局部清查

2. 下列（　　）情况下，企业应对其财产进行全面清查。

    A. 年终决算前　　　　　　　　　　B. 股份制改造前

    C. 更换仓库保管员　　　　　　　　D. 破产清算时

3. 财产物资的盘存制度有（　　）。

    A. 权责发生制　　　　B. 收付实现制　　　　C. 永续盘存制　　　　D. 实地盘存制

4. 关于"待处理财产损溢"账户，下列说法正确的有（　　）。

    A. 按经济内容分类记入资产类账户

    B. 账户具有收益和损失双重性质

    C. 按损益对象不同分设明细账

    D. 除非重大灾害或意外，年末一般无余额

（三）判断题

1. 永续盘存制期末必须对存货进行实地盘点，否则无法确定本期发出货成本。

    （　　）

2. 库存现金清查时，出纳人员可以不在场。（　　）

3. 在对现金进行实地盘点以后，如果出现溢余，则由出纳员自行处理。（　　）

4. 企业因自然灾害所造成的生产用材料毁损，经有关部门批准后，应将扣除保险公司等单位的赔款和残料价值后的净损失借记"管理费用"。（　　）

第六节　利润形成及分配过程会计确认和计量

一、利润形成与分配业务概述

利润是企业在一定会计期间从事经营活动所取得的经营成果，它包括收入减去费用后的净额以及直接计入当期利润的利得和损失等。财务成果是企业经营活动效率与经济效益的综合体现，是评价企业经营管理绩效的重要指标。

当收入与利得之和大于费用和损失之和时，企业即实现了利润。利润在按国家规定上缴所得税后，还应该在企业与投资人之间进行分配。利润分配关系到企业与投资人之间的经济利益，具有很强的政策性。财务成果的账务处理主要包括以下两方面的内容。

（一）利润的形成

企业的利润，究其来源，既有通过生产经营活动而获得，也有通过投资活动而获得，还包括那些与生产经营无直接联系的事项所引起的盈亏，用计算公式表示如下：

1. 营业利润

营业利润是企业生存发展的基础。其计算公式为

营业利润＝营业收入－营业成本－税金及附加－期间费用－资产（和信用）减值损失＋
投资收益（－损失）＋公允价值变动损益（－损失）

其中：营业收入＝主营业务收入＋其他业务收入

营业成本＝主营业务成本＋其他业务成本

期间费用＝销售费用＋管理费用＋财务费用

资产（和信用）减值损失是指企业计提各项资产减值所形成的损失。

投资收益包括企业对外投资的债券利息、股利、利润、投资到期收回或转让所取得价款和投资账面价值之间的差额等，如果差额为负则表示投资损失。

公允价值变动收益（或损失）是指企业交易性金融资产等的公允价值变动所形成的应记入当期损益的利得或损失。

2. 利润总额

利润总额是企业当期的经营成果。其计算公式为

利润总额＝营业利润＋营业外收入－营业外支出

其中：营业外收入是指与企业发生的与生产经营活动没有直接关系的各种利得，主要包括非流动资产处置利得、盘盈利得、捐赠利得、非货币性资产交换利得、债务重组利得、确实无法支付的应付账款等。非流动资产处置利得包括固定资产处置利得和无形资产出售利得。盘盈利得，是指企业对现金等清查盘点时发生盘盈，报经批准后计入营业外收入的金额。

营业外支出是指与企业生产经营活动无直接的关系，但应从企业实现的利润总额中扣除的支出，主要包括非流动资产处置损失、公益性捐赠支出、盘亏（固定资产）损失、罚款支出、非货币性资产交换损失、债务重组损失、非常损失等。非流动资产处置损失包括固定资产处置损失和无形资产出售损失。公益性捐赠支出是指企业对外进行公益性捐赠发生的支出。非常损失是指企业对因客观因素（如自然灾害）造成的损失，扣除保险公司赔偿后应计入营业外支出的净损失。

3. 净利润

净利润是指企业当期利润总额减去向国家缴纳所得税后的余额，即企业税后利润。其计算公式一般为

净利润＝利润总额－所得税费用

其中，所得税费用是指企业应计入当期损益的所得税额。它是按照税法规定依据应纳税所得额乘以适用税率（一般为25%）计算并向国家缴纳的税款，是企业利润总额的减项。由于会计利润的计算方法与税法上应纳税所得额的计算方法不一致，因此，在计算所得税额时，应采用资产负债表债务法计算所得税费用。在会计学教材中，为了简化起见，很多是假定应纳税所得额等于本年利润。

（二）利润的分配

企业净利润实现后，应按规定进行分配。根据我国有关法规规定，一般企业和股份制公司当年实现的净利润，首先是弥补以前年度尚未弥补的亏损，然后按下列顺序进行分配：

（1）提取法定盈余公积金。通常，按本年实现的净利润的10%提取，如累计法定盈余公积超过注册资本50%以上的，可不再提取。法定盈余公积金的主要用途是为以后弥补亏损和转增资本。

（2）应付优先股股利，即企业按照利润分配方案分配给优先股股东的现金股利。它是按照约定的股利率计算支付的。

（3）提取任意盈余公积金，一般按照股东大会决议提取。

（4）应付普通股股利，即企业按照利润分配方案分配给普通股股东的现金股利，一般按照各股东所持有的股份比例进行分配。如果是非股份制企业则为分配给投资者的利润。

（5）转作资本（或股本）的普通股股利，即企业按照利润分配方案以分派股利的形式转作资本（或股本），即以利润转增的资本。

（三）账户设置

1. 反映利润形成的账户

为了总括反映和监督企业利润的形成情况，除了前述的收入和费用账户外，企业还应设置"投资收益""所得税费用""本年利润"等账户。这些账户的性质和结构如下：

（1）"投资收益"账户：核算企业对外投资股票、债券、基金等金融资产实现的收益或者发生的损失而设置的损益类账户。实现投资收益时记贷方，发生投资损失时记借方，不论收益或损失期末结转到"本年利润"账户后无余额。"投资收益"账户结构见图6-43。

投资收益

发生投资损失时， 结转净收益到"本年利润"账户	实现投资收益时， 结转净损失到"本年利润"账户

图 6-43 "投资收益"账户结构

（2）"所得税费用"账户：属于损益类账户，用以核算企业应交的所得税费用。该账户的借方登记发生的所得税费用额，贷方登记期末结转到"本年利润"账户的所得税费用额，期末结转以后无余额。"所得税费用"账户结构见图6-44。

所得税费用

计提所得税费用时	年末转入"本年利润"时

图 6-44 "所得税费用"账户结构

（3）"本年利润"账户：属于所有者权益类账户，用以核算企业在本年度实现的净利润（或发生的净亏损）。期末将损益类账户中的所有收入利得账户发生额结转到本账户的贷方，将损益类账户中所有费用损失账户发生额结转到本账户的借方；余额在贷方为盈利，反之为亏损。年终结算以后该账户无余额。"本年利润"账户结构见图6-45。

本年利润	
所有费用损失类账户转入额	所有收入利得类账户转入额
本年发生的亏损	本年实现的盈利

图 6-45 "本年利润"账户结构

2. 反映利润分配的账户

为了总括核算和监督企业净利润的分配情况，应设置以下账户：

（1）"利润分配"账户：属于所有者权益类账户，用以核算企业利润分配（或亏损弥补）的历年分配（或弥补）后的积存余额。该账户的借方登记利润分配数或从"本年利润"账户转入的全年累计亏损额，贷方登记年末从"本年利润"账户转入的全年实现的净利润额或用盈余公积弥补亏损额等其他转入。期末余额在贷方表示历年未分配利润，如为借方余额，为历年积存的未弥补亏损。该账户应按利润分配的内容设置提取盈余公积、应付利润（或股利）、未分配利润、盈余公积补亏等明细分类账户进行明细核算。"利润分配"账户结构见图6-46。

利润分配	
①利润分配数 ②全年累计亏损转入额	①全年实现的净利润转入额 ②用盈余公积补亏等其他转入额
历年积存的未弥补亏损	历年未分配利润

图 6-46 "利润分配"账户结构

（2）"盈余公积"账户：属于所有者权益类账户，用以核算企业从净利润中提取的盈余公积金。该账户的贷方登记提取的盈余公积；借方登记盈余公积的补亏数额或转增资本数额；期末余额在贷方，反映企业盈余公积结存数额。该账户应按盈余公积的种类设置明细账进行明细核算。"盈余公积"账户结构见图6-47。

盈余公积	
用盈余公积弥补亏损或转增资本时	年末提取盈余公积时
	提取尚未使用的盈余公积

图 6-47 "盈余公积"账户结构

（3）"应付股利（或应付利润）"账户：属于负债类账户，用以核算企业经股东会、董事会或类似权力机构决议确定分配的现金股利或利润。该账户的贷方登记按规定应分配给投资者的现金股利或利润，借方登记实际支付给投资者的现金股利或利润。"应付利润"账户结构见图6-48。

应付利润	
实际支付给投资者的现金股利或利润	按规定应分配给投资者的现金股利或利润
	尚未支付的现金股利或利润

图 6-48 "应付利润"账户结构

二、财务成果形成与分配业务核算

（一）财务成果形成核算

1. 投资收益的核算

【例 6-54】迅达公司本月应收短期股票投资收益 12 000 元。

这笔经济业务的发生，使企业的"应收股利"增加，即资产增加记入借方；使企业的"投资收益"增加，即收入类账户增加记贷方。会计分录如下：

借：应收股利　　　　　　　　　　　　　　　　　　　　　12 000
　　贷：投资收益　　　　　　　　　　　　　　　　　　　　　　12 000

【例 6-55】迅达公司收到上项股利 12 000 元，存入银行。

这笔经济业务的发生，使企业的"银行存款"增加，即资产增加；使企业的"应收股利"减少，即资产类账户减少。会计分录如下：

借：银行存款　　　　　　　　　　　　　　　　　　　　　12 000
　　贷：应收股利　　　　　　　　　　　　　　　　　　　　　　12 000

2. 营业外收支的核算

【例 6-56】迅达公司收到违约罚金 16 000 元，存入银行。

这笔经济业务的发生，使企业的"银行存款"增加，即资产增加；使企业的"营业外收入"增加，即收入类账户增加。会计分录如下：

借：银行存款　　　　　　　　　　　　　　　　　　　　　16 000
　　贷：营业外收入——违约金　　　　　　　　　　　　　　　　16 000

【例 6-57】迅达公司以银行存款捐赠希望工程 8000 元。

这笔经济业务的发生，使企业的"营业外支出"增加，即费用类账户增加，应记入借方；使企业的"银行存款"减少，即资产减少，记贷方。会计分录如下：

借：营业外支出——捐赠支出　　　　　　　　　　　　　　　8 000
　　贷：银行存款　　　　　　　　　　　　　　　　　　　　　　8 000

3. 所得税费用核算

【例 6-58】年末，迅达公司按照税法规定应缴的所得税额为 750 000 元。

这笔经济业务的发生，使企业的"所得税费用"增加，即费用类账户增加，应该记入借方；使企业的"应交税费"增加，即负债增加，应该记入贷方。会计分录如下：

借：所得税费用　　　　　　　　　　　　　　　　　　　750 000
　　贷：应交税费——应交所得税　　　　　　　　　　　　　　750 000

【例 6-59】迅达公司用银行存款缴纳上述所得税 750 000 元。

这笔经济业务的发生，使企业的"银行存款"减少，即资产减少；使企业的"应交税费"减少，即负债减少。根据会计要素的账户结构，会计分录如下：

借：应交税费——应交所得税 750 000

　　贷：银行存款 750 000

4. 净利润形成的核算

【例6-60】2021年11月30日，迅达公司的"本年利润"账户为贷方余额2 790 383元，12月31日有关利润形成核算如下。

（1）期末，结转本月主营业务收入1 626 500元、其他业务收入58 000元、投资收益12 000元、营业外收入16 000到本年利润账户。

平时收入增加时记贷方，期末结转收入类账户使收入减少应记借方，使"本年利润"增加，相当于所有者权益增加，应记贷方。会计分录如下：

借：主营业务收入 1 626 500

　　其他业务收入 58 000

　　投资收益 12 000

　　营业外收入 16 000

　　贷：本年利润 1 712 500

（2）结转本月费用类账户到本年利润，包括：主营业务成本1 302 250元、税金及附加5 800元、其他业务成本49 000元、管理费用91 333、财务费用5 000元、销售费用41 500元、营业外支出8000元。

平时费用类账户增加时记借方，期末结转费用类账户使费用减少应记贷方，费用增加使利润减少，利润减少导致所有者权益减少，应记入"本年利润"账户借方。根据会计要素的账户结构，会计分录如下：

借：本年利润 1 502 883

　　贷：主营业务成本 1 302 250

　　　　税金及附加 5 800

　　　　其他业务成本 49 000

　　　　管理费用 91 333

　　　　财务费用 5 000

　　　　销售费用 41 500

　　　　营业外支出 8 000

根据上述两笔结转分录，我们可以得出迅达公司12月份利润总额为209 617元（1 712 500-1 502 883），加上月初"本年利润"账户余额2 790 383元，该公司全年实现的利润总额为3 000 000元。

（3）将按照税法规定应缴的所得税额750 000元结转到"本年利润"账户。

借：本年利润 750 000

　　贷：所得税费用 750 000

迅达公司上缴所得税后，全年净利润为2 250 000元。

（二）利润分配核算

【例6-61】年末，迅达公司结转全年实现的净利润2 250 000元。

结转全年本年利润以后，本年利润减少，意味着所有者权益减少，记"本年利润"

账户借方；净利润增加使所有者享有的未分配利润增加，记所有者权益类账户"利润分配——未分配利润"贷方。会计分录如下：

　　借：本年利润　　　　　　　　　　　　　　　　　　　　2 250 000

　　　　贷：利润分配——未分配利润　　　　　　　　　　　　　　2 250 000

　　【例6-62】迅达公司按税后净利润2 250 000元的10%提取法定盈余公积金。

　　提取盈余公积金，使企业的所有者权益类账户"盈余公积"增加，记贷方；使企业的所有者权益类账户"利润分配"减少，记借方。会计分录如下：

　　借：利润分配——法定盈余公积　　　　　　　　　　　　225 000

　　　　贷：盈余公积——法定盈余公积　　　　　　　　　　　　225 000

　　【例6-63】迅达公司计算应支付给投资者的利润1 400 000元。

　　应向投资者分配利润但还没有发放，说明欠了投资者的钱，负债类账户"应付股利"增加，应该记贷方；分配利润使所有者权益减少，记"利润分配——应付利润"借方。会计分录如下：

　　借：利润分配——应付利润　　　　　　　　　　　　　　1 400 000

　　　　贷：应付股利　　　　　　　　　　　　　　　　　　　　1 400 000

　　【例6-64】迅达公司在期末结清利润并分配至各明细账户，确定本年末未分配利润。

　　"利润分配——法定盈余公积"和"利润分配——应付股利"发生时在借方，结转后方向相反，应记入贷方；提取盈余公积和向投资者分配利润以后，所有者享有的未分配利润减少，导致所有者权益减少，所以借方应该是"利润分配——未分配利润"。会计分录如下：

　　借：利润分配——未分配利润　　　　　　　　　　　　　1 625 000

　　　　贷：利润分配——法定盈余公积　　　　　　　　　　　　225 000

　　　　　　　　——应付股利　　　　　　　　　　　　　　　1 400 000

　　将上述会计分录过账以后，迅达公司"利润分配——未分配利润"账户余额为625 000元。利润分配的其他明细科目发生额结转后无余额。

随堂演练

（一）单选题

1. 以下（　　）不属于企业财务成果的计算与处理。

　　A. 计算利润分配　　　　　　　　　B. 提取盈余公积

　　C. 向国家计算缴纳所得税　　　　　D. 向国家缴纳增值税

2. 在下列"利润分配"账户所属的明细账中，在期末结转后仍应有余额的账户是（　　）。

　　A. "提取法定盈余公积"账户　　　　B. "提取任意盈余公积"账户

　　C. "应付现金股利"账户　　　　　　D. "未分配利润"账户

3. 下列项目中属于营业外支出的是（　　）。

　　A. 原材料销售的耗费　　　　　　　B. 固定资产盘亏损失

　　C. 包装物出租的相应支出　　　　　D. 产品销售的成本

4. 企业用当年实现的税前利润弥补以前年度亏损时，正确的做法是（   ）。

    A. 不做专门账务处理，自然抵补

    B. 借：利润分配——未分配利润

        贷：利润分配——弥补以前年度亏损

    C. 借：应交税金——应交所得税

        贷：利润分配——未分配利润

    D. 借：利润分配——盈余公积补亏

        贷：利润分配——未分配利润

5. "本年利润"账户年末的贷方余额表示（   ）。

    A. 利润分配额   B. 未分配利润额

    C. 盈利额   D. 亏损额

6. 年末利润分配后，"利润分配——未分配利润"账户的贷方余额表示（   ）。

    A. 实现的利润总额   B. 净利润额

    C. 利润分配总额   D. 未分配利润额

7. 在记账无误的情况下，银行对账单与企业银行存款日记账余额不一致是（   ）造成的。

    A. 应付账款   B. 未达账项   C. 坏账损失   D. 应收账款

8. 银行存款日记账余额为 48 800 元，银行已收企业未收款 10 000 元，银行已付企业未付款 800 元，企业已收银行未收款 2 000 元，编制银行存款余额调节表的余额为（   ）元。

    A. 39 600   B. 40 800   C. 49 600   D. 58 000

9. 对于企业已付款并入账但银行尚未入账的未达账项，在编制"银行存款余额调节表"时，应在（   ）。

    A. 银行对账单余额方调减   B. 企业存款余额方调减

    C. 银行对账单余额方调增   D. 企业存款余额方调增

（二）多项选择题

1. 下列各项中，影响营业利润的项目有（   ）。

    A. 已销商品成本   B. 原材料销售收入

    C. 出售固定资产净收益   D. 转让无形资产净损失

    E. 销售商品广告费

2. 企业实现的利润总额应进行下列分配（   ）。

    A. 计算缴纳所得税   B. 偿还应付账款

    C. 提取法定盈余公积金   D. 向投资人分配利润

3. 关于"本年利润"账户，下列说法正确的有（   ）。

    A. 借方登记期末转入的各项费用额   B. 贷方登记期末转入的各项收入额

    C. 贷方余额为实现的净利润额   D. 借方余额为发生的亏损额

（三）判断题

1. 企业利润总额减去所得税后的利润叫净利润。   （   ）

2. 年末，本年利润结转到"利润分配——未分配利润"账户后无余额。   （   ）

3. 利润总额＝营业利润+投资净收益+补贴收入+营业外收支净额-所得税 　　（　　）

4. 企业因违约所支付的赔偿金属于营业外支出。 　　（　　）

5. 银行存款余额调节表用于检查有无记账错误，对未达账项调整后，便可根据调节表中银行已入账企业未入账的未达账项调整企业账面记录。 　　（　　）

本章小结

本章以制造业企业为例演示了其从筹集资金开始到利润形成及其分配业务为止的账务处理。

企业要维持正常生产经营的运行，首先面临的就是筹集资金，筹集资金的方式包括权益资金筹集和负债资金筹集。权益资金筹资业务的账务处理主要包括两个方面的内容：一是揭示投入资本的形式和来源；二是反映投资后所有者享有的权益，包括实收资本和资本公积。债务资金筹集是指企业通过发行债券、向银行借款等方式筹集资金，即吸收债权人资金。借款业务的核算内容一般包括借入款项时、期末计提利息时、到期支付利息时，以及期末偿还本金时的账务处理。

采购过程是制造业企业生产经营过程的第一个阶段。在这一阶段主要有两部分业务需要进行：一是购建厂房建筑物和机器设备等固定资产；二是采购生产经营所需要的各种材料作为生产储备。固定资产应以取得时的实际成本计价。如果是购置的固定资产，其成本具体包括买价、运输费、保险费、包装费、安装成本及相关税金等；如果是自行建造完成的固定资产，应按建造该项固定资产达到预定可使用状态前所发生的一切合理的、必要的支出作为其入账价值。购进材料的实际采购成本即由材料买价和采购费用构成。

生产企业从投入材料进行生产开始，到产品完工入库为止的全部过程称为生产过程，它是工业企业生产经营活动的中心环节。生产业务是指企业产品生产过程中发生的经济业务。由于生产过程既是生产要素的耗用过程，又是产品的制造过程（产品成本的形成过程），因此，生产业务就应包括生产费用的发生和产品成本的形成两个方面的内容。

销售过程是指企业出售商品或劳务，按售价取得销售收入，并按商品成本结转库存商品增加销售成本的过程，即产品价值实现过程。

财产清查是指通过对实物资产、库存现金进行实地盘点，对各项银行存款和往来款项进行询证核对，以确定各项实物资产、货币资金及往来款项的实存数，并查明实存数与账存数是否相符的一种会计核算方法。财产清查按照清查的范围不同可分为全面清查和局部清查，按照清查的时间不同可分为定期清查和不定期清查，按照清查执行的单位不同可分为内部清查和外部清查。清查的基本做法有：全面盘点法、技术推算法、抽样盘存法和函证核对法等。

未达账项是指企业和银行之间，对同一项交易或者事项，一方已收到有关结算凭证并已登记入账，而另一方由于尚未收到有关结算凭证尚未登记入账的款项。如果发现有未达账项，应通过编制银行存款余额调节表予以调节，使双方的余额取得一致。

在会计实务中，存货的盘存制度有两种：永续盘存制和实地盘存制。永续盘存制，又称账面盘存制，是指平时对各项实物财产的增减变动数量和金额都必须根据会计凭证在有关账簿中连续进行登记，并随时结出账面结存数量及金额的一种盘存制度。实地盘存制，也称定期盘存制，是指对各种财产物资进行日常核算时，只在明细账簿中登记增加的数量和金额，不登记其减少数量和金额；月末对财产物资进行实地盘点，确定财产物资的实存数量和金额，并以盘点结果作为账存数量和金额，然后倒推出财产物资的减少数量和金额，并据以登记有关账簿，即"以存计耗""以存计销"。

企业在财产清查工作中，如果发现各种财产的账存数与实存数一致，就不必进行账务处理；如果发现账存数和实存数之间存在差异，则必须进行账务处理，以达到账实相符。

利润是指企业在一定会计期间从事经营活动所取得的经营成果，它包括收入减去费用后的净额以及直接计入当期利润的利得和损失等。营业利润是企业生存发展的基础，其计算公式为：营业利润＝营业收入－营业成本－税金及附加－期间费用－资产减值（和信用）损失＋投资收益（－损失）＋公允价值变动损益（－损失）。利润总额是企业当期的经营成果，其计算公式为：利润总额＝营业利润＋营业外收入－营业外支出。净利润是企业当期利润总额减去向国家缴纳的所得税后的余额，即企业税后利润，其计算公式为：净利润＝利润总额－所得税费用。

企业净利润实现后，应按规定进行分配。根据我国有关法规规定，一般企业和股份制公司当年实现的净利润，首先是弥补以前年度尚未弥补的亏损，然后提取法定盈余公积金、支付优先股股利、提取任意盈余公积金、支付普通股股利。

重要名词

筹资过程（financing process）　　　　采购过程（supply process）
生产过程（production process）　　　　销售过程（sales process）
财产清查（property investigation）　　　全面清查（complete check）
局部清查（partial check）　　　　　　永续盘存制（perpetual inventory system）
实地盘存制（periodic inventory system）　营业利润（operating profit）
利润总额（total profit）　　　　　　　净利润（net profit）
利润分配（profit distribution）

思考题

1. 资金筹集的方式有哪些？会计处理有什么规定？
2. 增值税的含义是什么？一般纳税人关于增值税计缴的规定的什么？
3. 制造费用的核算要求是什么？如何做相应的会计处理？
4. 生产成本的核算程序是什么？
5. 销售业务核算包括什么环节？销售成本的结转时间规定是什么？

6. 什么是财产清查？财产清查的意义是什么？

7. 财产清查是如何分类的？

8. 比较说明永续盘存制和实地盘存制的优缺点及适用范围。

9. 什么是未达账项？未达账项有几种情况？

10. 如何编制银行存款余额调节表？

11. 如何进行实物资产和往来款项的清查？

12. 利润包括哪几个层次？

13. 利润分配的顺序是什么？

思政课堂

1. A 软件公司与某大学签订了一项教学用定制软件的开发合同。合同约定，为确保信息安全以及软件开发完成后能迅速与大学现有系统对接，软件公司需在大学办公现场通过软件公司的内部模拟系统进行开发，开发过程中所形成的全部电脑程序等应存储于大学的内部模拟系统中，开发人员不得将程序等转存至其他电脑中，开发过程中形成的程序、文档等所有权和知识产权归大学所有。如果软件公司被中途更换，其他软件公司无法利用 A 软件公司已完成的工作，而需要重新进行软件定制工作。该大学不能利用 A 软件公司开发过程中形成的程序、文档获取利益。该大学将组织专门的公司对该项目开发成果进行中期验收和终期验收，并按合同约定分阶段付款。其中，该大学先预付合同价款的 5%，项目中期验收通过再付 65%，项目终期验收合格再支付最后的 30%。如果 A 软件公司违约，需支付合同价款 10% 的违约金。

要求：

（1）请结合收入确认的基本原则说明 A 软件公司应在什么时候确认收入。

（2）A 公司如果为了提升本期收益，将合同款全额作为本期收入，请问这属于一种什么行为？不符合会计信息质量要求中的哪些要求？

2. SH 公司 2010 年年报披露业绩低于预期的主要原因有两个。一是受油价大涨影响，SH 公司 2010 年第四季净利大幅下滑，净利只有 143.16 亿，仅占全年净利的 20%。二是 SH 公司冷不丁大幅度计提了 154.45 亿元的资产减值损失，比 2009 年计提的 74.53 亿元多出了 79.92 亿元。其中，商誉（无形资产）减值 62.77 亿元，主要来自 A 公司、B 公司、C 公司。A 公司计提了 13.61 亿元，B 公司计提了 21.68 亿元，C 公司计提了 27.37 亿元。但事实上，这三家公司自被 SH 公司收购以来，除 2008 年受金融危机影响亏损较多以外，业绩表现一直不错。SH 公司为什么选择在这个时点计提如此之大的减值准备？有资深人士认为，最可能的原因是 SH 公司出于盈余管理的需要，在业绩好的年份"大洗澡"，把业绩推后释放，减少业绩波动。也有其他资深人士认为，这可能是 SH 公司要为自己的炼化业务受油价影响造势，从而争取更多的政策支持。

思考：

（1）按我国企业会计准则规定，一般什么情况下企业应计提商誉减值准备？

（2）如何判断 SH 公司此次商誉减值计提的合理性？

（3）如何看待一些公司利用会计魔方进行盈余管理的行为？

第七章

会计记账载体

■**学习目标**

1. 理解会计凭证的概念与意义；
2. 掌握会计凭证的种类；
3. 掌握原始凭证和记账凭证的基本内容、填制要求、审核要求；
4. 了解会计凭证的传递与保管；
5. 理解会计账簿的概念与意义；
6. 掌握会计账簿的种类；
7. 掌握会计账簿的登记规则和登记方法；
8. 掌握错账更正方法；
9. 理解对账和结账；
10. 了解会计账簿的更换与保管。

■**导入案例**

A 公司在 2015 年 1 月 1 日至 2016 年 12 月 31 日通过删除、修改、伪造大量会计凭证、相关单据，以及将部分募集资金从募集资金专户转入一般户用于日常经营和归还贷款等方式，使得其 2015 年年度报告虚增银行存款 49 893.18 万元；2016 年半年度报告虚增银行存款 12 099.35 万元；2016 年年度报告虚增银行存款 12 663.86 万元。A 公司还通过删除短期借款、长期借款、其他应付款、应付票据等科目中与借款相关记账凭证的方式，导致 2015 年年度、2016 年半年度、2016 年年度、2017 年半年度报告中财务报表相关会计科目存在虚假记载，导致上述期间公司少披露（虚减）的短期借款等负债金额分别为 171 930 万元、238 980 万元、282 354 万元、290 282 万元。同时，A 公司通过删除与借款相关的利息费用、居间服务费等记账凭证的方式，导致 2015 年年度、2016 年半年度、2016 年年度、

2017 年半年度报告中少披露（虚减）的财务费用（利息支出、服务费）、管理费用分别合计为 13 942.77 万元、8 631.39 万元、24 677.11 万元、19 729.54 万元，导致虚增当期利润总额分别为 13 942.77 万元、8 631.39 万元、24 677.11 万元、19 729.54 万元。

通过上述案例可以发现，会计凭证的删除、修改、伪造是财务做假的基本手段。如何正确记录会计凭证以及如何审核会计凭证的合理合法性是本章要介绍的重要内容。

第一节　会计凭证

一、会计凭证的意义和种类

（一）会计凭证的意义

会计凭证是记录经济业务事项发生或完成情况、明确经济责任的书面证明，也是登记账簿的依据。

填制和审核会计凭证是会计核算的基本方法之一，也是会计核算工作的起点。任何单位在处理任何经济业务时，都必须由执行和完成该项经济业务的有关人员从外单位取得或自行填制有关凭证，以书面形式记录和证明所发生经济业务的性质、内容、数量、金额等，并在凭证上签名或盖章，从而对经济业务的合法性和凭证的真实性、完整性、正确性负责。所有会计凭证都必须经过有关人员的审核，审核无误的会计凭证才能作为登记账簿的依据。

填制和审核会计凭证是一项重要的基础性的会计核算工作，对保证会计信息的真实性、完整性、正确性，提高会计核算质量，有效实施会计监督都具有十分重要的意义。具体体现在以下三个方面：

（1）记录经济业务，提供记账依据。会计凭证记录着经济业务事项发生或完成的时间、性质、数量、金额等信息，通过对会计凭证的认真填制和严格审核，以保证各项经济业务能够真实、可靠、及时地被反映，进而为分类、汇总登记账簿提供可靠的依据。

（2）明确经济责任，强化内部控制。会计凭证除了记录经济业务事项的基本内容之外，还必须由有关部门和人员签名或盖章，对会计凭证所记录经济业务事项的合法性、真实性、完整性、正确性负责，以使相关责任人在其职权范围内各司其职、各负其责，进而防止舞弊行为，强化内部控制。

（3）监督经济活动，控制经济运行。会计人员通过审核会计凭证，可以检查和监督经济业务事项的合法性、合理性、有效性，即是否符合国家有关法律、法规和制度的规定，是否符合会计主体业务经营和财务收支计划、预算的规定，是否能够确保会计主体财产的合理有效使用，进而监督经济业务事项的发生、发展，控制经济业务事项的有效实施。

（二）会计凭证的种类

会计凭证的形式多种多样，可以按照不同的标准进行分类。会计凭证按其用途和填制程序不同可以分为原始凭证和记账凭证两类。

1. 原始凭证

原始凭证又称单据，是在经济业务事项发生或完成时取得或填制的，用以记录或证明经济业务事项的发生或完成情况、明确有关经济责任、具有法律效力并作为记账原始依据的书面证明。它是记载经济业务事项发生或完成具体内容的最初证明，是整个会计信息系统运行的起点。如银行进账单、出差乘坐的车船票、采购材料的发货票、到仓库领料的领料单等，都是原始凭证。

需要特别注意的是，原始凭证用以证明经济业务事项的发生或完成情况，因此，凡是不能证明经济业务事项已经发生或已经完成的书面文件，如购销合同、请购单、派工单等，都不是原始凭证，不能单独作为会计记账的依据，而只能当作主要原始凭证的附件。

2. 记账凭证

记账凭证又称记账凭单，是会计人员根据审核无误的原始凭证，按照经济业务事项的内容加以归类，并据以确定会计分录后所填制的、作为记账直接依据的书面文件。它将原始凭证中的经济信息转化为会计语言。如收款凭证、付款凭证、转账凭证等，都是记账凭证。

原始凭证与记账凭证均属于会计凭证，但性质大不相同。原始凭证记录的是经济信息，它是编制记账凭证的依据，是登记会计账簿的原始依据；而记账凭证记录的是会计信息，它是登记会计账簿的直接依据。

原始凭证和记账凭证又可以进一步按照一定的标准分类，具体如图 7-1 所示。

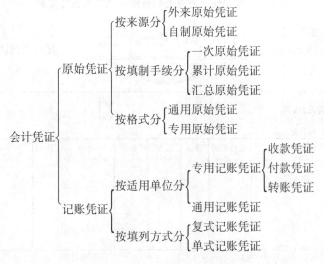

图 7-1　会计凭证的分类

二、原始凭证

（一）原始凭证的种类

1. 按取得来源不同分类

（1）外来原始凭证。

外来原始凭证是指在经济业务发生或完成时，从其他单位或个人直接取得的原始凭证。外来原始凭证一般由税务局等部门统一印制，或经税务部门批准由经济单位印制，在填制时加盖出具凭证单位公章方有效，对于一式多联的原始凭证必须用复写纸套写。常见的外来原始凭证有购买材料时取得的增值税专用发票，银行转来的各种结算凭证，职工外出学习支付学费时取得的收据，职工出差取得的飞机票、车船票、住宿发票等。部分外来原始凭证格式如图 7-2、图 7-3 所示。

四川省地方税务局直属分局通用机打发票

发票联

开票日期：　　　　　　　行业分类：

发票代码 251901141001
发票号码 10141820

图 7-2　四川省地方税务局直属分局通用机打发票

四川增值税专用发票

5100000000

此联不作报销、扣税凭证使用

№ 00000000

开票日期：

购货单位	名　称： 纳税人识别号： 地址、电话： 开户行及账号：					密码区		
货物或应税劳务名称	规格型号	单位	数量	单价	金额		税率	税额
合　计								
价税合计（大写）				（小写）				
销货单位	名　称： 纳税人识别号： 地址、电话： 开户行及账号：					备注		

收款人：　　　　复核：　　　　开票人：　　　　销货单位：（章）

图 7-3　四川增值税专用发票

（2）自制原始凭证。

自制原始凭证是指由本单位内部经办业务的部门和人员，在执行或完成某项经济业务时填制的、仅供本单位内部使用的原始凭证。常见的自制原始凭证有收料单、领料单、入库单、工资结算单、制造费用分配表、固定资产折旧计算表、差旅费报销单等。部分自制原始凭证格式如表7-1、表7-2所示。

表7-1　收料单　　　　　　　　金额单位：元

供货单位：　　　　　　　　　　年　月　日　　　　　　凭证编号：

材料类别：　　　　　　　　　　　　　　　　　　　　收料仓库：

材料编号	材料名称	材料规格	计量单位	数量		单价	金额	备注
				应收	实收			

采购员：　　　　　检验员：　　　　　保管员：　　　　　制单：

表7-2　固定资产折旧计算表　　　　金额单位：元

供货单位：　　　　　　　　　　年　月　日　　　　　　凭证编号：

类别	部门	上月计提额	上月增加应计提额	本月减少应计提额	本月应计提额
设备	车间				
房屋	厂部				

主管：　　　　　　　　　　　　　　　　　　　　　　制单：

2. 按填制手续不同分类

（1）一次凭证。

一次凭证是指一次填制完成，只记录一笔经济业务且仅一次有效的原始凭证。所有的外来原始凭证和大部分自制原始凭证都属于一次凭证，如发票、收据、银行结算凭证、收料单、领料单、入库单等。领料单的一般格式如表7-3所示。

表7-3　领料单　　　　　　　　金额单位：元

领料部门：　　　　　　　　　　年　月　日　　　　　　凭证编号：

领料用途：　　　　　　　　　　　　　　　　　　　　发料仓库：

材料编号	材料名称	材料规格	计量单位	数量		单位成本	金额	备注
				请领	实领			

审批人：　　　　　领料人：　　　　　发料人：　　　　　制单：

（2）累计凭证。

累计凭证是指在一定时期内多次记录发生的同类型经济业务且多次有效的原始凭证。最具有代表性的累计凭证是限额领料单。累计凭证的特点是在一张凭证内可以连续登记相同性质的经济业务，虽填制手续需要多次填制完成，但可以减少凭证张数，同时累计凭证可以随时计算出累计发生数和结余数，并按照限额数量进行费用控制，起到加强成本管理、降低材料损耗的作用，是企业进行计划管理的手段之一。限额领料单的一般格式如表 7-4 所示。

表 7-4　限额领料单　　　　　　　　金额单位：元

领料部门：　　　　　　　　　　　年　月　日　　　　　　　　　凭证编号：

领料用途：　　　　　　　　　　　　　　　　　　　　　　　　　发料仓库：

材料类别	材料编号	材料名称	规格	计量单位	领用限额	实际领用	单位成本	金额

日期	领用数量				限额结余	退料数量		
	请领	实发	发料人签章	领料人签章		数量	退料人签章	收料人签章

（3）汇总凭证。

汇总凭证是指对一定时期内反映同类经济业务内容的若干张原始凭证，按照一定标准综合填制而成的原始凭证。常见的汇总凭证有发出材料汇总表、工资结算汇总表、差旅费报销单等。汇总原始凭证合并了同类型经济业务，简化了记账的工作。发出材料汇总表就是企业根据一定时期内的领料单，按照材料的用途加以归类整理编制而成的汇总凭证，其格式如表 7-5 所示。

表 7-5　发出材料汇总表　　　　　　　　金额单位：元

年　月　日　　　　　　　　　凭证编号：

会计科目	领料部门	领料单张数	原材料			周转材料		合计
			甲材料	乙材料	……	包装物	低值易耗品	
生产成本	一车间 二车间							
	小计							
制造费用	一车间 二车间							
	小计							
合计								

会计主管：　　　　　　　　复核：　　　　　　　　制表：

3. 按格式不同分类

（1）通用凭证。

通用凭证是指由有关部门统一印制、在一定范围内使用的具有统一格式和使用方法的原始凭证。通用凭证的使用范围因制作部门不同而不同，可以是某一地区、某一行业使用，也可以是全国通用，如某省（自治区、直辖市）印制的在该省（自治区、直辖市）通用的发票、收据，由中国人民银行制作的在全国通用的银行结算凭证，由国家税务总局统一印制的全国通用的增值税专用发票等。银行的电汇凭证的格式如表7-6所示。

表7-6 电汇凭证

币别：　　　　　　　　　　　年　月　日　　　　　　流水号：

汇款方式	□普通　　　□加急															
汇款人 全称			收款人	全称												
汇款人 账号			收款人	账号												
汇款人 汇出行名称			收款人	汇入行名称												
金额 （大写）					亿	千	百	十	万	千	百	十	元	角	元	
	支付密码															
	附加信息及用途：															
	此汇款支付给收款人。															
	客户签单															

会计主管　　　　　授权　　　　　复核　　　　　录入

第一联　银行记账凭证

（2）专用凭证。

专用凭证是指由单位自行印制、仅在本单位内部使用的原始凭证，如领料单、折旧计算表、工资分配表、差旅费报销单等。差旅费报销单的格式如表7-7所示。

表7-7 差旅费报销单

部门：　　　　　　　　　　　年　月　日　　　　　　编号：

姓名		职别		出差事由					
出差起止日期		自　年　月　日起至　年　月　日止共　日							
月	日	起讫地点	天数	机票费	车船费	市内交通费	住宿费	出差补助	其他	合计
		合计							
总计金额	（大写）			￥_____			预借金额 ￥_____ 退/补金额 ￥_____ _____		

负责人　　　　会计　　　　审核　　　　部门主管　　　　出差人

附单据　张

知识链接

差旅费报销流程

1. 提供合法的票据

出差报销的票据一般包括交通发票（如飞机机票、高铁、动车、火车、汽车车票以及轮船船票等）、住宿发票，如果是参加会议，还应附加盖会议主办方公章的会议通知单。

2. 填写差旅费报销单

填写内容包括：姓名、出差日期、出差天数、出差事由、起止地点、起止日期、交通费、住宿费及其他项目。出差人员补助由财务人员填写。

3. 相关领导签批

经办人员将"差旅费报销单"报相关领导（分管领导或部门负责人）签批。

4. 提交财务审核

财务人员根据差旅费开支有关规定对各费用项目进行审核，确保各项目的真实性、合规性，并按出差补助标准计算补助金额，然后填写差旅费合计金额并据此编写记账凭证。

5. 出纳办理现金收付或银行转账

（二）原始凭证的基本内容

原始凭证的基本内容又称为原始凭证要素。尽管原始凭证的格式和内容因经济业务性质的不同而有所不同，但客观、真实、及时、完整地记录经济业务事项的发生或完成情况是所有原始凭证都必须做到的，因此，各种原始凭证都应当具备以下一些基本内容：

①凭证的名称；

②填制凭证的日期；

③填制凭证单位名称或者填制人姓名；

④经办人员的签名或者盖章；

⑤接受凭证单位名称；

⑥经济业务内容；

⑦数量、单价和金额。

（三）原始凭证的填制要求

原始凭证是编制记账凭证的依据，是会计核算最基础的原始资料。要保证会计核算工作的质量，必须从保证原始凭证的质量做起，正确填制原始凭证。

1. 记录要真实

原始凭证所填列的日期、经济业务内容、数量、金额等必须真实可靠，符合实际情况。任何单位不得以虚假的经济业务事项或者资料进行会计核算。

2. 内容要完整

原始凭证所要求填列的项目必须逐项填列齐全，不得遗漏和省略。需要注意的是，年、月、日要按照填制原始凭证的实际日期填写；名称要齐全，不能简化；品名或用途要填写明确，不能含糊不清；有关人员的签章必须齐全。

3. 手续要完备

单位自制的原始凭证，必须有经办单位相关负责人的签名盖章；对外开出的原始凭证，必须加盖本单位公章；从外部取得的原始凭证，必须盖有填制单位的公章；从个人取得的原始凭证，必须有填制人员的签名盖章。总之，取得原始凭证必须符合手续完备要求，以明确经济责任，确保凭证的合法性、真实性。

4. 书写要清楚、规范

原始凭证要按规定填写，文字要简明，字迹要清楚，不得使用未经国务院公布的简化汉字。大小写金额必须符合填写规范，小写金额用阿拉伯数字逐个书写，不得写连笔字。在金额前要填写人民币符号"￥"，且与阿拉伯数字之间不得留有空白。金额数字一律填写到角分，无角分的，写"00"或符号"—"；有角无分的，分位写"0"，不得用符号"—"。大写金额用汉字壹、贰、叁、肆、伍、陆、柒、捌、玖、拾、佰、仟、万、亿、元、角、分、零、整等，一律用正楷或行书字书写。大写金额前未印有"人民币"字样的，应加写"人民币"三个字且和大写金额之间不得留有空白。大写金额到元或角为止的，后面要写"整"或"正"字；有分的，不写"整"或"正"字。如小写金额为￥1 008.00，大写金额应写成"壹仟零捌元整"。

5. 编号要连续

各种凭证要连续编号，以便查考。如果凭证已预先印定编号，如发票、支票等重要凭证，在写坏作废时，应加盖"作废"戳记，妥善保管，不得撕毁。

6. 不得涂改、刮擦、挖补

原始凭证有错误的，应当由出具单位重开或更正，更正处应当加盖出具单位印章。原始凭证金额有错误的，应当由出具单位重开，不得在原始凭证上更正。

7. 填制要及时

各种原始凭证一定要及时填写，并按规定的程序及时送交会计部门审核。

除了上述填制要求之外，《会计基础工作规范》中还有如下的一些要求：凡填有大写和小写金额的原始凭证，大写与小写金额必须相符。购买实物的原始凭证，必须有验收证明。支付款项的原始凭证，必须有收款单位和收款人的收款证明。一式几联的原始凭证，应当注明各联的用途，只能以一联作为报销凭证。一式几联的发票和收据，必须用双面复写纸（发票和收据本身具备复写纸功能的除外）套写，并连续编号。作废时应当加盖"作废"戳记，连同存根一起保存，不得撕毁。发生销货退回的，除填制退货发票外，还必须有退货验收证明；退款时，必须取得对方的收款收据或者汇款银行的凭证，不得以退货发票代替收据。职工公出借款凭据，必须附在记账凭证之后。收回借款时，应当另开收据或者退还借据副本，不得退还原借款收据。经上级有关部门批准的经济业务，应当将批准文件作为原始凭证附件。如果批准文件需要单独归档，应当在凭证上注明批准机关名称、日期和文件字号。

（四）原始凭证的审核

为了如实反映经济业务事项的发生和完成情况，充分发挥会计的监督职能，保证会计信息真实、合法、合理、完整和准确，会计机构、会计人员必须对原始凭证进行严格审核。只有经审核无误的原始凭证，才能作为填制记账凭证和登记账簿的依据。原始凭证审核的内容主要包括以下几个方面：

1. 审核原始凭证的真实性

原始凭证作为会计信息的基本信息源，其真实性对会计信息的质量具有决定性的影响。其真实性的审核包括凭证日期是否真实、业务内容是否真实、数据是否真实等。对外来原始凭证，必须有填制单位公章和填制人员签章；对自制原始凭证，必须有经办部门和经办人员的签名或盖章。此外，对通用原始凭证，还应审核凭证本身的真实性，以防假冒。

2. 审核原始凭证的合法性

审核原始凭证所反映的经济业务事项是否符合国家有关政策、法规、制度等的规定，是否履行了规定的凭证传递和审核程序，是否有贪污腐化、违法乱纪等行为。

3. 审核原始凭证的合理性

审核原始凭证所记载的经济业务事项是否符合企业生产经营活动的需要、是否符合有关的计划和预算等。

4. 审核原始凭证的完整性

审核原始凭证各项基本内容是否填列齐全，是否有漏项情况，日期是否完整，数量、单价、金额是否清晰，文字是否工整，有关人员签章是否齐全，凭证联次是否正确等。

5. 审核原始凭证的正确性

审核原始凭证所记录的各项基本内容是否正确，包括：接受原始凭证单位的名称是否正确；阿拉伯数字金额分位逐个填写，不得连笔书写；小写金额前要标明"￥"字样，中间不能留有空位；大写金额前要加"人民币"字样，大写金额与小写金额要相符；凭证中有书写错误的，应采用正确的方法更正，不能采用涂改、刮擦、挖补等不正确的方法。

6. 审核原始凭证的及时性

原始凭证的及时性是保证会计信息及时性的基础。为此，要求在经济业务事项发生或完成时及时填制有关原始凭证，及时进行凭证的传递。审核时应注意审查凭证的填制日期，尤其对于支票、银行汇票、银行本票等时效性较强的原始凭证，更应仔细验证其签发日期。

学习指导

原始凭证中易出现的错误和舞弊行为

（1）内容记载含混不清。

（2）票据接受单位不是本单位。

（3）数量、单价与金额不符。

（4）无收款单位签章。

（5）开阴阳发票。

（6）涂改原始凭证上的时间、数量、单价、金额或添加内容和金额。

（7）模仿领导笔迹签字。

原始凭证的审核是一项十分重要的工作，经审核的原始凭证应根据不同情况处理：①对于完全符合要求的原始凭证，应及时据以编制记账凭证入账；②对于真实、合法、合理但内容不够完整、填写有错误的原始凭证，应退回给有关经办人员，由其负责将

有关凭证补充完整、更正错误或重开后，再办理正式会计手续；③对于不真实、不合法的原始凭证，会计机构、会计人员有权不予接受，并向单位负责人报告。

三、记账凭证

（一）记账凭证的种类

1. 按用途不同分类

（1）专用记账凭证。

专用记账凭证是指分类反映经济业务内容的记账凭证，按其反映的经济业务内容的不同，可进一步具体分为收款凭证、付款凭证和转账凭证。

① 收款凭证是指专门用于记录现金和银行存款收款业务的记账凭证。收款凭证是出纳人员根据有关库存现金和银行存款收入业务的原始凭证填制的，是登记现金日记账、银行存款日记账以及有关明细账和总账等账簿的依据。收款凭证的格式如表7-8所示。

表7-8 收款凭证

应借科目_____　　　　　　年　月　日　　　　_____收字第_____号

摘要	应贷科目		√	金额									
	一级	二级或明细		千	百	十	万	千	百	十	元	角	分
	合计												

附件　张

会计主管　　　　记账　　　　稽核　　　　出纳　　　　填制

② 付款凭证是指专门用于记录现金和银行存款付款业务的记账凭证。付款凭证是出纳人员根据有关库存现金和银行存款支付业务的原始凭证填制的，是登记现金日记账、银行存款日记账以及有关明细账和总账等账簿的依据。付款凭证的格式如表7-9所示。

表7-9 付款凭证

应贷科目_____　　　　　　年　月　日　　　　_____付字第_____号

摘要	应借科目		√	金额									
	一级	二级或明细		千	百	十	万	千	百	十	元	角	分
	合计												

附件　张

会计主管　　　　记账　　　　稽核　　　　出纳　　　　填制

③ 转账凭证是指用于记录不涉及现金和银行存款业务的记账凭证。在经济业务中，凡是不涉及现金和银行存款收付的业务，称为转账业务，如计提固定资产折旧、车间领用原材料、期末结转成本等。转账凭证是会计人员根据有关转账业务的原始凭证填制的，是登记有关明细账和总账等账簿的依据。转账凭证的格式如表 7-10 所示。

表 7-10　转账凭证

年　月　日　　　　　　　　转字第＿＿＿＿＿号

摘要	会计科目		√	借方					√	贷方					
	一级	二级或明细		百	十	元	角	分		百	十	元	角	分	附件 张
合计															

会计主管　　　　记账　　　　稽核　　　　填制

（2）通用记账凭证。通用记账凭证是指用来反映所有经济业务内容的记账凭证，采用通用记账凭证的单位不再区分收款、付款和转账业务，而是将所有经济业务统一编号，在同一格式的记账凭证中进行记录。通用记账凭证的格式与转账凭证基本相同。记账凭证的格式如表 7-11 所示。

表 7-11　记账凭证

年　月　日　　　　　　　　顺序号第＿＿＿＿＿号

摘要	总账科目	明细科目	√	借方					√	贷方					
				百	十	元	角	分		百	十	元	角	分	附件 张
合计															

会计主管　　　　记账　　　　稽核　　　　填制

2. 按填列方法不同分类

（1）复式记账凭证。

复式记账凭证也称多项记账凭证，是指将每一笔经济业务事项所涉及的全部会计科目及其发生额均在同一张记账凭证中反映的一种记账凭证。它是会计实际工作中应用最普遍的记账凭证。如上述表 7-8、表 7-9、表 7-10 的收款凭证、付款凭证、转账凭证等专用记账凭证，以及表 7-11 的通用记账凭证均为复式记账凭证。

复式记账凭证能够全面地反映经济业务的账户对应关系，能够清晰地反映经济业务事项的来龙去脉，有利于检查会计分录的正确性，有利于减少记账凭证的张数，降低编制记账凭证的工作量；但在使用过程中不便于凭证的传递、汇总，不便于会计岗位上的分工记账。

（2）单式记账凭证。

单式记账凭证也称单项记账凭证，是指每一张记账凭证只填列经济业务事项所涉及的一个会计科目及其金额的一种记账凭证。某项经济业务事项涉及几个会计科目，就编制几张单式记账凭证。填列借方科目的称为借项记账凭证，填列贷方科目的称为贷项记账凭证。在借项记账凭证和贷项记账凭证中所列示的对应总账科目只起参考作用，不作为登记账簿的依据。单式记账凭证的格式如表7-12、表7-13所示。

表7-12　借项记账凭证

年　月　日　　　　　　　　凭证编号第_____号

摘要	总账科目	明细科目	√	金额									
				千	百	十	万	千	百	十	元	角	分
对应总账科目		合计											

附件　张

会计主管　　　　记账　　　　稽核　　　　出纳　　　　填制

表7-13　贷项记账凭证

年　月　日　　　　　　　　凭证编号第_____号

摘要	总账科目	明细科目	√	金额									
				千	百	十	万	千	百	十	元	角	分
对应总账科目		合计											

附件　张

会计主管　　　　记账　　　　稽核　　　　出纳　　　　填制

单式记账凭证反映经济业务内容单一，便于分工记账，便于按会计科目汇总；但一张凭证不能反映每一笔经济业务的全貌，不能反映经济业务事项的来龙去脉，不便于检查会计分录的正确性，凭证资料过于分散，不能集中反映经济业务的概况，而且记账凭证的张数过多，相对而言会增加编制记账凭证的工作量。

（二）记账凭证的基本内容

记账凭证的基本内容又称为记账凭证要素。尽管记账凭证的格式因其所反映经济业务内容的不同、各单位规模大小不同及对会计核算繁简程度的要求不同而有所不同，但为了满足登记账簿的基本要求，记账凭证应当具备以下一些基本内容：

（1）记账凭证的名称。记账凭证的名称通常分为收款凭证、付款凭证和转账凭证。

（2）填制记账凭证的日期。记账凭证在哪一天编制就写哪一天。记账凭证的填制日期与原始凭证的填制日期可能相同也可能不同，一般稍后于原始凭证。

（3）记账凭证的编号。记账凭证要根据经济业务事项发生的先后顺序按月连续编号，按编号顺序记账。企业既可以按收款、付款、转账三类业务分收、付、转三类编号，也可细分为现收、现付、银收、银付、转账五类编号。若一笔经济业务涉及两张以上记账凭证的，可以采用分数编号法编号，如"1/3""2/3""3/3"等。记账凭证编了号，便于装订保管和登记账簿，也便于日后检查。

（4）经济业务事项的内容摘要。摘要应能清晰地揭示经济业务事项的内容，同时也要简明扼要。

（5）经济业务事项所涉及的会计科目及其记账方向。

（6）经济业务事项的金额。

（7）记账标记。

（8）所附原始凭证张数。原始凭证是编制记账凭证的原始依据，审核记账凭证是否正确离不开所附的原始凭证。

（9）会计主管、记账、稽核、填制等有关人员签名或者盖章。收款凭证和付款凭证还应当由出纳人员签名或者盖章。

（三）记账凭证的填制要求

记账凭证是登记账簿的直接依据，记账凭证的填制是否正确将直接关系账簿登记质量的高低。记账凭证将原始凭证中记载的经济信息转化为会计信息，除了应严格遵守前述填制原始凭证所要求的真实可靠、内容完整、手续完备、书写清楚、连续编号、填制及时以外，还应注意遵守以下填制要求：

（1）记账凭证可以根据每一张原始凭证填制，或根据若干张同类原始凭证汇总填制，也可以根据原始凭证汇总表填制，但不得将不同内容和类别的原始凭证汇总填制在一张记账凭证上。

（2）除结账和更正错误的记账凭证可以不附原始凭证外，其他记账凭证必须附有原始凭证。如果一张原始凭证涉及几张记账凭证，可以把原始凭证附在一张主要的记账凭证后面，并在其他记账凭证上注明附有该原始凭证的记账凭证的编号或者附原始凭证复印件。

一张原始凭证所列支出需要几个单位共同负担的，应当将其他单位负担的部分，开给对方原始凭证分割单，进行结算。原始凭证分割单必须具备原始凭证的基本内容：凭证名称、填制凭证日期、填制凭证单位名称或者填制人姓名、经办人的签名或者盖章、接受凭证单位名称、经济业务内容、数量、单价、金额和费用分摊情况等。

（3）如果在填制记账凭证时发生错误，应当重新填制。已经登记入账的记账凭证，在当年内发现填写错误时，可以用红字填写一张与原内容相同的记账凭证，在摘要栏注明"注销某月某日某号凭证"字样，同时再用蓝字重新填制一张正确的记账凭证，注明"订正某月某日某号凭证"字样；如果会计科目没有错误，只是金额错误，也可以将正确数字与错误数字之间的差额，另编一张调整的记账凭证，调增金额用蓝字，调减金额用红字。发现以前年度记账凭证有错误的，应当用蓝字填制一张更正的记账凭证。

（4）记账凭证填制完经济业务事项后，如有空行，应当自金额栏最后一笔金额数字下的空行处至合计数上的空行处划线注销。

（5）实行会计电算化的单位，对于机制记账凭证，要认真审核，做到会计科目使用正确，数字准确无误。打印出的机制记账凭证要加盖制单人员、审核人员、记账人员及会计机构负责人、会计主管人员印章或者签字。

（四）记账凭证的审核

为了保证会计信息的质量，在登记账簿之前应由有关稽核人员对记账凭证进行严格的审核。记账凭证审核的内容主要包括以下几个方面：

（1）内容是否真实。审核记账凭证是否有原始凭证为依据，所附原始凭证的内容与记账凭证的内容是否一致，记账凭证汇总表的内容与其所依据的记账凭证的内容是否一致等。

（2）项目是否齐全。审核记账凭证各项目的填写是否齐全，如日期、凭证编号、摘要、会计科目、金额、所附原始凭证张数及有关人员签章等。这些都属于记账凭证必备的内容要素，均需填写齐全。

（3）科目是否正确。审核记账凭证的应借、应贷科目是否正确，是否有明确的账户对应关系，所使用的会计科目是否符合国家统一的会计制度的规定等。

（4）金额是否正确。审核记账凭证所记录的金额与原始凭证的有关金额是否一致、计算是否正确，记账凭证汇总表的金额与记账凭证的金额合计是否相符等。

（5）书写是否正确。审核记账凭证中的记录是否文字工整、数字清晰，是否按规定进行更正等。

（6）手续是否完备。出纳人员在办理收款或付款业务后，应在凭证上加盖"收讫"或"付讫"的戳记，以避免重收重付。

记账凭证的审核是一项十分重要的工作，经审核的记账凭证应根据不同情况处理：①对于完全符合要求的记账凭证，应及时据以登记账簿；②对于尚未登记入账的记账凭证错误，应当重新填制；③对于已经登记入账的记账凭证，在当年内发现填写错误时，应及时查明原因，按红字更正法或补充登记法及时做出更正处理；④对于发现以前年度记账凭证有错误的，应当用蓝字填制一张更正的记账凭证。

四、会计凭证的管理

（一）会计凭证的传递

会计凭证的传递是指从会计凭证的取得或填制时起至归档保管过程中，在单位内部有关部门和人员之间的传送程序。

会计凭证的传递应当能够满足内部控制制度的要求，使传递程序合理有效，同时尽量节约传递时间，减少传递的工作量。单位应根据具体情况制定每一种凭证的传递程序和方法。会计凭证的传递一般包括传递程序和传递时间两个方面。

各种会计凭证所记载的经济业务事项不同，涉及的部门和人员不同，据以办理业务的手续也不同，在各环节停留的时间也不同。正确组织会计凭证的传递，就是要为各种会计凭证规定合理的传递程序和传递时间，目的是使各个工作环节环环相扣，相互监督，以提高工作效率。各单位在制定会计凭证的传递程序，规定其传递时间时，通常要考虑以下两点内容：

（1）确定传递线路。各单位应根据各单位经济业务的特点、内部机构设置、人员分工情况以及经营管理的要求等，从完善内部控制制度的角度出发，具体规定各种会计凭证的联次及其传递流程，使有关部门及人员及时办理各种凭证手续，既符合内容控制原则，又能避免不必要的环节，加快传递速度，提高工作效率。

（2）规定传递时间。各单位应根据有关部门和人员办理经济业务的必要手续时间，同有关部门和人员协商制定会计凭证在各经办环节的停留时间，以便合理确定办理经济业务的最佳时间，及时反映、记录经济业务的发生和完成情况，既要防止不必要的延误，又要避免时间定得过紧，影响业务手续的完成。

（二）会计凭证的保管

会计凭证的保管是指会计凭证记账后的整理、装订、归档和存查工作。

会计凭证是记账的依据，是重要的会计档案和经济资料。因此，任何单位在完成经济业务手续和记账之后，必须将会计凭证按规定的立卷归档制度形成会计档案资料，妥善保管，防止丢失，不得任意销毁，以便于日后随时查阅。

会计凭证的保管，既要做到会计凭证的完整无缺，又要便于会计凭证的日后翻阅查找。会计凭证的保管应遵守以下几点要求：

（1）会计凭证应定期装订成册，防止散失。会计部门在根据会计凭证记账后，应定期对各种会计凭证进行分类整理，将各种记账凭证按照编号顺序，连同所附的原始凭证一起加具封面、封底，装订成册，并在装订线上加贴封签，由装订人员在装订线封签处签名或盖章。

从外单位取得的原始凭证遗失时，应取得原开出单位盖有公章的证明，并注明原来凭证的号码、金额和内容等，由经办单位会计机构负责人、会计主管人员和单位领导人批准后，才能代作原始凭证。如果确实无法取得证明的，如火车、轮船、飞机票等凭证，由当事人写出详细情况，由经办单位会计机构负责人、会计主管人员和单位领导人批准后，代作原始凭证。

（2）会计凭证封面应注明单位名称、凭证种类、凭证张数、起止号数、年度、月份、会计主管人员、装订人员等有关事项，会计主管人员和保管人员应在封面上签章。会计凭证封面的一般格式如图7-4所示。

会计凭证封面

册数号	本月共 册
	本册第 册

自　年　月　日起至　月　日止

记账凭证种类	凭 单 起 讫 号 数	附原始凭证张数
收款凭证	共　张自第　号至第　号	共　　张
付款凭证	共　张自第　号至第　号	共　　张
转账凭证	共　张自第　号至第　号	共　　张
记账凭证	共　张自第　号至第　号	共　　张
备注		

年　月　日装订

会计主管人员　　　　　　　　　　复核　　　　　　　　　　装订员

图 7-4　会计凭证封面

（3）会计凭证应加贴封条，防止抽换凭证。原始凭证不得外借，其他单位如有特殊原因确实需要使用时，经本单位会计机构负责人、会计主管人员批准，可以复制。向外单位提供的原始凭证复制件，应在专设的登记簿上登记，并由提供人员和收取人员共同签名盖章。

（4）原始凭证较多时，可单独装订，但应在凭证封面注明所属记账凭证的日期、编号和种类，同时在所属的记账凭证上注明"附件另订"及原始凭证的名称和编号，以便查阅。对各种重要的原始凭证，如押金收据、提货单等，以及各种需要随时查阅和退回的单据，应另编目录，单独保管，并在有关的记账凭证和原始凭证上分别注明日期和编号。

每年装订成册的会计凭证，在年度终了时可暂由本单位的会计机构保管一年，期满后应当移交本单位档案机构统一保管；未设立档案机构的，应当在会计机构内部指定专人保管。出纳人员不得兼管会计档案。

（5）严格遵守会计凭证的保管期限要求，期满前不得任意销毁。企业的会计凭证类会计档案保管期限为 15 年。会计档案的保管期限，从会计年度终了后的第一天算起。

对于保管期满但未结清的债权债务原始凭证以及涉及其他未了事项的原始凭证，不得销毁，应单独抽出，另行立卷，由档案部门保管到未了事项完结时为止。单独抽出立卷的会计档案，应当在会计档案销毁清册和会计档案保管清册中列明。正在项目建设期间的建设单位，其保管期满的会计档案不得销毁。

随堂演练

（一）单选题

1. 发料凭证汇总表属于（　　）。

　　A. 累计凭证　　　　B. 汇总凭证　　　　C. 外来凭证　　　　D. 转账凭证

2. 下列业务中该填制现金付款凭证的是（　　）。

    A. 从银行提取现金　　　　　　　　B. 出售材料收到转账支票

    C. 以现金发放工资　　　　　　　　D. 出租包装物取得现金收入

3. 下列不能作为会计核算原始凭证的是（　　）。

    A. 发票　　　　　　B. 合同书　　　　　　C. 发料单　　　　　　D. 入库单

4. 单式记账凭证是指在一张凭证上只填写（　　）的凭证。

    A. 一项经济业务　　　　　　　　　B. 一个会计科目

    C. 一个金额　　　　　　　　　　　D. 两个会计科目

5. 企业提取固定资产折旧，应该填制（　　）凭证。

    A. 收款凭证　　　B. 付款凭证　　　C. 转账凭证　　　D. 基本凭证

6. 下列项目中属于外来原始凭证的有（　　）

    A. 领料单　　　　　B. 工资结算单　　　C. 购料发票　　　D. 限额领料单

7. 会计凭证是（　　）的最初环节，即会计核算的起点和基础，也是会计核算的专门方法，是做好会计工作的前提。

    A. 成本核算　　　　　　　　　　　B. 编制会计报表

    C. 会计核算　　　　　　　　　　　D. 设置账户

8. 以银行存款归还银行借款的业务，应编制（　　）。

    A. 收款凭证　　　B. 记账凭证　　　C. 付款凭证　　　D. 一次凭证

9. 企业摊销财产保险费时，应填制（　　）凭证。

    A. 收款　　　　　B. 付款　　　　　C. 转账　　　　　D. 原始

10. 复式记账凭证是指在一张凭证上填写（　　）会计科目的凭证。

    A. 1 个　　　　　　　　　　　　　B. 2 个

    C. 2 个或 2 个以上　　　　　　　　D. 3 个

11. 在实际工作中，规模小、业务简单的单位，为了简化会计核算工作，可以使用一种统一格式的（　　）。

    A. 收款凭证　　　B. 付款凭证　　　C. 转账凭证　　　D. 通用记账凭证

12. 从银行提取现金备发工资，应填制（　　）。

    A."库存现金"收款凭证　　　　　　B."银行存款"付款凭证

    C."应付职工薪酬"转账凭证　　　　D."管理费用"转账凭证

13. 甲公司购进原材料 50 000 元，同时开出一张商业汇票交付销售方。甲公司应编制的记账凭证是（　　）。

    A. 收款凭证　　　B. 付款凭证　　　C. 转账凭证　　　D. 销售发票

14. 采购员王坷为报销差旅费填制的"差旅费报销单"属于（　　）

    A. 原始凭证　　　B. 记账凭单　　　C. 收款凭证　　　D. 付款凭证

15. 原始凭证不得涂改、刮擦、挖补。对于金额有错误的原始凭证，正确的处理方法是（　　）。

    A. 由出具单位重开

    B. 由出具单位在凭证上更正并由经办人员签名

    C. 由出具单位在凭证上更正并由出具单位负责人签名

D. 由出具单位在凭证上更正并加盖出具单位印章

16. 下列原始凭证中, 属于企业自制原始凭证的是 (   )。

    A. 购货取得的增值税发票   B. 出差取得的火车票

    C. 工资结算单   D. 住宿费发票

17. 下列各项, 不属于原始凭证审核内容的是 (   )。

    A. 凭证反映的内容是否真实

    B. 凭证各项基本要素是否齐全

    C. 会计科目的使用是否正确

    D. 凭证是否有填列单位的公章和填制人员的签章

18. 自制原始凭证与外来原始凭证相比 (   )。

    A. 具有同等效力   B. 具有不同等效力

    C. 自制原始凭证有更大的效力   D. 外来原始凭证有更大的效力

19. 下列凭证中, 不能用来登记总分类账的是 (   )。

    A. 原始凭证   B. 记账凭证   C. 科目汇总表   D. 汇总记账凭证

20. 按照记账凭证的审核要求, 下列内容中不属于记账凭证审核内容的是 (   )。

    A. 会计科目使用是否正确

    B. 凭证所列事项是否符合有关的计划和预算

    C. 凭证的金额与所附原始凭证的余额是否一致

    D. 凭证项目是否填写齐全

21. 不涉及货币收付的经济业务应编制的记账凭证是 (   )。

    A. 收款凭证   B. 付款凭证   C. 转账凭证   D. 原始凭证

22. 企业外购材料一批, 已验收入库, 货款已付, 根据这笔业务的有关原始凭证应该填制的记账凭证是 (   )。

    A. 收款凭证   B. 付款凭证   C. 转账凭证   D. 累计凭证

23. (   ) 是根据有关现金和银行存款收入业务的原始凭证填制的。

    A. 收款凭证   B. 付款凭证   C. 原始凭证   D. 转账凭证

(二) 多选题

1. 下列各项中, 属于一次性原始凭证的有 (   )。

    A. 领料单   B. 购货发票

    C. 限额领料单   D. 发料凭证汇总表

    E. 科目汇总表

2. 原始凭证按其填制方法的不同, 可分为 (   )。

    A. 一次凭证   B. 累计凭证

    C. 汇总原始凭证   D. 收款凭证

3. 下列原始凭证中, 属于自制原始凭证的是 (   )。

    A. 收料单   B. 工资费用分配表

    C. 实存账存对比表   D. 火车票

（三）判断题

1. 汇总原始凭证即指将所有的原始凭证全部汇总起来编制的凭证。 （　）

2. 原始凭证上面可以不写明填制日期和接受凭证的单位名称。 （　）

3. 会计人员对不真实、不合法的原始凭证有权不予接受。 （　）

4. 各种会计凭证的填制，都应由会计人员填写，非会计人员不得填写，以保证会计凭证填制的正确。 （　）

5. 记账凭证既是记录经济发生和完成情况的书面说明，也是登记账簿的依据。

（　）

第二节　会计账簿

一、会计账簿的意义和种类

（一）会计账簿的意义

会计账簿是指由一定格式账页组成的，以经过审核的会计凭证为依据，全面、系统、连续地记录各项经济业务事项的簿籍。会计账簿是会计资料的主要载体之一。各单位应当按照国家统一会计制度的规定和会计业务的需要设置会计账簿。

设置和登记账簿是编制会计报表的基础，是连接会计凭证与会计报表的中间环节，在会计核算中具有重要意义。具体体现在以下四个方面：

（1）设置和登记账簿，可以记载、储存会计信息。各单位将会计凭证所记录的经济业务事项逐笔逐项记入有关账簿，可以全面反映一定时期发生的各项经济活动，及时储存所需要的各项会计信息。

（2）设置和登记账簿，可以分类、汇总会计信息。各单位通过账簿记录，可以将分散在会计凭证上的大量核算资料，按其不同性质加以归类、整理和汇总，以便全面、系统、连续和分门别类地提供企业资产、负债、所有者权益、收入、费用和利润等会计要素的增减变化和期末结存情况，及时提供各方所需的总括会计信息，为管理决策提供依据。

（3）设置和登记账簿，可以检查、校正会计信息。会计账簿记录是对会计凭证的进一步整理，账簿记录也是会计分析、会计检查的重要依据。如会计账簿中记录的财产物资的账存数可以通过实地盘点的方法，与实存数进行核对，来检查财产物资是否妥善保管，账实是否相符。

（4）设置和登记账簿，可以编报、输出会计信息。会计账簿是会计凭证的系统化，提供的是全面、系统、连续、分类的会计信息，因而会计账簿记录是编制会计报表的主要资料来源。会计账簿所提供的资料，是编制会计报表的主要依据。会计人员通过定期结账，计算出各有关账户的本期发生额和期末余额，并据以编制会计报表，从而向有关各方提供所需要的会计信息。

（二）会计账簿的种类

会计账簿的种类多种多样，为了便于了解和使用，必须对账簿进行分类。账簿一般可以按照其用途、账页格式和外形特征进行分类。

1. 按用途分类

会计账簿按其用途不同，可分为序时账簿、分类账簿和备查账簿三种。

（1）序时账簿。序时账簿又称日记账，是指按照经济业务发生或完成时间的先后顺序逐日逐笔进行登记的会计账簿。序时账簿按其记录经济业务的范围不同，又可分为普通日记账和特种日记账。普通日记账是用来登记全部经济业务发生情况的会计账簿，又称分录簿；特种日记账是用来登记某一类经济业务发生情况的会计账簿，包括现金日记账、银行存款日记账、转账日记账。在我国会计实际工作中，一般很少采用普通日记账，也较少采用特种日记账中的转账日记账，应用较为广泛的是特种日记账中专门用来记录和反映现金、银行存款收付业务及其结存情况的现金日记账和银行存款日记账。普通日记账的格式如表 7-14 所示。

表 7-14　普通日记账　　　　　　　　　　　　第　页

年		凭证		会计科目	摘要	借方金额	贷方金额
月	日	字	号				

（2）分类账簿。分类账簿是对全部经济业务事项按照会计要素的具体类别而设置的分类账户进行登记的会计账簿。分类账簿按照分类的概括程度不同，又可分为总分类账和明细分类账。总分类账是按照总分类科目设置，总括分类登记经济业务事项的会计账簿，简称"总账"；明细分类账是按照明细分类科目设置，明细分类登记经济业务事项的会计账簿，简称"明细账"。总账具有对明细账控制和统驭的作用，明细账具有对总账补充说明和具体化的作用。分类账簿提供的会计核算信息是编制会计报表的主要依据。

（3）备查账簿。备查账簿简称"备查簿"，是对某些在序时账簿和分类账簿等主要账簿中都不予登记或登记不够详细的经济业务事项进行补充登记时使用的会计账簿。备查账簿可以为某项经济业务事项的内容提供必要的参考资料，也可以加强企业对使用和保管的属于他人的财产物资的监督，如应收票据备查簿、租入固定资产登记簿等。备查账簿可以由各单位根据需要进行设置。

备查账簿与序时账簿和分类账簿相比，存在两点不同之处：一是备查账簿的登记可以不需要依据记账凭证，甚至可以不需要依据一般意义上的原始凭证；二是备查账簿的格式和登记方法不要求统一，备查账簿不要求必须记录金额，可以只用文字来表述某项经济业务事项的发生情况。应收票据备查簿的一般格式如表 7-15 所示。

表 7-15　应收票据备查簿

种类	号数	出票日期	出票人	票面金额	到期日	利率	付款人	承兑人	背书人	贴现		收回		注销	备注
										日期	贴现率	贴现额	日期	金额	

2. 按账页格式分类

会计账簿按其账页格式不同，可分为三栏式、多栏式和数量金额式三种。

（1）三栏式账簿。三栏式账簿是指设有借方栏、贷方栏和余额栏三个基本栏目的会计账簿。现金日记账、银行存款日记账、各种总账以及债权、债务、资本类明细账一般都采用三栏式账簿。三栏式账簿按照是否设有"对方科目"栏，又可分为设对方科目的三栏式账簿和不设对方科目的三栏式账簿。

（2）多栏式账簿。多栏式账簿是指在会计账簿的两个基本栏目借方栏和贷方栏，按需要分设若干专栏的会计账簿。现金日记账、银行存款日记账、各种总账以及收入、费用、成本、利润类明细账可以采用多栏式账簿。多栏式账簿的专栏设置在借方还是贷方，还是两方同时设置，以及专栏设置的数量，可根据需要确定。

（3）数量金额式账簿。数量金额式账簿是指在会计账簿的借方栏、贷方栏和余额栏三个基本栏目内，都分设数量、单价和金额三小栏，借以同时反映财产物资的实物数量和价值量的会计账簿。原材料、库存商品等存货类财产物资明细账一般采用数量金额式账簿。

3. 按外形特征分类

会计账簿按其外形特征不同，可分为订本账、活页账和卡片账三种。

（1）订本账。订本账是指启用之前就已经将账页装订在一起，并对账页进行了连续编号的会计账簿。订本账的优点是能够避免账页散失和防止抽换账页；但其缺点是不能准确为各账户预留账页。现金日记账、银行存款日记账和各种总账必须采用订本账形式。

（2）活页账。活页账是指在会计账簿登记完毕之前并不固定装订在一起，而是装在活页账夹中，当账簿登记完毕之后，通常是一个会计年度结束之后，才将账页予以装订，加具封面，并给各账页连续编号的会计账簿。活页账的优点是记账时可以根据实际需要，随时将空白账页装入账簿，或抽去不需用的账页，便于分工记账；但其缺点是若管理不善，可能会造成账页散失或故意抽换账页。通常大部分明细账一般采用活页账形式。

（3）卡片账。卡片账是指将账户所需格式印刷在硬卡片上的会计账簿。其实卡片账也可以说是一种活页账，只不过它不是装在活页账夹中。因此卡片账的优缺点与活页账相似。在我国，单位一般只对固定资产明细账采用卡片账形式。

会计账簿的总体分类情况，如图 7-5 所示。

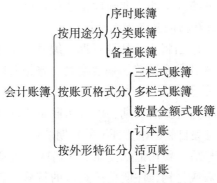

图 7-5　会计账簿的种类

二、会计账簿的设置和登记

（一）会计账簿的基本内容

在会计实际工作中，由于各种会计账簿所记录的经济业务事项不同，账簿的格式也多种多样，但各种会计账簿都应具备以下基本内容：

（1）封面。封面主要用来标明单位名称和会计账簿名称，如现金日记账、银行存款日记账、各种总账、各种明细账等。

（2）扉页。扉页主要用于列明科目索引、账簿启用和经管人员一览表。账簿启用和经管人员一览表的一般格式如表 7-16 所示。

表 7-16　账簿启用和经管人员一览表

单位名称								公章	
账簿名称						（第　　册）			
账簿编号									
账簿页数					本账簿共计　页				
启用日期					年　月　日				
经管人员	单位负责人		会计主管		复核		记账		
	姓名	盖章	姓名	盖章	姓名	盖章	姓名	盖章	
交接记录	经管人员				接管		移交		
	职别		姓名		日期	盖章	日期	盖章	

（3）账页。账页是会计账簿用来记录经济业务事项的载体，包括账户名称、日期栏、会计凭证种类和号数栏、摘要栏、金额栏、总页次和分户页次等基本内容。

（二）会计账簿的登记规则

为了保证会计账簿记录的真实性、准确性，会计人员应当根据审核无误的会计凭证登记会计账簿。登记会计账簿的基本规则是：

（1）登记会计账簿时，应当将会计凭证日期、编号、业务内容摘要、金额和其他有关资料逐项记入账内，做到数字准确、摘要清楚、登记及时、字迹工整。每一项会计事项，一方面要记入有关总账，另一方面要记入该总账所属的明细账。会计账簿记录中的日期，应该填写记账凭证上的日期；以自制原始凭证作为记账依据的，会计账簿记录中的日期应该按照有关自制原始凭证上的日期填列。

（2）会计账簿登记完毕后，要在记账凭证上签名或者盖章，并在记账凭证的"过账"栏内注明会计账簿页数或打钩，注明已经登账的符号，表示已经记账完毕，避免重记、漏记。

（3）会计账簿中书写的文字和数字上面要留有适当的空格，不要写满格，一般应占格距的二分之一。一旦发生会计账簿登记错误时，方便用划线更正法对会计账簿错误记录进行更正。

（4）为了保持会计账簿记录的持久性，防止涂改，登记会计账簿必须使用蓝黑墨水或者碳素墨水书写，不得使用圆珠笔（银行的复写账簿除外）或者铅笔书写。

（5）下列情况，可以用红色墨水记账：

①按照红字冲账的记账凭证，冲销错误记录；

②在不设借贷等栏的多栏式账页中，登记减少数；

③在三栏式账户的余额栏前，如未印明余额方向的，在余额栏内登记负数余额；

④根据国家统一的会计制度的规定可以用红字登记的其他会计记录。

（6）各种会计账簿应按页次顺序连续登记，不得跳行、隔页。如果发生跳行、隔页情况，应当在空行、空页处用红色墨水画对角线注销，注明"此行空白""此页空白"字样，并由记账人员签名或者盖章。

（7）凡需要结出余额的账户，结出余额后，应当在"借或贷"栏内注明"借"或"贷"字样，以示余额所在方向。对于没有余额的账户，应当在"借或贷"栏内注明"平"字样，并在余额栏内用"0"表示。现金日记账和银行存款日记账必须逐日结出余额。

（8）每一账页登记完毕结转下页时，应当结出本页合计数及余额，写在本页最后一行和下页第一行有关栏内，并在摘要栏内注明"过次页"和"承前页"字样；也可以将本页合计数及金额只写在下页第一行有关栏内，并在摘要栏内注明"承前页"字样，以保持会计账簿记录的连续性，便于对账和结账。

对需要结计本月发生额的账户，结计"过次页"的本页合计数应当为自本月初起至本页末止的发生额合计数；对需要结计本年累计发生额的账户，结计"过次页"的本页合计数应当为自年初起至本页末止的累计数；对既不需要结计本月发生额也不需要结计本年累计发生额的账户，可以只将每页末的余额结转次页。

（9）实行会计电算化的单位，总账和明细账应当定期打印。发生收款和付款业务的，在输入收款凭证和付款凭证的当天必须打印出现金日记账和银行存款日记账，并与库存现金核对无误。

（三）会计账簿的格式和登记方法

1. 日记账的格式和登记方法

日记账是按照经济业务发生或完成的时间先后顺序逐日逐笔进行登记的会计账簿。设置日记账的目的是使经济业务事项的时间顺序清晰地反映在会计账簿记录中。

（1）现金日记账的格式和登记方法。

① 现金日记账的格式。现金日记账是用来核算和监督库存现金每天的收入、支出和结存情况的会计账簿，其格式有三栏式和多栏式两种。在会计实际工作中，企业一般更多地采用设有借方、贷方和余额三个基本金额栏的三栏式现金日记账。多栏式现金日记账则是在借方、贷方和余额三个基本金额栏下都按对方科目分设专栏，用来反映现金收入的来源和现金支出的用途。为了避免账页过长，多栏式现金日记账也可按现金收入业务和现金支出业务分设"现金收入日记账"和"现金支出日记账"两本账。无论采用三栏式还是多栏式现金日记账，都必须使用订本账。三栏式现金日记账的一般格式如表 7-17 所示。

表 7-17　现金日记账

年		凭证		摘要	对方科目	日页	借方金额						√	贷方金额						√	借或贷	余额					
月	日	字	号				千	百	十	元	角	分		千	百	十	元	角	分			千	百	十	元	角	分

（会计主管　复核　记账）

② 现金日记账的登记方法。现金日记账由出纳人员根据与现金收付业务有关的记账凭证，按时间先后顺序逐日逐笔进行登记，逐日结出现金余额，与库存现金实存数核对，以检查每日现金收付是否有误。

每日终了，应分别计算现金日记账现金收入和现金支出的合计数，结出余额，同时将余额与出纳人员保管的库存现金核对，即通常说的"日清"；月终，同样要计算现金全月收入、支出和结存的合计数，即通常说的"月结"。

（2）银行存款日记账的格式和登记方法。

① 银行存款日记账的格式。银行存款日记账是用来核算和监督银行存款每日的收入、支出和结存情况的会计账簿。银行存款日记账应按企业在银行开立的账户和币种分别设置，每个银行账户设置一本日记账。银行存款日记账的格式也有三栏式和多栏式两种。在会计实际工作中，企业一般也是更多地采用设有借方、贷方和余额三个基本金额栏的三栏式银行存款日记账。多栏式银行存款日记账也是在借方、贷方和余额三个基本金额栏下都按对方科目分设专栏，用来反映银行存款收入的来源和银行存款支出的用途。为了避免账页过长，多栏式银行存款日记账也可按银行存款收入业务和银行存款支出业务分设"银行存款收入日记账"和"银行存款支出日记账"两本账。无论采用三栏式还是多栏式银行存款日记账，都必须使用订本账。三栏式银行存款日

记账的一般格式如表 7-18 所示。

表 7-18　银行存款日记账

开户行
账　　号

	年		凭证		银行凭证		摘要	对方科目	借方金额							贷方金额							借或贷	余额						
	月	日	字	号	种类	号数			千	百	十	元	角	分	千	百	十	元	角	分		千	百	十	元	角	分
会计主管																											
复核																											
记账																											

②银行存款日记账的登记方法。银行存款日记账由出纳人员根据与银行存款收付业务有关的记账凭证，按时间先后顺序逐日逐笔进行登记，逐日结出银行存款余额。

每日终了，应分别计算银行存款日记账银行存款收入和银行存款支出的合计数，结出余额，做到"日清"；月终，应计算银行存款全月收入、支出和结存的合计数，做到"月结"。

2. 总账的格式和登记方法

总账是按照总分类科目设置，对各项经济业务事项进行总分类核算登记，以提供总括会计信息的会计账簿。设置总账的目的是全面、系统、综合地反映所有经济业务事项，为编制会计报表提供所需资料。每一个企业都应设置总账。

（1）总账的格式。总账的格式也有三栏式和多栏式两种。在会计实际工作中，企业一般最常采用的是设有借方、贷方和余额三个基本金额栏的三栏式总账。多栏式总账则是在借方、贷方和余额三个基本金额栏下都按对方科目分设专栏。无论采用三栏式还是多栏式总账，都必须使用订本账。三栏式总账的一般格式如表 7-19 所示。

表 7-19　总　账

分第_____页总第_____页
会计科目或编号_____

	年		凭证		摘要	对方科目	日页	借方金额							√	贷方金额							√	借或贷	余额						
	月	日	字	号				千	百	十	元	角	分			千	百	十	元	角	分				千	百	十	元	角	分
会计主管																														
复核																														
记账																														

（2）总账的登记方法。总账的登记方法因登记的依据不同而有所不同。经济业务事项较少、规模较小的单位可以根据记账凭证逐笔登记；经济业务事项较多、规模较大的单位可以根据汇总记账凭证或科目汇总表定期汇总登记。

3. 明细账的格式和登记方法

明细账是按照二级分类科目或明细分类科目设置，对经济业务事项进行明细分类核算登记，以提供更加详细会计信息的会计账簿。设置明细账的目的是对总账进行补充说明，分类、连续、详细地反映经济业务事项。明细账所提供的会计资料同样也是编制会计报表的重要依据。因此，各企业单位在设置总账的同时，还应设置必要的明细账。明细账的外形特征通常为活页式、卡片式。

（1）明细账的格式。明细账的格式最常见的主要有三栏式、多栏式、数量金额式三种。

① 三栏式明细账的格式。三栏式明细账是设有借方、贷方和余额三个基本金额栏，用以分类核算各项经济业务事项，提供详细核算资料的会计账簿。三栏式明细账适用于只需要进行金额核算的账户，如应收账款、应付账款、实收资本等债权、债务、资本类明细账账户。三栏式明细账的一般格式如表 7-20 所示。

表 7-20　××明细账

一级科目＿＿＿＿＿＿＿

二级或明细科目＿＿＿＿＿

	年		凭证		摘要	对方科目	日页	借方金额							√	贷方金额							√	借或贷	余额					
	月	日	字	号				千	百	十	元	角	分			千	百	十	元	角	分				千	百	十	元	角	分
会计主管																														
复核																														
记账																														

② 多栏式明细账的格式。多栏式明细账是将同属于一个总账科目的各个明细科目合并在一张账页上进行登记，在借方金额栏或贷方金额栏内按照明细项目设若干专栏的会计账簿。多栏式明细账适用于收入、费用 、成本、利润类明细账账户以及应交增值税明细账账户的明细核算。在会计实际工作中，多栏式明细账具体又有三种格式：一种是只按借方（或贷方）发生额设置专栏，贷方（或借方）发生额由于每月发生的笔数很少，可以在借方（或贷方）发生额下直接用红字冲销；另一种是在借方（或贷方）发生额设置专栏的同时，在贷方（或借方）发生额设置一个总的金额栏，再设置一个余额栏；还有一种是同时在借方和贷方发生额设置专栏，再设置一个余额栏。这三种多栏式明细账的一般格式如表 7-21、表 7-22、表 7-23、表 7-24 所示。

表 7-21　××明细账

一级科目＿＿＿＿＿＿＿
二级或明细科目＿＿＿＿＿

会计主管 复核 记账	年		凭证		摘要	千	百	十	元	角	分	千	百	十	元	角	分	千	百	十	元	角	分	千	百	十	元	角	分	千	百	十	元	角	分
	月	日	字	号																															

表 7-22　××明细账

一级科目＿＿＿＿＿＿＿
二级或明细科目＿＿＿＿＿

会计主管 复核 记账	年		凭证		摘要	借方																			贷方						余额					
	月	日	字	号		千	百	十	元	角	分	千	百	十	元	角	分	千	百	十	元	角	分	千	百	十	元	角	分	千	百	十	元	角	分

表 7-23　应交税金——应交增值税明细账

年		凭证		摘要	借方																								会计主管 复核 记账
					进项税额						已交税金												转出未交						合计						
月	日	字	号		千	百	十	元	角	分	千	百	十	元	角	分	千	百	十	元	角	分	千	百	十	元	角	分	千	百	十	元	角	分	

表 7-24　应交税金——应交增值税明细账

会计主管 复核 记账	贷方																													借或贷	余额						备注
	销项税额						出口退税						进项税转出						转出多交						合计													
	千	百	十	元	角	分	千	百	十	元	角	分	千	百	十	元	角	分	千	百	十	元	角	分	千	百	十	元	角	分		千	百	十	元	角	分	

③ 数量金额式明细账的格式。数量金额式明细账是在借方、贷方和余额三个基本金额栏下都分别设置数量、单价和金额三个小专栏的会计账簿。数量金额式明细账适用于既要进行金额核算又要进行数量核算的账户，如原材料、库存商品等存货类财产物资明细账账户。数量金额式明细账的一般格式如表 7-25 所示。

表 7-25　××明细账

最高储备量_____　　类　　别_____　　储备定额_____　　编　　号_____　　规　格_____
最低储备量_____　　存放地点_____　　计划单价_____　　计量单位_____　　名　称_____

会计主管 复核 记账	年		凭证		摘要	借方								贷方								借或贷	余额								
	月	日	字	号		数量	单价	金额							数量	单价	金额								数量	单价	金额					
								千	百	十	元	角	分			千	百	十	元	角	分				千	百	十	元	角	分

（2）明细账的登记方法。明细账的登记通常有几种方法：一是根据原始凭证直接登记，二是根据汇总原始凭证登记，三是根据记账凭证登记。不同类型经济业务事项的明细账，可根据经营管理需要，依据原始凭证、汇总原始凭证或记账凭证逐日逐笔登记或定期汇总登记。在会计实际工作中，固定资产、债权、债务等明细账应逐日逐笔登记；原材料、库存商品明细账以及收入、费用明细账既可以逐日逐笔登记，也可以定期汇总登记。

三、对账

对账就是核对账目，是指在会计核算过程中，为了保证会计账簿记录正确可靠，对会计账簿中记载的有关数据进行检查和核对的工作。会计人员通过对账，应当做到账证相符、账账相符、账实相符。

（一）账证核对

账证核对是指将会计账簿记录与原始凭证、记账凭证等会计凭证记录进行核对，以检查时间、凭证字号、经济业务事项内容、金额、记账方向等是否存在错误。账证核对同时也是保证账账相符、账实相符的基础。

一般来说，日记账应与收款凭证、付款凭证相核对，总账应与记账凭证相核对，明细账应与记账凭证或原始凭证相核对。通常，这些核对工作是在日常制证和记账工作中一并进行的。

（二）账账核对

账账核对是指将各种不同会计账簿之间的账簿记录进行核对，以检查总账与总账之间、总账与明细账之间、总账与日记账之间、明细账与明细账之间是否能够核对相符。具体核对的内容如下：

1. 总账与总账之间的核对

所有总账账户借方发生额合计应等于所有总账账户贷方发生额合计。所有总账账户借方余额合计应等于所有总账账户贷方余额合计，或资产类总账余额应等于权益类总账余额。

2. 总账与明细账之间的核对

总账账户发生额应等于其所属明细账账户发生额合计。总账账户余额应等于其所属明细账账户余额合计。

3. 总账与日记账之间的核对

现金日记账和银行存款日记账账户发生额应与有关总账账户发生额核对相符。现金日记账和银行存款日记账账户余额应与有关总账账户余额核对相符。

4. 明细账与明细账之间的核对

会计部门各种财产物资明细账账户发生额应与财产物资保管或使用部门相关财产物资明细账账户发生额核对相符。会计部门各种财产物资明细账账户余额应与财产物资保管或使用部门相关财产物资明细账账户余额核对相符。

（三）账实核对

账实核对是指将货币资金、财产物资、债权债务等账户的账面余额与实有数额进行核对，以检查货币资金、财产物资、债权债务等账户的账存数与实存数之间是否能够核对相符。具体核对的内容如下：

（1）现金日记账账面余额与库存现金数额之间的核对。现金日记账账面余额应于每日终了与库存现金实有数相核对，不准以借条抵充现金或挪用现金，要做到日清月结。

（2）银行存款日记账账面余额与银行对账单余额之间的核对。一般至少每月将银行存款日记账账面余额与银行对账单核对一次。

（3）各项财产物资明细账账面余额与财产物资的实有数额之间的核对。原材料、库存商品等财产物资明细账账面余额应与它们的实有数额相核对。

（4）有关债权债务明细账账面余额与对方单位的账面记录之间的核对。各项应收账款、应付账款、银行借款等结算款项以及应交税费等，应定期寄送对账单同有关单位进行核对。会计实际工作中，造成账实不符的原因多种多样，一般通过定期或不定期的财产清查进行核对。

四、错账更正

会计账簿记录应力求准确清晰，尽量避免出现差错。若会计账簿记录发生错误，必须按照规定的方法予以更正，不准涂改、挖补、刮擦或者用药水消除字迹，不准重新抄写。错账更正方法通常有划线更正法、红字更正法和补充登记法等。

（一）划线更正法

划线更正法又称红线更正法，适用于更正会计账簿记录中发生的文字或数字错误，而记账凭证本身没有错误。更正时，应将会计账簿中错误的文字或者数字画一条红线注销，但必须使原有字迹仍可辨认；然后在红线上方预留的二分之一空白处填写正确的文字或者数字，并由记账人员在更正处盖章。对于错误的数字，应当全部画红线更正，不得只更正其中的错误数字。对于文字错误，可只划去错误的部分。

【例7-1】2022年4月8日，企业对生产设备计提累计折旧853元，编制转账凭证（如图7-6所示）。

转 账 凭 证

2022 年 4 月 8 日 　　　　　转字第 ___7___ 号

摘　　　要	会 计 科 目		√	借　方	贷　方	附件
	一　级	二级或明细		百 十 元 角 分	百 十 元 角 分	
计提生产设备折旧	制造费用	折旧费	√	9 5 3 0 0		
	累计折旧	生产设备	√		9 5 3 0 0	1 张
合　　　　　计				9 5 3 0 0	9 5 3 0 0	

会计主管　　　　记账 王 平　　　稽核　　　　填制 张 丹

图 7-6　转账凭证

记账人员根据上述转账凭证登记有关账簿如下，因记账凭证无误，只是账簿错误，所以用划线更正法更正，如图7-7所示。

分第 _3_ 页总第 ____ 页

总　　　账

会计科目或编号 累计折旧

22年		凭证		摘　要	对方科目	借方金额	√	贷方金额	√	余　额	√
月	日	字	号			千百十元角分		千百十元角分		千百十元角分	
4	8			承前页	制造费用			2 5 5 9 0 0	贷	2 5 5 9 0 0	
		转	7	计提折旧	管理费用			8 5 3 0 0			
								-8 3 5 0 0 √			

会计主管　　复核　　记账 王 平

图 7-7　总账

（二）红字更正法

红字更正法是指用红字冲销原有错误的账户记录或凭证记录，以更正或调整会计账簿记录的一种错账更正方法。红字更正法适用于以下两种情况：

1. 科目错误

科目错误是指年内发现已经登记入账的记账凭证中会计科目填写错误，进而使账簿记录发生同样的错误的错误。更正方法是：用红字金额填写一张与原错误内容完全相同的记账凭证，在摘要栏注明"注销某月某日某号凭证"字样，并据以红字登记入账；然后再用蓝字金额重新填制一张正确的记账凭证，在摘要栏注明"订正某月某日某号凭证"字样，并据以蓝字登记入账。

【例7-2】假设上例中2022年4月8日企业对生产设备计提累计折旧时，编制的错误的转账凭证如图7-8所示，并已经登记在有关会计账簿中（见图7-9）。

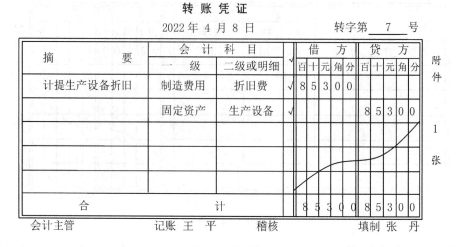

图 7-8 转账凭证

图 7-9 总账

假设会计人员于2022年4月9日发现了这笔错账，因其属于年内发现已经登记入账的记账凭证中会计科目填写错误的错误，进而使账簿记录发生同样的错误，所以应采用红字更正法进行更正。更正方法如下：用红字金额填写一张与原错误内容完全相同的记账凭证，在摘要栏注明"注销某月某日某号凭证"字样（见图7-10），并据以红字登记入账（见图7-11）。

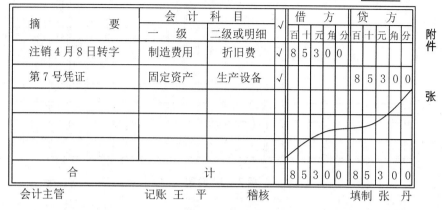

转 账 凭 证

2022 年 4 月 9 日　　　　　　　　转字第　8　号

摘　　　　　要	会 计 科 目		√	借　方						贷　方						附件
	一　级	二级或明细		百	十	元	角	分	百	十	元	角	分		
注销4月8日转字	制造费用	折旧费	√	8	5	3	0	0							
第7号凭证	固定资产	生产设备	√							8	5	3	0	0	张
合　　　　　计					8	5	3	0	0		8	5	3	0	0

会计主管　　　　记账 王 平　　稽核　　　　　　填制 张 丹

图 7-10　转账凭证

分第　2　页总第　　　　页

会计科目或编号固定资产

总　　账

会计主管 复核 记账 王平	22 年		凭证		摘要	对方科目	日页	借方金额						√	贷方金额						√	借或贷	余额					
	月	日	字	号				千	百	十	元	角	分		千	百	十	元	角	分			千	百	十	元	角	分
	4	8			承前页																	借		9	5	9	6	0	0
			转	7	生产设备折旧	制造费用										8	5	3	0	0	√							
		9	转	8	注销错误凭证	制造费用										8	5	3	0	0	√							

图 7-11　总账

然后，再用蓝字金额重新填制一张正确的记账凭证，在摘要栏注明"订正某月某日某号凭证"字样，见图 7-12，并据以蓝字登记入账，见图 7-13。

转 账 凭 证

2022 年 4 月 8 日　　　　　　　　转字第　7　号

摘　　　　　要	会 计 科 目		√	借　方						贷　方						附件
	一　级	二级或明细		百	十	元	角	分	百	十	元	角	分		
计提生产设备折旧	制造费用	折旧费	√	9	5	3	0	0							
	累计折旧	生产设备	√							9	5	3	0	0	1
															张
合　　　　　计					9	5	3	0	0		9	5	3	0	0

会计主管　　　　记账 王 平　　稽核　　　　　　填制 张 丹

图 7-12　转账凭证

总　账

会计科目或编号　累计折旧

会计主管	22 年		凭证		摘要	对方科目	日页	借方金额						√	贷方金额						√	借或贷	余额					
	月	日	字	号				千	百	十	元	角	分		千	百	十	元	角	分			千	百	十	元	角	分
复核	4	8			承前页											2	5	5	9	0	0		贷		2	5	5	9	0	0
		9	转	9	订正错误凭证	制造费用											8	5	3	0	0	√							
记账																											
王平																											

图 7-13　总账

2. 金额错误

金额错误是指年内发现已经登记入账的记账凭证中会计科目无误而所记金额大于应记金额,进而使账簿记录发生同样的错误的错误。更正方法是:按正确数字与错误数字之间的差额用红字金额填写一张与原记账凭证应借、应贷科目完全相同的记账凭证,以冲销调减多记的金额,在摘要栏注明"冲销调减某月某日某号凭证多记金额"字样,并据以红字登记入账。

【例 7-3】继续沿用前述例题,假设原例题中 2022 年 4 月 8 日企业对生产设备计提累计折旧 853 元时,编制的转账凭证如图 7-14 所示,并已经登记在有关会计账簿中,如图 7-15 所示。

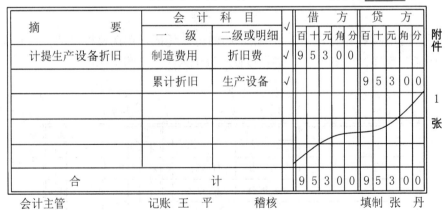

图 7-14　转账凭证

总　账

会计科目或编号　累计折旧

会计主管	22年		凭证		摘要	对方科目	日页	借方金额						√	贷方金额						√	借或贷	余额					
	月	日	字	号				千	百	十	元	角	分		千	百	十	元	角	分			千	百	十	元	角	分
复核	4	8			承前页											2	5	5	9	0	0		贷		2	5	5	9	0	0
记账 王平			转	7	生产设备折旧	制造费用											9	5	3	0	0	√	贷							

图 7-15　总账

　　依然假设会计人员于 2022 年 4 月 9 日发现了这笔错账，因其属于年内发现已经登记入账的记账凭证中会计科目无误而所记金额大于应记金额，进而使账簿记录发生同样的错误的错误，所以应采用红字更正法进行更正。更正方法如下：按正确数字与错误数字之间的差额用红字金额填写一张与原记账凭证应借、应贷科目完全相同的记账凭证，以冲销调减多记的金额，在摘要栏注明"冲销调减某月某日某号凭证多记金额"字样，并据以红字登记入账，见图 7-16、图 7-17。

转 账 凭 证

2022 年 4 月 9 日　　　　　　　转字第　　8　　号

摘　　　　要	会 计 科 目		√	借　方					贷　方					附件
	一　级	二级或明细		百	十	元	角	分	百	十	元	角	分	
冲销调减 4 月 8 日	制造费用	折旧费	√	1	0	0	0	0						张
转字第 7 号凭证	累计折旧	生产设备	√						1	0	0	0	0	
多记金额														
合　　　　　　计				1	0	0	0	0	1	0	0	0	0	

会计主管　　　　　记账 王平　　稽核　　　　　填制 张丹

图 7-16　转账凭证

总　账

会计主管	22年 月	日	凭证 字	号	摘要	对方科目	日页	借方金额 千	百	十	元	角	分	√	贷方金额 千	百	十	元	角	分	√	借或贷	余额 千	百	十	元	角	分
	4	8			承前页											2	5	5	9	0	0		贷		2	5	5	9	0	0
复核			转	7	生产设备折旧	制造费用											9	5	3	0	0	√							
		9	转	8	冲销多记金额	制造费用											1	0	0	0	0	√							
记账 王 平																													

图 7-17　总账

（三）补充登记法

补充登记法是指年内发现已经登记入账的记账凭证中会计科目无误而所记金额小于应记金额，进而使账簿记录发生同样的错误时，所采用的一种错账更正方法。更正方法是：按正确数字与错误数字之间的差额用蓝字金额填写一张与原记账凭证应借、应贷科目完全相同的记账凭证，以补充调增少记的金额，在摘要栏注明"补充调增某月某日某号凭证少记金额"字样，见图 7-18，并据以蓝字登记入账，见图 7-19。

【例 7-4】继续沿用前述例题，假设原例题中 2022 年 4 月 8 日企业对生产设备计提累计折旧 853 元时，编制的转账凭证如下，并已经登记在有关会计账簿中。

转 账 凭 证

2022 年 4 月 8 日　　　　　　转字第___7___号

摘　　要	会 计 科 目 一级	二级或明细	√	借 方 百	十	元	角	分	贷 方 百	十	元	角	分	附件
计提生产设备折旧	制造费用	折旧费	√	5	5	3	0	0						
	累计折旧	生产设备	√						5	5	3	0	0	1
														张
合　　　　　计				5	5	3	0	0	5	5	3	0	0	

会计主管　　　　记账 王 平　　　稽核　　　　填制 张 丹

图 7-18　转账凭证

总　账

会计科目或编号 <u>累计折旧</u>

会计主管	22年		凭证		摘要	对方科目	日页	借方金额							√	贷方金额							√	借或贷	余额						
	月	日	字	号				千	百	十	元	角	分			千	百	十	元	角	分			千	百	十	元	角	分
复核	4	8			承前页												2	5	5	9	0	0		贷		2	5	5	9	0	0
记账 王平			转	7	生产设备折旧	制造费用												5	5	3	0	0	√							

图 7-19　总账

继续假设会计人员于 2022 年 4 月 9 日发现了这笔错账，因其属于年内发现已经登记入账的记账凭证中会计科目无误而所记金额小于应记金额，进而使账簿记录发生同样的错误的错误，所以应采用补充登记法进行更正。更正方法如下：按正确数字与错误数字之间的差额用蓝字金额填写一张与原记账凭证应借、应贷科目完全相同的记账凭证，以补充调增少记的金额，在摘要栏注明"补充调增某月某日某号凭证少记金额"字样，见图 7-20，并据以蓝字登记入账，见图 7-21。

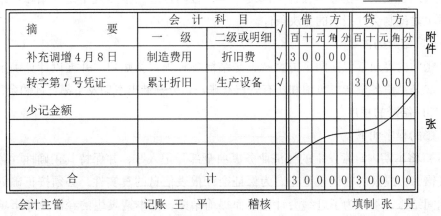

转　账　凭　证

2022 年 4 月 9 日　　　　　　　　转字第　8　号

摘要	会计科目		√	借方					贷方					附件
	一级	二级或明细		百	十	元	角	分	百	十	元	角	分	
补充调增 4 月 8 日	制造费用	折旧费	√	3	0	0	0	0						张
转字第 7 号凭证	累计折旧	生产设备	√						3	0	0	0	0	
少记金额														
合　　计				3	0	0	0	0	3	0	0	0	0	

会计主管　　　　　记账 王平　　　稽核　　　　　填制 张 丹

图 7-20　转账凭证

第七章　会计记账载体

总　　账

会计主管	22年		凭证		摘要	对方科目	日页	借方金额						√	贷方金额						√	借或贷	余额					
	月	日	字	号				千	百	十	元	角	分		千	百	十	元	角	分			千	百	十	元	角	分
复核	4	8			承前页										2	5	5	9	0	0		贷	2	5	5	9	0	0
			转	7	生产设备折旧	制造费用										5	5	3	0	0	√							
记账		9	转	8	补充少记金额	制造费用											3	0	0	0	0	√						
王平																												

图 7-21　总账

五、结账

结账是指为了总结某一会计期间内发生的经济业务事项，定期将会计账簿记录结算清楚，据以编制会计报表的账务工作。具体地说，就是在会计期末（月末、季末、年末）将本会计期间内所发生的全部经济业务事项登记入账的基础上，将各种账簿的记录结算出本期发生额和期末余额的过程。

结账工作是建立在会计分期前提下的，由于企业经济活动连续不断，相应的会计记录也是连续不断的，为了解某一会计期间（月度、季度、年度）的经济活动情况，评价考核经营成果，在每一会计期间终了时，各单位应当按照规定定期结账。结账工作同时也是编制会计报表的先决条件。

（一）结账的内容

结账的内容通常包括两个方面：一是结清各种损益类账户，并据以计算确定本期利润；二是结清各资产、负债和所有者权益账户，分别结出本期发生额合计和余额。

（二）结账的程序

结账的程序如下：

（1）将本期内日常发生的经济业务事项全部登记入账，并保持其正确性。若发现漏账或错账，应及时补记或更正。为保证会计报表信息的真实性，必须按正确划分的会计期间结账，不得为了赶编会计报表而提前结账，把本期发生的经济业务事项延至下期入账，也不得先编制会计报表后结账。

（2）按照权责发生制的要求，进行有关账项调整的账务处理，以合理计算确定本期的成本、费用、收入和财务成果。例如将各种待摊费用按规定摊配计入该由本期承担的有关账户；将各种预提费用按规定计提计入该由本期承担的有关账户等。

（3）将损益类科目转入"本年利润"科目，结平所有损益类科目。在本期全部经济业务事项登记入账的基础上，结清各损益类账户，合理计算确定本期利润或亏损，评价考核本期经营成果。

（4）结算出资产、负债和所有者权益账户的本期发生额合计和期末余额，并结转下期。

（三）结账的方法

结账的方法如下：

（1）对不需按月结计本期发生额的账户，每次记账以后，都要随时结出余额，每月最后一笔余额为月末余额。月末结账时，只需要在最后一笔经济业务事项记录之下划通栏单红线，不需要再结计一次余额。

（2）现金日记账、银行存款日记账和需要按月结计发生额的收入、费用等明细账，每月结账时，要结出本月发生额和余额，在摘要栏内注明"本月合计"字样，并在下面划通栏单红线。

（3）需要结计本年累计发生额的某些明细账户，每月结账时，应在"本月合计"行下结出自年初起至本月末止的累计发生额，登记在月份发生额下面，在摘要栏内注明"本年累计"字样，并在下面划通栏单红线。12月末的"本年累计"就是全年累计发生额，全年累计发生额下划通栏双红线。

（4）总账账户平时只需结出月末余额。年终结账时，将所有总账账户结出全年发生额和年末余额，在摘要栏内注明"本年合计"字样，并在合计数下划通栏双红线。

（5）年度终了结账时，有余额的账户，要将其余额结转下年，并在摘要栏注明"结转下年"字样；在下一会计年度新建有关会计账户的第一行余额栏内填写上年结转的余额，并在摘要栏注明"上年结转"字样。

六、会计账簿的管理

（一）会计账簿的更换

会计账簿的更换通常在新的会计年度建账时进行。一般来说，总账、日记账和大部分明细账应每年更换一次，在年度终了时更换新账簿，并将各账户的余额结转到新的会计年度，即在新会计年度的会计账簿中的第一行余额栏内填上上年结转的余额，并注明方向，同时在摘要栏内注明"上年结转"字样。

但有些存货类财产物资明细账由于品种、规格和往来单位较多等原因，更换新账需要重抄一遍的工作量比较大，可以不必每个新的会计年度更换一次。另外，对于像固定资产卡片式明细账这种年度内变动较小的明细账，也可以连续使用，不必每年更换。再有，各种备查账簿也可以连续使用，不必每年更换。

（二）会计账簿的保管

会计账簿的保管是指会计年度终了建立新账后，旧账的归档和存查工作。会计账簿是编制会计报表的依据，是重要的会计档案和经济资料。因此，任何单位必须将会计账簿按规定的归档制度形成会计档案资料，妥善保管，防止丢失，不得任意销毁，以便于日后随时查阅。

各种账户在结转下年建立新账后，一般要把旧账送交总账会计集中管理。年度终了时，会计账簿可暂由单位会计机构保管一年，期满之后应当移交本单位档案机构统一保管；未设立档案机构的，应当在会计机构内部指定专人保管。出纳人员不得兼管会计档案。

企业应严格遵守会计账簿的保管期限要求，期满前不得任意销毁。企业大部分会计账簿类会计档案的保管期限为15年，现金日记账和银行存款日记账的保管期限为25年，固定资产卡片账的保管期限为固定资产报废清理后保管5年。会计档案的保管期限，从会计年度终了后的第一天算起。

随堂演练

（一）单选题

1. 更正错账时，采用补充登记法是因为（   ），导致账簿记录错误。

    A. 记账凭证上会计科目或记账方向错误

    B. 记账凭证正确，在记账时发生错误

    C. 记账凭证上会计科目或记账方向正确，但所记金额大于应记金额

    D. 记账凭证上会计科目或记账方向正确，但所记金额小于应记金额

2. 下列适合采用多栏式明细账核算的是（   ）。

    A. 制造费用　　　B. 原材料　　　C. 应收账款　　　D. 固定资产

3. 库存商品的明细账通常用（   ）账页。

    A. 三栏式　　　B. 多栏式　　　C. 数量金额式　　　D. 以上均可

4. 更正错账时，采用划线更正法是因为（   ）。

    A. 记账凭证上会计科目或记账方向错误

    B. 记账凭证正确，在记账时发生文字或者数字错误

    C. 记账凭证上会计科目或记账方向正确，但所记金额大于应记金额

    D. 记账凭证上会计科目或记账方向正确，但所记金额小于应记金额

5. 现金日记账和银行存款日记账必须采用（   ）账簿。

    A. 订本式　　　B. 合页式　　　C. 卡片式　　　D. 数量金额式

6. 下列适合采用数量金额式明细账核算的是（   ）。

    A. 制造费用　　　B. 原材料　　　C. 应收账款　　　D. 生产成本

7. 对临时租入的固定资产，应在（   ）中登记。

    A. 日记账　　　B. 总分类账　　　C. 明细分类账　　　D. 备查账

8. 记账后发现记账凭证所填金额小于应填金额，假定无其他错误，应采用的更正方法是（   ）。

    A. 划线更正法　　B. 红字更正法　　C. 补充登记法　　D. 直接冲销法

9. 应收账款一般采用（   ）进行明细分类核算。

    A. 数量金额式　　B. 三栏式　　　C. 多栏式　　　D. 以上均可

10. 对账时，账账核对不包括（   ）。

    A. 总账各账户之间的余额核对　　　B. 总账与明细账之间的核对

    C. 总账与备查账之间的核对　　　D. 总账与日记账之间的核对

11. 不需要在会计账簿扉页上的启用表中填列的内容是（   ）。

    A. 账簿页数　　B. 记账人员　　　C. 账户名称　　　D. 启用日期

12. 多栏式账页适用的明细账户是（   ）。

    A. 资产类　　　B. 负债类　　　C. 费用类　　　D. 所有者权益类

13. 从账簿的用途来看，"固定资产卡片"属于（　　）。

　　A. 订本式账簿　　　B. 备查账簿　　　C. 序时账簿　　　D. 分类账簿

14. 登账后发现，会计人员在分配工资费用时，将福利人员的工资记入"管理费用"科目。此时应采用的更正方法是（　　）。

　　A. 划线更正法　　　　　　　　B. 红字更正法

　　C. 补充登记法　　　　　　　　D. 编制相反分录冲减

15. 若记账凭证上的会计科目和应借应贷方向未错，但所记金额大于应记金额，并据以登记入账，对此应采用（　　）更正。

　　A. 划线更正法　　　　　　　　B. 红字更正法

　　C. 补充登记法　　　　　　　　D. 编制相反分录冲减

16. 下列账簿种类中，现金日记账和银行存款日记账要选用（　　）

　　A. 订本式账簿　　　B. 活页式账簿　　C. 卡片式账簿　　D. 分类账

（二）多选题

1. 错账更正方法中，采用红字登记法是因为（　　）。

　　A. 记账凭证上会计科目错误

　　B. 记账凭证没有错误

　　C. 记账凭证上会计科目和记账方向正确，但所记金额大于应记金额

　　D. 记账凭证上会计科目和记账方向正确，但所记金额小于应记金额

2. 更正记账错误的方法有（　　）。

　　A. 划线更正法　　B. 红字更正法　　　C. 补充登记法　　　D. 顺查法

3. 总分类账一般采用（　　）。

　　A. 订本式　　　　B. 活页式　　　　C. 三栏式　　　　D. 多栏式

4. 下列账簿记录中，可以使用红色墨水的有（　　）。

　　A. 结账　　　　　B. 改错　　　　　C. 冲账　　　　　D. 编制会计报表

（三）判断题

1. 更正错账时，采用补充登记法是因为记账凭证上会计科目或记账方向正确，但所记金额大于应记金额，导致账簿记录错误。　　　　　　　　　　　　　（　　）

2. 除总分类账外，其他账簿一般应采用活页式账簿。　　　　　　　　　（　　）

本章小结

　　会计凭证是记录经济业务事项发生或完成情况、明确经济责任的书面证明，也是登记账簿的依据。填制和审核会计凭证是会计核算基本方法之一，也是会计核算工作的起点。

　　会计凭证按其用途和填制程序不同，可以分为原始凭证和记账凭证两类。

　　原始凭证又称单据，是在经济业务事项发生或完成时取得或填制的，用以记录或证明经济业务事项的发生或完成情况、明确有关经济责任、具有法律效力，并作为记账原始依据的书面证明。其中，外来原始凭证是指在经济业务发生或完成时，从其他

单位或个人直接取得的原始凭证。自制原始凭证是指由本单位内部经办业务的部门和人员，在执行或完成某项经济业务时填制的、仅供本单位内部使用的原始凭证。为了如实反映经济业务事项的发生和完成情况，保证会计信息的真实、合法、完整和准确，会计机构、会计人员必须对原始凭证进行严格审核。原始凭证审核的内容主要包括：原始凭证的真实性、合法性、合理性、完整性、正确性和及时性。

记账凭证又称记账凭单，是会计人员根据审核无误的原始凭证，按照经济业务事项的内容加以归类，并据以确定会计分录后所填制的、作为记账直接依据的书面文件。记账凭证按用途不同，可分为专用记账凭证和通用记账凭证。专用记账凭证是指分类反映经济业务内容的记账凭证；按其反映的经济业务内容，可进一步具体分为收款凭证、付款凭证和转账凭证。通用记账凭证是指用来反映所有经济业务内容的记账凭证。采用通用记账凭证的单位不再区分收款、付款和转账业务，而是将所有经济业务统一编号，在同一格式的记账凭证中进行记录。为了保证会计信息的质量，在登记账簿之前应由有关稽核人员对记账凭证进行严格的审核。记账凭证审核的内容主要包括：内容是否真实、项目是否齐全、科目是否正确、金额是否正确、书写是否正确以及手续是否完备。

会计凭证的传递是指从会计凭证的取得或填制时起至归档保管过程中，在单位内部有关部门和人员之间的传送程序。会计凭证的传递应当能够满足内部控制制度的要求，使传递程序合理有效，同时尽量节约传递时间，减少传递的工作量。单位应根据具体情况制定每一种凭证的传递程序和方法。

会计凭证的保管是指会计凭证记账后的整理、装订、归档和存查工作。

会计账簿是指由一定格式账页组成的，以经过审核的会计凭证为依据，全面、系统、连续地记录各项经济业务事项的簿籍。会计账簿按其用途不同，可分为序时账簿、分类账簿和备查账簿三种。序时账簿又称日记账，是指按照经济业务发生或完成时间的先后顺序逐日逐笔进行登记的会计账簿。分类账簿是指对全部经济业务事项按照会计要素的具体类别而设置的分类账户进行登记的会计账簿。分类账簿按照分类的概括程度不同，又可分为总分类账和明细分类账。备查账簿简称"备查簿"，是指对某些在序时账簿和分类账簿等主要账簿中都不予登记或登记不够详细的经济业务事项进行补充登记时使用的会计账簿。会计账簿按其账页格式不同，可分为三栏式、多栏式和数量金额式三种。会计账簿按其外形特征不同，可分为订本账、活页账和卡片账三种。

对账就是核对账目，是指在会计核算过程中，为了保证会计账簿记录正确可靠，对会计账簿中记载的有关数据进行检查和核对的工作。会计人员通过对账，应当做到账证相符、账账相符、账实相符。

会计账簿记录应力求准确清晰，尽量避免出现差错。若会计账簿记录发生错误，必须按照规定的方法予以更正，不准涂改、挖补、刮擦或者用药水消除字迹，不准重新抄写。错账更正方法通常有划线更正法、红字更正法和补充登记法等。

结账是指为了总结某一会计期间内发生的经济业务事项，定期将会计账簿记录结算清楚，据以编制会计报表的账务工作。具体地说，就是在会计期末（月末、季末、年末）将本会计期间内所发生的全部经济业务事项登记入账的基础上，将各种账簿的记录结算出本期发生额和期末余额的过程。

会计账簿的更换通常在新的会计年度建账时进行。会计账簿的保管是指会计年度终了建立新账后，旧账的归档和存查工作。

重要名词

会计凭证（accounting voucher）　　原始凭证（source document）

记账凭证（evidence of keeping accounting）　　会计账簿（account ledger）

日记账（chronological book）　　总账（general ledger）

明细账（detail ledger）　　对账（checking）

划线更正法（correction by drawing a straight line）

红字更正法（correction by using red ink）

补充登记法（correction by extra recording）

结账（closing accounts）

拓展阅读

簿记

簿记包括填制凭证、登记账目、结算账目、编制报表等。会计工作的初级阶段，仅限于事后的记账、算账，并没有形成记账、算账的理论，那时的簿记等于全部的会计。随着会计循环理论的建立和会计职能作用的不断扩大，会计工作从单纯的记账、算账，发展到对经济活动的事前预测、决策，事中控制、监督，事后分析、考核，簿记就成为会计工作的一个组成部分。

中国簿记一词最早见于宋代。在西方国家，英文簿记是在本子上保持记录，即记账的意思；而会计则是叙述理由，即说明为什么要这样记账。苏联把会计作为经济核算的一个组成部分，因而传到中国翻译为簿记核算。在20世纪50年代的中国会计中，一般将会计与簿记混用，这与当时把会计的作用局限于记账、算账的范围有关。到20世纪80年代初，随着对会计职能作用认识的拓宽，人们又逐渐恢复了簿记的概念，并大大缩小了簿记的范围，仅仅是指会计工作中事后记账、算账那部分工作。

簿记按其采用的记账方法不同，分为单式簿记和复式簿记；按其源头不同，分为中式簿记和西式簿记；按其经济主体的经济活动分类，分为商业簿记和工业簿记。

单式簿记是复式簿记的对称，指采用单式记账法的簿记。单式簿记在欧洲中世纪之前和我国明代以前曾普遍采用。复式簿记是单式簿记的对称，指采用复式记账法的簿记。复式簿记产生于13世纪的意大利，现被世界各国会计实务广泛采用。

中式簿记是西式簿记的对称，指我国历史上传统的记账、算账方法体系，其历史源远流长。《周礼·天官篇》有"岁会""月要""日成"的叙述；两汉时出现名为"簿书"的账册；宋元以后，官厅官吏办理报销或移交时编制"四柱清册"，簿记方法初具规模，后传民间，逐渐发展成完整的中式簿记体系。早期的中式簿记，多为单式簿记。明清后，出现具有复式簿记性质的"龙门账""天地合账"；19世纪末受西式簿记影响，进一步发生变化。20 世纪 30 年代，徐永祚等提倡"改良中式簿记"，因其不能适应处理日益复杂的经济业务的要求，后逐渐被淘汰。西式簿记是中式簿记的对称，指西方各国的记账、算账方法体系。早期的西式簿记，多为单式簿记。1494 年，意大利数学家卢卡·帕乔利在其《算术·几何和比例概要》最早论述簿记的世界名著中，系统地总结并提出复式簿记理论。清末，西式簿记通过日本传入我国。

商业簿记是最基本的簿记。工业簿记属于记录购入材料、制作商品、贩卖成品的公司的一种记账方式，主要用于计算商品制作所必需的原料费用，包括材料费、制作人员的薪金、制造器械的损耗费用等。

思考题

1. 会计凭证的概念和意义是什么？会计凭证如何分类？
2. 原始凭证的基本内容包括哪些？记账凭证的基本内容包括哪些？
3. 原始凭证的填制要求包括哪些？记账凭证的填制要求包括哪些？
4. 原始凭证的审核要求包括哪些？记账凭证的审核要求包括哪些？
5. 会计账簿的概念和意义是什么？会计账簿如何分类？
6. 会计账簿应遵循哪些登记规则？
7. 错账更正方法有哪些？适用范围有何区别？具体的更正方法分别是什么？
8. 什么是对账？对账具体包括哪些内容？

练习题

某企业会计人员在结账前进行账目核对时，查找出以下错账：

（1）购进包装物一批，价款 5 000 元，增值税 850 元，货物已经验收入库，价税合计金额以银行存款支付。编制会计分录如下，并已登记入账。

借：固定资产　　　　　　　　　　　　　　　　　　　　　　　　5 000

　　应交税费——应交增值税（进项税额）　　　　　　　　　　　850

　　贷：银行存款　　　　　　　　　　　　　　　　　　　　　　　5 850

（2）计提车间生产用固定资产折旧 5 300 元。编制会计分录如下，并已登记入账。

借：制造费用　　　　　　　　　　　　　　　　　　　　　　　　3 500

　　贷：累计折旧　　　　　　　　　　　　　　　　　　　　　　　3 500

（3）计提本月应负担的借款利息 1 000 元。编制会计分录如下，并已登记入账。

借：财务费用　　　　　　　　　　　　　　　　　　　　　　　　10 000

　　贷：应付利息　　　　　　　　　　　　　　　　　　　　　　　10 000

（4）生产车间生产产品领用原材料 8 6000 元。编制会计分录如下，并已登记入账。

借：生产成本　　　　　　　　　　　　　　　　　　　　　　　　86 000

　　贷：原材料　　　　　　　　　　　　　　　　　　　　　　　　86 000

在过账时，"生产成本"账户记录为 68 000 元。

要求：根据上述资料编制银行存款余额调节表，并回答如下两个问题：第一，编表时，企业可动用的银行存款余额是多少？第二，银行存款余额调节表编制完成后，企业是否需要根据该表更正账簿记录？为什么？

思政课堂

2002 年，审计署驻某地特派办审计组在对 NJ 机场建设资金审计时发现，该机场向施工单位收取的投标资料费、定期存款利息、代征税金手续费等大量收入未纳入单位会计核算。为了查清这些资金的下落，审计组多次向 NJ 机场领导及其财务负责人宣传有关法律法规，要求提供上述收入的真实财务资料。但是，机场财务责任人却隐匿、伪造了会计凭证，拒绝向审计人员提供有关资料。审计人员通过艰苦细致的查证，终于查出该机场将上述近千万元收入设置了 20 多个"小金库"。而该财务负责人为隐匿小金库资金又多次编造虚假会计资料，严重阻碍审计工作的正常进行。

思考：

1. NJ 机场及其财务负责人的行为属于什么性质？

2. 这些行为对会计核算产生了什么影响？

3. 财务人员在工作中应该遵循什么原则？

第八章

财务报告与报表分析

■学习目标

1. 了解财务报告的概念、构成和作用；
2. 了解财务报告的编制要求；
3. 掌握资产负债表的基本格式、项目内容和填制方法；
4. 掌握利润表的基本格式、项目内容和填制方法；
5. 了解现金流量表、所有者权益变动表的基本格式和项目内容；
6. 了解会计报表附注披露的内容和基本要求；
7. 了解财务报表分析的基本方法。

■导入案例

　　康××公司自 2010 年在深圳中小板上市以来业绩突飞猛进，股价一路飙升。但近年来，该公司"事故不断"。2019 年 1 月 15 日，该公司发布公告称，因公司流动资金紧张，应于 2019 年 1 月 15 日兑付的债券不能如期兑付。该债券本息合计 10.4 亿元。但该公司 2018 年第三季度财报显示，截至 2018 年第三季度末，公司流动资金合计 253 亿元，其中货币资金 150 亿元。为何现金流如此充足的公司难以兑付 10 多亿元的债务？于是，康××公司现金的真实性开始受到质疑。2019 年 4 月 30 日，康××公司披露 2018 年年报后，其 122 亿元银行存款被大股东康×集团挪用也随之暴露，公司做假也同时浮出水面。中国证监会随后展开调查，最终发现该公司自 2015 年 1 月至 2018 年 12 月每年分别虚增利润 23.81 亿元、30.89 亿元、39.74 亿元、24.77 亿元，共计 119.21 亿元，分别占当年年报披露利润总额的 144.65%、134.19%、136.47%、722.16%。中国证监会对该公司及其主要负责人采取顶格处罚措施。

第一节　财务报告概述

一、财务报告的概念

财务报告，又称财务会计报告，是指企业对外提供的反映企业某一特定日期财务状况和某一会计期间经营成果、现金流量及所有者权益等会计信息的总结性书面文件。它是会计实体对经济活动进行预测、决策、控制和检查、分析的重要依据。财务报告的目标是向财务报告使用者提供与企业财务状况、经营成果和现金流量等有关的会计信息，反映企业管理层受托责任履行情况，有助于财务报告使用者做出经济决策。

二、财务报告的组成

企业财务会计报告主要包括对外报送的会计报表、会计报表附注和其他应当在财务报告中披露的相关信息和资料。

（一）对外报送的会计报表

1. 会计报表的含义

会计报表是财务会计报告的主体和核心，财务会计最有用的信息就集中在会计报表中。企业应该对外提供的会计报表主要包括资产负债表、利润表、现金流量表和所有者权益表。其中，资产负债表是指反映企业在报告期末资产、负债和所有者权益情况的会计报表，利润表是指反映企业在报告期内收入、费用和利润情况的会计报表，现金流量表是指反映企业在报告期内现金流入、现金流出和现金净流量情况的会计报表，所有者权益变动表是指反映企业在报告期内构成所有者权益的各组成部分增减变动情况的会计报表。除以上会计报表外，还有一些根据各行业特点编制的，用以说明某一方面情况的附表，如资产减值准备明细表、应交增值税明细表等。

2. 会计报表的分类

企业的会计报表按照报表的编制时间、编制单位、服务对象等可分为不同的种类。

（1）按照编制时间分类，可分为中期会计报表和年度会计报表。

中期会计报表是指以短于一个完整会计年度的报告期间为基础编制的财务报表，包括月份报表、季度报表和半年度报表等。月份报表是指月份终了后利用当月份有关资料所编制的会计报表，如资产负债表、利润表均应按月编制；季度报表是指在每季度结束后利用季度内各月份资料编制的财务会计报表；半年度报表是指企业在每个会计年度的前六个月结束后编制的会计报表。

年度会计报表，亦称年终决算报表，是指会计主体在年度终了后编制的报表，包括规定对外报送的全部会计报表。

至于哪些报表应按月编报，哪些报表应按季编报，哪些报表应按半年编报，哪些报表应按年编报，则应根据不同行业的要求和现行会计准则的要求进行安排。

（2）按照编制单位分类，可分为单位报表、汇总报表和合并报表。

单位报表是指独立核算单位所编制的会计报表；汇总报表是指主管部门根据各个

单位会计报表和自身的报表汇总编制而成的会计报表；合并报表是控股公司将其本身与被投资公司看作一个统一的经济实体而编制的会计报表，它反映了控股公司与被投资公司共同的财务状况和经营成果。

（3）按照其提供服务的对象分类，可分为内部报表和外部报表。

内部报表是指根据企业内部管理的需要而编制的供本单位内部使用的会计报表，如管理费用明细表、产品生产成本表等。这类报表的种类、格式、内容和报送时间均由企业自行决定。

外部报表是指企业向外部的会计信息使用者报告经济活动和财务收支情况的会计报表，这类报表一般有国家统一的种类、格式、内容、编制要求和报送时间。我国企业对外报送的会计报表按其所反映的经济内容的不同，可以分为资产负债、利润表、现金流量表、所有者权益变动表及相关报表的附注。

（二）会计报表附注

附注是会计报表的重要组成部分，企业应当按照规定披露附注信息。企业会计报表附注一般包括下列内容：①企业的基本情况；②会计报表的编制基础；③遵循企业会计准则的声明；④重要会计政策和会计估计；⑤会计政策和会计估计变更以及前期差错更正的说明；⑥报表重要项目的说明；⑦或有事项；⑧资产负债表日后事项；⑨关联方关系及其交易。

（三）其他应当在财务会计报告中披露的相关信息和资料

其他应当在财务会计报告中披露的相关信息和资料是为了有助于理解和分析会计报表需要说明的其他事项所提供的书面资料，主要说明会计报表及其附注所无法揭示或无法充分说明的，对企业财务状况、经营成果、现金流量及所有者权益变动有重大影响的其他事项。

三、财务报告的作用

编制财务报告是财务会计工作的一项重要内容，是对会计核算工作的全面总结，也是及时提供合法、真实、准确、完整会计信息的重要环节。具体来说，财务报告的作用主要体现在以下几个方面：

1. 对国家经济管理部门的作用

财务报告有助于国家经济管理部门（如财政、税务、审计等）了解企业的财务状况和经营成果，检查、监督各单位财经政策、法规、纪律、制度的执行情况，更好地发挥国家经济管理部门的指导、监督、调控作用，优化资源配置，保证国民经济持续稳定发展。

2. 对投资者和债权人的作用

财务报告有助于企业的投资者和债权人分析企业的获利能力和债务偿还能力，预测企业的发展前景，对公司的贷款是否安全提供分析依据，从而做出正确的投资决策和信贷决策。同时，投资者可以通过会计报表了解企业情况，监督企业的生产经营管理，以保护自身的合法权益。

3. 对企业管理者的作用

企业管理者通过对会计报表的分析，可以了解企业的情况，以便于正确判断企业过去的绩效，从而可以与同行业或与计划相比较，评价企业经营的成败得失；衡量现在的财务状况，判断企业经营管理是否健全，评价企业未来的发展潜力；根据对企业过去、目前的经营状况的了解，预测企业未来发展的大概趋势。企业管理者也可针对具体情况，拟定出增产节支、扩销增盈的改善措施，以指导企业未来的发展。

4. 对企业职工和社会公众的作用

财务报告有助于企业职工、社会公众（包括企业潜在的投资者或债权人）了解企业的就业岗位是否稳定、劳动报酬的高低，以及有关企业目前状况等方面的资料，为其择业或投资选择提供参考依据。

四、财务报告的编制要求

（一）财务报告的质量要求

会计核算应当以实际发生的交易或事项为依据，如实反映企业的财务状况、经营成果和现金流量，这是对会计工作的基本要求。如果会计信息不能真实反映企业的实际情况，会计工作就失去了存在的意义，甚至会误导会计信息使用者，导致经济决策的失误。

企业应当按照《企业财务会计报告条例》的规定，编制和对外提供真实、完整的财务报告。

财务报告的真实性，是指企业财务报告要真实地反映经济业务的实际发生情况，不能人为地扭曲，以使企业财务报告使用者通过企业财务报告了解有关单位实际的财务状况、经营成果和现金流量。财务报告的完整性，是指企业所提供的财务报告要符合规定的格式和内容，不得漏报或者任意取舍，以使企业财务报告使用者全面地了解有关单位的整体情况。

（二）财务报告的时间要求

会计信息的价值在于帮助所有者或其他相关方做出经济决策。如果会计信息不能及时提供，经济环境发生了变化，时过境迁，这些信息也就失去了应有的价值，无助于经济决策。所以，企业的会计核算应当及时进行，不得提前或延后。

企业应当依照有关法律、行政法规规定的结账日进行结账。年度结账日为公历年度每年的 12 月 31 日；半年度、季度、月度结账日分别为公历年度每半年、每季、每月的最后一天。此外，月度财务报告应当于月度终了后 6 天内（节假日顺延，下同）对外提供；季度财务报告应当于季度终了后 15 天内对外提供；半年度财务报告应当于年度中期结束后 60 天内（相当于两个连续的月份）对外提供；年度财务报告应当于年度终了后 4 个月内对外提供。

（三）财务报告的形式要求

企业对外提供的财务报告应当依次编定页数，加具封面，装订成册，加盖公章。封面上应当注明企业名称、企业统一代码、组织形式、地址、报告所属年度或者月份、报出日期，并由企业负责人和主管会计工作的责任人、会计机构负责人（会计主管人员）签名并盖章；设置总会计师的企业，还应当由总会计师签名并盖章。

（四）财务报告的编制要求

在编制财务会计报告的过程中，应遵守下列财务报告的编制要求：

（1）企业在编制年度财务报告前，应当全面清查资产、核实债务，包括结算款项、存货、投资、固定资产、在建工程等。在年度中间，企业应根据具体情况，对各项财产物资和结算款项进行重点抽查、轮流清查或者定期清查。企业清查、核实后，应当将清查、核实的结果及其处理办法向企业的董事会或者相应机构报告，并根据国家统一的会计准则规定进行相应的会计处理。

企业在编制财务报告前，除应当全面清查资产、核实债务外，还要做好结账和对账工作，并检查会计核算中可能存在的各种需要调整的情况。

（2）企业在编制财务报告时，应当按照国家统一会计准则规定的会计报表格式和内容，根据登记完整、核对无误的会计账簿记录和其他有关资料编制会计报表，做到内容完整、数字真实、计算准确，不得漏报或者任意取舍。会计报表之间、会计报表各项目之间，凡有对应关系的数字，应当相一致；会计报表中本期与上期的有关数字应当相互衔接。会计报表附注应当对会计报表中需要说明的事项做出真实、完整、清楚的说明。

第二节　资产负债表

一、资产负债表的概念与作用

（一）资产负债表的概念

资产负债表是指反映企业某一特定日期财务状况的会计报表。该表按月编制，对外报送。年度终了，企业还应编报年度资产负债表。

资产负债表编制的理论依据是"资产＝负债+所有者权益"。其编制原理是把企业特定日期（通常是期末）的资产、负债和所有者权益项目按一定的分类标准和排列次序予以排列。

从性质上讲，资产负债表是一种静态报表，它是以相对静止的方式来反映企业的资产、负债和所有者权益的总量及构成。换言之，该报表中所反映的财务状况只是某一时点（编报日）上的状态。过了这一时点，企业的财务状况就会发生变化。因此，资产负债表只有对编报日来说才具有意义。从经济内容上分析，资产负债表实际上是用来反映企业从哪里取得资金，又将这些资金投放到哪些方面去了。前者是筹资活动，后者是广义的投资活动。而筹资和投资通常是企业财务活动的主要内容，所以资产负债表又称为财务状况表。

（二）资产负债表的作用

资产负债表的作用如下：

（1）反映企业所掌握的经济资源及其分布和结构。资产是企业的经济资源。通过资产负债表，会计信息所有者可以了解企业在某一时点所拥有或控制的经济资源及其构成，获悉其占用形态、分布状况等信息。

（2）反映企业资金来源及其构成。企业资金来源包括吸收投资所形成的所有者权益以及举债所形成的债权人权益。资本结构是指企业资源中负债和所有者权益的相对比例。通过资产负债表，会计信息所有者可以了解企业的资本结构，并进一步评价其合理性。

（3）帮助评估企业的流动性及其财务弹性。流动性是指企业资产能够以合理的价格顺利变现的能力。企业资产流动性越强，则其偿还债务的能力越强。这是企业债权人非常关注的重要信息。

财务弹性是指企业在面临突发性的现金需求时，能够在资金调度上采取有效行动并迅速做出反应的能力。它可以根据资产负债表中反映的不同类别资产的变现能力和不同负债的偿还顺序予以判定。

（4）有助于评估企业财务状况的变动趋势。会计信息所有者将本期期末的资产负债表与上期或以前各期期末的资产负债表进行比较，可以了解不同时点企业资产、负债、所有者权益的变化情况，从中分析其变化的规律，并预测企业未来财务状况的变动发展趋势。

二、资产负债表的格式与内容

资产负债表一般有表首、正表两个部分。其中，表首概括地说明报表名称、编制单位、编制日期、报表编号、货币名称、计量单位等；正表则列示了用以说明企业财务状况的各个项目，它一般有两种格式，即报告式资产负债表、账户式资产负债表。

报告式资产负债表是上下结构，上半部列示资产，下半部列示负债和所有者权益。具体排列格式又有两种：一是按"资产＝负债+所有者权益"的原理排列，二是按"资产－负债＝所有者权益"的原理排列。其简化格式见表8-1。

表8-1　资产负债表

编制单位：　　　　　　　　　　　年　月　日　　　　　　　　　　单位：元

项目	期初余额	期末余额
资产		
流动资产		
非流动资产		
资产合计		
负债		
流动负债		
非流动负债		
负债合计		
所有者权益		
实收资本		
资本公积		
未分配利润		
所有者权益合计		

账户式资产负债表是左右结构，左边列示资产，右边列示负债及所有者权益。在我国，资产负债表采用账户式，资产负债表左右双方平衡，即资产总计等于负债及所有者权益总计。其简化格式见表8-2。

表 8-2　资产负债表

编制单位　　　　　　　　　　　　　年　月　日　　　　　　　　　　单位：元

资产	期初余额	期末余额	负债及所有者权益	期初余额	期末余额
流动资产			流动负债		
……			……		
非流动资产			非流动负债		
……			……		
			所有者权益		
			……		
资产总计			负债及所有者权益总计		

在资产负债表中，资产按照其流动性分类分项列示，包括流动资产和非流动资产；负债按照其流动性分类分项列示，包括流动负债和非流动负债等；所有者权益按照实收资本（股本）、资本公积、盈余公积、未分配利润等项目分项列示。

三、资产负债表的编制方法

资产负债表既是一张平衡报表，反映资产总计与负债及所有者权益总计相等；又是一张静态报表，反映企业在某一时点的财务状况，如月末或年末。为了提供比较信息，以便报表使用者通过比较不同时点资产负债表的数据，掌握企业财务状况的变动情况和发展趋势，资产负债表的各个项目均需填列"年初余额"和"期末余额"两栏数字。其中，"年初余额"栏内各项目的数字，可根据上年年末资产负债表"期末余额"栏相应项目的数字填列。如果本年度资产负债表的各个项目的名称和内容与上年度不一致，应当对上年年末资产负债表各个项目的名称和内容按照本年度的规定进行调整。资产负债表中的"期末余额"栏内各项目的金额，应根据期末资产类、负债类、所有者权益类等账户的期末余额填列。具体填列方法如下：

（1）根据总账科目的余额直接填列。资产负债表中有些项目的"期末余额"可以根据有关总账科目的期末余额直接填列，如"交易性金融资产""短期借款""应付职工薪酬""应交税费""实收资本""资本公积""盈余公积"等项目，"应交税费"等负债项目，如果其相应科目出现借方余额，应以"-"号填列。

（2）根据总账科目的余额计算填列。有些报表项目需要根据若干总账科目余额计算填列，如"货币资金"项目，应根据"库存现金""银行存款""其他货币资金"三个总账科目的期末余额合计数填列。

（3）根据总账科目和明细账科目的余额分析计算填列。如"长期借款"项目，根据"长期借款"总账科目期末余额，扣除"长期借款"科目所属明细科目中反映的将于一年内到期的长期借款部分，分析计算填列。

（4）根据若干明细科目余额分析计算填列。报表中有些项目需要根据若干明细科目的余额分析计算填列，如"应付票据及应付账款"项目，应根据"应付票据"总账余额加上"应付账款""预付账款"账户所属的相关明细科目的期末贷方余额之和填列；"预付款项"项目，应根据"应付账款""预付账款"账户所属的相关明细科目的期末借方余额之和填列。同理，"应收票据及应收账款"项目，应根据"应收票据"总账余额加上"应收账款""预收账款"账户所属的相关明细科目的期末借方余额之和填列；"预收款项"项目，应根据"应收账款""预收账款"账户所属的相关明细科目的期末贷方余额之和填列。

（5）根据有关资产科目与其备抵科目抵减后的净额填列。如"无形资产"项目，应根据"无形资产"科目的期末余额减去"累计摊销""无形资产减值准备"备抵科目期末余额后的金额填列；"应收票据及应收账款"项目的填列，应先计算"应收票据"总账余额加上"应收账款""预收账款"科目所属的相关明细科目的期末借方余额合计数，然后减去"坏账准备"科目的期末贷方余额，以应收账款净额填列。再如"存货"项目，应以"材料采购""原材料""生产成本""库存商品""材料成本差异"等总账科目的期末余额合计数，减去"存货跌价准备"科目等的期末余额的净额填列。

（6）根据备查登记簿记录填列。会计报表附注中的有些资料，需要按照备查登记簿中的记录编制。

在我国，资产负债表的"年初数"栏各项目数字，应根据上年年末资产负债表"期末数"栏内所列数字填列。如果本年度资产负债表规定的各个项目的名称和内容同上年度不一致，应对上年年末资产负债表各项目的名称和数字按照本年度的规定进行调整，填入报表中的"年初数"栏内。资产负债表的"期末数"栏各项目主要是根据有关科目记录编制的。

四、资产负债表编制举例

【例 8-1】A 股份有限公司 20××年年初及年末账户余额如表 8-3 所示。

表 8-3　A 公司 20××年年初及年末账户余额　　　单位：元

科目名称	期初 借方余额	期末 借方余额	科目名称	期初 贷方余额	期末 贷方余额
库存现金	40 000	60 000	短期借款	600 000	780 000
银行存款	200 000	500 000	交易性金融负债	63 000	86 000
交易性金融资产	500 000	800 000	应付票据	350 000	400 000
应收票据	360 000	365 000	应付账款	520 000	780 000
			预收账款	32 000	475 000
			应付职工薪酬	850 000	940 000
应收账款	1 600 000	2 400 000	应交税费	56 000	200 000
坏账准备	-32 000	-48 000	其他应付款	128 000	128 000
其他应收款	124 000	248 000	长期借款	1 000 000	1 500 000
预付账款	350 000	500 000	一年内到期的长期负债	200 000	500 000
其他流动资产	60 000	36 000	应付债券	800 000	800 000
材料采购	32 000	48 000	实收资本（或股本）	6 000 000	6 000 000

表8-3(续)

科目名称	期初借方余额	期末借方余额	科目名称	期初贷方余额	期末贷方余额
原材料	50 000	150 000	资本公积	4 000 000	5 000 000
库存商品	400 000	450 000	盈余公积	500 000	600 000
债权投资	75 000	40 000	利润分配		
长期股权投资	650 000	850 000	未分配利润	1 200 000	2 600 000
其他债权投资	1 800 000	1 800 000	利润分配		
固定资产	6 500 000	7 600 000	未分配利润	1 200 000	2 600 000
累计折旧	-500 000	-600 000			
生产性生物资产	680 000	450 000			
在建工程	1 800 000	2 800 000			
无形资产	1 250 000	2 100 000			
长期待摊费用	360 000	240 000			
合计	16 299 000	20 789 000	合计	16 299 000	20 789 000

根据上述余额编制该公司年度资产负债表（如表8-4所示）。

表 8-4 资产负债表

编制单位：A 股份有限公司　　　　　20××年 12 月 31 日　　　　　单位：元

资产	期末余额	年初余额	负债及所有者权益	期末余额	年初余额
流动资产：			流动负债：		
货币资金	560 000	240 000	短期借款	780 000	600 000
交易性金融资产	800 000	500 000	交易性金融负债	86 000	87 000
衍生金融资产			衍生金融负债		
应收票据及应收账款	2 717 000	1 928 000	应付票据及应付账款	1 180 000	350 000
预付款项	500 000	350 000	预收款项	475 000	32 000
其他应收款	248 000	124 000	合同负债		
存货	648 000	482 000	应付职工薪酬	940 000	850 000
持有待售资产			应交税费	200 000	56 000
一年内到期的非流动资产			其他应付款	128 000	128 000
其他流动资产	36 000	60 000	持有待售负债	24 000	18 000
流动资产合计	5 509 000	3 684 000	一年内到期的非流动负债	500 000	200 000
非流动资产：			其他流动负债		
债权投资	40 000	75 000	流动负债合计	4 289 000	2 799 000
其他债权投资	1 800 000	1 800 000	非流动负债：		

会计学

表8-4(续)

资产	期末余额	年初余额	负债及所有者权益	期末余额	年初余额
长期应收款			长期借款	1 500 000	1 000 000
长期股权投资	850 000	650 000	应付债券	800 000	800 000
其他权益工具投资			其中：优先股		
其他非流动金融资产			永续债		
投资性房地产			长期应付款		
固定资产	7 000 000	6 000 000	预计负债		
在建工程	2 800 000	1 800 000	递延收益		
生产性生物资产	450 000	680 000	递延所得税负债		
油气资产			其他非流动负债		
无形资产	2 100 000	1 250 000	非流动负债合计	2 300 000	1 800 000
开发支出			负债合计	6 589 000	4 599 000
商誉			所有者权益（或股东权益）		
长期待摊费用	240 000	360 000	实收资本（或股本）	6 000 000	6 000 000
递延所得税资产			其他权益工具		
其他非流动资产			其中：优先股		
非流动资产合计	15 280 000	12 615 000	永续债		
			资本公积	5 000 000	4 000 000
			减：库存股		
			其他综合收益		
			盈余公积	600 000	500 000
			未分配利润	2 600 000	1 200 000
			所有者权益（或股东权益）合计	14 200 000	11 700 000
资产总计	20 789 000	16 299 000	负债及所有者权益总计	20 789 000	16 299 000

随堂演练

（一）单选题

1. 资产负债表项目中可以直接根据总账科目余额填列的是（　　）。

　　A. 实收资本　　　　　　　　　　B. 货币资金

　　C. 存货　　　　　　　　　　　　D. 一年内到期的非流动资产

2. 按照经济内容分类，资产负债表属于（　　）。

　　A. 财务成果报表　　　　　　　　B. 财务状况报表

　　C. 合并会计报表　　　　　　　　D. 成本费用报表

3. 资产负债表的编制基础是（　　　）。

    A. 发生额试算平衡公式　　　　　　B. 余额试算平衡公式

    C. 基本的会计等式　　　　　　　　D. 扩展的会计等式

4. 可以反映企业短期偿债能力和长期偿债能力的报表是（　　　）。

    A. 利润表　　　　　　　　　　　　B. 资产负债表

    C. 现金流量表　　　　　　　　　　D. 所有者权益变动表

5. 季度、月度财务会计报告通常仅指（　　　）。

    A. 会计报表　　　　　　　　　　　B. 各项财务规章制度

    C. 会计报表附注　　　　　　　　　D. 财务情况说明书

（二）多选题

1. 会计报表包括（　　　）。

    A. 资产负债表　　　B. 利润表　　　C. 现金流量表　　　D. 会计报表附注

2. 资产负债表的编制方法中，按照资产科目与其备抵科目抵减后的金额列示的项目有（　　　）。

    A. 货币资金　　　B. 存货　　　C. 无形资产　　　D. 固定资产

（三）判断题

1. 编制财务报表应遵循重要性原则。　　　　　　　　　　　　　（　　　）

2. 本年度财务报告也可以称为中期报告。　　　　　　　　　　　（　　　）

第三节　利润表

一、利润表的概念与作用

（一）利润表的概念

利润表也称收益表、损益表，是指反映企业在一定时期内（如月份、季度或年度）经营成果的会计报表。企业在一定期间的经营成果，一般是指企业在一定期间内实现的利润。在内容上，利润是收入和费用相互比较的结果，前者是经营活动中经济利益的流入，后者是经营活动中发生的耗费和支出，两者相抵后的差额是利润或亏损。由于收入和费用是企业在一定的时间长度内发生的，因此，利润表在性质上属于动态报表的范畴，反映的是企业的资金运动所取得的成果。

（二）利润表的作用

利润表所报告的财务信息对会计报表使用者具有十分重要的作用，为企业外部投资者以及信贷者做出投资决策和信贷决策提供依据，为企业内部管理层做出经营决策提供依据，为企业内部进行行业绩考核提供依据。利润表的作用具体体现在以下三个方面：

1. 有助于分析和评估企业的经营成果

利润表反映企业在一定会计期间收入、费用、利润（或亏损）的数额及构成情况。其中，收入信息不仅可以反映企业收入的规模及其来源构成，据以评价企业经营的风险，还可以用以判断企业的发展趋势；费用项目则可以反映企业的费用水平及其构成的合理性，其变动额还能用以判断企业费用的控制力。利润额反映企业一定时期的经营成果，结合资产负债表数据，可以用以评价企业的获利能力。

2. 有助于评价企业管理层的管理水平

企业管理层在接受投资者委托履行其受托责任时，应合理运用企业的资产为投资者谋求尽量大的收益。利润表的各种数据，可以反映企业在生产经营、融资和投资活动中的管理效率及经济效益。会计报表使用者可据此评价企业管理层的管理水平。

3. 帮助预测企业未来期间的盈利趋势

会计报表使用者通过不同时期利润表所提供的信息会计报表，可以比较企业利润的变化情况，分析企业利润的发展趋势及企业的获利能力，并进一步预测企业盈利的发展趋势。

二、利润表的内容和结构

（一）利润表的内容

既然利润表是反映一个企业特定期间经营成果的会计报表，其内容就必须包括影响企业该会计期间的所有损益的内容。也就是说，利润表既要包括在生产经营单位已实现的各项收入，以及与该收入相配比的各项成本、费用，也要包括其他方面的业务收支，如投资收益，还要包括与生产经营活动无关的各项营业外收入和支出。

我国的企业会计准则规定，利润表的内容包括营业收入、营业利润、利润总额、净利润、每股收益、其他综合收益、综合收益等。

（二）利润表的结构

利润表通常包括表首和表体两个部分。

表首：应列示编表单位的名称、报表名称、提供信息的时间、所用货币的名称和货币单位等。这些体现了会计基本假设的要求。

表体：根据利润表的构成要素，按收益计算过程排列表中项目。利润表在项目排列方式上有两种格式：一种为单步式排列，用该方式排列的利润表称单步式利润表；另一种为多步式排列，与其相应的利润表称多步式利润表。

单步式利润表在列表时，首先列示所有的收入利得项目，然后再列示所有的费用损失项目。两者相减，收入利得与费用损失的差额部分即净利润。单步式利润表的基本格式如表8-5所示。

表8-5　利润表

编制单位：　　　　　　　　　　年　月　　　　　　　　　　单位：元

项目	本期金额	上期金额
一、收入		
营业收入		
投资收益		
营业外收入		
收入合计		

表8-5(续)

项目	本期金额	上期金额
二、费用		
营业成本		
税金及附加		
销售费用		
管理费用		
财务费用		
资产减值损失		
营业外支出		
所得税费用		
费用合计		
三、净利润		

单步式利润表的优点是简明易懂；缺点是所提供信息较少，不便于分析收益的构成等情况。

多步式利润表将不同的收入与费用项目加以归类，按企业损益构成的内容列示，分步反映净利润的计算过程。其基本格式如表8-6所示。

表8-6　利润表

编制单位：　　　　　　　　　　　　年　　月　　　　　　　　　　　　单位：元

项目	本期金额	上期金额
一、营业收入		
减：营业成本		
税金及附加		
销售费用		
管理费用		
财务费用		
资产减值损失		
加：公允价值变动收益（损失以"-"号填列）		
投资收益（损失以"-"号填列）		
其中：对联营企业和合营企业的投资收益		
资产处置收益（损失以"-"号填列）		
其他收益		
二、营业利润（亏损以"-"号填列）		
加：营业外收入		
减：营业外支出		
三、利润总额（亏损总额以"-"号填列）		
减：所得税费用		
四、净利润（净亏损以"-"号填列）		
（一）持续经营净利润（净亏损以"-"号填列）		
（二）终止经营净利润（净亏损以"-"号填列）		

表8-6（续）

项目	本期金额	上期金额
五、其他综合收益的税后净额		
（一）以后不能重分类进损益的其他综合收益		
1. 重新计量设定受益计划净负债或净资产的变动		
2. 权益法下在被投资单位不能重分类进损益的其他综合收益中享有的份额		
……		
（二）以后将重分类进损益的其他综合收益		
1. 权益法下可转损益的其他综合收益		
2. 其他债权投资公允价值变动		
3. 金融资产重分类计入其他综合收益的金额		
4. 其他债权投资信用减值准备		
5. 现金流量套期储备		
6. 外币财务报表折算差额		
……		
六、综合收益总额		
七、每股收益：		
（一）基本每股收益		
（二）稀释每股收益		

三、利润表的编制方法

利润表编制的原理是"收入－费用＝利润"这一会计平衡公式和收入与费用的配比原则。在生产经营中，企业不断发生各种费用支出，同时取得各种收入。收入减去费用，剩余的部分就是企业的盈利。取得的收入和发生的相关费用的配比情况就是企业的经营成果。如果企业经营不当，发生的生产经营费用超过取得的收入，企业就发生了亏损；反之，企业就能取得一定的利润。会计部门应定期（一般按月份）核算企业的经营成果，并将核算结果编制成报表，这样就形成了利润表。

我国企业利润表的主要编制步骤和内容如下：

第一步，以营业收入为基础，减去营业成本、税金及附加、销售费用、管理费用、财务费用、资产减值损失，加上公允价值变动收益（减去公允价值变动损失）和投资收益（减去投资损失），计算出营业利润；

第二步，以营业利润为基础，加上营业外收入，减去营业外支出，计算出利润总额；

第三步，以利润总额为基础，减去所得税费用，计算出净利润（或亏损）；

第四步，列出其他综合收益；

第五步，以净利润加上其他综合收益，计算出综合收益总额。

普通股或潜在普通股已公开交易的企业，以及正处于公开发行普通股或潜在普通股过程中的企业，还应当在利润表中列示每股收益的信息。

利润表各项目均需填列"本期金额"和"上期金额"两栏。其中"上期金额"栏内的各项数字，应根据上年同期利润表的"本期金额"栏内所列数字填列。"本期金额"栏内的各期数字，除"基本每股收益"和"稀释每股收益"项目外，应当按照相关科目的发生额分析填列，如"营业收入"项目，应根据"主营业务收入"和"其他业务收入"科目的合计数填列。

四、利润表编制方法举例

【例8-2】A公司20××年度有关损益类科目本年累计发生净额如表8-7所示。

表8-7　损益类科目累计发生净额

20××年度　　　　　　　　　　　　　　　　　　　　单位：元

科目名称	借方发生额	贷方发生额
主营业务收入		12 500 000
主营业务成本	7 500 000	
税金及附加	20 000	
销售费用	200 000	
管理费用	1 571 000	
财务费用	415 000	
资产减值损失	309 000	
投资收益		315 000
营业外收入		500 000
营业外支出	197 000	
所得税费用	775 750	

根据上述资料，编制A公司20××年度利润表（见表8-8）。

表8-8　利润表

编制单位：A公司　　　　　　　　20××年度　　　　　　　　单位：元

项目	本期金额	上期金额（略）
一、营业收入	12 500 000	
减：营业成本	7 500 000	
税金及附加	20 000	
销售费用	200 000	
管理费用	1 571 000	
财务费用	415 000	
资产减值损失	309 000	
加：公允价值变动收益（损失以"-"号填列）		
投资收益	315 000	
其中：对联营企业和合营企业的投资收益		

表8-8（续）

项目	本期金额	上期金额（略）
二、营业利润（亏损以"-"号填列）	2 800 000	
加：营业外收入	500 000	
减：营业外支出	197 000	
其中：非流动资产处置损失		
三、利润总额（亏损总额以"-"号填列）	3 103 000	
减：所得税费用	775 750	
四、净利润（净亏损以"-"号填列）	2 327 250	
五、其他综合收益	（略）	
六、综合收益总额		
七、每股收益		
（一）基本每股收益		
（二）稀释每股收益		

随堂演练

（一）单选题

1. 下列能反映企业一定期间经营成果的报表是（　　　）。

　　A. 资产负债表　　　　　　　　B. 利润表

　　C. 现金流量表　　　　　　　　D. 所有者权益变动表

2. 在利润表中，利润总额是由（　　　）得出的。

　　A. 收入-费用

　　B. 营业利润+营业外收入-营业外支出

　　C. 营业利润+营业外收入-营业外支出-所得税费用

　　D. 营业利润+营业外收入-营业外支出-资产处置收益

3. 在利润表中，对主营业务和其他业务合并列示，而将各项利润单独列示，这一做法体现了（　　　）原则。

　　A. 真实性　　　　B. 重要性　　　　C. 权责发生制　　　　D. 及时性

4. 根据企业会计制度的规定，企业利润表的格式采用（　　　）。

　　A. 单步式　　　　B. 多步式　　　　C. 报告式　　　　D. 账户式

5. 下列各项中，（　　　）不影响利润表中营业利润金额。

　　A. 计提存货跌价准备　　　　　　B. 出售原材料并结转成本

　　C. 购买国库券的利息收入　　　　D. 清理管理用固定资产发生的净损失

（二）多选题

1. 利润表的内容包含（　　　）。

　　A. 营业利润　　　　B. 利润总额　　　　C. 净利润　　　　D. 每股收益

2. 利润表的"营业收入"项目应根据下述（　　　）账户计算填制。

　　A. 主营业务收入　　　　　　　　B. 其他业务收入

　　C. 投资收益　　　　　　　　　　D. 公允价值变动损益

（三）判断题

1.“税金及附加”项目反映企业经营业务应负担的增值税、消费税、城市维护建设税等。 （　）

2.“净利润”项目反映企业实现的利润总额扣除所得税费用以后的差额。 （　）

第四节　现金流量表

一、现金流量表的概念

现金流量表是以收付实现制为基础，反映企业在一定会计期间现金和现金等价物流入和流出情况的报表，属于动态报表。企业编制现金流量表的主要目的，是为会计报表使用者提供企业一定会计期间内现金和现金等价物流入和流出的信息，以便于会计报表使用者了解和评价企业获取现金和现金等价物的能力，并据以预测企业未来现金流量。所以，现金流量表在评价企业经营业绩、衡量企业财务资源和财务风险，以及预测企业未来前景方面，有着十分重要的作用。

二、现金流量表的内容

现金流量表的内容包括三个方面：一是经营活动产生的现金流量，二是投资活动产生的现金流量，三是筹资活动产生的现金流量。其中，各类现金流量又分为现金流入量和现金流出量两个部分。

（一）经营活动产生的现金流量

经营活动产生的现金流量是指直接与利润表中本期净利润计算相关的交易及其他事项所产生的现金流入与流出。具体构成项目如下：

（1）经营活动产生的现金流入。经营活动产生的现金流入包括：①销售商品、提供劳务收到的现金；②收到的税收返还；③收到的其他与经营活动有关的现金。

（2）经营活动产生的现金流出。经营活动产生的现金流出包括：①购买商品、接受劳务支付的现金；②支付给职工以及为职工支付的现金；③支付的各种税费；④支付的其他与经营活动有关的现金。

（二）投资活动产生的现金流量

投资活动产生的现金流量通常是指购置与处置非流动资产交易所产生的现金流入与流出。具体构成项目如下：

（1）投资活动产生的现金流入。投资活动产生的现金流入包括：①收回投资所收到的现金；②取得投资收益收到的现金；③处置固定资产、无形资产和其他长期资产所收回的现金净额；④收到的其他与投资活动有关的现金。

（2）投资活动产生的现金流出。投资活动产生的现金流出包括：①购建固定资产、无形资产和其他长期资产所支付的现金；②投资所支付的现金；③支付的其他与投资活动有关的现金。

（三）筹资活动产生的现金流量

筹资活动产生的现金流量通常是指与所有者、债权人有关的筹资与交易而产生的现金流入与流出。具体构成项目如下：

（1）筹资活动产生的现金流入。筹资活动产生的现金流入包括：①吸收投资所收到的现金；②借款所收到的现金；③收到的其他与筹资活动有关的现金。

（2）筹资活动产生的现金流出。筹资活动产生的现金流出包括：①偿还债务所支付的现金；②分配股利、利润或偿付利息所支付的现金；③支付的其他与筹资活动有关的现金。

三、现金流量表的格式

现金流量表的基本格式如表 8-9 所示。

表 8-9　现金流量表

编制单位：　　　　　　　　　　　　年　月　　　　　　　　　　　单位：元

项目	本期金额	上期金额
一、经营活动产生的现金流量：		
销售商品、提供劳务收到的现金		
收到的税费返还		
收到的其他与经营活动有关的现金		
经营活动现金流入小计		
购买商品、接受劳务支付的现金		
支付给职工以及为职工支付的现金		
支付的各种税费		
支付的其他与经营活动有关的现金		
经营活动现金流出小计		
经营活动产生的现金流量净额		
二、投资活动产生的现金流量：		
收回投资所收到的现金		
取得投资收益所收到的现金		
处置固定资产、无形资产和其他长期资产所收回的现金净额		
处置子公司及其他营业单位收到的现金净额		
收到的其他与投资活动有关的现金		
投资活动现金流入小计		
购建固定资产、无形资产和其他长期资产所支付的现金		
投资所支付的现金		
取得子公司及其他营业单位支付的现金净额		
支付的其他与投资活动有关的现金		
投资活动现金流出小计		
投资活动产生的现金流量净额		
三、筹资活动产生的现金流量：		
吸收投资所收到的现金		
借款所收到的现金		
收到的其他与筹资活动有关的现金		
筹资活动现金流入小计		
偿还债务所支付的现金		
分配股利、利润或偿付利息所支付的现金		

表8-9(续)

项目	本期金额	上期金额
支付的其他与筹资活动有关的现金		
筹资活动现金流出小计		
筹资活动产生的现金流量净额		
四、汇率变动对现金及现金等价物的影响		
五、现金及现金等价物增加额		
六、期末现金及现金等价物余额		

第五节　所有者权益变动表

一、所有者权益变动表的概念与内容

(一) 所有者权益变动表的概念

所有者权益变动表是指反映构成所有者权益各组成部分当期增减变动情况的报表。所有者权益变动表应当全面反映一定时期内所有者权益变动的情况，不仅包括所有者权益总量的增减变动，还包括所有者权益增减变动的重要结构性信息，特别是要反映直接计入所有者权益的利得和损失，让报表使用者准确理解所有者权益增减变动的根源。

(二) 所有者权益变动表的内容

在所有者权益变动表中，企业至少应当单独列示反映下列信息的项目：①净利润；②其他综合收益；③会计政策变更和差错更正的累积影响金额；④所有者投入资本和向所有者分配利润等；⑤提取的盈余公积；⑥实收资本或股本、资本公积、盈余公积、未分配利润的期初和期末余额及其调节情况。

二、所有者权益变动表的格式

(一) 以矩阵形式列报

为了清楚地表明构成所有者权益的各组成部分当期的增减变动情况，所有者权益变动表应当以矩阵的形式列示。一方面，列示导致所有者权益变动的交易或事项，不再仅仅按照所有者权益的各组成部分反映所有者权益变动的情况，而是按所有者权益变动的来源对一定时期所有者权益变动情况进行全面反映；另一方面，按所有者权益各组成部分（包括实收资本、资本公积、盈余公积、未分配利润和库存股）及其总额列示交易或事项对所有者权益的影响。

(二) 列示所有者权益变动表的比较信息

根据《企业会计准则第30号——财务报表列报》的规定，企业需要提供和比较所有者权益变动表，因此，所有者权益变动表还把各项目再分为"本年金额"和"上年金额"两栏分别填列。

所有者权益变动表的具体格式如表8-10所示。

表 8-10　所有者权益（股东权益）变动表

　　　　　　　年度

项目	行次	本年金额								上年金额							
		实收资本（或股本）	其他权益工具	资本公积	其他综合收益	盈余公积	未分配利润	所有者权益合计		实收资本（或股本）	其他权益工具	资本公积	其他综合收益	盈余公积	未分配利润	所有者权益合计	
一、上年末余额																	
加：会计政策变更																	
前期差错更正																	
二、本年年初余额																	
三、本年增减变动金额（减少以"-"号填列）																	
（一）综合收益总额																	
（二）所有者投入和减少资本																	
1. 所有者投入的普通股																	
2. 其他权益工具持有者投入资本																	
3. 股份支付计入所有者权益的金额																	
4. 其他																	
（三）利润分配																	
1. 提取盈余公积																	
2. 对所有者（或股东）的分配																	

表8-10（续）

·252·

项目	行次	本年金额							上年金额						
		实收资本（或股本）	其他权益工具	资本公积	其他综合收益	盈余公积	未分配利润	所有者权益合计	实收资本（或股本）	其他权益工具	资本公积	其他综合收益	盈余公积	未分配利润	所有者权益合计
3. 其他															
（四）所有者权益内部结转															
1. 资本公积转增资本（或股本）															
2. 盈余公积转增资本（或股本）															
3. 盈余公积弥补亏损															
4. 设定受益计划变动额结转留存收益															
5. 其他综合收益结转留存收益															
6. 其他															
四、本年末余额															

三、所有者权益变动表的填列方法

（一）"上年金额"栏的列报方法

所有者权益变动表"上年金额"栏内的各项数字，应根据上年度所有者权益变动表本年金额栏内所列数字填列。如果上年度所有者权益变动表规定的各个项目的名称和内容与本年度不一致，应对上年度所有者权益变动表各项目的名称和内容按本年度的规定进行调整，填入所有者权益变动表的"上年金额"栏内。

（二）"本年金额"栏的列报方法

所有者权益变动表"本年金额"栏内的各项数字，一般应根据"实收资本（或股本）""资本公积""盈余公积""利润分配""库存股""以前年度损益调整"等科目的发生额分析填列。

企业的净利润及其分配情况作为所有者权益变动的组成部分，不需要再单独设置利润分配表列示。

第六节　会计报表附注与披露

一、编制会计报表附注的意义

会计报表附注是指对在资产负债表、利润表、所有者权益变动表和现金流量表等报表中列示项目的文字描述或明细资料，以及对未能在这些报表中列示项目的说明等。

附注应当披露财务报表的编制基础，相关信息应当与资产负债表、利润表、所有者权益变动表和现金流量表等报表中列示的项目相互参照。

二、会计报表附注披露的内容

按照《企业会计准则第 30 号——财务报表列报》的规定，会计报表附注一般应当按照下列顺序披露：

1. 企业的基本情况
（1）企业注册地、组织形式和总部地址；
（2）企业的业务性质和主要经营活动；
（3）母公司以及集团最终母公司的名称；
（4）财务报告的批准报出者和财务报告批准报出日。
2. 财务报表的编制基础
3. 遵循企业会计准则的声明
企业应当明确说明编制的财务报表符合企业会计准则的要求，真实、公允地反映了企业的财务状况、经营成果和现金流量等有关信息，以此明确企业编制财务报表所依据的制度基础。
4. 重要的会计政策和会计估计
企业应当披露其所采用的重要会计政策和会计估计，不重要的会计政策和会计估计可以不披露。

（1）重要会计政策的说明。由于企业经济业务的复杂性和多样化，某些经济业务可以有多种会计处理方法。企业在发生某项经济业务时，必须从允许的会计处理方法中选择适合本企业特点的会计政策。因此为了有助于使用者理解报表信息，有必要对这些会计政策加以披露。

（2）重要会计估计的说明。企业应当披露会计估计中所采用的关键假设和不确定因素的确定依据。这些关键假设和不确定因素在下一会计期间很可能导致资产、负债账面价值的重大调整。因此，强调这一披露要求，有助于增强财务报表的可理解性。

5. 会计政策和会计估计变更以及差错更正的说明

企业应该按照相应的会计准则要求，披露会计政策、会计估计变更以及差错更正的有关情况。

6. 重要报表项目的说明

企业应尽可能以列表形式披露重要报表项目的构成或当期增减变动情况，并且报表重要项目的明细金额合计，应当与报表项目金额相衔接。在顺序上，一般按照资产负债表、利润表、现金流量表、所有者权益变动表的顺序进行列示。

7. 其他需要说明的重要事项

对已在资产负债表、利润表、现金流量表和所有者权益变动表中列示的重要项目的进一步说明，包括终止经营税后利润的金额及其构成情况、或有和承诺事项、资产负债表日后非调整事项、关联方关系及其交易等需要说明的事项。

第七节　财务报表分析

一、财务报表分析的概念

财务报表分析是指以企业的财务报告等会计资料为基础，对企业的财务状况和经营成果进行分析评价的一种方法，它属于狭义的财务分析，分析依据主要是财务报表、报表附注及其他财务报告信息（如管理报告、审计报告、社会责任报告等）。

财务报表分析的基本功能是将大量的报表数据转换为对特定决策有用的信息，减少决策的不确定性。财务报表分析的起点是财务报表，分析使用的数据大部分来源于公开发布的财务报表。因此，财务报表分析的前提是正确理解财务报表。

二、财务报表分析的目的

财务报表分析的信息用户是企业各类利益相关者群体，他们通过利用财务报告和其他资料对企业经营状况和财务状况进行分析，发现当前企业存在的主要问题，并对企业未来发展做出合理预测，判断自身权利是否能够实现、契约是否能够得到顺利履行。由于不同的信息用户与企业有着不同的利益关系，对企业的关注重点也不同，因此，企业财务报表分析的目的因分析主体和分析的服务对象的不同而不同。

（一）投资者

企业投资者一旦把资金投入企业，一般情况下不能随意抽走。投资者可以参与企业分红以及剩余财产的分配。可以说，企业和投资者之间利益共享、风险共担。因此，投资者需要平衡投资的收益和风险，最为关注的是企业的成长性，以期获得最佳的投资回报。在财务报表分析中，投资者会侧重于分析企业的盈利能力、发展前景、竞争能力、资产质量、现金流量以及破产风险等，以判断企业是否具备潜在的投资价值。

（二）债权人

企业的债权人包括贷款银行、供应商、企业债券持有者等。相对于投资者而言，企业的债权人更为关注的是企业是否能在偿还期内及时、足额地归还所欠债务，因此，其分析重点在于企业的信用水平、偿债能力、信贷风险等。

（三）管理层

管理层接受投资者委托管理企业，目的也是通过产品市场和资本市场运作增加投资人的财富。为了履行受托责任，管理层进行财务报表分析的主要目的不仅是了解当前企业的财务状况、经营情况以及现金流状况等，而且还要结合外在的经营环境对企业的未来财务及经营状况进行合理估计。

（四）其他主体

除了上述信息用户，企业财务报表分析的信息使用者还包括一些专业的投资咨询、基金管理、资产评估、会计师事务所等中介服务机构，它们也将通过财务报表分析满足客户的不同需要。国家相关监管机关也需要通过财务报表分析，了解企业损益状况、纳税情况、是否遵纪守法等。此外，企业内部职工也希望通过企业财务报表分析了解企业盈利与自身收入的匹配性，以维护自身权益。

三、财务报表分析的基本程序和基本方法

（一）财务报表分析的基本程序

为确保财务报表分析工作的顺利进行，财务报表分析应在遵循客观、全面、系统、动态、定性与定量分析相结合的原则下按照一定的程序分步骤实施。一般可分为以下几个步骤：

1. 明确分析目的，确定分析范围

财务报表分析的第一步是明确分析的目的，如，做的是投资可行性分析还是贷款可行性分析等；然后根据分析的目的，按照成本效益原则，合理确定分析的内容及重点，是全面分析还是专项分析，据以搜集相关信息，提高分析的效率。如果分析的工作量较大，还应制订工作计划或方案，其内容包括分析目的和内容的确定、分析人员的分工和职责、分析工作的步骤和时间安排等。

2. 搜集整理分析信息

分析内容和重点确定后，就要按照完整、及时、准确的原则搜集相关资料。资料搜集渠道通常包括企业、政府相关部门、同业公会、中介机构、高校及其他科研机构、新闻媒体等。搜集的资料应按分析的需要进行系统归类整理。

3. 选择适当的分析方法

分析人员应按照分析的目的和范围不同而选择不同的方法。最适合分析目的、分析内容和所搜集信息的方法就是最好的方法。常用的分析方法有比较分析法、比率分析法、因素分析法等，它们各有特点，在实际工作中常常需要结合使用，共同运用于

财务报表分析工作中。

4. 实际分析并得出分析结论

在使用适当的分析方法对搜集的资料进行定性和定量相结合的分析中，我们常常需要运用一定的职业判断能力、商业和非商业的技术和知识对企业财务状况、经营情况做出正确的分析和评价，并对企业未来经营情况做出合理预测。

5. 撰写分析报告

财务分析报告是财务报表分析工作的最终成果，其内容必须服务于分析目的，有利于分析主体据此做出正确的决策。报告的具体格式可以根据分析的目的和内容合理确定。企业内部的财务分析报告中主要包括对企业财务状况和经营情况的总体评价、分析取得的成绩和存在的问题、提出改进措施和建议等内容。在报告的撰写中，我们应遵循实事求是、观点明确、注重实效、清楚简练的原则。

总而言之，在实际的财务报表分析工作中，我们应不断改进工作方法、完善工作程序，以得出更有效的分析结论，服务于分析主体的不同分析目的。

（二）财务报表分析的基本方法

1. 比较分析法

比较分析法又称水平分析法，是指将相关数据进行比较，揭示差异并寻找原因，为改进企业经营管理指引方向的一种分析方法。它是财务分析最基本、最主要的方法。

比较的方式可以是绝对值变动量、变动率或变动比率值。

$$绝对值变动量=分析期实际值-基期实际值$$
$$变动率=变动量/基期实际值×100\%$$
$$变动比率值=分析期实际值/基期实际值×100\%$$

比较的标准（对象）有：

（1）历史标准：将不同会计期间的数值进行比较，揭示其变动情况，进而预测其发展趋势。在实际工作中，通常将本期数值与上期数值或历史最好水平进行比较。

（2）预算标准：将分析期的实际数与计划数（或预算数）进行比较，以确定实际与计划的差异，从而检查计划的完成情况。

（3）行业标准：将本企业的实际数与同行业平均水平或先进水平进行比较，以确定本企业在行业中所处的地位。

2. 结构分析法

结构分析法又称垂直分析法或比重分析法，是指通过计算报表中各项目占总体的比重或结构，反映其与总体的关系的方法。我们将它与比较分析法结合使用，还可以进一步揭示项目结构的变动情况。会计报表经过结构分析法处理后，通常称为同量度报表或共同比报表。结构分析法的基本步骤如下：

第一步，确定报表中各项目占总额的比重，即把分析对象（分析总体）按一定的分类标准（性质或内容）划分为若干类，然后测算其所占比重。计算公式为

$$某项目的比重=该项目金额/项目总金额$$

第二步，通过各项目所占比重，分析其在企业经营中的重要性。一般情况下，项目所占比重越大，其越重要，对总体影响越大。

第三步，将分析期各项目所占比重与前期同项目所占比重或计划比重对比，研究

各项目所占比重的差异及变动情况；也可以将其与同行业先进企业或竞争对手企业同项目所占比重进行比较，通过差异分析以了解企业的成绩及存在的问题。

3. 趋势分析法

趋势分析法是指根据企业连续几个期间的有关财务数据，通过对指数或完成率的计算，确定企业分析期有关项目变动情况和趋势的一种分析方法。它既可以用于对会计报表的整体分析，即研究一定时期报表各项目的变动趋势；也可以就某些主要指标的发展趋势进行分析。趋势分析法的一般步骤为：

第一步，计算趋势比率或指数。通常，指数的计算有两种：一是定基指数的计算，即各个时期的指数都是以某一固定时期为基期进行计算；二是环比指数的计算，即各个时期的指数都是以前一期为基期进行计算。实际工作中常采用的是定基指数。

第二步，根据指数计算结果，评价与判断企业各项指标的变动趋势及其合理性。

第三步，预测未来的发展趋势。根据企业以前各期各指标的变动情况，研究其变动趋势或规律，从而预测企业未来发展变动情况。

4. 比率分析法

比率分析法是指将影响财务状况的两个相关因素联系起来，通过计算比率，反映它们之间的关系，借以评价企业财务状况和经营状况的一种财务分析方法。比率有百分率（如资产负债率为50%）、比（如流动比率为2∶1）和分数（如净资产占总资产的2/3）三种形式。比率分析法以其简单、明了、可比性强，成为财务分析中最重要的方法，在实践中得到了广泛运用。常用的财务比率有三种类型：

（1）构成比率。

构成比率又称结构比率，是指某项财务指标的各个组成部分数值占总数值的百分比，如资产结构比率（某类资产占总资产的比重）、负债构成比率（流动负债或非流动负债占总负债的百分比）等。构成比率可以反映总体中各组成部分的安排是否合理，据此可以发现存在显著问题的项目，有利于做出适当的调整。

（2）相关比率。

相关比率是指以某个项目与其有关但又不同的项目加以对比所得的比率，反映有关经济活动的相互关系，从而可以考察有联系的相关业务安排是否合理。如，将流动资产和流动负债加以对比，计算出流动比率，从而判断企业的短期偿债能力。

（3）效率比率。

效率比率是指将某项经济活动的所得与所费相比得出的比率，反映了投入和产出的关系，可以用于评价经济效益。如，将利润与总资产、净资产、销售收入、销售成本等相比得出的总资产利润率、净资产收益率、销售利润率、成本利润率等均是从不同角度说明企业的盈利能力。

5. 因素分析法

因素分析法是指依据分析指标与其影响因素之间的关系，按照一定的程序和方法，确定各因素对分析指标差异影响程度的一种技术方法。因素分析法具体又分为连环替代法和差额计算法两种，后者是前者的简化形式。因素分析法的一般步骤为：

第一步，确定分析对象，即确定需要分析的财务指标，比较其实际数额和标准数额，二者的差额即分析对象。

第二步，确定分析指标的影响因素及其替代顺序，并建立该指标与其影响因素的函数关系式。

第三步，按顺序计算各影响因素对分析指标的影响程度，即将每次替代所计算的结果与该因素被替代前的结果进行对比，二者的差额即替代因素对分析对象的影响程度。

第四步，检验分析结果，即将各因素对分析指标的影响额相加，其代数和应等于分析对象。如若不等，则说明分析结果是错误的。

四、企业财务效率分析

企业财务效率的分析包括企业盈利能力分析、偿债能力分析、营运能力分析以及发展能力分析。

（一）盈利能力分析

盈利能力是指企业在一定时期内赚取利润的能力，表明企业以一定的资源投入能取得的经济效益的多少。盈利能力越强，说明企业经营业绩越好，经营管理水平越高。这是企业投资者、债权人以及企业经营管理层都非常关注的一大能力。反映企业盈利能力的指标很多，主要包括：

1. 权益报酬率

权益报酬率又称净资产利润率，是反映企业盈利能力的核心指标，反映企业资本的增值能力，是企业本期净利润与所有者权益的比率，指企业的所有者通过投入资本而取得利润的能力。该指标越高，企业盈利能力越好。其计算公式为

$$权益报酬率 = \frac{净利润}{所有者权益平均余额} \times 100\%$$

评价该指标时，可以结合社会平均利润率或行业利润率进行比较分析。

2. 总资产报酬率

总资产报酬率是指企业运营资产而产生利润的能力，是息税前利润与平均总资产的比率。该指标是一个综合指标。息税前利润与企业资产的数量、资产结构、经营管理水平有着密切的关系。其计算公式为

$$总资产报酬率 = \frac{利润总额+利息支出}{平均总资产} \times 100\%$$

总资产报酬率越高，说明企业资产的运用效率越高。评价该指标时，需要与企业前期比率、同行业其他企业的这一比率进行比较。

3. 销售毛利率和销售净利率

（1）销售毛利率。

销售毛利率是指销售毛利与营业收入的比率，指企业每实现1元的营业收入所能获取的毛利额，反映企业销售的初始盈利水平以及企业产品或项目本身的盈利空间，是计算销售净利率的基础。其计算公式为

$$销售毛利率 = \frac{销售毛利}{营业收入} \times 100\%$$
$$= \frac{营业收入-营业成本}{营业收入} \times 100\%$$

毛利是企业利润的基本来源，是补偿企业期间费用的重要保障。毛利率偏低，意味着企业经营的产品或劳务附加值低，影响着企业的持续发展。在分析这一指标时，我们要结合企业不同时期或同行业不同企业的该指标的指标值进行比较，对毛利率持续下降的企业要高度重视。

（2）销售净利率。

销售净利率是指企业净利润与营业收入的比率，反映企业实现 1 元营业收入所能带来的最终成效（税后利润）。一般来讲，销售净利率越高，表明企业获利能力越强。其计算公式为

$$销售净利率 = \frac{净利润}{营业收入} \times 100\%$$

在分析这一指标时，我们应重点关注净利润构成中非经常性损益的多少。如果非经常性损益较多，则以扣除该项目后的金额计算更为谨慎。同时，分析时，我们还应进一步结合企业不同时期或同行业不同企业的该指标的指标值进行比较，以了解企业盈利能力的变动情况及在同行业中的盈利水平。

4. 营业费用利润率

营业费用利润率是指企业当期营业利润与营业费用总额的比率。其计算公式为

$$营业费用利润率 = \frac{营业利润}{营业费用总额} \times 100\%$$

其中，营业费用总额包括企业营业成本、营业税金及附加、销售费用、管理费用、财务费用、资产减值损失。由于成本费用是企业取得收益的代价，成本费用利润率越高，说明企业取得单位收益付出的代价越小，投入产出比越大，盈利效率越高，企业在控制成本费用方面的工作成效越好。

5. 全部成本费用利润率

全部成本费用利润率是指利润总额与全部成本费用的比率。其计算公式为

$$全部成本费用利润率 = \frac{利润总额}{全部成本费用总额} \times 100\%$$

其中，全部成本费用总额包括营业费用总额和营业外支出。

将全部成本费用利润率与营业费用利润率进行比较，可以反映营业外活动对盈利的影响。

6. 每股收益

随着股份制企业的增多，上市公司也越来越多。由上市公司自身特点所决定，其盈利能力除了可以通过上述一般盈利能力指标分析外，还可以通过一些特殊指标进行分析，每股收益就是其中的重要指标之一。

每股收益是指每股发行在外的普通股所能分摊到的净收益额。它是投资者进行股票投资的重要决策依据。其计算公式为

$$普通股每股收益 = \frac{净利润 - 优先股股息}{发行在外的普通股加权平均数}$$

其中，发行在外的普通股加权平均数 = 期初发行在外普通股股数 + 当期新发行普通股股数 ×（已发行时间 ÷ 报告期时间）- 当期回购普通股股数 ×（已回购时间 ÷ 报告期时间）。

7. 普通股权益报酬率

普通股权益报酬率是指企业净利润扣除应发放的优先股股息后的余额与普通股权益平均额之比。该指标是从股东角度反映企业的盈利能力，指标值越高，说明企业盈利能力越强，普通股股东可得收益越多。其计算公式为

$$普通股权益报酬率 = \frac{净利润-优先股股息}{普通股权益平均额}$$

8. 每股经营现金流量

每股经营现金流量是指经营活动净现金流量与发行在外的普通股加权平均数的比率，反映每股发行在外的普通股所平均占有的经营净现金流量。该指标越大，说明企业盈利质量越好，进行资本支出和支付股利的能力越强。其计算公式为

$$每股经营现金流量 = \frac{经营活动净现金流量}{发行在外的普通股加权平均数}$$

比较每股经营现金流量和每股收益可以发现企业实现利润的资金保证程度。如果每股经营现金流量大于每股收益，说明实现的利润是有充分的现金流作保证的；反之，则说明企业虽然实现了利润，但没有收回相应的货币资金，企业可能仍存在资金紧缺的问题。

9. 市盈率

市盈率，又称价格与收益比率，反映普通股的市场价格与当期每股收益的关系。其计算公式为

$$市盈率 = \frac{普通股每股市价}{普通股每股收益}$$

这个比率一般用来判断企业股票与其他企业股票相比较所具有的潜在价值。发展前景较好的企业通常具有较高的市盈率，发展前景不佳的企业的市盈率往往较低。但这并不是绝对的，要准确估计企业发展前景还需结合其他盈利能力指标和企业所处行业等予以综合考虑。

10. 托宾 Q 值

托宾 Q 值（Tobin Q）指标是指公司的市场价值与其重置成本之比。通常一般用总资产的账面价值替代重置成本，用股权市场价格和短期债务的账面价值之和表示市场价值。其计算公式为

$$托宾 \ Q \ 值 = \frac{股权市场价格+短期债务的账面价值}{总资产的账面价值}$$

若公司的托宾 Q 值大于 1，表明市场上对该公司的估价水平高于其自身的重置成本，该公司的市场价值较高；若公司的托宾 Q 值小于 1，表明市场上对该公司的估价水平低于其自身的重置成本，该公司的市场价值较低。但由于影响股票价格的因素很多，托宾 Q 值也不一定能够真实反映公司的价值。因此，在用托宾 Q 值判断公司的盈利能力和市场价值时，我们还要根据资本市场的现实状况做出一定的调整。

（二）偿债能力分析

偿债能力是指企业偿还各种到期债务的能力，它揭示了企业的财务风险。偿债能力具体可分为短期偿债能力（又称支付能力）和长期偿债能力。

1. 短期偿债能力分析

短期偿债能力是指企业流动资产对流动负债及时足额偿还的保证程度，是衡量企业当前支付能力的重要标志。短期偿债能力指标具体包括营运资本、流动比率、速动比率、现金比率等。

（1）营运资本。

营运资本是指流动资产超过流动负债的部分。由于流动负债的偿还日和流动资产的变现日不可能完全做到同步同量，因此，企业必须保有一定金额的营运资本作为缓冲。营运资本越多，说明流动负债的偿还越有保障，短期偿债能力越强。营运资本的计算公式为

$$营运资本 = 流动资产 - 流动负债$$

（2）流动比率。

流动比率是指流动资产与流动负债的比值。作为一个相对数，流动比率消除了企业由于规模不同而缺乏可比性的问题，在实践中，更适用于同行业比较以及本企业不同时期的比较。流动比率的计算公式为

$$流动比率 = \frac{流动资产}{流动负债}$$

流动比率显示企业有多少短期可变现资产来偿还短期负债，反映了短期债权人安全边际的大小，比率越大，表明企业资产流动性越强，短期偿债能力越强。一般认为，流动比率维持在 2∶1 是合适的。比率如果小于 1，说明企业偿债能力较弱；反之，如果比率大于 3，则表示企业流动资产所占比重较大。流动资产虽然变现性强，但盈利性较弱，较多的流动资产意味着企业财务风险较小，但获利能力较差。

实际上，流动比率并不存在统一、标准的数值。不同行业的流动比率往往存在较大的差别。营业周期越短的行业，合理的流动比率越低，许多成功企业的流动比率都低于 2。随着近年来企业经营方式以及金融环境的变化，这一比率还有下降的趋势。

在运用流动比率评价企业短期偿债能力时，我们应结合上年流动比率或同行业平均流动比率（或先进企业流动比率）进行比较，从而说明企业短期偿债能力的变动趋势和好坏状况。如果比率变动较大或者与行业平均值出现重大偏离，就应对构成流动比率的流动资产和流动负债的各项目逐一分析，寻找形成差异的原因。

流动比率也存在一定的局限性，它是建立在所有的流动资产都能变现偿债的基础上，实际上，有些流动资产的账面金额与其变现金额可能存在较大差异，且经营流动资产要用于日常经营活动，也不能全部用于偿债，而经营性应付项目可以滚动存续，无须动用现金全部结清。因此，流动比率是对短期偿债能力的粗略估计。

（3）速动比率。

速动比率又称酸性试验比率，是指企业的速动资产与流动负债的比率，用来衡量企业流动资产中可以立即变现偿付流动负债的能力。其计算公式为

$$速动比率 = \frac{速动资产}{流动负债}$$

速动资产是指能够在较短时间内变现的流动资产，如货币资金、交易性金融资产和各种应收款项等；而流动资产中的存货、预付款项、1 年内到期的非流动资产和其他

流动资产则成为非速动资产。非速动资产的变现金额和时间具有较大的不确定性，如存货的变现速度一般比应收款项慢，且部分存货可能已经报废、尚未处理，或已抵押给某些债权人，不能用于偿债，存货的账面金额也与变现金额存在一定的差异。因此，速动比率比流动比率更能真实反映一个企业的短期偿债能力。

一般认为，速动比率维持在 1∶1 左右较为理想。该公司近两年的速动比率都大于 1，且本年比上年的比率有所上升，说明公司具有较强的短期偿债能力。

与流动比率一样，不同行业的速动比率差别依然较大。如采用大量现金销售的商场，几乎没有应收款项，其速动比率往往低于 1；而大量采用赊销的一些企业，由于应收款较多，速动比率往往大于 1，但并不能说明后者的短期偿债能力就好于前者。影响速动比率可信度的主要因素是应收账款的变现能力。季节性生产经营的企业应收款变动较大，难以真实反映企业短期偿债能力，在分析时应加以关注。

（4）现金比率。

现金比率是指现金类资产对流动负债的比率。现金类资产具体包括货币资金和交易性金融资产，二者是速动资产中流动性最强、可用于直接偿债的资产，而其他速动资产需要等待不确定的时间才能转换为不确定金额的现金。因此，现金比率能够更为准确地反映企业的直接偿付能力，当企业需要大宗采购或发放工资支付现金时，这一比率更能显示其重要作用。对于应收款和存货变现存在问题的企业，这一指标尤为重要。

现金比率越高，说明企业可用于偿债的现金类资产越多。但由于现金类资产盈利性较弱，如果企业的现金类资产较多则可能会影响企业的盈利能力。一般认为，现金比率在 20% 左右较为合适。

（5）现金流量比率。

现金流量比率是指经营活动现金流量净额与流动负债的比率，用来衡量企业的流动负债用经营活动产生的现金来支付的程度。其计算公式为

$$现金流量比率 = \frac{经营活动现金流量净额}{流动负债}$$

经营活动现金流量净额的大小反映了企业某一会计期间生产经营活动产生现金的能力的高低，是偿还企业到期债务的基本资金来源。该指标大于或等于 1 时，表明企业有足够的能力以生产经营活动产生的现金来偿还其短期债务；反之，如果该指标小于 1，则表示企业生产经营产生的现金难以偿还到期债务，企业需通过对外筹资或出售资产来还债。

用经营活动现金流量净额代替可偿债资产存量，与短期债务进行比较以反映偿债能力，更具说服力。因为它克服了可偿债资产未考虑未来变化及变现能力等问题，而且实际支付债务的通常是现金，而非其他可偿债资产。但需要注意的是，该比率是建立在以上一年的经营活动现金流量来估计下一年的经营活动现金流量的假设基础之上，使用该比率时应注意影响下一年度经营活动现金流量变动的因素。

（6）影响短期偿债能力的其他因素。

上述比率均是依据报表数据而计算得出，而实际上一些表外因素也会影响企业短期偿债能力，甚至影响相当大，如可动用的银行贷款指标、准备很快变现的非流动资

产以及良好的偿债声誉均会提升企业的短期偿债能力；而与担保有关的或有负债以及经营租赁合同中的承诺条款则会降低企业的短期偿债能力。

2. 长期偿债能力分析

企业的长期债权人和所有者，不仅关心企业短期偿债能力，更关心企业长期偿债能力。

（1）资产负债率。

资产负债率是负债总额占资产总额的比例。其计算公式为

$$资产负债率 = \frac{负债总额}{资产总额} \times 100\%$$

资产负债率可以衡量在企业的总资产中由债权人所提供的资金比例。资产负债率越低，企业偿债越有保障，贷款越安全。如果资产负债率高到一定程度，则难以取得贷款。通常，企业资产在拍卖时的售价不到账面价值的 50%，因此，资产负债率高于50% 则债权人的利益难以保证。由于不同资产变现力有着较大区别，如专用设备的变现力就难于一般的房屋建筑物。因此持有不同资产的企业，对其资产负债率的评价也有所不同。

由于本年的资产负债率略高于上年的资产负债率，说明公司长期偿债能力有所下降，但仍在安全范围内。

从稳健原则出发，该比率还可以再保守一些进行计算，即从资产中扣除无形资产，计算有形资产负债率。其计算公式为

$$有形资产负债率 = 负债总额 \div （总资产 - 无形资产） \times 100\%$$

（2）产权比率。

产权比率是指将负债总额与所有者权益总额进行对比。其计算公式为

$$产权比率 = \frac{负债总额}{所有者权益总额}$$

该比率与资产负债率以及所有者权益比率一样，都可以反映企业债务保证程度，反映企业基本的财务结构的稳定程度。

（3）利息保障倍数。

利息保障倍数是指息税前利润除以利息费用。其计算公式为

$$利息保障倍数 = \frac{息税前利润}{利息费用}$$
$$= \frac{税前利润 + 利息费用}{利息费用}$$

通常可以用财务费用的数额作为利息费用，也可以根据报表附注资料确定更准确的利息费用数额。利息保障倍数的重点是衡量企业支付利息的能力。利息保障倍数表明 1 元债务利息有多少倍的息税前收益作保障。企业的利息保障倍数大于 1，说明企业自身产生的经营收益能够支付现有的债务利息；反之，如果企业的利息保障倍数小于或等于 1，则说明企业经营收益难以支付固定的债务利息，企业面临较大的债务风险。利息保障倍数越大，企业拥有的偿还利息的缓冲资金越多，利息支付越有保障。

（4）现金流量债务比。

现金流量债务比是指经营活动所产生的现金净流量与债务总额的比率。其计算公式为

$$经营现金流量债务比=经营现金流量净额÷期末债务总额×100\%$$

该比率越高，说明企业经营活动现金流量支付全部债务的能力越强。

（三）营运能力分析

营运能力分析主要是分析企业营运资产的效率与效益。营运资产的效率一般指资产的周转速度；营运资产的效益则是指营运资产的利用效果，即通过资产的投入与其产出相比较予以反映。一般而言，企业资产周转速度越快，投入产出比越高，说明企业资产运用效率越高、效益越好，企业经营管理水平越高。对企业营运能力的分析，可以了解企业资产的可利用性和利用成果，有利于挖掘企业资产的利用潜力。

反映企业营运能力的主要指标是资产周转率，它反映了企业在一定时期内资金的周转次数或周转一次所需的天数，具体分为总资产周转率、流动资产周转率、应收账款周转率、存货周转率，以及固定资产周转率指标。

1. 总资产周转率

总资产周转率又称为总资产周转次数，它主要是从资产流动性方面反映总资产的利用效率。该指标数值越大，说明总资产周转速度越快。其计算公式为

$$总资产周转率=\frac{总周转额（营业收入）}{总资产平均余额}$$

总资产周转速度也可以用总资产周转天数表示。其计算公式为

$$总资产周转率=\frac{总资产平均余额×计算期天数}{营业收入}$$

由于企业资金运动过程包括长期资金运动过程和短期资金运动过程，而长期资金运动过程又依赖于短期资金运动过程，因此，总资产周转速度的关键决定因素是流动资产的周转速度。

2. 流动资产周转率

流动资产完成从货币到商品，再到货币这一循环过程，表明流动资产周转了 1 次，以产品实现销售为标志。表明流动资产周转速度的指标有流动资产周转率（周转次数）和流动资产周转天数。流动资产周转率越大，流动资产周转天数越小，说明流动资产周转速度越快，单位时间内带来的经济成果越多。其计算公式为

$$流动资产周转率=\frac{营业收入}{流动资产平均余额}$$

$$流动资产周转天数=\frac{流动资产平均余额×计算期天数}{营业收入}$$

在流动资产中，影响其周转速度的主要因素是应收账款和存货。因此，计算和分析应收账款和存货的周转速度有利于加速流动资产的周转。

3. 应收账款周转率

应收账款周转率又称为应收账款周转次数，是指企业一定时期赊销收入净额与应收账款平均余额的比率，反映企业应收账款在这一时期的收款速度和回笼程度。该指标越大，说明应收账款收回速度越快，企业资金流动性越好。其计算公式为

$$应收账款周转率=\frac{赊销净额（营业收入）}{应收账款平均余额}$$

反映应收账款周转速度的另一个指标是应收账款周转天数，又称为应收账款收账期。一般情况下，收账期越短，说明货款回收管理越有效；反之，则说明企业催收工作不力，容易形成呆账和坏账。其计算公式为

$$应收账款收账期=\frac{360}{应收账款周转率}=\frac{应收账款平均余额×360}{赊销净额（营业收入）}$$

分析应收账款周转率时，要将本企业的实际周转率与行业水平或本企业的历史水平或计划水平相比较，并进一步深入分析应收账款的账龄长短、各账龄的结构、债务人的集中度以及是否为关联方等。

4. 存货周转率

存货周转速度通常用存货周转率（周转次数）和存货周转天数表示，以反映存货规模是否合适，周转速度如何。一般情况下，存货周转率越大，相对的存货占用水平就越低，资产的流动性就越强；反之，存货周转率越小，则表示存货占用资金较多，可能是由于产品质量较差而滞销。存货周转率的计算公式为

$$存货周转率=\frac{营业成本}{存货平均余额}$$

$$存货周转天数=\frac{360}{存货周转率}=\frac{存货平均余额×360}{营业成本}$$

由于存货由材料、半成品和产成品构成，所以，存货周转速度的快慢又取决于材料、半成品和产成品周转速度的快慢。分析时，我们可以进一步计算材料周转天数、在产品周转天数，以及产成品周转天数。

5. 固定资产周转率

固定资产的利用效率可以通过它所生产出来的产品的销售收入体现出来。常用的指标是固定资产周转率（收入率），该指标越大，说明使用一定的固定资产所产生的收入越多，劳动效率越高。固定资产周转率的计算公式为

$$固定资产周转率=\frac{营业收入}{固定资产平均余额}$$

固定资产周转速度的快慢一方面取决于生产阶段生产效率的高低，另一方面又受产品销售率的高低的影响。因此，分析固定资产周转率变动的原因时要结合这两个方面进行具体分析。

（四）发展能力分析

发展能力通常是指企业未来生产经营活动的发展趋势和发展潜力，也称为企业增长能力。对企业发展能力进行分析，对投资者而言，可以评价企业的成长性，从而选择目标企业作为投资对象；对经营者而言，可以分析发现影响企业未来发展的关键因素，从而采用正确的经营决策和财务决策以促进企业可持续增长；对债权人而言，可判断企业未来的盈利能力，从而做出正确的信贷决策。企业单项发展能力分析主要包括以下四个方面：

1. 股东权益增长率

股东权益的增加反映了股东财富的增加。股东权益增长率是本期股东权益增加额与股东权益期初余额之比，也称为资本积累率。其计算公式为

$$股东权益增长率=\frac{本期股东权益增加额}{股东权益期初余额}\times100\%$$

2. 利润增长率

企业股东权益的增长主要依赖于股东投入资本所创造的利润。因此,利润的增长也是反映企业发展能力的重要方面。由于利润可表现为营业利润、利润总额、净利润等多种指标,因此,利润增长率也具有不同的表现形式。

(1) 净利润增长率。

净利润是企业经营业绩的综合结果。因此,净利润增长率是反映企业成长性的重要指标。它反映了本期净利润增加额与上期净利润之比。其计算公式为

$$净利润增长率=\frac{本期净利润增加额}{上期净利润}\times100\%$$

(2) 营业利润增长率。

营业利润是企业最主要的利润来源,分析营业利润增长率可以更好地考察企业利润的成长性。其计算公式为

$$营业利润增长率=\frac{本期营业利润增加额}{上期营业利润}\times100\%$$

3. 收入增长率

收入是利润的源泉。企业销售情况越好,实现的营业收入越多,企业生存和发展的市场空间就越大。收入增长率是本期营业收入增加额与上期营业收入之比。其计算公式为

$$收入增长率=\frac{本期营业收入增加额}{上期营业收入}\times100\%$$

收入增长率为正,说明企业本期销售规模扩大,指标值越大,说明收入增长得越快,销售情况越好;反之,收入增长率为负,则说明企业销售规模缩小,销售情况变差。

具体分析这一指标时,还应结合资产规模的变动,如果收入增长率低于资产增长率,则销售不具有效益。此外,还应结合产品所处生命周期判断企业成长性。

4. 资产增长率

企业要增加收入,在劳动生产率一定的情况下,可以通过增加资产投入来实现。资产增加率就是用来反映企业资产增长情况的重要指标。其计算公式为

$$资产增长率=\frac{本期资产增加额}{资产期初余额}\times100\%$$

资产增长率为正数,说明企业本期资产规模扩大,资产增长率越大,说明资产规模扩大幅度越大;资产增长率为负数,则说明企业本期资产规模缩减,资产出现负增长。

评价一个企业的资产增长情况,必须与销售增长和利润增长结合起来。只有一个企业的销售增长、利润增长超过资产规模增长时,这种资产规模的增长才是效益型增长。

五、财务综合分析法

前述的财务比率分析都是从某一方面对企业展开分析，虽然能够较为准确地反映企业在这些方面的实际状况，但难以全面评价企业总体财务状况和经营成果。为了弥补这一不足之处，有必要在财务能力单项分析的基础上，将有关指标按其内容联系结合起来进行综合分析。杜邦财务分析体系就是一种较为经典的财务综合分析方法。

杜邦财务分析体系又称为杜邦分析法，是由美国杜邦公司在1910年首先设计并采用的。这种方法是利用一些基本财务比率之间的内在数量关系，形成一套相关的财务指标的综合模型。它从投资者对企业要求的最终目标出发，经过对净资产报酬率（也称权益报酬率、权益净利率、净资产收益率、所有者权益净利率等）指标的层层分解，系统分析了影响企业最终财务目标实现的各相关因素。

杜邦财务分析体系主要反映了以下几种财务比率关系：

（1）权益报酬率与资产净利率及权益乘数之间的关系，即

$$权益报酬率 = 资产净利率 \times 权益乘数$$

（2）资产净利率与销售净利率及总资产周转率之间的关系，即

$$资产净利率 = 销售净利率 \times 总资产周转率$$

（3）销售净利率与净利润及销售收入之间的关系，即

$$销售净利率 = 净利润 \div 销售收入$$

$$总资产周转率 = 销售收入 \div 资产平均总额$$

以上关系可以用图8-1反映出来。

通过图8-1可以看出，决定权益净利率的影响因素有三个：一是企业经营的直接创利水平，即销售净利率；二是对企业全部资产的利用效率与利用效果，即通过资产周转率所表现出的生产经营循环效率；三是企业的资本运营程度，即权益乘数所体现的企业负债经营、发挥财务杠杆效应的程度。

为了更深入地分析权益净利率变化的详细原因，我们还可以对销售净利率和资产周转率进行进一步分析。

销售净利率可以分解为

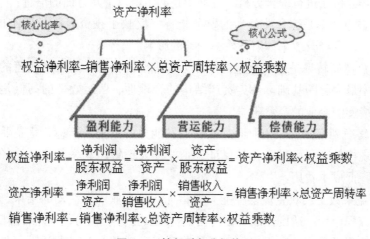

图 8-1　杜邦财务分析体系

净利润=营业收入-成本费用总额+其他项目损益与收支净额-所得税费用

成本费用总额=营业成本+税金及附加+期间费用+资产减值损失

其他项目损益与收支净额=公允价值变动损益+投资收益+营业外收入-营业外支出

资产周转率可以分解为

总资产=流动资产+非流动资产

流动资产=货币资金+交易性金融资产+应收款项+存货等

非流动资产=可供出售金融资产+持有至到期的金融资产+长期股权投资+固定资产
+投资性房地产+无形资产+其他资产

通过对上述指标的层层分解，我们可以找出企业在经营和财务方面存在的问题。
杜邦分析法常用"杜邦分析图解"的方式，将指标按内在联系排列（如图8-2所示）。

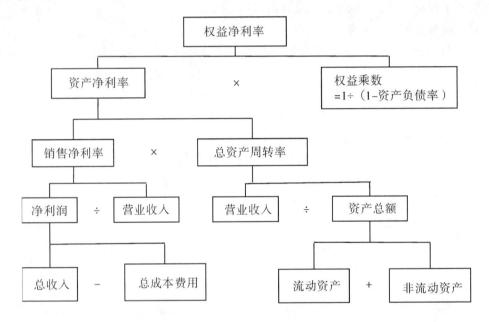

图8-2　杜邦分析图解

运用杜邦分析法进行综合分析，有助于我们了解以下几方面的信息：

（1）权益净利率是综合性最强的财务指标，反映了投资者投入资本的获利能力，
其变动受制于企业经营效率和财务效率变动的影响。

（2）总资产周转率是反映企业营运能力最重要的指标，是资产经营的结果，是实
现权益净利率最大化的基础。各类资产结构的合理性、营运效率的高低是资产经营的
核心，并最终影响企业的经营业绩。

（3）销售净利率是反映企业商品经营盈利能力的最重要指标，是企业商品经营的
成果，是实现权益净利率最大化的保证。企业提高销售净利率的主要途径：一是增加
收入，二是降低成本费用。

（4）权益乘数是反映企业偿债能力的指标，是企业筹资活动的结果，对提高权益
净利率起到杠杆作用。适度开展负债经营，合理安排资本结构，可以提升权益净利率。

透过杜邦分析图还可以看出，企业的获利能力涉及企业经营活动、投资活动和理

财活动各个方面，具体表现在与企业经营项目、成本费用控制、多渠道开辟财源、筹资结构以及资产的分布使用等都密切相关。如果某一方面表现欠佳，都会影响企业盈利目标的实现。

随堂演练

（一）单选题

1. 所有者权益变动表不能反映的信息是（　　）。
    A. 一定时期内所有者权益变动的情况
    B. 所有者权益的各个组成部分
    C. 利润分配的具体情况
    D. 利润构成的具体情况

2. 以下属于现金流量表中"现金"的是（　　）。
    A. 六个月内就到期的债券投资　　　　B. 三个月内就到期的债券投资
    C. 计划三个月内就转让的股权投资　　D. 其他货币资金

3. 现金流量表是以（　　）为基础编制的会计报表。
    A. 权责发生制　　B. 收付实现制　　C. 应收应付制　　D. 费用配比制

4. 企业交纳税款所支付的现金，在现金流量表中应计入的项目是（　　）。
    A. 经营活动产生的现金流量　　　　B. 投资活动产生的现金流量
    C. 筹资活动产生的现金流量　　　　D. 现金及现金等价物净增加额

5. 下列属于"投资活动现金流量"的是（　　）。
    A. 取得短期借款 3 000 元存入银行
    B. 向股东分配现金股利 2 000 元
    C. 销售商品 10 000 元，款项存入银行
    D. 用存款购买机器一台 5 000 元

6. 筹资活动产生的现金流量通常是指（　　）。
    A. 偿还债务所产生的现金流量　　　　B. 构建固定资产所支付的现金
    C. 取得投资收益所收到的现金　　　　D. 处置无形资产所收回的现金

7. 不同分析主体对财务报表分析的侧重点不同，产生这种差异的原因在于分析主体的（　　）不同。
    A. 分析对象　　　　B. 分析目的　　　　C. 分析方法　　　　D. 分析依据

8. 可提供企业变现能力信息的财务报表是（　　）。
    A. 现金流量表　　　　　　　　　　B. 所有者权益变动表
    C. 资产负债表　　　　　　　　　　D. 利润分配表

9. 盈利能力分析主要是利用（　　）资料进行。
    A. 资产负债表　　　　　　　　　　B. 现金流量表
    C. 利润表　　　　　　　　　　　　D. 利润分配表

10. 从企业债权人角度看，财务分析最直接的目的是看（　　）。
    A. 企业的盈利能力　　　　　　　　B. 企业的支付能力
    C. 企业的营运能力　　　　　　　　D. 企业的投资风险

（二）多选题

1. 从投资者观点看，其主要关心的比率有（   ）。

    A. 总资产报酬率   B. 总资产周转率

    C. 净资产利润率   D. 资产负债率

2. 属于反映企业在某一时点财务状况的报表有（   ）。

    A. 资产减值准备明细表   B. 应交增值税明细表

    C. 分部报告   D. 存货明细表

3. 反映企业营运能力的指标有（   ）。

    A. 总资产报酬率   B. 总资产周转率

    C. 存货周转天数   D. 应收账款账龄

4. 反映短期偿债能力的动态指标有（   ）。

    A. 资产负债率   B. 流动比率

    C. 每股收益   D. 现金比率

5. 下列活动中，属于投资活动产生的现金流量的有（   ）。

    A. 收回投资所收到的现金   B. 吸收投资收到现金

    C. 购买商品所支付的现金   D. 购建长期资产支付现金

（三）判断题

1. 会计报表附注不是企业财务报告的必要组成部分。   （   ）

2. 现金流量表也能反映企业的财务状况。   （   ）

3. 不同的人或经济实体基于各自不同的经济利益，分析的侧重点也会有所不同。

                                                       （   ）

4. 盈利能力体现的是企业经营的效率。   （   ）

本章小结

    财务报告，又称财务会计报告，是指企业对外提供的反映企业某一特定日期财务状况和某一会计期间经营成果、现金流量及所有者权益等会计信息的总结性书面文件。企业财务报告主要包括对外报送的会计报表、会计报表附注和其他应当在财务报告中披露的相关信息和资料。企业应该对外提供的会计报表主要包括资产负债表、利润表、现金流量表和所有者权益表。会计报表按照编制时间分类，可分为中期会计报表和年度会计报表；按照编制单位分类，可分为单位报表、汇总报表和合并报表；按照其提供服务的对象分类，可分为内部报表和外部报表。

    资产负债表是指反映企业某一特定日期财务状况的会计报表。该表按月编制，对外报送。年度终了，企业还应编报年度资产负债表。它一般有两种格式：报告式资产负债表和账户式资产负债表。在我国，资产负债表采用账户式。报表左边反映资产总体规模及具体构成，右边反映负债和所有者权益的具体内容。

    利润表也称收益表、损益表，是指反映企业在一定时期内（如月份、季度或年度）经营成果的会计报表。我国的企业会计准则规定，利润表内容包括营业收入、营业利润、利润总额、净利润、每股收益、其他综合收益、综合收益等。利润表有两种格式：一种为单式利润表，另一种为多步式利润表。在我国，利润表采用多步式格式。

现金流量表是以收付实现制为基础，反映企业在一定会计期间现金和现金等价物流入和流出情况的报表，属于动态报表。现金流量表的基本内容包括三个方面：一是经营活动产生的现金流量，二是投资活动产生的现金流量，三是筹资活动产生的现金流量。其中，各类现金流量又分为现金流入量和现金流出量两个部分。

所有者权益变动表是指反映构成所有者权益各组成部分当期增减变动情况的报表。在所有者权益变动表中，企业至少应当单独列示反映下列信息的项目：①净利润；②其他综合收益；③会计政策变更和差错更正的累积影响金额；④所有者投入资本和向所有者分配利润等；⑤提取的盈余公积；⑥实收资本或股本、资本公积、盈余公积、未分配利润的期初和期末余额及其调节情况。

会计报表附注是指对在资产负债表、利润表、所有者权益变动表和现金流量表等报表中列示项目的文字描述或明细资料，以及对未能在这些报表中列示项目的说明等。企业会计报表附注一般包括下列内容：①企业的基本情况；②财务报表的编制基础；③遵循企业会计准则的声明；④重要的会计政策和会计估计；⑤会计政策和会计估计变更以及前期差错更正的说明；⑥报表重要项目的说明；⑦其他需要说明的重要事项。

财务报表分析是指以企业的财务报告等会计资料为基础，对企业的财务状况和经营成果进行分析评价的一种方法，它属于狭义的财务分析，分析依据主要是财务报表、报表附注及其他财务报告信息（如管理报告、审计报告、社会责任报告等）。分析目的是为投资者、债权人、企业管理层等分析主体提供决策参考。财务报表分析常用的方法有比较分析法、比率分析法、结构分析法、趋势分析法以及因素分析法等。杜邦分析法是传统的财务综合分析方法。

重要名词

财务会计报告（financial report）　　会计报表（accounting statement）

资产负债表（the balance sheet）　　利润表（the income statement）

现金流量表（the cash flow statement）

所有者权益变动表（statement of change in stockholder equity）

会计报表附注（the note of accounting statement）

财务报表分析（financial analysis）

思考题

1. 什么是财务会计报告？它由哪些内容构成？

2. 什么是资产负债表？它有何作用？我国资产负债表采用何种方式编制？

3. 资产负债表中各项目的填列依据是什么？各项目如何填列？

4. 什么是利润表？利润表的具体填列方法有哪些？我国采用何种方式？

5. 利润表中各项目的填列依据是什么？各项目如何填列？

6. 什么是现金流量表？现金流量表包括哪些内容？

7. 所有者权益变动表包括哪些项目？

8. 会计报表附注有什么作用？哪些内容需要在附注中披露？

9. 简述财务分析的程序以及财务报表分析的具体方法。

10. 请分别介绍财务效率分析常用指标及具体计算和分析方法。

11. 请简要介绍杜邦分析法的主要内容和基本步骤。

思政课堂

A 公司被查明存在以下信息披露违规问题：

1. 未披露子公司对外担保情况

A 公司未按规定在 2015 年、2016 年年报中披露子公司对外担保情况。

2. 部分无形资产披露不完整

2016 年 1 月，子公司 B 公司调减无形资产 2 100 万元，同时调增研发支出（资本化支出）2 100 万元。

3. 未披露个别募投项目延期原因

对于募投项目，A 公司扩建软袋输液生产线项目，公司招股说明书披露计划投入 2.13 亿元，2016 年年报和 2017 年半年报分别披露已投入 755.17 万元、761.59 万元，预计达到可使用状态日期为 2017 年 12 月 31 日。

4. 部分募投资金使用不规范

子公司 C 公司在发电机组采购合同履约过程中，累计应付金额发生调整，部分退款未退回公司募集资金专户。

思考：

1. 说明 A 公司在信息披露方面存在什么问题？

2. 这些问题会产生什么影响？

3. 企业信息披露应遵循什么原则？

下篇
会计工作组织管理

    会计工作组织管理的任务主要是在遵循会计相关法律法规、规章制度的基础上，结合本单位实际情况，建立会计机构、配备会计人员并制定合理有效的会计组织形式和账务处理程序，从而保证及时高效地完成会计工作。因此，本篇主要分为两章进行具体介绍，分别是"账务处理程序"和"会计工作组织、规范"。

第九章

账务处理程序

第一节 账务处理程序概述

一、账务处理程序的概念与作用

在会计核算体系中，会计凭证、账簿、会计报告记录和反映的信息及所起的作用是不同的。原始凭证的主要作用是证明经济业务的发生并提供业务所涉及的一些原始信息；记账凭证的主要作用是分析经证实已经发生的经济业务所影响的会计核算要素及金额，并按照规范的格式对应入各账户；账簿是登记归纳一定时期内各账户因经济业务发生而引起的增减变化，并按照要求定期结算；会计报告是按照规范的格式定期将账簿记录情况进行分析汇总列报。可以说会计凭证是对一次经济业务的完整反映，账簿是对一个账户的完整反映，会计报告是对账簿记录结果的综合反映。这三者有各自独立的作用而又相互依存，必须通过科学的方法紧密结合在一起，才能共同构成完整的会计信息系统，以满足为不同信息使用者提供各自所需的信息这一基本会计目标。这种科学的结合方法就是账务处理程序。

（一）账务处理程序的概念

账务处理程序也称为会计核算的组织形式或程序，是指会计凭证、账簿和会计报告这三者之间的结合方式，具体来说就是从原始凭证审核到记账凭证填制，从记账凭证到账簿登记，从账簿到会计报告编制这三大步骤的结合方法。其基本的流程是：先取得原始凭证，然后根据审核无误的原始凭证填制记账凭证，再根据审核无误的记账凭证登记各类账簿，最后根据结账后的各账户发生额和余额编制财务会计报告。

（二）账务处理程序的作用

针对本单位的实际情况设计出合理有效的账务处理程序，对于合理组织会计核算工作、提高会计信息质量和会计工作效率都有着非常重要的作用。

1. 有利于提高会计核算质量

会计工作涉及面广，核算资料来自企业内外各相关单位和部门。只有合理组织会计工作、妥善分工，才能使会计工作高效进行，防止差错，从而提高会计核算质量，最终有利于提供完整、正确、及时的会计信息，满足相关信息用户的决策需要。

2. 有利于提高会计核算工作的效率

科学合理的账务处理程序，可以实现会计工作的规范化、合理化，减少不必要的环节和手续，从而提高会计核算工作的效率，保证会计信息提供的及时性。

3. 有利于加强内部控制制度，发挥会计监督职能

合理有效的账务处理程序，能使单位内外有关部门都按照账务处理程序中规定的记账程序审查每项交易和事项的来龙去脉，从而建立、健全内部控制制度，加强对会计核算过程的监督和管理。

二、账务处理程序的要求与种类

（一）账务处理程序的要求

科学的账务处理程序的要求如下：首先要能够正确而完整地构建会计信息系统，保证会计工作的质量，全面满足其信息使用者的需求；其次，要能结合行业的特点，与本单位的业务性质、规模大小、经营管理的要求和特点等相适应；最后，要在保证会计信息质量的前提下，尽量简化核算手续，节约人力和物力，降低核算成本，提高工作效率。

（二）账务处理程序的种类

常见的账务处理程序主要有以下三种：①记账凭证的账务处理程序；②科目汇总表的账务处理程序；③汇总凭证的账务处理程序。此外，还有日记总账、多栏式日记账等账务处理程序。

第二节　记账凭证账务处理程序

一、记账凭证账务处理程序的特点

记账凭证账务处理程序是最基本的账务处理程序，其他账务处理程序都是在此基础上演变和发展起来的。它是指对发生的各项经济业务，先根据原始凭证或原始凭证汇总表填制记账凭证，然后直接根据记账凭证逐笔登记总分类账的一种账务处理程序。

这种程序的主要特点是总账直接根据记账凭证逐笔登记。

二、记账凭证账务处理程序的基本程序

记账凭证账务处理程序的基本程序如下：

（1）根据原始凭证或原始凭证汇总表填制记账凭证；

（2）根据记账凭证或原始凭证登记库存现金日记账和银行存款日记账；

（3）根据记账凭证及所附的原始凭证，登记各种明细分类账；

（4）根据记账凭证逐笔登记总分类账；

（5）期末，结账、对账；

（6）期末，根据账簿编制会计报告。

其流程如图 9-1 所示。

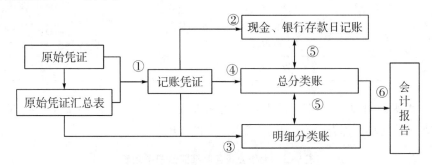

图 9-1 记账凭证账务处理程序流程图

三、记账凭证账务处理程序的优缺点和适用范围

在记账凭证账务处理程序下，总分类账是直接根据记账凭证逐笔登记的。其优点在于：可以详细反映每笔经济业务对对应账户的影响，并能逐笔与所属的各明细账进行核对；总账的会计信息反映全面而完整。其缺点在于：逐笔登记导致工作量较大，会影响工作效率。因此，这种账务处理程序一般适用于核算规模较小、经济业务比较少的企业。

四、记账凭证账务处理程序的举例

【例 9-1】大华有限责任公司（以下简称"大华公司"）是生产销售 A、B 两种产品的工业企业，是增值税一般纳税人。会计核算采用记账凭证账务处理程序，选用专用格式的记账凭证。存货采用实际成本计价，发出存货采用先进先出法计价。

1. 核算资料

（1）大华公司 2021 年 12 月 31 日各总分类账账户余额表如表 9-1 所示。

表 9-1　大华公司总账账户余额表

2021 年 12 月 31 日　　　　　　　　　　金额单位：元

资产		负债和所有者权益	
流动资产：		流动负债：	
库存现金	2 580.00	短期借款	100 000.00
银行存款	145 700.00	应付账款	230 000.00
应收账款	325 000.00	应付职工薪酬	96 000.00
原材料	165 600.00	应交税费	58 530.00
库存商品	100 600.00	合计	484 530.00
生产成本	134 580.00		
合计	874 060.00	所有者权益：	
固定资产：		实收资本	2 000 000.00
固定资产	2 680 000.00	盈余公积	48 300.00
累计折旧	789 600.00	利润分配	231 630.00
合计	1 890 400.00	合计	2 279 930.00
总计	2 764 460.00	总计	2 764 460.00

（2）大华公司 2021 年 12 月 31 日各明细账账户余额表如表 9-2 所示（为简化起见，仅列示原材料、库存商品、生产成本账户的明细信息）。

表 9-2　大华公司各明细账账户余额表

总账账户	明细账户	余额
原材料	甲材料	数量 15 吨，单价 5 600 元/吨，金额 84 000 元
	乙材料	数量 8 吨，单价 10 200 元/吨，金额 81 600 元
库存商品	A 产品	数量 100 件，单价 670 元/件，金额 67 000 元
	B 产品	数量 80 件，单价 420 元/件，金额 33 600 元
生产成本	A 产品	各成本项目合计 84 780 元，其中： 直接材料 59 600 元，直接人工 9 500 元，制造费用 15 680 元
	B 产品	各成本项目合计 49 800 元，其中： 直接材料 36 800 元，直接人工 5 780 元，制造费用 7 220 元

（3）2022 年 1 月，大华公司发生的经济业务如表 9-3 所示。

表 9-3　大华公司经济业务简表

序号	2022 年		经济业务内容
	月	日	
1	1	2	购入甲材料 10 吨，单价 5 500 元/吨（不含税），总价 55 000 元，税 8 800 元，款未付
2	1	3	以银行存款解缴税款 58 530 元
3	1	5	用现金 490 元购买办公用品
4	1	7	2 日所购甲材料 10 吨入库

表9-3(续)

序号	2022年		经济业务内容
	月	日	
5	1	8	出售A产品80件，单价830元/件（不含税），总价66 400元，税10 624元，款已收存银行
6	1	12	从银行提取现金96 000元
7	1	12	以现金发放工资96 000元
8	1	15	购入甲材料22吨，单价5 530元/吨（不含税），总价121 660元，税19 465.6元；乙材料20吨，单价10 080元/吨（不含税），总价201 600元，税32 256元。款未付，材料已入库
9	1	17	银行通知，收到客户所欠货款250 000元
10	1	18	以银行存款支付所欠货款290 000元
11	1	23	从银行提取现金5 000元
12	1	23	采购人员报销差旅费4 700元，以现金支付
13	1	25	以银行存款支付车间水电费22 530元
14	1	28	出售A产品320件，单价830元/件（不含税），总价265 600元，税42 496元；出售B产品570件，单价580元/件（不含税），总价330 600元，税52 896元。款未收
15	1	29	银行通知，收到客户所欠货款560 000元
16	1	30	以银行存款支付所欠货款200 000元
17	1	30	以银行存款支付本月办公楼租金40 000元
18	1	31	本月生产领料汇总：生产A产品领用甲材料34吨，生产B产品领用乙材料22吨
19	1	31	结算本月工资：公司管理人员工资24 000元，车间管理人员工资13 000元，A产品生产工人工资33 000元，B产品生产工人工资30 500元
20	1	31	计提本月厂房及机器设备折旧36 100元
21	1	31	分配结转制造费用：其中A产品承担42 978元，B产品承担28 652元
22	1	31	计算结转完工产品成本。A产品完工410件，单位成本658元/件，总成本269 780元。其成本构成：直接材料188 200元，直接人工29 420元，制造费用52 160元。B产品完工600件，单位成本415元/件，总成本249 000元。其成本构成：直接材料198 600元，直接人工30 120元，制造费用20 280元
23	1	31	计算结转本月销售400件A产品和570件B产品的成本
24	1	31	计算转出本月应交增值税
25	1	31	计提本月应交的城建税，税率7%
26	1	31	计提本月应交的所得税，税率25%
27	1	31	结转收入类账户
28	1	31	结转费用类账户

第九章 账务处理程序

2. 采用记账凭证账务处理程序进行演示

第一，大华公司根据 2022 年 1 月所发生的经济业务填制专用格式记账凭证，该凭证如表 9-4 所示（为简化起见，以会计分录代替，对应记入的明细账户此处省略）。

表 9-4　大华公司 2022 年 1 月经济业务分录簿　　　　单位：元

序号	2022 年		凭证字号	摘要	借方		贷方	
	月	日			账户名称	金额	账户名称	金额
1	1	2	转1	购原材料，款未付	在途物资应交税费	55 000.00 8 800.00	应付账款	63 800.00
2	1	3	银付1	解缴税款	应交税费	58 530.00	银行存款	58 530.00
3	1	5	现付1	购买办公用品	管理费用	490.00	库存现金	490.00
4	1	7	转2	材料入库	原材料	55 000.00	在途物资	55 000.00
5	1	8	银收1	出售产品	银行存款	77 024.00	主营业务收入应交税费	66 400.00 10 624.00
6	1	12	银付2	提取现金	库存现金	96 000.00	银行存款	96 000.00
7	1	12	现付2	发工资	应付职工薪酬	96 000.00	库存现金	96 000.00
8	1	15	转3	购入原材料，款未付，材料已入库	原材料应交税费	323 260.00 51 721.60	应付账款	374 981.60
9	1	17	银收2	收到货款	银行存款	250 000.00	应收账款	250 000.00
10	1	18	银付3	支付所欠货款	应付账款	290 000.00	银行存款	290 000.00
11	1	23	银付4	提取现金	库存现金	5 000.00	银行存款	5 000.00
12	1	23	现付3	报销差旅费	管理费用	4 700.00	库存现金	4 700.00
13	1	25	银付5	支付车间水电费	制造费用	22 530.00	银行存款	22 530.00
14	1	28	转4	出售产品，款未收	应收账款	691 592.00	主营业务收入应交税费	596 200.00 95 392.00
15	1	29	银收3	收到货款	银行存款	560 000.00	应收账款	560 000.00
16	1	30	银付6	支付所欠货款	应付账款	200 000.00	银行存款	200 000.00
17	1	30	银付7	支付房屋租金	管理费用	40 000.00	银行存款	40 000.00
18	1	31	转5	生产领料	生产成本	411 490.00	原材料	411 490.00
19	1	31	转6	结算本月工资	管理费用制造费用生产成本	24 000.00 13 000.00 63 500.00	应付职工薪酬	100 500.00
20	1	31	转7	计提厂房及机器设备折旧	制造费用	36 100.00	累计折旧	36 100.00
21	1	31	转8	分配结转制造费用	生产成本	71 630.00	制造费用	71 630.00

表9-4(续)

序号	2022年		凭证字号	摘要	借方		贷方	
	月	日			账户名称	金额	账户名称	金额
22	1	31	转9	计算结转完工产品成本	库存商品	518 780.00	生产成本	518 780.00
23	1	31	转10	计算结转本月销售产品成本	主营业务成本	501 350.00	库存商品	501 350.00
24	1	31	转11	计算转出本月应交增值税	应交税费	45 494.40	应交税费	45 494.40
25	1	31	转12	计提城建税	税金及附加	3 184.61	应交税费	3 184.61
26	1	31	转13	计提所得税	所得税费用	22 218.85	应交税费	22 218.85
27	1	31	转14	结转收入类账户	主营业务收入	662 600.00	本年利润	662 600.00
28	1	31	转15	结转费用类账户	本年利润	595 943.46	主营业务成本 税金及附加 管理费用 所得税费用	501 350.00 3 184.61 69 190.00 22 218.85

第二,大华公司根据收款凭证或付款凭证登记库存现金日记账(如表9-5所示)和银行存款日记账(如表9-6所示)。

表9-5 库存现金日记账   单位:元

2022年		凭证		摘要	对方科目	借方	贷方	余额
月	日	字	号					
1	1			上年结转				2 580.00
	5	现付	1	购买办公用品	管理费用		490.00	2 090.00
	12	银付	2	提取现金	银行存款	96 000.00		98 090.00
	12	现付	2	发工资	应付职工薪酬		96 000.00	2 090.00
	23	银付	4	提取现金	银行存款	5 000.00		7 090.00
	23	现付	3	报销差旅费	管理费用		4 700.00	2 390.00

表9-6 银行存款日记账   单位:元

2022年		凭证		摘要	对方科目	借方	贷方	余额
月	日	字	号					
1	1			上年结转				145 700.00
	3	银付	1	缴税	应交税费		58 530.00	87 170.00
	8	银收	1	收到货款	主营业务收入	66 400.00		153 570.00
					应交税费	10 624.00		164 194.00

表9-6(续)

2022年		凭证		摘要	对方科目	借方	贷方	余额
月	日	字	号					
	12	银付	2	提取现金	库存现金		96 000.00	68 194.00
	17	银收	2	收到货款	应收账款	250 000.00		318 194.00
	18	银付	3	支付所欠货款	应付账款		290 000.00	28 194.00
	23	银付	4	提取现金	库存现金		5 000.00	23 194.00
	25	银付	5	支付水电费	制造费用		22 530.00	664.00
	29	银收	3	收到货款	应收账款	560 000.00		560 664.00
	30	银付	6	支付货款	应付账款		200 000.00	360 664.00
	30	银付	7	支付房屋租金	管理费用		40 000.00	320 664.00

第三，大华公司根据记账凭证及所附的原始凭证登记各种明细分类账。各种明细分类账如表9-7至表9-12所示。

表9-7 原材料明细账

材料名称及规格：甲材料　　　　　　　　　　　　　　　　　　　　　计量单位：吨

金额单位：元

2022年		凭证		摘要	收入			发出			结存		
月	日	字	号		数量	单价	金额	数量	单价	金额	数量	单价	金额
1	1			上年结转							15	5 600	84 000.00
	7	转	2	材料入库	10	5 500	55 000.00						
	15	转	3	材料入库	22	5 530	121 660.00						
	31	转	5	生产领料				15 10 9	5 600 5 500 5 530	188 770.00			
	31			本月合计	32		176 660.00	34		188 770.00	13	5 530	71 890.00

表9-8 原材料明细账

材料名称及规格：乙材料　　　　　　　　　　　　　　　　　　　　　计量单位：吨

金额单位：元

2022年		凭证		摘要	收入			发出			结存		
月	日	字	号		数量	单价	金额	数量	单价	金额	数量	单价	金额
1	1			上年结转							8	10 200	81 600.00
	15	转	3	材料入库	20	10 080	201 600.00						
	31	转	5	生产领料				8 14	10 200 10 080	222 720.00			
	31			本月合计	20	10 080	201 600.00	22		222 720.00	6	10 080	60 480.00

表 9-9 库存商品明细账

产品名称：A 产品　　　　　　　　　　　　　　　　　　　　　　　计量单位：件

金额单位：元

2022 年		凭证		摘要	收入			发出			结存		
月	日	字	号		数量	单价	金额	数量	单价	金额	数量	单价	金额
1	1			上年结转							100	670	67 000.00
	31	转	9	完工入库	410	658	269 780.00						
	31	转	10	结转销售成本				100 300	670 658	264 400.00			
	31			本月合计	410	658	269 780.00	400		264 400.00	110	658	72 380.00

表 9-10 库存商品明细账

产品名称：B 产品　　　　　　　　　　　　　　　　　　　　　　　计量单位：件

金额单位：元

2022 年		凭证		摘要	收入			发出			结存		
月	日	字	号		数量	单价	金额	数量	单价	金额	数量	单价	金额
1	1			上年结转							80	420	33 600.00
	31	转	9	完工入库	600	415	249 000.00						
	31	转	10	结转销售成本				80 490	420 415	236 950.00			
	31			本月合计	600	415	249 000.00	570		236 950.00	110	415	45 650.00

表 9-11 生产成本明细账

产品名称：A 产品　　　　　　　　　　　　　　　　　　　　　　　单位：元

2022 年		凭证		摘要	直接材料	直接人工	制造费用	合计
月	日	字	号					
1	1			上年结转	59 600.00	9 500.00	15 680.00	84 780.00
	31	转	5	领料	188 770.00			188 770.00
	31	转	6	结算工资		33 000.00		221 770.00
	31	转	8	分配制造费用			42 978.00	264 748.00
	31	转	9	完工产品转出 （红字）	188 200.00	29 420.00	52 160.00	269 780.00
	31			本月合计	60 170.00	13 080.00	6 498.00	79 748.00

表 9-12 生产成本明细账

产品名称：B 产品　　　　　　　　　　　　　　　　　　　　　　　单位：元

2022 年		凭证		摘要	直接材料	直接人工	制造费用	合计
月	日	字	号					
1	1			上年结转	36 800.00	5 780.00	7 220.00	49 800.00
	31	转	5	领料	222 720.00			222 720.00

第九章　账务处理程序

表9-12(续)

2022年		凭证		摘要	直接材料	直接人工	制造费用	合计
月	日	字	号					
	31	转	6	结算工资		30 500.00		253 220.00
	31	转	8	分配制造费用			28 652.00	281 872.00
	31	转	9	完工产品转出（红字）	198 600.00	30 120.00	20 280.00	249 000.00
	31			本月合计	60 920.00	6 160.00	15 592.00	82 672.00

第四，大华公司根据记账凭证逐笔登记总分类账（见表9-13至表9-35）。

表9-13 总 账

科目名称：库存现金 单位：元

2022年		凭证		摘要	借方	贷方	借或贷	余额
月	日	字	号					
1	1			上年结转			借	2 580.00
	5	现付	1	购买办公用品		490.00		
	12	银付	2	提取现金	96 000.00			
	12	现付	2	发工资		96 000.00		
	23	银付	4	提取现金	5 000.00			
	23	现付	3	报销差旅费		4 700.00		
	31			本月合计	101 000.00	101 190.00	借	2 390.00

表9-14 总 账

科目名称：银行存款 单位：元

2022年		凭证		摘要	借方	贷方	借或贷	余额
月	日	字	号					
1	1			上年结转			借	145 700.00
	3	银付	1	缴税		58 530.00		
	8	银收	1	收到货款	77 024.00			
	12			提取现金		96 000.00		
	17	银付	2	收到货款	250 000.00			
	18	银收	2	支付货款		290 000.00		
	23	银付	3	提取现金		5 000.00		
	25	银付	4	支付水电费		22 530.00		
	29	银付	5	收到货款	560 000.00			
	30	银收	3	支付货款		200 000.00		

会计学

表9-14(续)

2022年		凭证		摘要	借方	贷方	借或贷	余额
月	日	字	号					
	30	银付	6	支付租金		40 000.00		
	31			本月合计	887 024.00	712 060.00	借	320 664.00

表9-15 总 账

科目名称：应收账款　　　　　　　　　　　　　　　　　　　　　单位：元

2022年		凭证		摘要	借方	贷方	借或贷	余额
月	日	字	号					
1	1			上年结转			借	325 000.00
	17	银收	2	收到货款		250 000.00		
	28	转	4	销货款未收	691 592.00			
	29	银收	3	收到货款		560 000.00		
	31			本月合计	691 592.00	810 000.00	借	206 592.00

表9-16 总 账

科目名称：在途物资　　　　　　　　　　　　　　　　　　　　　单位：元

2022年		凭证		摘要	借方	贷方	借或贷	余额
月	日	字	号					
1	2	转	1	购进	55 000.00			
	7	转	2	入库		55 000.00		
	31			本月合计	55 000.00	55 000.00	平	

表9-17 总 账

科目名称：原材料　　　　　　　　　　　　　　　　　　　　　　单位：元

2022年		凭证		摘要	借方	贷方	借或贷	余额
月	日	字	号					
1	1			上年结转			借	165 600.00
	7	转	2	入库	55 000.00			
	15	转	3	入库	323 260.00			
	31	转	5	领料		411 490.00		
	31			本月合计	378 260.00	411 490.00	借	132 370.00

第九章　账务处理程序

表 9-18 总 账

科目名称：库存商品　　　　　　　　　　　　　　　　　　　　　　　　单位：元

| 2022 年 | | 凭证 | | 摘要 | 借方 | 贷方 | 借或贷 | 余额 |
月	日	字	号					
1	1			上年结转			借	100 600.00
	31	转	9	完工入库	518 780.00			
	31	转	10	结转销售成本		501 350.00		
	31			本月合计	518 780.00	501 350.00	借	118 030.00

表 9-19 总 账

科目名称：固定资产　　　　　　　　　　　　　　　　　　　　　　　　单位：元

| 2022 年 | | 凭证 | | 摘要 | 借方 | 贷方 | 借或贷 | 余额 |
月	日	字	号					
1	1			上年结转			借	2 680 000.00
	31			本月合计			借	2 680 000.00

表 9-20 总 账

科目名称：累计折旧　　　　　　　　　　　　　　　　　　　　　　　　单位：元

| 2022 年 | | 凭证 | | 摘要 | 借方 | 贷方 | 借或贷 | 余额 |
月	日	字	号					
1	1			上年结转			贷	789 600.00
	31	转	7	计提		36 100.00		
	31			本月合计		36 100.00	贷	825 700.00

表 9-21 总 账

科目名称：短期借款　　　　　　　　　　　　　　　　　　　　　　　　单位：元

| 2022 年 | | 凭证 | | 摘要 | 借方 | 贷方 | 借或贷 | 余额 |
月	日	字	号					
1	1			上年结转			贷	100 000.00
	31			本月合计			贷	100 000.00

表 9-22 总 账

科目名称：应付账款　　　　　　　　　　　　　　　　　　　　　　　　单位：元

| 2022 年 | | 凭证 | | 摘要 | 借方 | 贷方 | 借或贷 | 余额 |
月	日	字	号					
1	1			上年结转			贷	230 000.00
	2	转	1	购进款未付		63 800.00		

表9-22（续）

2022年		凭证		摘要	借方	贷方	借或贷	余额
月	日	字	号					
	15	转	3	购进款未付		374 981.60		
	18	银付	3	付款	290 000.00			
	30	银付	6	付款	200 000.00			
	31			本月合计	490 000.00	438 781.60	贷	178 781.60

表9-23　总　账

科目名称：应付职工薪酬　　　　　　　　　　　　　　　　　　　　单位：元

2022年		凭证		摘要	借方	贷方	借或贷	余额
月	日	字	号					
1	1			上年结转			贷	96 000.00
	12	现付	2	发工资	96 000.00			
	31	转	6	结算工资		100 500.00		
	31			本月合计	96 000.00	100 500.00	贷	100 500.00

表9-24　总　账

科目名称：应交税费　　　　　　　　　　　　　　　　　　　　　　单位：元

2022年		凭证		摘要	借方	贷方	借或贷	余额
月	日	字	号					
1	1			上年结转			贷	58 530.00
	2	转	1	购进材料进项税	8 800.00			
	3	银付	1	缴税	58 530.00			
	8	银收	1	销售货物销项税		10 624.00		
	15	转	3	购进材料进项税	51 721.60			
	28	转	4	销售货物销项税		95 392.00		
	31	转	11	转出应交增值税	45 494.40	45 494.40		
	31	转	12	计提城建税		3 184.61		
	31	转	13	计提所得税		22 218.85		
	31			本月合计	164 546.00	176 913.86	贷	70 897.86

表9-25　总　账

科目名称：实收资本　　　　　　　　　　　　　　　　　　　　　　单位：元

2022年		凭证		摘要	借方	贷方	借或贷	余额
月	日	字	号					
1	1			上年结转			贷	2 000 000.00
	31			本月合计			贷	2 000 000.00

第九章　账务处理程序

表 9-26 总 账

科目名称：盈余公积　　　　　　　　　　　　　　　　　　　　　　　　　　单位：元

2022年		凭证		摘要	借方	贷方	借或贷	余额
月	日	字	号					
1	1			上年结转			贷	48 300.00
	31			本月合计			贷	48 300.00

表 9-27 总 账

科目名称：本年利润　　　　　　　　　　　　　　　　　　　　　　　　　　单位：元

2022年		凭证		摘要	借方	贷方	借或贷	余额
月	日	字	号					
1	31	转	14	结转收入类账户		662 600.00		
	31	转	15	结转费用类账户	595 944.46			
	31			本月合计	595 944.46	662 600.00	贷	66 655.54

表 9-28 总 账

科目名称：利润分配　　　　　　　　　　　　　　　　　　　　　　　　　　单位：元

2022年		凭证		摘要	借方	贷方	借或贷	余额
月	日	字	号					
1	1			上年结转			贷	231 630.00
	31			本月合计			贷	231 630.00

表 9-29 总 账

科目名称：生产成本　　　　　　　　　　　　　　　　　　　　　　　　　　单位：元

2022年		凭证		摘要	借方	贷方	借或贷	余额
月	日	字	号					
1	1			上年结转			借	134 580.00
	31	转	5	领料	411 490.00			
	31	转	6	结算工资	63 500.00			
	31	转	8	分配制造费用	71 630.00			
	31	转	9	完工转出		518 780.00		
	31			本月合计	546 620.00	518 780.00	借	162 420.00

表 9-30 总 账

科目名称：制造费用 单位：元

2022 年		凭证		摘要	借方	贷方	借或贷	余额
月	日	字	号					
1	25	银付	5	支付水电费	22 530.00			
	31	转	6	结算工资	13 000.00			
	31	转	20	折旧	36 100.00			
	31	转	21	分配		71 630.00		
	31			本月合计	71 630.00	71 630.00	平	

表 9-31 总 账

科目名称：主营业务收入 单位：元

2022 年		凭证		摘要	借方	贷方	借或贷	余额
月	日	字	号					
1	8	银收	1	销售收入		66 400.00		
	28	转	4	销售收入		596 200.00		
	31	转	14	结转	662 600.00			
	31			本月合计	662 600.00	662 600.00	平	

表 9-32 总 账

科目名称：主营业务成本 单位：元

2022 年		凭证		摘要	借方	贷方	借或贷	余额
月	日	字	号					
1	31	转	10	销售成本	501 350.00			
	31	转	15	结转		501 350.00		
	31			本月合计	501 350.00	501 350.00	平	

表 9-33 总 账

科目名称：税金及附加 单位：元

2022 年		凭证		摘要	借方	贷方	借或贷	余额
月	日	字	号					
1	31	转	12	计提税金	3 184.61			
	31	转	15	结转		3 184.61		
	31			本月合计	3 184.61	3 184.61	平	

表9-34　总　账

科目名称：管理费用　　　　　　　　　　　　　　　　　　　　　　　　　　单位：元

2022年		凭证		摘要	借方	贷方	借或贷	余额
月	日	字	号					
1	5	现付	1	办公用品费用	490.00			
	23	现付	3	差旅费	4 700.00			
	30	银付	7	办公楼租金	40 000.00			
	31	转	6	工资	24 000.00			
	31	转	15	结转		69 190.00		
	31			本月合计	69 190.00	69 190.00	平	

表9-35　总　账

科目名称：所得税费用　　　　　　　　　　　　　　　　　　　　　　　　　单位：元

2022年		凭证		摘要	借方	贷方	借或贷	余额
月	日	字	号					
1	31	转	13	计提	22 218.85			
	31	转	15	结转		22 218.85		
	31			本月合计	22 218.85	22 218.85	平	

第五，大华公司于期末结账、对账。

第六，期末编制资产负债表（见表9-36）和利润表（见表9-37）。

表9-36　资产负债表

编制单位：大华有限责任公司　　　　2022年1月31日　　　　　　　　　　单位：元

资产	期末余额	年初余额	负债及所有者权益	期末余额	年初余额
流动资产：			流动负债：		
货币资金	323 054.00	148 280.00	短期借款	100 000.00	100 000.00
应收票据及应收账款	206 592.00	325 000.00	应付票据及应付账款	178 781.60	230 000.00
存货	412 820.00	400 780.00	应付职工薪酬	100 500.00	96 000.00
流动资产合计	942 466.00	874 060.00	应交税费	70 897.86	58 530.00
非流动资产：			流动负债合计	450 179.46	484 530.00
固定资产	1 854 300.00	1 890 400.00	负债合计	450 179.46	484 530.00
			所有者权益：		
			实收资本	2 000 000.00	2 000 000.04
			盈余公积	48 300.00	8 300.00
			未分配利润	298 286.54	231 630.00
			所有者权益合计	2 346 586.54	2 279 930.00
资产总计	2 796 766.00	2 764 460.00	负债及所有者权益总计	2 796 766.00	2 764 460.00

表 9-37　利润表

编制单位：大华有限责任公司　　　　　2022 年 1 月　　　　　　　　单位：元

项目	本期金额	本年累计数
一、营业收入	662 600.00	662 600.00
减：营业成本	501 350.00	501 350.00
税金及附加	3 184.61	3 184.61
销售费用		
管理费用	69 190.00	69 190.00
财务费用		
加：公允价值变动收益		
投资收益		
二、营业利润	88 875.39	88 875.39
加：营业外收入		
减：营业外支出		
三、利润总额	88 875.39	88 875.39
减：所得税费用	22 218.85	22 218.85
四、净利润	66 656.54	66 656.54

第三节　科目汇总表账务处理程序

一、科目汇总表账务处理程序的概念和特点

科目汇总表账务处理程序是在记账凭证账务处理程序的基础上演变和发展起来的。它是指对发生的各项经济业务，先根据原始凭证或原始凭证汇总表填制记账凭证，然后再根据记账凭证编制科目汇总表，最后根据科目汇总表登记总分类账的一种账务处理程序。这种程序的主要特点是总账是根据科目汇总登记。

二、科目汇总表账务处理程序的基本程序

科目汇总表账务处理程序的一般程序是：

（1）根据原始凭证或原始凭证汇总表填制记账凭证；

（2）根据记账凭证或原始凭证登记库存现金日记账和银行存款日记账；

（3）根据记账凭证及所附的原始凭证登记各种明细分类账；

（4）根据记账凭证编制科目汇总表；

（5）根据科目汇总表登记总分类账；

（6）期末，结账、对账；

（7）期末，根据账簿编制会计报告。

其流程如图 9-2 所示。

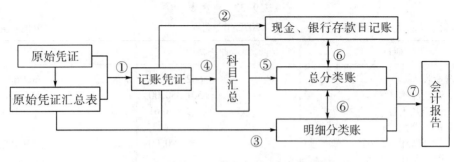

图9-2　科目汇总表账务处理程序流程图

三、科目汇总表账务处理程序的优缺点和适用范围

在科目汇总表账务处理程序下，总分类账是根据记账凭证汇总后编制的科目汇总表登记的，其优点在于：不仅大大减轻了总账的登记工作，并且由于科目汇总编制过程中进行了发生额的试算平衡，可以帮助会计人员尽早发现前期核算中存在的问题，提高工作效率。其缺点在于：不能详细反映每笔经济业务对账户的影响，不能逐笔与所属明细账进行核对，总账只能反映账户一定时期的总括信息。因此，这种账务处理程序一般适用于核算规模较大、经济业务比较多的企业。

四、科目汇总表的编制

科目汇总表是会计人员根据一定时期内的全部记账凭证，按相同的会计科目对其进行归类，定期汇总各账户的借贷方发生额的报表。它用以反映全部账户在一定期间的借贷方发生额（其格式见表9-38）。各单位根据其经济业务量的多少可以每10天、15天或一个月汇总编制科目汇总表。在实际工作中，科目汇总表按照以下步骤编制：

（1）根据记账凭证模拟过"T"账；

（2）汇总计算各"T"账户的发生额；

（3）根据各账户汇总的发生额填制科目汇总表。

表9-38　科目汇总表

编号：　　　　　　　　年　月　日至　　年　月　日　　　　　　　单位：元

会计科目	总账	借方	贷方	会计科目	总账	借方	贷方

审核　　　　　　　　　　　　　　记账　　　　　　　　　　　　　制单

五、科目汇总表账务处理程序举例

【例9-2】仍以【例9-1】为例，采用科目汇总表的账务处理程序。第一至第三步，会计处理不变。第四步根据记账凭证编制科目汇总表，本例中采用一个月汇总一次。

第一，根据记账凭证模拟"T"账，见图9-3（为简化起见，仅以库存现金、银行存款、应收账款说明其方法，其他账户省略）。

库存现金			银行存款			应收账款	
	(3) 490.00		(5) 77 024.00	(2) 585 300.00		(14) 691 592.00	(9) 250 000.00
(6) 96 000.00	(7) 96 000.00		(9) 250 000.00	(6) 96 000.00			(15) 560 000.00
(11) 5 000.00	(12) 4 700.00			(10) 290 000.00			
				(11) 5 000.00			
				(13) 22 530.00			
			(15) 560 000.00	(16) 200 000.00			

图9-3　"T"账过账示意图

第二，计算汇总期间各账户借贷方发生额合计数（见图9-4）。

库存现金			银行存款			应收账款	
	(3) 490.00		(5) 77 024.00	(2) 585 300.00		(14) 691 592.00	(9) 250 000.00
(6) 96 000.00	(7) 96 000.00		(9) 250 000.00	(6) 96 000.00			(15) 560 000.00
(11) 5 000.00	(12) 4 700.00			(10) 290 000.00		691 592.00	810 000.00
101 000.00	101 190.00			(11) 5 000.00			
				(13) 22 530.00			
			(16) 200 000.00	(17) 40 000.00			
			887 024.00	712 060.00			

图9-4　"T"账结账示意图

第三，根据各账户汇总的发生额填制科目汇总表（见表9-39）。

表9-39　科目汇总表　　　　　　　　　　单位：元

2022年1月1日至2022年1月31日　　　　　　编号：01

会计科目	总账	借方	贷方	会计科目	总账	借方	贷方
库存现金		101 000.00	101 190.00				
银行存款		887 024.00	712 060.00				
应收账款		691 592.00	810 000.00				
……		……	……				

审核　　　　　　　　　　记账　　　　　　　　　　制单

第四，根据科目汇总表登记总分类账（见表9-40至表9-42，仅以库存现金、银行存款、应收账款说明其方法，其他账户省略）。

表9-40　总　账

科目名称：库存现金　　　　　　　　　　　　　　　　　　　　　　　　单位：元

2022年		凭证		摘要	借方	贷方	借或贷	余额
月	日	字	号					
1	1			上年结转			借	2 580.00
	31	汇	1	1~31日汇总	101 000.00	101 190.00		
	31			本月合计	101 000.00	101 190.00	借	2 390.00

表9-41　总　账

科目名称：银行存款　　　　　　　　　　　　　　　　　　　　　　　　单位：元

2022年		凭证		摘要	借方	贷方	借或贷	余额
月	日	字	号					
1	1			上年结转			借	145 700.00
	31	汇	1	1~31日汇总	887 024.00	712 060.00		
	31			本月合计	887 024.00	712 060.00	借	3 210 664.00

表9-42　总　账

科目名称：应收账款　　　　　　　　　　　　　　　　　　　　　　　　单位：元

2022年		凭证		摘要	借方	贷方	借或贷	余额
月	日	字	号					
1	1			上年结转			借	325 000.00
	31	汇	1	1~31日汇总	691 592.00	810 000.00		
	31			本月合计	691 592.00	810 000.00	借	206 592.00

第五，大华公司于期末结账、对账（与【例9-1】相同）。

第六，大华公司于期末编制会计报告（与【例9-1】相同）。

第四节　汇总凭证账务处理程序

一、汇总凭证账务处理程序的概念和特点

汇总凭证账务处理程序也是在记账凭证账务处理程序的基础上演变和发展起来的。它是指对发生的各项经济业务，先根据原始凭证或原始凭证汇总表填制记账凭证，然后再根据记账凭证编制汇总凭证，最后根据汇总凭证登记总分类账的一种账务处理程序。这种程序的主要特点是总账是根据汇总凭证登记的。

二、汇总凭证账务处理程序的基本程序

汇总凭证账务处理程序的基本程序如下：

（1）根据原始凭证或原始凭证汇总表填制记账凭证；

（2）根据记账凭证或原始凭证登记库存现金日记账和银行存款日记账；

（3）根据记账凭证及所附的原始凭证登记各种明细分类账；

（4）根据记账凭证编制汇总凭证；

（5）根据汇总凭证登记总分类账；

（6）期末，结账、对账；

（7）期末，根据账簿编制会计报告。

其流程如图9-5所示。

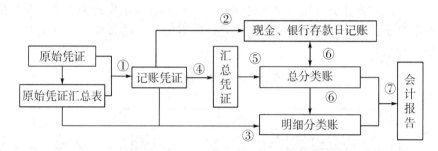

图9-5　汇总凭证账务处理程序流程图

在汇总凭证账务处理程序下，使用收、付、转专用格式记账凭证的企业，应按照收款凭证、付款凭证和转账凭证分别汇总，分别填制汇总收款凭证、汇总付款凭证、汇总转账凭证。为了清晰反映账户之间的对应关系，从理论上来说，汇总凭证是应该按照单一账户逐一进行汇总的，其对应账户要一一列报。

三、汇总凭证账务处理程序的优缺点和适用范围

汇总凭证账务处理程序的优点表现在：①由于总账根据汇总记账凭证在月末一次登记，因而减少了总账登记的工作量；②因为汇总记账凭证是根据一定时期全部记账凭证，按照账户对应关系进行归类、汇总编制的，因此便于凭证使用者通过有关科目之间的对应关系，了解经济业务的来龙去脉。但汇总凭证账务处理程序也有其不足之处，主要表现在：该程序下的汇总转账凭证是按每一贷方科目而不是按交易或事项的性质归类汇总的，因而不利于日常核算工作的合理分工，而且编制汇总转账凭证的工作量也较大。因此，这种账务处理程序一般适用于核算规模较大、经济业务比较多的企业。

四、汇总凭证的编制

为编制汇总收款凭证（格式见表9-43），会计人员应根据现金、银行存款的收凭证，按照现金、银行存款账户的借方设置，将需要汇总的收款凭证，按照其对应的贷方科目进行汇总，计算出每一个贷方科目的发生额合计数，并填入汇总收款凭证中。一般每5天或10天填制一次，每月填制一张。月末，会计人员将汇总收款凭证的合计数，对应分别记入各总分类账户，并标注过账标记。

表 9-43　汇总收款凭证　　　　　　　　　　　　　　　单位：元

借方账户：　　　　　　　　　　　　　　年　月　　　　　　　　　　　　　　第　号

贷方账户	金额				记账	
	（1）	（2）	（3）	合计	借方	贷方
附　（1）自＿＿＿＿＿日至＿＿＿＿＿日　＿＿＿＿＿凭证　共＿＿＿＿＿张						
（2）自＿＿＿＿＿日至＿＿＿＿＿日　＿＿＿＿＿凭证　共＿＿＿＿＿张						
（3）自＿＿＿＿＿日至＿＿＿＿＿日　＿＿＿＿＿凭证　共＿＿＿＿＿张						

　　审核　　　　　　　　　　　　　　记账　　　　　　　　　　　　　　制单

　　为编制汇总付款凭证（格式见表 9-44），会计人员应根据现金、银行存款的付款凭证，按照现金、银行存款账户的贷方设置，将需要汇总的付款凭证，按照其对应的贷方科目进行汇总。

表 9-44　汇总付款凭证　　　　　　　　　　　　　　　单位：元

贷方账户：　　　　　　　　　　　　　　年　月　　　　　　　　　　　　　　第　号

借方账户	金额				记账	
	（1）	（2）	（3）	合计	借方	贷方
附　（1）自＿＿＿＿＿日至＿＿＿＿＿日　＿＿＿＿＿凭证　共＿＿＿＿＿张						
（2）自＿＿＿＿＿日至＿＿＿＿＿日　＿＿＿＿＿凭证　共＿＿＿＿＿张						
（3）自＿＿＿＿＿日至＿＿＿＿＿日　＿＿＿＿＿凭证　共＿＿＿＿＿张						

　　审核　　　　　　　　　　　　　　记账　　　　　　　　　　　　　　制单

　　为编制汇总转账凭证（格式见表 9-45），会计人员一般按每一账户的贷方逐一进行汇总。为了适应汇总的要求，转账凭证在填制时只允许一贷多借，不允许一借多贷。

表 9-45　汇总转账凭证　　　　　　　　　　　　　　　单位：元

贷方账户：　　　　　　　　　　　　　　年　月　　　　　　　　　　　　　　第　号

借方账户	金额				记账	
	（1）	（2）	（3）	合计	借方	贷方
附　（1）自＿＿＿＿＿日至＿＿＿＿＿日　＿＿＿＿＿凭证　共＿＿＿＿＿张						
（2）自＿＿＿＿＿日至＿＿＿＿＿日　＿＿＿＿＿凭证　共＿＿＿＿＿张						
（3）自＿＿＿＿＿日至＿＿＿＿＿日　＿＿＿＿＿凭证　共＿＿＿＿＿张						

　　审核　　　　　　　　　　　　　　记账　　　　　　　　　　　　　　制单

在实际工作中，为提高工作效率，很多企业对汇总凭证的填制进行了简化，不再要求反映账户间的对应关系，只要求汇总列报各账户在汇总时期内的发生额。其编制方法与科目汇总表相同，所不同的只是凭证和表格的格式。无论是选用收、付、转专用格式还是选用通用格式的记账凭证，其汇总凭证均按照以下格式（见表9-46）列报。

表9-46 汇总凭证　　　　　　　　　　　　金额单位：元

编号　字第　号　　　　　　　年　月　日　　　　　　　第　页共　页

借方	凭证张数（张）	科目名称	过账	贷方
		合计		

【例9-3】仍以【例9-1】为例，采用汇总凭证的账务处理程序。第一至第三步，会计处理不变。第四步根据记账凭证编制汇总凭证，本例中采用一个月汇总一次。

第一，根据记账凭证模拟过"T"账，与【例9-2】相同（见图9-3）。

第二，计算汇总期间各账户借贷方发生额合计数，与【例9-2】相同（见表9-47）。

第三，根据各账户汇总的发生额填制汇总凭证（见表9-46）。

表9-47 汇总凭证　　　　　　　　　　　　金额单位：元

编号　汇　字第　1　号　　　　　2022年1月31日　　　　　第　1　页共　　页

借方	凭证张数（张）	科目名称	过账	贷方
101 000.00	5	库存现金		101 190.00
887 024.00	10	银行存款		712 060.00
691 592.00	3	应收账款		810 000.00
……		……		……
		合计		

第四，根据汇总凭证登记总分类账（见表9-48至表9-50，仅以库存现金、银行存款、应收账款说明其方法，其他账户省略）。

表9-48 总　账

科目名称：库存现金　　　　　　　　　　　　　　　　　　单位：元

2022年		凭证		摘要	借方	贷方	借或贷	余额
月	日	字	号					
1	1			上年结转			借	2 580.00
	31	汇	1	1~31日汇总	101 000.00	101 190.00		
	31			本月合计	101 000.00	101 190.00	借	2 390.00

表 9-49 总 账

科目名称：银行存款   单位：元

2022 年		凭证		摘要	借方	贷方	借或贷	余额
月	日	字	号					
1	1			上年结转			借	145 700.00
	31	汇	1	1~31 日汇总	887 024.00	712 060.00		
	31			本月合计	887 024.00	712 060.00	借	320 644.00

表 9-50 总 账

科目名称：应收账款   单位：元

2022 年		凭证		摘要	借方	贷方	借或贷	余额
月	日	字	号					
1	1			上年结转			借	325 000.00
	31	汇	1	1~31 日汇总	691 592.00	810 000.00		
	31			本月合计	691 592.00	810 000.00	借	206 592.00

第五，大华公司于期末对账、结账（与【例 9-1】相同）。

第六，大华公司于期末编制会计报告（与【例 9-1】相同）。

第五节 其他账务处理程序

按照相关法规，企业会计人员可以根据本单位的实际情况自行选择账务处理程序，而记账凭证账务处理程序、科目汇总表账务处理程序和汇总凭证账务处理程序是目前绝大多数企业所采用的。此外，也有极少数业务量极少或经济业务涉及账户少的企业可能会选择其他的处理程序，如：日记总账账务处理程序和多栏式日记账账务处理程序。

一、日记总账账务处理程序

日记总账账务处理程序的主要特点是：在记账凭证账务处理程序的基础上，改变了总账的设置，将日记账和总分类账结合起来，设置了日记总账，根据记账凭证将所有经济业务按时间顺序逐笔登记在日记总账上，并且是将所有账户都设在一张账页内。其具体格式见表 9-51。其优点是账簿设置简单易行；缺点是账页过长，不便于记账和查阅。它仅适用与经济业务量较少、使用会计科目也较少的单位。

表 9-51　日记总账格式

年		记账凭证		摘要	发生额	库存现金		银行存款		原材料		固定资产		生产成本		……
月	日	字	号			借方	贷方	借方	贷方	借方	贷方	借方	贷方	借方	贷方	
1	1			上年结转 ……												
				本月发生额合计												
				月末余额												

二、多栏式日记账账务处理程序

多栏式日记账账务处理程序的主要特点是：采用收、付、转专用格式记账凭证的企业，先根据收款凭证和付款凭证逐日登记多栏式现金日记账和多栏式银行存款日记账，然后根据它们登记总分类账；对于转账业务，可以直接根据转账凭证逐笔登记总分类账，也可以先根据转账凭证编制转账凭证科目汇总表或汇总凭证，再登记总分类账。其优点是：收、付款凭证所涉及的账户先通过多栏式日记账进行汇总后，再根据汇总数登记总分类账，起到了汇总收款凭证和汇总付款凭证的作用，可以减少汇总和登记总账的工作量。其缺点：如果涉及账户较多，日记账栏目就会过多、账页过长，不便于记账。它仅适用于规模比较大、业务多，但使用账户较少，且现金和银行存款日记账根据收付凭证登记的单位。多栏式现金日记账的格式如表 9-52 所示，多栏式银行存款日记账的格式如表 9-53 所示。

表 9-52　多栏式现金日记账

年		凭证		摘要	收入（借方）				支出（贷方）				余额
					贷方账户			合计	借方账户			合计	
月	日	字	号		银行存款	其他应收款	……		管理费用	应付工资	销售费用	……		
1	1			上年结转									
				……									
				……									
				……									
				……									
				本月发生额及期末余额									

表 9-53　多栏式银行存款日记账

年		凭证		摘要	收入（借方）				支出（贷方）					余额
					贷方账户			合计	借方账户				合计	
月	日	字	号		现金	应收账款	……		应付账款	应付工资	材料采购	……		
1	1			上年结转										
				……										
				……										
				……										
				……										
				本月发生额及期末余额										

本章小结

　　账务处理程序也称为会计核算的组织形式或程序，是指会计凭证、账簿和会计报告这三者之间的结合方式，具体来说就是从原始凭证审核到记账凭证填制，从记账凭证到账簿登记，从账簿到会计报告编制这三大步骤的结合方法。常见的账务处理程序主要有：记账凭证账务处理程序、科目汇总表账务处理程序和汇总凭证账务处理程序。

　　记账凭证账务处理程序是最基本的账务处理程序。它是指对发生的各项经济业务，先根据原始凭证或原始凭证汇总表填制记账凭证，然后直接根据记账凭证逐笔登记总分类账的一种账务处理程序。这种程序的主要特点是总账直接根据记账凭证逐笔登记，程序简单，但如果企业业务较多会导致登记总账的工作量较大。因此，这种账务处理程序一般适用于核算规模较小、经济业务比较少的企业。

　　科目汇总表账务处理程序是指对发生的各项经济业务，先根据原始凭证或原始凭证汇总表填制记账凭证，然后再根据记账凭证编制科目汇总表，最后根据科目汇总表登记总分类账的一种账务处理程序。这种程序的主要特点是总账是根据科目汇总登记。其优点在于：大大减轻了总账的登记工作，并且由于科目汇总编制过程中进行了发生额的试算平衡，可以使会计人员尽早发现前期核算中存在的问题，提高工作效率。因此，这种账务处理程序一般适用于核算规模较大、经济业务比较多的企业。

　　汇总凭证账务处理程序是指对发生的各项经济业务，先根据原始凭证或原始凭证汇总表填制记账凭证，然后再根据记账凭证编制汇总凭证，最后根据汇总凭证登记总分类账的一种账务处理程序。这种程序的主要特点是总账是根据汇总凭证登记，减少了总账登记的工作量，且按照账户对应关系进行归类、汇总编制，便于会计人员通过有关科目之间的对应关系，了解经济业务的来龙去脉，但编制汇总转账凭证的工作量较大。因此，这种账务处理程序一般适用于核算规模较大、经济业务比较多的企业。

会计账务处理程序（accounting procedure）

记账凭证账务处理程序（bookkeeping procedure using vouchers）

科目汇总表账务处理程序（bookkeeping procedure using categorized accounts summary）

汇总记账凭证账务处理程序（bookkeeping procedure using summary vouchers）

日记总账账务处理程序（bookkeeping procedure using summarized journal）

拓展阅读

财务人员的几点基本功①

财务工作是一项事无巨细的活。所有事务都用数据说话。一名合格的财务人员必须具备以下几大基本功。

一、有序整理会计凭证

财务的记账过程，就是一个对单据进行整理、归纳、分类、定性的过程。每一笔经济业务的发生，在财务上反映为单据的书面记载。单据的填写和单位的各个部门有关，财务部门需要根据单位制定的财务制度，对单据的使用、填开等做出详尽的要求。而对单据的整理等工作，则是财务人员必须谙熟的基本功。

1. 会计凭证的分类

会计凭证主要分为原始凭证和记账凭证。常用原始凭证包括因具体业务发生所开具或收到的发票、各单位自制的入（出）库单、工资表以及印制填写的费用报销单、支出凭单、借款单等。记账凭证是根据审核无误的原始凭证或汇总原始凭证，按照经济业务的内容加以归类并确定会计分录而填制的凭证。

2. 原始凭证的粘贴要求

财务部负责人应制定并规范单位财务制度，事先派专业人员指导各部门对各类票据正确填写。原始票据的粘贴是一项日常化的工作，一般使用液体胶水将所有票据粘在左方的票头，把发票纸张大小相同、票面金额相同的粘在一起，多张纸张小的先粘贴到印制的报销单据粘贴单上，两张票据不完全重合，便于翻找核对金额。

3. 记账凭证的整理要求

一笔款项支付后或一项经济业务发生后，票据传递到财务记账人员手中，出纳据以记账并做到日清月结。负责编制记账凭证的财务人员检查单据是否保持完好、整齐，对经济业务性质相同的归放在一张记账凭证里，并予以编号。

每个单位从管理角度出发，在核算各项支出时一般会分部门核算。在填制记账凭证前，可以将同一部门的相关单据搁放在一起，简化工作量。记账凭证编制完成后，负责凭证审核的财务人员对每张凭证逐一审核。记账凭证的打印一般在凭证审核完成之后，连续打印，使用专用配套纸张。打印后，将记账凭证与对应的原始凭证粘贴在

---

① http://wenku.baidu.com/view/e12a916648d7c1c708a1454b.html.

一起，注意一般是将左上角粘牢即可，不必将纸张左侧全部粘紧。对于原始凭证较多的，可以不进行粘贴，折叠整齐，顺序放置，然后用回形针别紧，最后再一并装订。

二、熟练操作应用计算机

当前，随着计算机运用的普及发展、会计电算化的推行，一些传统的计算工具已逐步被淘汰，计算机已广泛运用在财务工作的各个环节。因此，办公软件特别是财务软件的熟练操作，是财务人员应掌握的基本功。

1. 办公软件是财务人员需要掌握的基本技能

在实务操作中，Word、Excel、PowerPoint 成为财务人员工作的主要工具。Word 是现代办公中使用最多的文字处理软件，满足对各种文档的处理要求。Excel 电子表格发挥着极大的计算、排序、汇总等功能，给财务人员带来极大方便。财务人员利用 PowerPoint 可以创建展示演示文稿。

2. 财务软件是财务人员重要的工作工具

财务软件不仅提高了财务人员的账务处理速度，优化了工作质量，还满足信息使用者查询、输出等需求。财务软件的操作将计算机知识和财务专业知识融合在一起，因此，财务人员必须了解和掌握财务软件，熟悉总账管理、库存管理、往来款管理、报表、固定资产管理等各个模块的具体操作。

三、踏实及时做好账

做账，通俗地说，就是把发生的经济业务记录下来。会计电算化的做账过程，即录入记账凭证的过程。在实行计算机处理账务后，记账凭证成为电子账簿的来源和生成账簿的依据。

在实务操作时，财务人员直接在计算机上使用财务软件，根据审核无误的原始凭证填制记账凭证。每一张原始凭证应该做到手续完备、内容真实、数字准确。财务人员对不真实、不合法的原始凭证不予受理；对记载不准确、不完整的原始凭证予以退回，要求更正补充。记账凭证是总账系统的起点，也是所有查询数据的最主要的一个来源。在录入凭证时，财务人员需要根据每笔经济业务的性质来确定对应的会计科目。

各单位还会根据管理需要，在财务软件初始化过程中，设置科目辅助或备查内容，如果组成分录的科目有辅助核算属性，财务软件系统提示输入辅助明细内容，如现金、银行存款的现金流量的项目核算，销售费用、管理费用等的部门核算，应收（应付）账款的客户及供应商往来核算。这些内容在录入分录时都需要输入相关的信息。

做账基本功和前面提到的计算机运用能力的基本功密不可分。财务人员只有在熟练掌握计算机并且具备扎实的会计基础理论的前提下，才能顺利完成做账工作。

四、谨慎查账、纠错

财务工作是一项很严谨的工作，财务体系、财务制度都具有严谨性，数字与数字之间存在许多钩稽关系，账账、账表、账实相符是对财务工作的基本要求。在做账过程中，一处差错往往会导致另一处差错，财务人员必须具备查账、纠错的基本功。

财务软件可以通过查账、汇总等方式将财务人员所需数据统计出来，并将需要的发生项找出来。避免账务差错的产生，可以先从做账及时性着手，对现金日记账、银行日记账等资金类账户，做到日清月结，每日核对账款是否相符，发现问题并及时查找。对于月末汇总的，如原材料出库单、库存商品出库单等，财务人员在输入各管理软件或表格时，应记载日期、单据号等原始信息，以便于日后查找。对单据数量较多的，财务人员应分次分批输入和核对，减少初次录入时产生的差错。若出现差错，财务人员应在当月及时查找，缩小范围，找出重点，并在实际工作中注意总结，收集和积累经验。

五、编制报表

报表是数字的最后输出工具，报表使用者通过阅读报表可以了解整个公司的经营状况、经营成果。财务软件的报表模块已经实现了强大的制作表格、数据运算、图形制作、打印等功能。在总账模块中经过编制凭证、审核凭证、记账、月末结账等环节后，财务软件会生成基本财务报表，包括资产负债表、利润表、现金流量表、所有者权益变动表等。除通用会计报表之外，各单位根据经营管理需要制定内部报表体系，以具体核算资金、费用、成本等各指标的执行及绩效情况。财务人员必须有敏感的数字概念，具备编制报表的能力，并且真正地理解其含义，为单位高层管理人员经营决策提供数据支持。

六、数据分析

科学有效的数据分析是以财务报表及其他相关资料为依据，采用一系列专门的分析技术和方法，对过去和现在有关经营业绩、分配、筹资、投资等活动进行分析与评价，根据财务活动的历史资料并考虑到现实状况，对未来财务活动进行预测。报表里的每一个数据，都反映出一个财务指标。

财务分析的基本方法有指标分析法、比较分析法和因素分析法。指标分析法包含对偿债能力、营运能力、盈利能力、发展能力等多项财务指标的计算和分析。应收账款资产总额比、应收账款周转率、现金流动负债比、净资产收益率等指标综合反映应收账款规模和周转速度、短期偿债能力和盈利发展能力。财务指标是数字化的一种方式，财务人员应充分了解其含义，理解其表达的动态过程或趋势，并且注意其时效性。这既是提升财务人员自身业务能力的要求，也是发挥财务工作管理职能的要求。

七、装订保管会计档案

1. 凭证的装订与保管

会计凭证是单位会计档案的重要组成部分。会计凭证一般以月为单位，财务人员需要对每月的会计凭证及时装订，以便于查找与保存。会计凭证装订的时间一般在当月结账工作完成后，不应积攒甚至杂乱的堆放。各单位应配备财务装订用工具，如装订机、装订线、装订针等，也可以使用重型订书机。会计凭证的装订有配套的凭证封面、封底、包角。装订前的一些准备性日常工作也不能忽视。财务人员应保持凭证存放整齐有序，每月在编制凭证时，根据凭证编号大体分册，用大铁夹或长尾夹稳固下来，以便装订成册。装订时，财务人员可先估算当月全部凭证能平均分成多少册，将封面、记账凭证、封底、包角放好，反复检查是否整齐有序，然后用重型订书机将左上角订牢，包好包角，完成装订。最后，财务人员应把封面凭证起止日期、册数、凭证号数等相关内容填写完整，并加盖公章。

2. 账簿的装订与保管

目前，手工账簿已越来越少的发挥其作用，财务软件的功能使凭证在录入后自动生成账簿。现金日记账、银行存款日记账可以根据管理需要每月打印，总分类账、明细分类账可以以年度为单位，打印成纸制账簿，装订成册保存。

3. 财务报告类的装订与保管

月度、季度、年度财务报告，包括会计报表、附表、附注及文字说明，其他财务报告也是会计档案重要的组成部分。各类报表在编制完成时应做好电子文件存档工作，同时根据需要打印纸制报表，按报表所属期间、性质做好分类保管。

4. 其他类的装订与保管

其他类是指银行存款余额调节表、银行对账单、合同文件等其他应当保存的会计核算专业资料。经济合同比如单位购销合同等，是财务收付款的重要依据。归属财务人员负责保管的，财务人员应认真保存，对履行完毕的合同分门别类做好保存。财务人员还应做好单位财务文件的保管工作，明确保管人员及场所，定期整理立卷、装订成册。

八、会计实务中文字书写要求

（1）要用蓝黑墨水或碳素墨水书写，不得用铅笔、圆珠笔（用复写纸复写除外）。红色墨水只在特殊情况下使用。填写支票必须使用碳素笔书写。

（2）文字书写一般要紧靠左竖线书写，文字与左竖线之间不得留有空白部分。

（3）文字不能顶格写，一般要占空格的 1/2 或 2/3。

（4）文字要清晰，要用正楷或行书书写。

九、会计实务中数字书写要求

1. 阿拉伯数字书写要求

财务人员应当一个一个地写数字，不得连笔写。每个数字要紧靠凭证或账表行格底线书写，字体约占行格高度的 1/3，如果行格较低的可占 1/2。

阿拉伯数字前应写明币种符号，币种符号与阿拉伯数字金额之间不得留有空白。凡阿拉伯数字前有币种符号的，数字后边不再写单位。以元为单位的阿拉伯数字，除表示单价外，一律写到角、分，无角、分的，角、分位写 "00" 或符号 "—"；有角无分的，分位应写 "0"，不得写符号 "—"。

2. 阿拉伯数字标准写法

字体要各自成形，大小匀称，排列整齐。有圆圈的数字如 6、8、9、0 等圆圈必须封口。字体要自右上方斜向左下方书写，倾斜度为 45 度。写 6 时比一般数字右上方长出 1/4，写 7、9 时比一般数字下方（过行格底线）长出 1/4。

3. 大写数字书写要求

大写金额前未印货币名称，应加填货币名称，货币名称与金额之间不得留有空白。大写金额数字到元或角为止的，在 "元" 或 "角" 之后应当写 "整" 或 "正"；大写金额有分的，"分" 字之后不再写 "整" 或 "正"。阿拉伯数字中间有 "0" 时，汉字大写要写 "零" 字；阿拉伯数字中间连续有几个 "0" 时，汉字大写只写一个零字。

十、登记账簿的基本要求

会计人员应当根据审核无误的会计凭证登记账簿。登记会计账簿时，会计人员应当将会计凭证日期、编号、业务内容摘要、金额和其他有关资料逐项记入账内，做到数字准确、摘要清楚、登记及时、字迹工整。登记完毕后，会计人员要在记账凭证上签名或者盖章，并注明已经登记的符号 "√"，表示已经登记入账，避免重记、漏记。

各种账簿按页次顺序连续登记，不得跳行、隔页。如果发生跳行、隔页，会计人员应当将空行、空页划线注销，或者注明"此行空白""此页空白"字样，并由记账人员签名或者盖章。登记账簿要用蓝黑墨水或者碳素墨水书写，不得使用圆珠笔（银行的复写账簿除外）或者铅笔。用红色墨水记账，仅限于以下三种业务：第一，用红字冲销法冲销错误；第二，设借贷等栏的多栏式账页中，登记减少数；第三，在三栏式账户的余额栏前，如未印明余额方向的，在余额栏内登记负数余额。凡需要结出余额的账户，结出余额后，应当在"借或贷"等栏内写明"借"或者"贷"字样。没有余额的账户，应当在"借"或"贷"等栏内写"平"字，并在余额栏内用"0"表示。

现金日记账和银行存款日记账必须逐日结出余额。每一账页登记完毕结转下页时，应当结出本页合计数及余额，写在本页最后一行和下页第一行有关栏内，并在摘要栏内分别注明"过次页"和"承前页"字样。账簿记录如果发现错误，不允许用涂改液、挖补、刮擦、用药水消除字迹等手段更正错误，也不允许重抄，而应当根据具体错误情况，按照规定采用划线更正法、红字冲销法、补充登记法进行更正。

各单位应当按照规定定期结账，结账时，应当根据不同的账户记录，分别采用不同的方法：

第一，对于不需按月结计本期发生额的账户，如各项应收应付账款明细账和各项财产物资明细账等，每次记账以后，都要随时结出余额，每月最后一笔余额即月末余额。也就是说，月末余额就是本月最后一笔经济业务记录的同一行内的余额，月末结账时，只需要在最后一笔经济业务记录之下通栏画红单线，不需要再结计一次余额。划线的目的是突出有关数字，表示本期的会计记录已经结束，并将本期与下期的记录明显分开。

第二，现金、银行存款日记账和需要按月结计发生额的收入、费用等明细账，每月结账时，要在最后一笔经济业务记录下面通栏画红单线，结出本月发生额和余额，在摘要栏内注明"本月合计"字样，在下面再通栏画红单线。

第三，需要结计本年累计发生额的某些明细账户，每月结账时，应在"本月合计"行下结出自年初起至本月末止的累计发生额，并登记在月份发生额下面，在摘要栏内注明"本年累计"字样，并在下面再通栏画红单线。12月末的"本年累计"就是全年累计发生额，全年累计发生额下通栏画红双线。

第四，总账账户平时只需结出月末余额，年终结账时，为了总括反映本年全年各项资金运动情况的全貌，要将所有总账账户结出全年发生额和年末余额，在摘要栏内注明"本年合计"字样，并在合计数下通栏画红双线。各单位应当定期对会计账簿记录的有关数字与库存实物、货币资金、有价证券、往来单位或者个人等进行相互核对，保证账证相符、账账相符、账实相符。

对账工作每年至少进行一次。

登记日记账的具体要求："现金日记账"和"银行存款日记账"中的日期为凭证编号的日期；摘要即凭证中的摘要；"现金日记账"中的"对应科目"即会计分录对应的科目；"借方与贷方"后面的"√"是用来对账的符号；对应栏中打"√"则表示此笔业务已核对无误；"本月合计"即本月发生数的合计；"本年合计"即各月发生数之和，它们的对应关系为"借方累计发生额−贷方累计发生额＝余额""本月月初余额+本月借方发生额-本月贷方发生额=本月月末余额"。如果一个企业有两个或两个以上开户银行还应分别记账，它们的余额之和等于总账银行存款余额。每月月终，企业要和银行对账（有些大型企业银行存款业务较多的，应每日核对），根据"银行对账单"和"银行存款日记账"逐笔校对，如无误应在该数额后用铅笔打对号，对未达账项应调查，使调整后的余额相符，对于错误的账项应与银行协调，查明原因并进行调账。

十一、财务报表列报的基本要求

财务报表是对企业财务状况、经营成果和现金流量的结构性表述。财务报表至少应当包括下列组成部分：资产负债表、利润表、现金流量表、所有者权益（或股东权益，下同）变动表、附注。

企业应当以持续经营为基础，根据实际发生的交易和事项，按照《企业会计准则——基本准则》和其他各项会计准则的规定进行确认和计量，在此基础上编制财务报表。企业不应以附注披露代替确认和计量。以持续经营为基础编制财务报表不再合理的，企业应当采用其他基础编制财务报表，并在附注中披露这一事实。财务报表项目的列报应当在各个会计期间保持一致，不得随意变更，但下列情况除外：一是会计准则要求改变财务报表项目的列报；二是企业经营业务的性质发生重大变化后，变更财务报表项目的列报能够提供更可靠、更相关的会计信息。性质或功能不同的项目，应当在财务报表中单独列报，但不具有重要性的项目除外。性质或功能类似的项目，其所属类别具有重要性的，应当按其类别在财务报表中单独列报。

若财务报表某项目的省略或错报会影响使用者据此做出经济决策，则该项目具有重要性。财务报表中的资产项目和负债项目的金额、收入项目和费用项目的金额不得相互抵销，但其他会计准则另有规定的除外。资产项目按扣除减值准备后的净额列示，不属于抵销。非日常活动产生的损益，以收入扣减费用后的净额列示，不属于抵销。当期财务报表的列报，至少应当提供所有列报项目上一可比会计期间的比较数据，以及与理解当期财务报表相关的说明，但其他会计准则另有规定的除外。财务报表项目的列报发生变更的，应当对上期比较数据按照当期的列报要求进行调整，并在附注中披露调整的原因和性质，以及调整的各项目金额。对上期比较数据进行调整不切实可行的，应当在附注中披露不能调整的原因。不切实可行，是指企业在做出所有合理努力后仍然无法采用某项规定。企业应当在财务报表的显著位置至少披露下列各项：编报企业的名称；资产负债表日或财务报表涵盖的会计期间；人民币金额单位；财务报表是合并财务报表的，应当予以标明。企业至少应当按年编制财务报表。年度财务报表涵盖的期间短于一年的，应当披露年度财务报表的涵盖期间，以及短于一年的原因。对外提供中期财务报告的，还应遵循《企业会计准则第32号——中期财务报告》的规定。该准则规定在财务报表中单独列报的项目，应当单独列报。其他会计准则规定单独列报的项目，应当增加单独列报项目。

（资料来源：网站：http://wenku.baidu.com/view/e12a916648d7c1c708a1454b.html）

思考题

1. 科学、合理设计账务处理程序有什么意义和要求？
2. 账务处理程序有哪几种？它们之间的主要区别是什么？
3. 简述各种账务处理程序的操作步骤和特点。
4. 怎样编制科目汇总表和汇总凭证？
5. 各种账务处理程序的优缺点及适用范围是什么？

随堂演练

（一）单选题

1. 总分类账的记账依据和登记方法取决于（　　）。
   A. 记账方法　　　　　　　　　　B. 经济业务的性质
   C. 会计核算的形式　　　　　　　D. 账户的性质

2. 在科目汇总表核算形式中，据以登记总账的依据是（　　）。
   A. 记账凭证　　　　　　　　　　B. 科目汇总表
   C. 试算平衡表　　　　　　　　　D. 汇总记账凭证

3. 记账凭证核算形式的适用范围是（　　）的单位。
   A. 规模较大、业务较多　　　　　B. 规模较小、业务较多
   C. 规模较小、业务较少　　　　　D. 会计基础比较规范的

4. 最基本的会计账务核算形式是（　　）。
   A. 记账凭证核算形式　　　　　　B. 汇总记账凭证核算形式
   C. 科目汇总表核算形式　　　　　D. 多栏式日记账核算形式

5. 在汇总记账凭证核算形式中，登记总账的依据是（　　）。
   A. 记账凭证　　　　　　　　　　B. 科目汇总表
   C. 试算平衡表　　　　　　　　　D. 汇总记账凭证

6. 科目汇总表账务处理程序的主要是特点是（　　）。
   A. 根据原始凭证编制原始凭证汇总表
   B. 根据原始凭证汇总表编制记账凭证
   C. 根据科目汇总表登记总分类账
   D. 根据科目汇总表编制会计报表

7. 科目汇总表的缺点主要是不能反映（　　）。
   A. 账户借方、贷方发生额　　　　B. 账户借方、贷方余额
   C. 账户对应关系　　　　　　　　D. 各账户借方、贷方发生额合计

8. 科目汇总表账务处理程序和汇总记账凭证账务处理程序的主要相同点是（　　）。
   A. 登记总账的依据相同
   B. 汇总凭证的格式相同

C. 记账凭证都需汇总并且记账步骤相同

D. 记账凭证的汇总方向相同

（二）多选题

1. 汇总记账凭证账务处理程序的优点是（ ）。

    A. 便于会计核算的日常分工   B. 便于了解账户之间的对应关系

    C. 减轻了登记总分类账的工作量   D. 便于进行试算平衡

2. 有关记账凭证账务处理程序的说法正确的是（ ）。

    A. 缺点是登记总分类账的工作量较大

    B. 优点是简单明了、易于理解

    C. 适用于规模较小、经济业务量较少的单位使用

    D. 能进行试算平衡

3. 总账的登记方法有（ ）。

    A. 可以根据记账凭证逐笔登记

    B. 可以根据原始凭证或原始凭证汇总表逐笔登记

    C. 可以根据记账凭证汇总表汇总登记

    D. 可以根据明细账、日记账汇总登记

（三）判断题

1. 采用科目汇总表账务处理程序，可以减少登记总分类账的工作量，但不便于了解账户之间的对应关系。（ ）

2. 科目汇总表账务处理程序的主要特点是定期地将所有记账凭证汇总编制科目汇总表，再根据科目汇总表登记总分类账。（ ）

第十章

会计工作组织、规范

■学习目标

1. 掌握单位会计机构和会计岗位设置的方法；
2. 了解会计人员的职责和权限；
3. 掌握会计档案管理的基本要求和保管期限；
4. 了解我国会计法规体系的组成；
5. 熟悉我国会计准则的基本架构和具体内容。

第一节 会计工作组织概述

一、会计工作组织

会计工作组织是指企业根据会计主体的特点、管理要求和会计规范，合理地设置会计机构，配备相应的会计人员，建立健全的单位会计制度，科学地安排、协调好本单位的会计工作，以完成会计职能，实现会计目标。会计机构和会计人员是会计工作系统运行的必要条件，而会计规范体系是保证会计工作系统正常运行的必要的约束机制。

（一）会计工作组织的意义

科学地组织会计工作，对于发挥会计在经济管理中的作用，具有十分重要的意义。其具体表现在以下四个方面：

1. 有利于保证会计工作的质量，提高会计工作的效率

会计工作过程包括一系列的程序，需要履行各种手续。各程序和手续之间环环相扣、紧密相连。如果环节出现了差错，必然造成整个核算结果不正确或会计工作不能

及时完成，进而影响整个会计核算工作的效率和质量。

2. 有利于会计工作与其他经济管理工作协调一致

会计工作是企业单位整个经济管理工作的一个重要组成部分，它既有独立性，又同其他管理工作相互制约、相互促进。企业只有科学地组织好会计工作，才能处理好与其他经济管理工作的关系，做到密切配合、口径一致，从而全面完成会计任务。

3. 有利于加强单位内部的经济责任制

科学地组织好会计工作，可以促使企业单位内部各有关部门管好、用好资金，增收节支，通过提高经营管理水平，达到提高经济效益、取得最佳经济效果的目的。

4. 有利于维护国家财经纪律，贯彻经济工作的方针政策

会计工作政策性强，必须通过核算如实反映各单位的经济活动和财务收支，通过监督来贯彻执行国家的政策、方针、政令和制度。因此，科学地组织好会计工作，可以促使各单位更好地贯彻落实各项方针政策，维护好财经纪律，为建立良好的社会经济秩序打下基础。

（二）会计工作组织的原则

在组织会计工作的过程中，必须遵守以下原则：

1. 统一性

统一性是指会计工作组织受到各种法规、制度、会计准则的制约，比如《中华人民共和国会计法》《总会计师条例》《会计基础工作规范》《会计档案管理办法》《会计电算化管理办法》等，必须按照国家对会计工作的统一要求来组织会计工作。

2. 适应性

适应性要求各企业应根据自身的特点，确定本企业的会计制度，对会计机构的设置和会计人员的配备做出切合实际的安排。

3. 效益性

效益性要求在保证会计工作质量的前提下，讲求工作效率，节约工作时间，降低成本。对会计工作程序的规定，会计凭证、账簿、报表的设计，会计机构的设置以及会计人员的配备等，都应避免烦琐，力求精简。各企业应通过会计电算化改进会计操作技术，提高工作效率。

4. 内部控制和责任制

内部控制和责任制是指各企业要遵循内部控制的原则，在保证贯彻整个单位责任制的同时，建立和完善会计工作自身的责任制，从现金出纳、财产物资进出及各项费用的开支等方面形成彼此相互牵制的机制，防止工作中的失误和弊端。

综上所述，组织会计工作，应在保证会计工作质量的前提下，尽量节约耗用在会计工作上的时间和费用，做到成本与效益相结合，既要组织好会计工作，又要减少人、财、物的耗费。

（三）会计工作组织的形式

公司会计的内部组织形式是由公司的规模与其业务各类和管理方式决定的，一般分为独立核算单位、半独立核算单位和简易核算单位。

1. 独立核算单位

独立核算是指对本单位的业务经营过程及其结果，进行全面的、系统的会计核算。

实行独立核算的单位称为独立核算单位。实行独立核算必须具备一定的条件：有一定的自有资金，在银行单独开户，对自有资金有独立的支配权和使用权；在经营上有独立的自主经营权；具有完整的账簿系统，独立计算盈亏，定期编制报表。独立核算单位应单独设置会计机构，配备必要的会计人员。如果会计业务不多，也可只设专职会计人员。

独立核算单位可以分为集中核算和分散核算两种。

（1）集中核算是指账务工作全部在会计部门进行，包括制证、记账和编制会计报表。会计部门以外的业务、储运、总务或分支机构只对其发生的经济业务填制原始凭证，并定期将其送会计部门审核制证或结算记账。其优点是减少核算环节，简化核算手续，有利于及时掌握全面经营情况和精减人员。它一般适用于中、小型企业。

（2）分散核算（又称非集中核算）是指对企业规模较大的二级单位，设置专门的会计机构，并对本部门所发生的经济业务进行核算。分散核算是核算单位在上级会计机构的指导下进行的较为全面的核算。企业会计部门只负责货币资金的管理和核算、债权债务的管理和核算、总账和部分明细账的登记，以及会计报表的编制等工作。

在实际工作中，有的企业会对某些业务实行集中核算，而对另一些业务采用分散核算。具体采用何种形式，主要取决于企业内部的经营管理需要。分散核算的优点是便于发挥基层单位的作用。

如在制造业里，材料的明细核算由供应部门及其所属的仓库进行；在车间设置成本明细账，以登记本车间发生的生产成本并计算出完工产品的车间成本，公司会计部门只根据车间报送的资料进行产品成本的总分类核算；总分类核算、公司会计报表的编制和分析仍由公司会计部门集中进行；公司会计部门对企业内部各单位的会计工作进行业务上的指导和监督。

又如在商品流通企业里，把库存商品的明细核算和某些费用的核算等分散在各业务部门进行，至于会计报表的编制以及不宜分散核算的工作，如物资供销、现金收支、银行存款收支、对外往来结算等，仍由企业会计部门集中办理。实行非集中核算，可以使企业内部各部门、各单位能够及时了解本部门、本单位的经济活动情况，有利于及时分析、解决问题，但这种组织形式会增加核算手续和核算层次。

2. 半独立核算单位

半独立核算单位是指独立核算的企业所属的业务单位。其规模比较大，在业务经营和成本费用的管理上有一定的独立性，但不具备完全独立核算的某些必要条件。如：它没有独立的资金，不能在银行开户等。这些单位的会计人员可以单独编制会计凭证、单独记账和编制会计报表，然后报会计部门汇总。对外结算则通过会计部门办理。企业内部的二级经营单位，如大中型批发企业的业务部，大中型零售企业的门市部、分销店，通常采用这种核算形式。其优点是部门责任人能及时掌握部门的经营情况和经营成果。

3. 简易核算单位

简易核算单位是指不独立核算的企业部门或柜组，由兼职或专职核算员对本部门或本柜组的直接有关的经济指标进行简易核算，对全部交易单证和结算凭证，则报送主管财会部门进行会计核算。如商业零售企业的柜组，一般在定额的基础上核算销货额、销货毛利、商品库存以及直接与柜组有关的费用支出等指标，以考核本柜组的经营成果。

（四）会计工作组织的内容

会计工作组织的内容主要包括：会计机构的设置、会计人员的配备、会计人员的职责权限、会计工作的规范、会计法规制度的制定、会计档案的保管、会计工作的电算化等。

二、会计机构

会计机构是会计主体中直接从事和组织领导会计工作的职能部门。会计机构的设置要坚持实事求是、精简节约的原则，做到既能保证工作质量、满足工作需要，又能节约人力、物力和财力。

根据《中华人民共和国会计法》，凡是实行独立核算的企业都要根据会计业务的需要设置会计机构，或者在有关机构中设置会计岗位，并指定会计人员。不具备条件的，可以委托经批准设立的会计咨询、服务机构进行代理记账。

（一）会计机构的设置原则

1. 根据本单位会计业务的需要设置

《会计基础工作规范》第十一条规定："各单位应当根据会计业务需要设置会计工作岗位。"例如，一个单位如何设置出纳岗位，取决于该单位所属的行业的性质、自身的经营规模、业务量以及有利于会计核算和管理的要求。

2. 符合内部控制制度的要求

钱账分管就是管账（总账、明细账）的会计人员不得同时兼管出纳工作；而出纳人员不得兼管收入、费用、债权债务明细账簿和会计档案工作。为做到钱账分管、责任明确，在符合内部控制制度的前提下，各岗位可以一人一岗、一人多岗、一岗多人。

3. 有利于建立岗位责任制

出纳岗位涉及现金、银行存款等货币资产的收入、支出的核算与保管。而这些工作与整个单位的经济效益、职工的个人利益有极大的关系。因此，各单位应该建立出纳人员岗位责任制，明确职责，保证出纳工作正常有序进行。

4. 财务会计与管理会计岗位分别设置

有的企业把会计部门的工作分为两大系统：一个系统负责传统的记账、算账、报账工作，或称之为会计信息处理系统；另一个系统则从事经营分析、前景预测、目标规划、参与决策、控制监督、业绩考核和经济奖惩工作，或称之为参与管理、参与决策系统。这就是财务会计与管理会计、责任会计相对独立、各司其职的会计工作组织方式。

另外，不具备设置会计机构条件的单位，应由代理记账业务的机构完成其会计工作。

（二）会计工作岗位的设置

1. 会计工作岗位

会计工作岗位一般包括总会计师，会计机构负责人或者会计主管人员，出纳，财产物资核算，工资核算，成本费用核算，财务成果核算，资金核算，资本、基金核算，收入、支出、往来核算，财产物资收发，明细核算，总账会计，对外财务会计报告编制，内部管理会计报表编制，会计电算化系统管理员岗位，稽核，档案管理等。

收银、内部审计、社会审计、政府审计不属于会计岗位。

2. 出纳岗位

出纳人员不得兼管稽核、会计档案保管和收入、费用、债权债务账目的登记工作。出纳岗位的设置方法如下：

（1）一人一岗：规模不大的单位，出纳工作量不大，可设专职出纳员一名。

（2）一人多岗：规模较小的单位，出纳工作量不大，可设兼职出纳员一名。但出纳人员不得兼任稽核、会计档案保管和收入、支出、费用、债务账目的登记工作。

（3）一岗多人：规模较大的单位，出纳工作量较大，可设多名出纳员，分管现金、银行存款、票据核算和管理。

3. 我国大中型企业的核算组设置

（1）综合组。综合组负责总账的登记，并将其与有关的日记账和明细账相核对；进行总账余额的试算平衡，编制资产负债表，并将其与其他会计报表进行核对；保管会计档案，进行企业财务情况的综合分析，编写财务情况说明书；进行财务预测，制订或参与制订财务计划，参与企业生产经营决策。

（2）财务组。财务组负责货币资金的出纳、保管和日记账的登记；审核货币资金的收付凭证；办理企业与供应、购买等单位之间的结算；监督企业贯彻执行国家现金管理制度、结算制度和信贷制度的情况；分析货币资金收支计划和银行借款计划的执行情况，制订或参与制订货币资金收支和银行借款计划。

（3）工资核算组。工资核算组负责计算职工的各种工资和奖金；办理职工的工资结算，并进行有关的明细核算，分析工资总额计划的执行情况，控制工资总额支出；参与制订工资总额计划。在由各车间、部门的工资员分散计算和发放工资的组织方式下，工资核算组还应协助企业劳动工资部门指导和监督各车间、部门的工资计算和发放工作。

（4）固定资产核算组。固定资产核算组负责审核固定资产购建、调拨、内部转移、租赁、清理的凭证；进行固定资产的明细核算；参与固定资产清查；编制有关固定资产增减变动的报表；分析固定资产和固定资金的使用效果；参与制订固定资产重置、更新和修理计划；指导监督固定资产管理部门和使用部门的固定资产核算工作。

（5）材料核算组。材料核算组负责审核材料采购的发票、账单等结算凭证，并进行材料采购收发结存的明细核算；参与库存材料清查；分析采购资金使用情况、采购成本超支和节约情况、储备资金占用情况，参与制订材料采购成本和材料资金占用计划；参与制订材料采购资金计划和材料成本计划；指导和监督供应部门、材料仓库和使用材料的车间部门的材料核算情况。

（6）成本组。成本组会同有关部门建立健全各项原始记录、消耗定额和计量检验制度；改进成本管理的基础工作；负责审核各项费用开支；参与自制半成品和产成品的清查工作；核算产品成本，编制成本报表；分析成本计划执行情况；控制产品成本和生产资金占用情况；进行成本预测，制订成本计划，配合成本分口分级管理将成本指标分解、落实到各部门、车间、班组；指导、监督和组织各部门、车间、班组的成本核算和厂内经济核算工作。

（7）销售和利润核算组。销售和利润核算组负责审核产成品收发、销售和营业收支凭证；参与产成品清查；进行产成品、销售和利润的明细核算；计算应交税金，进行利润分配，编制利润表；分析产成品资金占用情况，销售收入、利润及其分配计划的执行情况；参与市场预测，制订或参与制订销售和利润计划。

（8）资金组。资金组负责资金的筹集、使用、调度工作；随时了解、掌握资金市场动态，为企业筹集资金，以满足生产经营活动的需要。资金组还要不断降低资金成本，提高资金使用的经济效益，并负责编制现金流量表。

三、会计人员

会计人员通常是指在国家机关、公司、企业、事业单位和其他组织中从事财务会计工作的人员，包括会计机构负责人或者会计主管人员以及具体从事会计工作的会计、出纳人员等。

（一）会计人员的任免

我国国家机关、国有企业、事业单位任用会计人员，除了应当遵照一般人事任免管理规定条件外，还应当实行回避制度。

按照规定，单位领导人的直系亲属不得担任本单位的会计机构负责人、会计主管人员。会计机构负责人、会计主管人员的直系亲属不得在本单位担任出纳工作。需回避的直系亲属为夫妻关系、直系血亲关系、三代以内旁系血亲以及配偶亲关系。

《中华人民共和国会计法》第四十六条规定："单位负责人对依法履行职责、抵制违反本法规定行为的会计人员以降级、撤职、调离工作岗位、解聘或者开除等方式实行打击报复，构成犯罪的，依法追究刑事责任；尚不构成犯罪的，由其所在单位或者有关单位依法给予行政处分。对受打击报复的会计人员，应当恢复其名誉和原有职务、级别。"

（二）会计人员的职责和权限

1. 会计人员的职责

根据《中华人民共和国会计法》，会计人员的主要职责包括以下几个方面：

（1）进行会计核算。进行会计核算，及时提供真实完整的、满足有关各方需要的会计信息，是会计人员最基本的职责，也是做好会计工作最起码的要求。

（2）实行会计监督。按照《中华人民共和国会计法》的规定，各单位应当建立、健全本单位内部会计监督制度，会计人员应当对本单位各项交易或事项和会计手续的合法性、合理性进行监督。会计人员对违反《中华人民共和国会计法》和国家统一的会计制度规定的会计事项，有权拒绝办理或者按照职权予以纠正。会计人员发现记载不准确、不完整的原始凭证，应当予以退回，并要求按照国家统一的会计制度规定更正、补充。会计人员发现账簿记录与实物、款项及有关资料不相符的，按照国家统一的会计制度规定有权自行处理的，应当及时处理；无权处理的，应当立即向单位负责人报告，请求查明原因，做出处理。

除了进行会计核算、实行会计监督以外，各单位会计人员还应当按照法律和有关法规的规定，结合本单位具体情况，拟定本单位办理会计事务的具体办法，参与制订经济计划、业务计划，编制预算和财务计划并考核分析其执行情况等。

2. 会计人员的主要权限

（1）会计人员有权要求本单位有关部门、人员认真执行国家批准的计划、预算，即督促本单位有关部门严格遵守国家财经纪律和财务会计制度；如果本单位有关部门有违反国家法规的情况，会计人员有权拒绝付款、拒绝报销或拒绝执行，并及时向本单位领导或上级有关部门报告。

（2）会计人员有权参与本单位编制计划、制定定额、对外签订经济合同等工作，并参加有关的生产、经营管理会议和业务会议，即会计人员有权以其特有的专业地位参加企业的各种管理活动，了解企业的生产经营情况，并提出自己的建议。

（3）会计人员有权对本单位各部门进行会计监督，即会计人员有权监督、检查本单位有关部门的财务收支、资金使用和财产保管、收发、计量、检验等情况。本单位有关部门要大力协助会计人员的工作。

（4）会计专业职务及要求

会计专业职务，是区别会计人员业务技能的技术等级。根据《会计专业职务试行条例》的规定，会计专业职务分为高级会计师、会计师、助理会计师和会计员；高级会计师为高级职务，会计师为中级职务，助理会计师和会计员为初级职务。

（三）会计人员专业技术职称制度

为了合理使用会计人员，充分调动会计人员的积极性和创造性，国家在企业、行政、事业单位的会计人员中实行专业技术职称制度。会计人员专业技术职称资格定为三级：初级、中级、高级。其中，高级职称分设副高级和正高级，初级职称只设助理级。初级、中级、副高级和正高级职称名称依次为助理会计师、会计师、高级会计师和正高级会计师。

1. 会计专业职称

（1）助理会计师的主要工作职责和任职条件。助理会计师主要负责草拟一般的财务会计制度、规定、办法；解释、解答财务会计法规、制度中的一般规定；分析检查某一方面或某些方面的财务收支的预算执行情况。其基本任职条件包括：应掌握一般的财务会计理论和业务知识；熟悉并执行有关的财经方针、政策和财务会计法规、制度，能担负一个方面或某个重要岗位的财务会计工作；取得硕士学位，或取得第二学士学位或研究生班结业证书并具备履行助理会计师职责的能力，或者大学本科毕业并在财务会计工作岗位上见习一年期满，或者大学专科毕业并担任会计员职务 2 年以上，或中等专业学校毕业并担任会计员职务 4 年以上。

（2）会计师的主要工作职责和任职条件。会计师主要负责草拟比较重要的财务会计制度、规定、办法；解释、解答财务会计法规、制度中的一般规定；分析检查财务收支的预算执行情况等；培养初级会计人才等。其基本任职条件包括：应较系统地掌握财务会计基础理论和专业知识；掌握并能贯彻执行有关的财经方针、政策和财务会计法规、制度；具有一定的财务会计工作经验，能担负一个单位或管理一个地区、一个部门、一个系统某个方面的财务会计工作；取得博士学位并具有履行会计师职责的能力，或者取得硕士学位并担任助理会计师职务 2 年，或者取得第二学士学位或研究生班结业证书并担任助理会计师职务 2~3 年，或者大学本科或大学专科毕业并担任助理会计师职务 4 年以上；掌握一门外语。

（3）高级会计师的主要工作职责和任职条件。高级会计师主要负责草拟和解释、解答在一个地区、一个部门、一个系统或全国施行的财务会计法规、制度、办法；组织和指导一个地区或一个部门、一个系统的经济核算和财务会计工作，增减中级以上会计人才等。其基本任职条件包括：应较系统地掌握经济、财务会计理论和专业知识；具有较高的政策水平和丰富的财务会计工作经验，能担负一个地区、一个部门、一个系统的财务会计管理工作；取得博士学位并担任会计师职务 2~3 年，或者取得硕士学位、第二学士学位、研究生班结业证书或者大学本科毕业并担任会计师职务 5 年以上；较熟练地掌握一门外语。

2. 会计专业技术资格

会计专业技术资格是指担任会计专业职务的任职资格。2004 年 8 月财政部办公厅、人事部联合印发了《关于调整会计专业技术资格考试科目及有关问题的通知》，对会计专业技术资格考试级别、考试科目、报名条件、聘任制度、证书管理等做出了规定。

为促进会计专业技术人才队伍建设，积极探索科学、客观、公正的高级会计师资格评价办法，2003 年，人事部办公厅、财政部办公厅联合印发了《关于高级会计师资格实行考评结合试点工作的通知》，确定高级会计师资格实行考试与评审相结合的评价方法，凡申请参加高级会计师资格评审的人员，必须经考试合格后，方能参加评审。考试科目为"高级会计实务"，采用开卷笔答形式，主要考核应试者应用会计、财务、税务等相关理论知识、政策法规，对所提供的有关资料背景进行分析、判断和处理业务的综合能力。参加考试并达到国家合格标准的人员，由全国会计专业技术资格考试办公室核发高级会计师考试成绩合格证，该证在全国范围内三年有效。副高级要求本科及以上学历毕业且取得中级职称满五年，在市级以上技术期刊发表一篇以上论文或取得市级以上科技进步等奖项一项以上；正高级要求取得副高级职称满五年，在市级以上技术刊物发表三篇以上论文或市级以上科技进步等奖项三项以上。

（1）会计专业技术考试级别。会计专业技术资格分为初级资格、中级资格和高级资格三个级别。初级、中级资格考试实行全国统一组织、统一考试时间、统一考试大纲、统一考试命题、统一合格标准的考试制度。初级会计资格考试科目为"初级会计实务"和"经济法基础"；中级会计资格考试科目为"中级会计实务""财务管理"和"经济法"。中级会计资格考试以两年为一个周期，单科成绩采用计算的方法；初级会计资格考试则实行一次性通过全部科目考试的方法。

（2）会计专业技术资格考试报名条件。报名参加会计专业技术资格考试的人员，应具备以下基本条件：

①坚持原则，具备良好的职业道德品质；

②认真执行《中华人民共和国会计法》和国家统一的会计制度，以及有关法律、法规、规章制度，无严重违反财经纪律的行为；

③履行岗位职责、热爱本职工作。

报考初级会计专业技术资格考试的人员除具备以上基本条件外，还必须具备教育部门认可的高中以上学历。报考中级会计专业技术资格考试的人员除具备以上基本条件外，还必须具备下列条件之一：

①取得大专学历，从事会计工作满五年；

②取得大学本科学历，从事会计工作满四年；

③取得双学士学位或研究生班毕业，从事会计工作满两年；

④取得硕士学位，从事会计工作满一年；

⑤取得博士学位。

上述考试报名条件中所说的学历是指国家教育部门承认的学历；会计工作年限是指取得相应学历前、后从事会计工作的总和。

3. 会计专业技术资格证书的管理

通过会计专业技术资格考试合格者，由省级人力资源和社会保障厅颁发由人力资源和社会保障部、财政部统一印制的会计专业技术资格证书。该证书在全国范围内有效。对于伪造学历和资历证明，或者在考试期间有违纪行为的人员，由会计专业技术资格考试管理机构吊销其会计专业技术资格，由发证机关收回其会计专业技术资格证书，两年内不得参加会计专业技术资格考试。

（四）会计人员继续教育制度

1. 会计人员继续教育的组织者

按照财政部印发的《会计人员继续教育规定》，我国会计人员继续教育原则上按属地原则进行管理，由各级财政部门组织实施，实行统一规划、分级管理。财政部是负责全国会计人员继续教育的主管部门，负责制订全国会计人员继续教育规划；制定全国会计人员继续教育制度；拟定全国会计人员继续教育工作重点；组织开发、评估、推荐全国会计人员继续教育重点教材；组织全国会计人员继续教育师资培训；指导、督促各地区和有关部门开展会计人员继续教育工作。各省、自治区、直辖市、计划单列市财政厅（局）（以下简称"省级财政部门"）负责本地区会计人员继续教育管理的组织管理工作。

会计人员所在单位应当遵循教育、考核、使用相结合的原则，鼓励、支持并组织本单位会计人员参加继续教育，保证学习时间，提供必要的学习条件。

2. 会计人员继续教育的内容

会计人员继续教育的内容主要包括会计理论、政策法规、业务知识、技能训练和职业道德等。其中，会计理论继续教育，重点加强对会计人员会计基础理论和应用理论的培训，以提高会计人员用理论指导实践的能力；政策法规继续教育，重点加强对会计人员会计法规制度及其他相关法规制度的培训，以提高会计人员依法从事会计工作的能力；业务知识和技能训练继续教育，重点加强对会计人员履行岗位职责所必备的会计准则制度等专业知识、内部控制、会计信息化等方面的培训，以提高会计人员的实际工作能力和业务技能；职业道德继续教育，重点加强对会计人员会计职业道德的培训，以提高会计人员职业道德水平。

3. 会计人员继续教育的形式

会计人员继续教育的形式主要有：

（1）参加县级以上地方人民政府财政部门、中央主管单位、新疆生产建设兵团财务局（以下简称"继续教育管理部门"）组织的会计人员继续教育师资培训、会计脱产培训、远程网络化会计培训；

（2）参加继续教育管理部门公布的会计人员继续教育机构组织的会计脱产培训、

远程网络化会计培训；

（3）参加继续教育管理部门公布的会计人员所在单位组织的会计脱产培训、远程网络化会计培训；

（4）参加财政部组织的全国会计领军人才培训；

（5）参加财政部组织的大中型企事业单位总会计师素质提升工程培训；

（6）参加省级财政部门、中央主管单位、新疆生产建设兵团财务局组织的高端会计人才培训；

（7）参加中国注册会计师继续教育培训；

（8）参加继续教育管理部门组织的其他形式培训。

除此以外，会计人员继续教育的形式还包括：

（1）参加财政部组织的全国会计领军人才考试，以及省级财政部门、中央主管单位、新疆生产建设兵团财务局组织的高端会计人才考试；

（2）参加会计、审计专业技术资格考试，以及注册会计师、注册资产评估师、注册税务师考试；

（3）参加国家教育行政主管部门承认的会计类专科以上学位学历教育；

（4）承担继续教育管理部门或其认可的会计学术团体的会计类研究课题，或在有国内统一刊号（CN）的经济管理类报刊上发表会计类论文；

（5）公开出版会计类书籍；

（6）参加省级以上财政部门、中央主管单位、新疆生产建设兵团财务局组织或其认可的会计类知识大赛；

（7）继续教育管理部门认可的其他形式。

会计人员继续教育内容应当根据会计人员的从业要求，综合运用讲授式、研究式、案例式、模拟式、体验式等教学方法，增强培训效果，提高培训质量。继续教育管理部门应当积极推广网络教育、远程教育、电化教育等方式，以提高会计人员继续教育教学和管理的信息化水平。

4. 会计人员继续教育的考核方式

会计人员参加继续教育采取学分制管理制度，每年参加继续教育取得的学分不得少于 24 个学分。会计人员参加继续教育取得的学分，在全国范围内有效。继续教育学分计量标准如下：

（1）参加继续教育管理部门组织的会计人员继续教育师资培训、会计脱产培训、远程网络化会计培训，考试或考核合格的，每学时折算为 1 个学分；

（2）参加继续教育管理部门公布的会计人员继续教育机构组织的会计脱产培训、远程网络化会计培训，考试或考核合格的，每学时折算为 1 个学分；

（3）参加继续教育管理部门公布的会计人员所在单位组织的会计脱产培训、远程网络化会计培训，考试或考核合格的，每学时折算为 1 个学分；

（4）参加财政部组织的全国会计领军人才培训，考试或考核合格的，每学时折算为 1 个学分；

（5）参加财政部组织的大中型企事业单位总会计师素质提升工程培训，考试或考核合格的，每学时折算为 1 个学分；

（6）参加省级财政部门、中央主管单位、新疆生产建设兵团财务局组织的高端会计人才培训，考试或考核合格的，每学时折算为 1 个学分；

（7）参加中国注册会计师继续教育培训，经所属注册会计师协会确认的，每学时折算为 1 个学分。

（8）参加财政部组织的全国会计领军人才考试，以及省级财政部门、中央主管单位、新疆生产建设兵团财务局组织的高端会计人才考试，被录取的，折算为 24 个学分；

（9）参加会计、审计专业技术资格考试，以及注册会计师、注册资产评估师、注册税务师考试，每通过一科考试，折算为 24 个学分；

（10）参加国家教育行政主管部门承认的会计类专科以上学位学历教育，通过当年度一个学习科目考试或考核的，折算为 24 个学分；

（11）独立承担继续教育管理部门或其认可的会计学术团体的会计类研究课题，课题结项的，每项研究课题折算为 24 个学分；与他人合作完成的，每项研究课题的第一作者折算为 24 个学分，其他作者每人折算为 12 个学分；

（12）独立在有国内统一刊号的经济管理类报刊上发表会计类论文的，每篇论文折算为 24 个学分；与他人合作发表的，每篇论文的第一作者折算为 24 个学分，其他作者每人折算为 12 个学分；

（13）独立公开出版会计类书籍的，每本会计类书籍折算为 24 个学分；与他人合作出版的，每本会计类书籍的第一作者折算为 24 个学分，其他作者每人折算为 12 个学分；

（14）参加省级以上财政部门、中央主管单位、新疆生产建设兵团财务局组织或其认可的会计类知识大赛，成绩合格或受到表彰的，折算为 24 个学分。

会计人员参加继续教育取得的学分，均在当年度有效，不得结转到下一年度。

5. 会计人员继续教育的登记

会计人员办理继续教育事项登记，可以通过以下两种途径：

（1）会计人员参加继续教育经考试或考核合格后，应当在 3 个月内持相关证明材料向所属继续教育管理部门办理继续教育事项登记；

（2）继续教育管理部门根据公布的会计人员继续教育机构或会计人员所在单位报送的会计人员继续教育信息，为会计人员办理继续教育事项登记。

会计人员由于病假、在境外工作、生育等原因，无法在当年完成继续教育取得规定学分的，应当提供合理证明，经继续教育管理部门审核确认后，其没有取得的继续教育学分可以顺延至下一年度取得。

（五）会计人员的职业道德

职业道德是职业品质、工作作风和工作纪律的综合。会计职业道德是会计人员在会计工作中应当遵循的道德规范。

在市场经济条件下，会计职业活动中的会计人员个人、会计主体、国家、社会公众之间利益常常不一致，甚至相冲突。会计职业道德准则与国家法律制度一起，调整会计职业关系中的经济利益关系，维护市场经济秩序。

会计职业道德具有相对稳定性。会计是一门实用性很强的管理学科，是为了加强经营管理，提高经济效益，规范市场经济秩序，维护各会计信息使用者的利益。作为对单位经济业务事项进行确认、计量、记录和报告的会计，会计制度的设计、会计政策的制定、会计方法的选择，都必须遵循会计规范体系。因此，会计职业道德主要依附于历史继承性和经济规律，在社会经济关系不断的变迁中，保持自己的相对稳定性。没有任何一个社会制度能够容忍虚假会计信息，也没有任何一个经济主体会允许会计人员私自向外界提供或者泄露单位的商业秘密。会计人员在职业活动中诚实守信、客观公正是会计职业的普遍要求。

会计职业道德具有广泛的社会性。会计职业道德是人们对会计职业行为的客观要求。从受托责任观念出发，会计目标决定了会计所承担的社会责任。会计要为政府机构、企业管理层、债权人等提供规范的会计信息。会计职业道德具有广泛的社会性。

依财政部 1996 年 6 月发布的《会计基础工作规范》的规定，会计人员职业道德的内容主要包括以下六个方面：

（1）爱岗敬业。会计人员应当热爱本职工作，努力钻研业务，使自己的知识和技能适应所从事工作的要求。

（2）熟悉法规。会计工作不只是单纯的记账、算账、报账工作，会计工作时时、事事、处处涉及执法守规方面的问题。会计人员应当熟悉财经法律、法规和国家统一的会计制度，并结合会计工作进行广泛宣传。

（3）依法办事。会计人员应当按照会计法律、法规和国家统一会计制度规定的程序和要求进行会计工作，保证所提供的会计信息合法、真实、准确、及时、完整。

（4）客观公正。会计人员办理会计事务应当实事求是、客观公正。

（5）搞好服务。会计人员应当熟悉本单位的生产经营和业务管理情况，运用所掌握的会计信息和会计方法，为改善单位的内部管理、提高经济效益服务。

（6）保守秘密。会计人员应当保守本单位商业机密，除法律规定和单位领导人同意外，不能私自向外界提供或者泄露会计信息。

会计人员违反职业道德的，由所在单位进行处罚，情节严重的，由会计证发证机关吊销其会计证。

（六）会计人员工作交接

会计人员工作交接是指会计人员调整时，由离职会计将有关工作和各项会计资料交给继任者的过程。会计人员工作离任，都必须办理交接手续。

1. 会计人员工作交接的内容

会计人员工作交接的内容包括会计凭证、会计账簿、会计报表及报表附注、会计文件、会计工具、印章和其他资料（如户口登记簿、会议记录簿、文书档案等）。实行会计电算化管理的企业，还应移交会计软件、数据磁盘及相关资料。

2. 会计人员工作交接的基本程序

（1）交接前的准备工作。会计人员在办理会计工作交接前，必须做好以下准备工作：

①已经受理的经济业务尚未填制会计凭证的应当填制完毕。

②尚未登记的账目应当登记完毕，结出余额，并在最后一笔余额后加盖经办人印章。

③整理好应该移交的各项资料，对未了事项和遗留问题要写出书面说明材料。

④编制移交清册，列明应该移交的会计凭证、会计账簿、财务会计报告、公章、现金、有价证券、支票簿、发票、文件、其他会计资料和物品等内容；实行会计电算化的单位，从事该项工作的移交人员应在移交清册上列明会计软件及密码、会计软件数据盘、磁带等内容。

⑤会计机构负责人（会计主管人员）在移交时，应将财务会计工作、重大财务收支问题和会计人员的情况等向接替人员介绍清楚。

（2）移交点收。移交人员离职前，必须将本人经管的会计工作，在规定的期限内，全部向接管人员移交清楚。接管人员应认真按照移交清册逐项点收。

（3）专人负责监交。对监交的具体要求是：

①一般会计人员办理交接手续，由会计机构负责人（会计主管人员）监交。

②会计机构负责人（会计主管人员）办理交接手续，由单位负责人监交，必要时主管单位可以派人会同监交。

（4）交接后的有关事宜。

①会计工作交接完毕后，交接双方和监交人在移交清册上签名或盖章，并应在移交清册上注明：单位名称，交接日期，交接双方和监交人的职务、姓名，移交清册页数以及需要说明的问题和意见等。

②接管人员应继续使用移交前的账簿，不得擅自另立账簿，以保证会计记录前后衔接、内容完整。

③移交清册一般一式三份，交接双方各执一份，存档一份。

3. 会计人员工作交接的具体要求

①现金要根据会计账簿记录余额进行当面点交，不得短缺，接替人员发现不一致或"白条抵库"现象时，移交人员在规定期限内负责查清处理。

②有价证券的数量要与会计账簿记录一致，有价证券面额与发行价不一致时，按照会计账簿余额交接。

③会计凭证、会计账簿、财务会计报告和其他会计资料必须完整无缺，不得遗漏。如有短缺，必须查清原因，并在移交清册中加以说明，由移交人负责。

④银行存款账户余额要与银行对账单核对相符，如有未达账项，应编制银行存款余额调节表调节相符；各种财产物资和债权债务的明细账户余额，要与总账有关账户的余额核对相符；对重要实物要实地盘点，对余额较大的往来账户要与往来单位、个人核对。

⑤公章、收据、空白支票、发票、科目印章以及其他物品等必须交接清楚。

⑥实行会计电算化的单位，交接双方应在电子计算机上对有关数据进行实际操作，确认有关数字正确无误后，方可交接。

（七）会计档案管理

1. 会计档案的概念和内容

会计档案是指会计凭证、会计账簿和财务报告等会计核算专业材料，是记录和反映单位经济业务的重要史料和证据，也是检查单位遵守财经纪律情况的书面证明和总结经营管理经验的重要参考资料。各单位必须加强对会计档案管理工作的领导，建立会计档案的立卷、归档、保管、查阅制度，以防散失和毁损。

按照《会计档案管理办法》的规定，企业单位的会计档案应当包括以下具体内容：

（1）会计凭证类：原始凭证、记账凭证、汇总凭证、其他会计凭证。

（2）会计账簿类：总账、明细账、日记账、固定资产卡片、辅助账簿、其他会计账簿。

（3）财务报告类：月度、季度、年度财务报告，包括会计报表、附表、附注及文字说明、其他财务报告。

（4）其他类：银行存款余额调节表、银行对账单、其他应当保存的会计核算专业资料、会计档案移交清册、会计档案保管清册、会计档案销毁清册。

2. 会计档案的归档和保管

各单位每年形成的会计档案，应当由会计机构按照归档要求，负责整理立卷、装订成册、编制会计档案保管清册。当年形成的会计档案，在会计年度终了后，可暂由会计机构保管一年，期满之后，应当由会计机构编制移交清册，移交本单位档案机构统一保管；未设立档案机构的，应当在会计机构内部指定专人保管。出纳人员不得兼管会计档案。

采用电子计算机进行会计核算的单位，应当保存打印出的纸质会计档案以及磁带、磁盘、光盘、微缩胶片等磁性介质会计档案。对重要的会计档案，各单位应做好备份，并将其存放在不同的地点。

移交本单位档案机构保管的会计档案，原则上应当保持原卷册的封装。个别需要拆封重新整理的，档案机构应当会同会计机构和经办人员共同拆封整理，以分清责任。

3. 会计档案的查阅和复制

各单位保存的会计档案不得借出。如有特殊需要，经本单位负责人批准，可以提供查阅或者复制，并办理登记手续。查阅或者复制会计档案的人员，严禁在会计档案上涂画、拆封和抽换。

各单位应当建立健全会计档案查阅、复制登记制度。

4. 会计档案的保管期限

会计档案的保管期限分为永久、定期两类。定期保管期限分为 3 年、5 年、10 年、15 年、25 年五类。会计档案的保管期限，从会计年度终了后的第一天算起。《会计档案管理办法》规定的会计档案保管期限为最低保管期限，各类会计档案的保管原则上应当按照该办法所列期限执行，见表 10-1。

表 10-1　企业和其他组织会计档案保管期限表

序号	档案名称	保管期限	备注
一	会计凭证类		
1	原始凭证	15 年	
2	记账凭证	15 年	
3	汇总凭证	15 年	
二	会计账簿类		

表10-1(续)

序号	档案名称	保管期限	备注
4	总账	15 年	包括日记总账
5	明细账	15 年	
6	日记账	15 年	现金和银行存款日记账保管 25 年
7	固定资产卡片		固定资产报废后保管 5 年
8	辅助账簿	15 年	
三	财务报告类		包括各级主管部门汇总财务报告
9	月、季度财务报告	3 年	包括文字分析
10	年度财务报告（决算）	永久	包括文字分析
四	其他类		
11	会计移交清册	15 年	
12	会计档案保管清册	永久	
13	会计档案销毁清册	永久	
14	银行余额调节表	5 年	
15	银行对账单	5 年	

5. 会计档案的销毁

保管期满的会计档案，可以按照以下程序销毁：

（1）由本单位档案机构会同会计机构提出销毁意见，编制会计档案销毁清册，列明销毁会计档案的名称、卷号、册数、起止年度和档案编号、应保管期限、已保管期限、销毁时间等内容。

（2）单位负责人在会计档案销毁清册上签署意见。

（3）销毁会计档案时，应当由档案机构和会计机构共同派员监销。国家机关销毁会计档案时，应当由同级财政部门、审计部门派员参加监销。财政部门销毁会计档案时，应当由同级审计部门派员参加监销。

（4）监销人在销毁会计档案前，应当按照会计档案销毁清册所列内容清点核对所要销毁的会计档案；销毁后，应当在会计档案销毁清册上签名盖章，并将监销情况报告本单位负责人。

保管期满但未结清的债权债务原始凭证和涉及其他未了事项的原始凭证，不得销毁，应当单独抽出立卷，保管到未了事项完结时为止。单独抽出立卷的会计档案，应当在会计档案销毁清册和会计档案保管清册中列明。正在项目建设期间的建设单位，其保管期满的会计档案也不得销毁。

6. 会计档案的交接

单位因撤销、解散、破产或者其他原因而终止的，在终止和办理注销登记手续之前形成的会计档案，应当由终止单位的业务主管部门或财产所有者代管或移交有关档案馆代管。法律、行政法规另有规定的，从其规定。

建设单位在项目建设期间形成的会计档案，应当在办理竣工决算后移交给建设项目的接受单位，并按规定办理交接手续。

单位之间交接会计档案的，交接双方应当办理会计档案交接手续。移交会计档案的单位，应当编制会计档案移交清册，列明应当移交的会计档案的名称、卷号、册数、起止年度和档案编号、应保管期限、已保管期限等内容。

交接会计档案时，交接双方应当按照会计档案移交清册所列内容逐项交接，并由交接双方的单位负责人负责监交。交接完毕后，交接双方经办人和监交人应当在会计档案移交清册上签名或者盖章。

第二节　会计工作规范

一、会计规范概述

（一）会计规范的含义

会计规范是会计人（会计主体和会计人员）在从事与会计相关的工作时，所应遵循的约束性或指导性的行为准则。会计规范是一个广义的术语，它包括对投资、融资、采购、生产、销售等商业交易和相关事项的确认、计量、记录和报告，具有制约、限制和引导作用的法律、法规、原则、准则和制度等。目前，会计理论对会计规范尚无明确定义，但熟悉具体会计规范，并具有一定的会计理论常识是会计人员的基本素质，也是会计人员学习好对会计交易和事项确认、计量、记录和报告的前提。

会计规范包括会计法规、会计准则和会计制度三大方面。

（二）建立会计规范的必要性

相关组织与机构建立会计规范体系，其主要作用是实现会计信息的规范化、标准化，使会计信息具有纵向和横向可比性特征。会计是会计信息的生产者。会计信息有多种经济用途。会计信息使用者有公司内部管理人员、外部债权人、投资者和潜在投资者。同时，经济社会中的企业组织多种多样，如何使各会计主体提供的会计信息有用、可比，需要建立对外报告会计准则规范。同样，会计人员在提供有用的信息时，也必须要遵循相关对内会计报告规范。不论是对内报告会计，还是对外报告会计，在确认、计量、记录、财产管理中，必须遵循一定的职业道德标准。综上，会计规范就是对会计工作所做的约束，是会计行为的标准，也是评价会计工作质量的客观依据。

由于税收法规、金融法规等法律规范既影响制约商业交易，也是会计人员确认和报告的依据，因而它们也是会计规范的组成内容。同样，会计主体的内部控制制度，也是会计规范的组成内容。

（三）会计规范的基本特征

1. 普遍性

会计规范作为指导会计工作的行为准则，是得到多数人认可的。这些规范既有约定俗成的，也有惯例性的。普遍性是会计规范赖以存在的基础。

2. 约束性

会计规范提出了评价会计行为的明确标准。对于违反会计规范的情况，根据情节施以相应的法律、行政制裁或道德谴责。

3. 地域性

会计学作为管理学科，属于社会科学的范畴。因此，会计规范不可避免地带有民族特色或国家特征。会计规范中的法律规范尤为突出。会计规范的地域性，并不排斥国际会计规范的共性。在中国，随着经济的全面市场化和国际化，会计这门记录和反映经济信息的商业语言规则的地域性特征越来越弱化。我国会计准则的国际趋同以及中国特色的减少，正是反映了这一变化。

4. 发展性

众所周知，会计首先是表现为一种服务于经济活动的信息反映系统，且随经济的发展而不断发展和完善。因此，会计规范也必须随着所处的环境和时代的发展变化做相应的调整。例如，随着信息技术的发展和广泛运用，会计规范体系中加入了会计电算化规范内容。

（四）会计规范体系

1. 会计规范体系的含义

会计规范的内容繁杂多样，如果将所有属于会计规范的内容综合在一起，就构成一个体系。会计规范体系主要有四个部分：会计法律规范、会计准则规范、会计道德规范和会计理论规范。

2. 会计规范体系的作用

（1）会计规范体系是会计人员从事会计工作、提供会计信息的基本依据。会计规范体系既包括采用法律形式的、具有强制性特征的会计规范，也包括采用自律形式的、具有自主性特征的会计规范。会计信息的产生不是随意和无规则的，否则，会计信息对于使用者就毫无意义，甚至会由于其误导作用而造成社会的危害。因此，会计规范体系为设计合理有效的会计工作模式及对外提供会计信息标准提供了依据。

（2）会计规范体系为评价会计行为确定了客观标准。会计规范是会计信息使用者评价会计工作和会计信息质量的基本依据。由于会计信息的质量与信息使用者的经济决策效果直接相关，会计信息的使用者必然关注会计信息的质量。这就要求在全社会范围内建立并使用统一的标准，以便对会计工作的质量做出评价。

（3）会计规范体系是维护社会经济秩序的前提。全社会统一的会计规范体系是市场经济运行规则的一个重要组成部分，它是社会各方从事与企业有关的经济活动和做出相应经济决策的重要基础，对于国家维护和保证财政利益、进行宏观经济调控、管理国有资产都具有十分重要的作用。

3. 会计规范体系的构成

（1）会计法律规范。会计法律规范是指采用立法的手段和法律形式，对会计人及其行为进行规范，使会计人及其行为受到法律的制约与约束。会计法律规范，是调整经济活动中会计关系的法律规范的总称，是调节和控制会计行为的外在制约因素，包括与会计有关的法律和行政法规。会计人必须遵守会计法律规范，没有选择和变通的余地，它具有绝对的权威性。

（2）会计准则规范。会计准则规范是从技术角度对会计实务处理提出的要求、准则、方法和程序的总称。一般是指由财政部根据会计法律和行政规范制定并发布的各种会计准则、会计制度。

会计制度有宏观和微观之分。宏观上，会计制度是指国家制定的会计方面所有规范的总称，包括会计核算制度、会计人员管理制度和会计工作管理制度等。微观上，某一会计主体的具体会计制度，是该主体按照相关法规和会计准则或国家（宏观）会计制度制定的、切实可行的会计制度。这一制度不再具有对会计政策、会计估计和会计处理方法的选择性，已具体化。

（3）会计道德规范。会计道德规范是从事会计工作的人员所应该遵守的具有本职业特征的道德准则和行为规范的总称，是对会计人员的一种主观心理素质的要求。它控制和掌握着会计管理行为的方向和合理化程度。会计道德规范是一类比较特殊的会计规范。

（4）会计理论规范。理论是实践的总结。它来源于实践，又反过来指导实践，促进实践的发展。会计理论现已形成了比较完备的概念框架和结构。它对于会计准则和会计制度的制定有着指导性作用。从一般意义上看，整个成熟的会计理论都是会计规范体系的组成部分，包括会计目标、会计信息的质量特征、财务报表的基本要素、要素确认与计量原则、详细会计原则及程序。此为财务会计的理论结构。

二、会计法律

法律是由国家最高权力机关——全国人民代表大会及其常务委员会制定的。在会计领域中，属于法律层次的会计规范主要指《中华人民共和国会计法》《中华人民共和国注册会计师法》。它们是会计规范体系中权威性最高、最具法律效力的规范，是制定其他各层次会计规范的依据，是会计工作的基本大法。

（一）《中华人民共和国会计法》

《中华人民共和国会计法》于 1985 年 1 月 21 日经第六届全国人民代表大会常务委员会第九次会议通过。1993 年 12 月 29 日第八届全国人民代表大会常务委员会第五次会议《关于修改〈中华人民共和国会计法〉的决定》对其进行了第一次修正，1999 年 10 月 31 日第九届全国人民代表大会常务委员会第十二次会议对其进行了修订，2017 年 11 月 4 日第十二届全国人民代表大会常务委员会第三十次会议《关于修改〈中华人民共和国会计法〉等十一部法律的决定》对其进行了第二次修正。目前，《中华人民共和国会计法》由 7 章 52 条组成，包括：总则，会计核算，公司、企业会计核算的特别规定，会计监督，会计机构和会计人员，法律责任，附则。

（二）《中华人民共和国注册会计师法》与注册会计师的业务

《中华人民共和国注册会计师法》于 1993 年 10 月 31 日经第八届全国人民代表大会常务委员会第四次会议通过。2014 年 8 月 31 日第十二届全国人民代表大会常务委员会第十次会议《关于修改〈中华人民共和国保险法〉等五部法律的决定》对其进行了修正。目前，《中华人民共和国注册会计师法》共 7 章 46 条，包括：总则、考试和注册、业务范围和规则、会计师事务所、注册会计师协会、法律责任、附则。

会计，既要完成对会计要素、经济交易与事项的确认、计量、记录和报告（财务会计的职能），又要履行会计主体的预算、核算、分析、监督等管理职能（管理会计职能）。注册会计师的法定业务是相关鉴证业务，包括审计业务、审阅业务和其他鉴证业务。法定审计业务包括财务报表审计，验资，企业清算、分立、合并时的审计以及法律法规规定的其他审计业务。注册会计师分为执业注册会计师和非执业注册会计师。法律和准则规定，鉴证业务需要出具鉴证报告，非执业注册会计师没有签字权利。在中国，注册会计师不能单独从事鉴证业务，必须加盟会计师事务所才能从事该类业务。

注册会计师最根本的工作就是审计，但是，因为社会环境和自身生存与发展的需要，会计师事务所和注册会计师也提供其他的服务，如税务、顾问、交易咨询服务。

我国的会计师事务所主要以传统的审计和会计业务为主。现在国际最著名的四家会计师事务所（以下简称"四大"，具体包括毕马威、安永、德勤、普华永道）中，传统的会计和审计业务在总收入中的比重只占到 30%~40%，而非传统业务收入比重迅速提高。管理咨询的收入占比由原来的不到 30% 到现在已经超过 50%。会计师事务所从事其他相关服务是基于注册会计师是精通会计、审计、税务等各方面知识的专业人才，但实务中并不是只能由注册会计师从事这些相关服务，所以才会有"注册会计师业务经历了从法定审计业务向其他业务的拓展过程"。审计鉴证业务是注册会计师依据《中国注册会计师独立审计准则》对会计主体对外发布的财务会计报告，就其财务状况、经营成果和现金流量信息的公允、恰当性（对会计准则的遵循性）发表鉴证意见。其具体内容将在"审计学"等相关课程中学习。

（三）其他与会计工作相关的法律

其他与会计工作相关的法律有：《中华人民共和国公司法》《中华人民共和国证券法》《中华人民共和国票据法》《中华人民共和国预算法》《中华人民共和国审计法》《中华人民共和国企业所得税法》《中华人民共和国个人所得税法》《中华人民共和国税收征管法》等。

三、会计制度

会计制度是对商业交易和财务往来进行分类、确认、计量、记录、汇总，并进行核对、分析和报告的制度，是进行会计工作所应遵循的原则、方法、程序的总称。它一直是会计实务中非常具体的、可操作性极强的会计规范。

我国十分重视会计制度的建设，至今已经建立起了较为完善的会计制度体系，大体分为国家统一的会计制度和单位内部的会计制度两大部分，如图 10-1 所示。

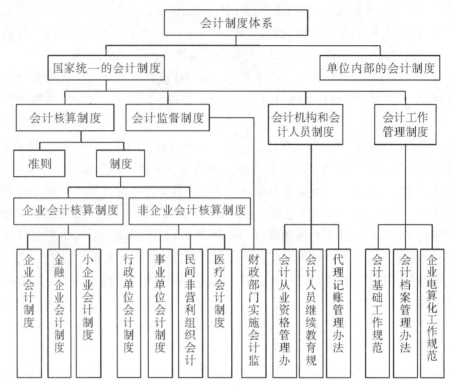

图 10-1　我国现行会计制度体系

（一）国家统一的会计制度

国家统一的会计制度是指国务院财政部门根据会计法制定的关于会计核算、会计监督、会计机构和会计人员以及会计工作管理的制度。根据《中华人民共和国会计法》的规定，国家统一的会计制度，由国务院所属财政部制定；各省、自治区、直辖市以及国务院业务主管部门，在与会计法和国家统一会计制度不相抵触的前提下，可以制定本地区、本部门的会计制度或者补充规定。国家统一的会计制度按其内容分为四类：

1. 会计核算制度

（1）企业会计核算制度。财政部从 1992 年起陆续颁发行业会计制度，包括：总说明、会计科目、会计报表、主要会计事项分录举例。会计制度属上层建筑，是国家管理经济的重要规章。随着经济体制，财政、财务、税收制度的改革，会计制度也会做相应的改变。

为了规范小企业的会计核算工作，提高会计信息质量，促进小企业健康发展。财政部于 2004 年 4 月 27 日发布了《小企业会计制度》。2011 年 10 月 18 日，财政部发布了《小企业会计准则》，《小企业会计制度》同时废止。

（2）非企业会计核算制度。我国现行的非企业会计核算制度主要包括《行政单位会计制度》《民间非营利组织会计制度》。

《行政单位会计制度》最先就不同单位分别颁布。其中《行政单位会计制度》于 1998 年 2 月 6 日发布，自 1998 年 1 月 1 日施行。2013 年 12 月 28 日发布了修订后的《行政单位会计制度》，自 2014 年 1 月 1 日起施行。《事业单位会计制度》最先于 1997 年 7 月 17 日发布，自 1998 年 1 月 1 日起施行。2012 年 12 月 19 日又重新修订发布，自

2013 年 1 月 1 日起施行。

《民间非营利组织会计制度》于 2004 年 8 月 18 日发布，自 2005 年 1 月 1 日起实施，适用于在中华人民共和国境内设立的符合规定特征的民间非营利组织，包括依照国家法律法规登记的社会团体、基金会、民办非企业单位、寺院、宫观、清真寺、教堂等。

2. 国家统一的会计监督制度

作为会计两大基本职能之一的会计监督，在我国会计规范体系中占有重要的地位。会计监督与会计核算相辅相成，各种会计规范中均融入了会计监督的内容。如：《中华人民共和国会计法》第二十七条明确规定："各单位应当建立、健全本单位内部会计监督制度。"财政部制定的《会计基础工作规范》中，要求各单位的会计机构、会计人员对本单位的经济活动进行会计监督。

除了内部监督外，会计监督的重要内容是外部监督。为了规范财政部门的会计监督工作，财政部于 2001 年 2 月 20 日发布了《财政部门实施会计监督办法》，该法自公布之日起施行。该办法共 5 章 65 条，主要包括：总则、客体、会计监督检查的内容、形式和程序，处理、处罚的种类和适用，行政处罚程序，附则。

3. 国家统一的会计机构和会计人员管理制度

现行的国家统一的会计机构和会计人员管理制度主要包括：《会计从业资格管理办法》《会计人员继续教育规定》《代理记账管理办法》等。

4. 国家统一的会计工作管理制度

现行的国家统一的会计工作管理制度主要包括：《会计基础工作规范》《会计档案管理办法》《会计电算化管理办法》和《会计电算化工作规范》等。

除此以外，与会计工作有关的其他部门规章有：《中华人民共和国增值税暂行条例实施细则》《增值税会计处理规定》《增值税专用发票使用规定》《人民币银行结算账户管理办法》《上市公司信息披露管理办法》《上市公司重大资产重组管理办法》等。

（二）单位内部的会计制度

单位内部会计制度规范是指导单位会计工作的规定、章程、制度的总称，是其他会计规范的具体化。其主要内容包括：单位内部的财务会计规章制度，会计人员的权利、职责、职称、任免、待遇、素质要求等，会计工作的考核、达标、规划及档案管理，会计机构的责任和任务。其具体内容应包括以下几个方面：

（1）内部会计管理体系。其内容包括：单位领导人、总会计师对会计工作的领导责任，会计部门及会计机构负责人、会计主管人员的职责、权限，会计部门与其他职能部门的关系，会计核算的组织形式等。

（2）会计人员岗位责任制度。其内容包括：会计人员的工作岗位设置、各会计岗位的职责和标准、各会计岗位的人员和具体分工、会计岗位轮换办法、对各会计岗位的考核办法。

（3）账务处理程序制度。其内容包括：会计科目及其明细科目的设置和使用，会计凭证的格式、审核要求和传递程序，会计核算方法，会计账簿的设置，编制会计报表的种类和要求，单位会计指标体系。

（4）内部牵制制度。其内容包括：内部牵制制度的原则、组织分工、出纳岗位的职责和限制条件、有关岗位的职责和权限。

（5）稽核制度。其内容包括：稽核工作的组织形式和具体分工，稽核工作的职责和权限，审核会计凭证和复核会计账簿、财务报表的方法。

（6）原始记录管理制度。其内容包括：原始记录的内容和填制方法，原始记录的格式，原始记录的审核，原始记录填制人的责任，原始记录签署、传递、汇集标准。

（7）定额管理制度。其内容包括：定额管理的范围，制定和修订定额的依据、程序和方法，定额的执行，定额的考核和奖惩办法等。

（8）计量验收制度。其内容包括：计量检测手段和方法、计量验收管理的要求、计量验收人员的责任和奖惩办法。

（9）财产清查制度。其内容包括：财产清查的范围、财产清查的组织、财产清查的期限和方法、对财产清查中发现问题的处理方法、对财务管理人员的奖惩办法。

（10）财务收支审批制度。其内容包括：财务收支审批人员和审批权限、财务收支审批程序、财务收支审批人员的责任。

（11）成本核算制度。其内容包括：成本核算的对象、成本核算的方法和程序、成本分析等。

（12）财务会计分析制度。其内容包括：财务会计分析的主要内容、财务会计分析的基本要求和组织程序、财务会计分析的具体方法、财务会计分析报告的编制要求等。

单位内部的财务会计制度是针对单位具体会计要素内容、业务特征和生产经营特点而制定的，它对会计行为的界定具体、细致，是单位会计工作的直接依据。在整个会计规范体系中，内部的财务会计制度的地位和作用独特。所有企业都按照会计相关法律、部门规章、企业会计准则或统一会计制度等，建立自己具体的会计制度，构成企业内部控制制度的重要组成部分。

四、会计准则

（一）会计准则的含义

会计准则是规范会计账目核算、会计报告的一套文件，它的目的在于把会计处理建立在公允、合理的基础之上，并使不同时期、不同主体之间的会计结果的比较成为可能。会计准则是会计人员从事会计工作的规则和指南。

（二）会计准则的分类

按会计准则使用单位的经营性质，会计准则可分为营利组织的会计准则和非营利组织的会计准则。就像现代企业会计分为财务会计和管理会计两大分支一样，企业的会计准则也分为财务会计准则和管理会计准则。

日常所述企业会计准则，特指企业财务会计准则。这是财务会计（初级、中级、高级财务会计）系列课程的主要内容。本书主要介绍其基本准则部分内容。

管理会计准则是由管理会计职业组织发布的管理会计公告或指南。由于管理会计信息的使用对象为公司内部管理人员，因而不同企业的管理会计标准体系不尽相同。只有少数国家建立了管理会计准则，而且不具有强制性。管理会计准则的基本内容一般包括：管理会计的定义、目标、基本概念、要素、基本内容、主要方法及举例说明等。发布这些公告、指南的目的是通过建立起一整套为人们所共同理解的概念与方法体系，来指导、协调管理会计的实务，并作为管理会计的发展基础及其应用效果的检验尺度。目前，已发布的管理会计公告或指南主要有：美国管理会计师协会发布的《管理会计公告》、英国特许管理会计师协会发布的《管理会计正式术语》、加拿大管理会计师协会发布的《管理会计指南》、国际会计师联合会发布的《管理会计概念公告》等。2016 年 6 月 22 日，我国财政部发布了《管理会计工作基本指引》；2017 年 9 月 29 日，财政部发布了首批 22 项管理会计应用指引，用以指导国内各单位管理会计工作的开展。

（三）企业会计准则的性质

每个企业有着变化多端的经济业务，而不同行业的企业又有各自的特殊性。会计准则的出现，使会计人员在进行会计核算时有了共同遵循的标准。不同行业、不同地区公司的会计工作在相同规范标准上进行。企业外部的理性信息使用者，对不同公司的财务状况、经营成果和现金流量情况的公允性也有了共同的判断标准，有助于做出更合理的经济决策。

掌握会计准则，应当注意会计准则的以下特性：

（1）规范性。各行各业的会计工作在同一标准的基础上进行，从而使会计行为达到规范化，使得会计人员提供的会计信息具有广泛的一致性和可比性，大大提高了会计信息的质量。

（2）权威性。会计准则的制定、发布和实施要通过一定的权威机构，这些权威机构可以是国家的立法或行政部门，也可以是由其授权的会计职业团体。会计准则之所以能够作为会计核算工作必须遵守的规范和处理会计业务的准绳，关键因素之一就是它的权威性。

（3）发展性。会计准则是在一定的社会经济环境下，人们对会计实践进行理论上的概括而形成的。会计准则具有相对稳定性，但随着社会经济环境的发展变化，会计准则也要随之变化，进行相应的修改、充实和淘汰。

（4）理论与实践相融合性。会计准则是指导会计实践的依据，同时会计准则又是会计理论与会计实践相结合的产物。会计准则的内容，有的来自理论演绎，有的来自实践归纳，还有一部分来自国家有关会计工作的方针政策，但这些都要经过实践的检验。没有会计理论的指导，准则就没有科学性；没有实践的检验，准则就没有针对性。

（四）我国企业会计准则的组成

我国企业会计准则体系包括《企业会计准则——基本准则》（以下简称"基本准则"）、具体准则和会计准则应用指南和解释等。基本准则是企业会计准则体系的概念基础，是具体准则、应用指南和解释等的制定依据，地位十分重要。

1. 基本准则

《企业会计准则——基本准则》借鉴了国际财务报告准则（IFRS）的《编报财务报表的框架》，对整个准则体系起到统驭的作用，是"准则的准则"，指导具体会计准则的制定。当出现新的业务，具体会计准则暂未涵盖时，应当按照基本准则所确立的原则进行会计处理。

基本准则规定了整个准则体系的目的、假设和前提条件、基本原则、会计要素及其确认与计量、会计报表的总体要求等内容。

（1）总目标。会计准则体系的总体目标是规范会计行为，提高会计信息质量，满足投资人、债权人、社会公众、有关部门和管理当局对会计信息的需求，这是全社会对会计信息共同的基本标准。总则部分同时也明确了会计的基本假设：持续经营（不含破产清算会计准则）、会计主体、会计分期和货币计量。

（2）会计信息的质量要求。会计信息的质量要求是会计基本原则，包括重要性、谨慎性、实质重于形式、可比性、一致性、明晰性原则。

（3）会计要素。六要素在内涵上借鉴了 IFRS 的《编报财务报表的框架》。

（4）会计计量。美国会计准则和 IFRS 比较侧重公允价值的应用，体现会计信息的相关性。基本会计准则明确以历史成本为各会计要素的计量基础，但如果能取得公允价值并且公允价值可以可靠计量，则采用公允价值计量。考虑到中国市场发展的现状，我国的准则体系主要在金融工具、投资性房地产、非共同控制下的企业合并、债务重组和非货币性交易等方面采用了公允价值。

（5）财务会计报告。财务会计报告是指企业对外提供的反映企业某一特定日期的财务状况和某一会计期间的经营成果、现金流量等会计信息的文件。

财务会计报告包括会计报表及其附注和其他应当在财务会计报告中披露的相关信息和资料。会计报表至少应当包括资产负债表、利润表、现金流量表等报表。小企业编制的会计报表可以不包括现金流量表。

2. 具体准则

具体准则的特点是操作性强，可以根据其直接组织相关交易或事项的确认、计量和报告。例如：固定资产会计、金融工具会计、长期股权投资会计、负债会计、收入会计等的准则。

财政部于 2006 年 2 月 15 日颁发了 38 项具体准则，形成了企业会计准则体系。这些具体准则的制定颁布和实施，规范了中国会计实务的核算，大大改善了中国上市公司的会计信息质量和企业财务状况的透明度，为企业经营机制的转换和证券市场的发展、国际经济技术交流起到了积极的推动作用。2014 年 1 月至 7 月，财政部陆续发布、新增了八项企业会计准则，2016 年修订了 1 项，2017 年修订了 6 项、新增了 1 项，包括对《企业会计准则第 14 号——收入》《企业会计准则第 16 号——政府补助》《企业会计准则第 22 号——金融工具确认和计量》《企业会计准则第 23 号——金融资产转移》《企业会计准则第 24 号——套期会计》《企业会计准则第 37 号——金融工具列报》进行了修订，并在 2018 年 6 月根据修订后的具体准则发布了《关于修订印发 2018 年度一般企业财务报表格式的通知》（财会〔2018〕15 号），对企业财务报表的格式也做了相应的修订和完善，进一步加强了会计的信息系统职能。2019 年，财政部又修订了《企业会计准则第 7 号——非货币性资产交换》和《企业会计准则第 12 号——债务重组》，2020 年修订了《企业会计准则第 25 号——保险合同》。目前，我国企业具体会计准则的构成如表 10-2 所示。

表 10-2　我国企业具体会计准则一览表

序号	企业会计准则编号	具体会计准则名称	序号	企业会计准则编号	具体会计准则名称
1	第 1 号	存货	22	第 22 号	金融工具确认和计量
2	第 2 号	长期股权投资	23	第 23 号	金融资产转移

表10-2(续)

序号	企业会计准则编号	具体会计准则名称	序号	企业会计准则编号	具体会计准则名称
3	第 3 号	投资性房地产	24	第 24 号	套期保值
4	第 4 号	固定资产	25	第 25 号	原保险合同
5	第 5 号	生物资产	26	第 26 号	再保险合同
6	第 6 号	无形资产	27	第 27 号	石油天然气开采
7	第 7 号	非货币性资产交换	28	第 28 号	会计政策、会计估计变更和差错更正
8	第 8 号	资产减值	29	第 29 号	资产负债表日后事项
9	第 9 号	职工薪酬	30	第 30 号	财务报表列报
10	第 10 号	企业年金基金	31	第 31 号	现金流量表
11	第 11 号	股份支付	32	第 32 号	中期财务报告
12	第 12 号	债务重组	33	第 33 号	合并财务报表
13	第 13 号	或有事项	34	第 34 号	每股收益
14	第 14 号	收入	35	第 35 号	分部报告
15	第 15 号	建造合同	36	第 36 号	关联方披露
16	第 16 号	政府补助	37	第 37 号	金融工具列报
17	第 17 号	借款费用	38	第 38 号	首次执行企业会计准则
18	第 18 号	所得税	39	第 39 号	公允价值计量
19	第 19 号	外币折算	40	第 40 号	合营安排
20	第 20 号	企业合并	41	第 41 号	在其他主体中权益的披露
21	第 21 号	租赁	42	第 42 号	持有待售的非流动资产、处置组和终止经营

（五）企业会计准则应用指南

企业会计准则应用指南由两部分组成：第一部分为会计准则解释，第二部分为会计科目和主要账务处理。

企业会计准则解释主要对各项具体准则中的重点、难点和关键点做出解释性规定。其中，《企业会计准则第 30 号——财务报表列报》解释包含了资产负债表、利润表和所有者权益变动表格式及其附注，《企业会计准则第 31 号——现金流量表》解释包含了企业现金流量表格式及其附注，《企业会计准则第 33 号——合并财务报表》解释包含了企业合并报表格式及其附注。这样安排有助于提升企业财务报表的地位，因为财务报表是综合反映企业实施会计准则形成的最终会计信息，会计信息使用者主要通过财务报表了解企业的财务状况、经营成果和现金流量情况，以便做出决策。这样规定与国际财务报告准则的理念也一致。

会计科目和主要账务处理涵盖了各类企业的各种交易或事项，是以会计准则中确认、计量原则及其解释为依据所做的规定。其中对涉及商业银行、保险公司和证券公司的专用科目做了特别注明。会计科目和主要账务处理规定了会计的确认、计量、记录和报告的规定。这部分规定赋予企业一定的灵活性，即在不违反准则及其解释的前提下，企业可根据实际需要设置会计科目及明细科目。

本章小结

会计工作组织是指根据会计主体的特点、管理要求和会计规范，合理地设置会计机构，配备相应的会计人员，建立健全单位的会计制度，科学地安排、协调好本单位的会计工作，以完成会计职能，实现会计目标。会计机构和会计人员是会计工作系统运行的必要条件，而会计规范体系是保证会计工作系统正常运行的必要的约束机制。

会计机构是会计主体中直接从事和组织领导会计工作的职能部门。按照《中华人民共和国会计法》规定，凡是实行独立核算的企业都要根据会计业务的需要设置会计机构，或者在有关机构中设置会计岗位，并指定会计人员。不具备条件的，可以委托经批准设立的会计咨询、服务机构进行代理记账。会计工作岗位一般可分为：总会计师，会计机构负责人或者会计主管人员，出纳，财产物资核算，工资核算，成本费用核算，财务成果核算，资金核算，资本、基金核算，收入、支出、往来核算，财产物资收发，明细核算，总账会计，对外财务会计报告编制，内部管理会计报表编制，会计电算化系统管理员岗位，稽核，档案管理等。

会计人员通常是指在国家机关、公司、企业、事业单位和其他组织中从事财务会计工作的人员，包括会计机构负责人或者会计主管人员以及具体从事会计工作的会计、出纳人员等。目前，会计人员专业技术职务资格定三级。按照财政部制定的《会计从业人员继续教育规定》，我国会计人员继续教育原则上按属地原则进行管理，由各级财政部门组织实施，实行统一规划、分级管理。会计人员继续教育的内容主要包括会计理论、政策法规、业务知识、技能训练和职业道德等。会计人员参加继续教育采取学分制管理制度，每年参加继续教育取得的学分不得少于 24 个学分。会计职业道德是会计人员在会计工作中应当遵循的道德规范。会计人员职业道德的内容主要包括：爱岗敬业、熟悉法规、依法办事、客观公正、搞好服务、保守秘密。会计人员工作交接是指会计人员调整时，由离职会计将有关工作和各项会计资料交给继任者的过程。会计人员工作离任，都必须办理交接手续。

会计档案是指会计凭证、会计账簿和财务报告等会计核算专业材料，是记录和反映单位经济业务的重要史料和证据，也是检查单位遵守财经纪律情况的书面证明和总结经营管理经验的重要参考资料。各单位必须建立会计档案的立卷、归档、保管、查阅制度，以防散失和毁损。会计档案的保管期限分为永久、定期两类。定期保管期限分为 3 年、5 年、10 年、15 年、25 年五类。

会计规范是会计人（会计主体和会计人员）在从事与会计相关的工作时，所应遵循的约束性或指导性的行为准则。会计规范包括会计法规、会计准则和会计制度三大方面。

会计法律规范是指采用立法的手段和法律形式，对会计人及其行为进行规范，使会计人及其行为受到法律的制约与约束。属于法律层次的会计规范主要指《中华人民共和国会计法》《中华人民共和国注册会计师法》。它们是会计规范体系中权威性最高、最具法律效力的规范。

会计准则与制度规范是从技术角度对会计实务处理提出的要求、准则、方法和程序的总称。会计准则是规范会计账目核算、会计报告的一套文件。会计准则可分为营利组织的会计准则和非营利组织的会计准则。我国企业会计准则体系包括《企业会计准则——基本准则》、具体准则和会计准则应用指南和解释等。基本准则是企业会计准则体系的概念基础，是具体准则、应用指南和解释等的制定依据。单位内部会计制度规范是指导单位会计工作的规定、章程、制度的总称，是其他会计规范的具体化。

重要名词

会计法律规范（accounting law and regulation）

会计准则（accounting principle）

会计机构（accounting organization）

会计人员（accounting personnel）

岗位责任制（system of assigning responsibility by post）

内部控制（internal control）

会计职业道德（accounting professional ethics）

会计档案（accounting file）

拓展阅读

里森的雕虫小技与巴林银行的倒塌

一项业务的全过程不能由一个人或者是同一个部门完成，也就是说应该将不相容的职务交给不同的人、不同的部门去执行。否则，就容易滋生舞弊行为，使内部控制失效。让我们看看大家比较熟悉的金融"金字塔"巴林银行倒闭案。从制度上看，巴林银行倒闭的最根本原因是没有做到将不相容职务相互分离。1992年，里森去新加坡后，任职巴林银行新加坡期货交易部兼清算部经理。作为一名交易员，里森代理客户买卖衍生品以及替巴林银行进行套利。这两项工作基本上没有太大风险。因为代客操作，风险由客户承担，交易员只是赚取佣金；而套利行为只赚取市场间的差价。但不幸的是，里森身兼交易员和清算二职，拥有批准权、执行权、审核权。这种制度设计，导致没有人发现里森为掩盖问题而制造的一系列假账，而巴林银行的实际亏损也越来越大。最后，巴林银行彻底崩溃。当里森受到法律制裁时，他说："有一群人本来可以揭穿并阻止我的把戏，但他们没有这么做。我不知道他们的疏忽与罪犯级的疏忽之间的界限何在，也不清楚他们是否对我负有责任。但如果是在其他任何一家银行，我是不会有机会开始这项犯罪的。"

思考题

1. 设置企业会计机构的原则是什么？单位的会计岗位有哪些？
2. 会计人员的任职资格是什么？其职责和权限有哪些？
3. 会计继续教育的内容和形式分别是什么？
4. 简述会计职业道德的含义及其内容。
5. 简述会计人员工作交接的程序和要求。
6. 会计档案管理的最低期限分别是多长？销毁会计档案时有何具体要求？
7. 简述会计规范体系的作用与构成及分类。
8. 简述会计准则的框架结构。
9. 简述企业会计业务和注册会计师业务的区别和联系。

思政课堂

小李是一位刚入职不久的新会计，他工作的单位是一家经营化学材料的公司。公司正进入快速发展成长期，对资金的需求量很大。公司准备向银行贷款以满足资金需求。

临近年底，公司总经理要求小李将几张应付的账单延迟到下一年度入账，以使得年末会计报表中的账面负债不至于太多，从而避免影响其贷款申请。小李据理力争，但最终抵不过压力，顺从了总经理的旨意。

思考：

1. 小李的做法是否恰当？其做法有可能带来什么样的后果？
2. 如果你是小李，遇到类似问题，你会怎么做？

参考文献

［1］李闻一. 会计学［M］. 北京：高等教育出版社，2022.

［2］李长青. 会计基本技能实训［M］. 北京：高等教育出版社，2020.

［3］财政部会计司编写组. 企业会计准则讲解［M］. 北京：人民出版社，2008.

［4］中华人民共和国财政部. 企业会计准则［M］. 北京：经济科学出版社，2006.

［5］中华人民共和国财政部. 企业会计准则——应用指南［M］. 北京：中国财政经济出版社，2006.

［6］张继英. 会计学原理：修订版［M］. 北京：中国经济出版社，2013.

［7］龚菊明. 基础会计［M］. 上海：复旦大学出版社，2011.

［8］张志康. 会计学原理［M］. 2 版. 大连：东北财经大学出版社，2014.

［9］石本仁，谭小平. 会计学原理［M］. 北京：中国人民大学出版社，2014.

［10］张其秀. 会计学案例［M］. 2 版. 上海：上海财经大学出版社，2014.

［11］朱小平，徐泓. 初级会计学［M］. 6 版. 北京：中国人民大学出版社，2013.

［12］王淑慧，魏素艳. 会计学［M］. 北京：机械工业出版社，2013.

［13］陈国辉，迟旭升. 基础会计［M］. 4 版. 大连：东北财经大学出版社，2015.

［14］李占国. 基础会计学［M］. 北京：高等教育出版社，2018.

［15］唐国平. 会计学基础［M］. 4 版. 北京：高等教育出版社，2021.